MANAGEMENT PHILOSOPHY

杨伍栓 著

管理哲学新论

（第三版）

图书在版编目(CIP)数据

管理哲学新论/杨伍栓著.—3版.—北京：北京大学出版社，2021.4
ISBN 978-7-301-32012-9

Ⅰ.①管… Ⅱ.①杨… Ⅲ.①管理学—哲学 Ⅳ.①C93-02

中国版本图书馆CIP数据核字(2021)第032773号

书　　　名	管理哲学新论(第三版)
	GUANLI ZHEXUE XINLUN(DI-SAN BAN)
著作责任者	杨伍栓　著
责 任 编 辑	武　岳　徐少燕
标 准 书 号	ISBN 978-7-301-32012-9
出 版 发 行	北京大学出版社
地　　　址	北京市海淀区成府路205号　100871
网　　　址	http://www.pup.cn
新 浪 微 博	@北京大学出版社　　@未名社科-北大图书
微信公众号	ss_book
电 子 信 箱	ss@pup.pku.edu.cn
电　　　话	邮购部 010-62752015　发行部 010-62750672
	编辑部 010-62753121
印 刷 者	天津中印联印务有限公司
经 销 者	新华书店
	730毫米×980毫米　16开本　29.5印张　503千字
	2003年2月第1版　2011年7月第2版
	2021年4月第3版　2023年5月第3次印刷
定　　　价	75.00元

未经许可，不得以任何方式复制或抄袭本书之部分或全部内容。
版权所有，侵权必究
举报电话: 010-62752024　电子信箱: fd@pup.pku.edu.cn
图书如有印装质量问题，请与出版部联系，电话: 010-62756370

第三版前言

在中国特色社会主义进入新时代的今天，各级管理者面临全新的竞争环境，面对诸多新的挑战，需要切实解决人民群众中许多亟待解决的问题。2020年以来，突如其来的新冠肺炎疫情冲击前所未有，我国经济社会发展面临新的困难。在新形势下，如何以马克思主义哲学为指导，以清醒的理论自觉、坚定正确的理想信念、系统科学的思维方法，使各级管理者在实践中做好各方面的管理工作，是《管理哲学新论》一书试图阐明的主要问题。

本书自2003年出版以来已累计印刷27次。马克思指出："理论一经掌握群众，也会变成物质力量。理论只要说服人，就能掌握群众；而理论只要彻底，就能说服人。"① 为了进一步说明哲学在管理中的重要作用，本次修订在原来的基础上增加了"哲学与诚信管理""美学与管理实践""哲学与宗教管理""城市化进程中的土地管理和公共服务管理"等内容。这些内容均涉及人们在中国特色社会主义建设中非常关切和期待解决的社会问题。本书在内容的表述方式上，采用理论结合实际的方法，按照课堂教学讲授的顺序，由浅入深，由抽象思维到具体思维，比较全面地介绍了多个方面的哲学理论及其对管理科学、管理实践的重要影响作用。例如，在理论上介绍了中国哲学、西方哲学、马克思主义哲学、美学、伦理学、宗教学、价值哲学、人学等内容，为管理者的多种管理实践活动提供了比较全面系统的学理支撑。尤其是比较详细地说明了在我国革命和建设中作为理论基础、在当今时代依然有着强大生命力、

---

① 《马克思恩格斯选集》第1卷，人民出版社1995年版，第9页。

习近平总书记多次倡导我们学习的马克思主义哲学。学习马克思主义哲学，可以使管理者在新时代中国特色社会主义建设中坚定理想信念、保持战略定力，提高战略思维能力和综合决策能力，使管理者具有科学的世界观和方法论，善于认识和正确处理在目标制定、组织、指挥、协调、控制等管理实践过程中所遇到的各种复杂情况，顺利实现管理目标。

参加本次修订的管理哲学研究者有：

刘东奇：北京大学哲学系、宗教学系宗教学专业硕士研究生，撰写了第十五章"哲学与宗教管理"。

孙宝强：经济学者，撰写了第二十章"城市化进程中的土地管理和公共服务管理"。

第十章"哲学与诚信管理"和第十一章"美学与管理实践"的写作任务由笔者承担。全书由笔者统稿。

在修订过程中，我们参考了国内外学者的有关著作、论文、资料，在此表示诚挚的谢意和敬意！

由于写作者的理论水平和实践经验有限，书中难免有不当和疏漏之处，恳望各界同人和读者批评指正。

杨伍栓

2020 年 8 月

第二版前言

本书自 2003 年出版至今已印了 12 次。许多学校采用本书作为教材。印刷发行的次数越多，我越感到有必要对原书内容在质上和量上进一步丰富、提高和升华。在当今知识经济即将来临的时代，管理和科技如"车之两轮、鸟之两翼"，成为推动经济社会发展的主要动力。信息技术的广泛应用，经济全球化进程的加快，社会结构和经济体制的深刻变革，全球化战略的实施，以人为本管理理念的逐步深入人心等，使管理领域的内部和外部在空间上或时间上的整体性、立体性、复杂性大大增强。要实现有效管理，不仅要求管理者、被管理者或者注重修身的自我管理者学习一般的管理科学理论，而且要在更高的精神层次上反思管理的本质和规律。要掌握有效管理的科学方法，就要学习管理哲学。学习管理哲学，能够提升学习者的辩证思维、创新思维、战略思维能力，进而转化成管理实践中的计划、决策、统御、指挥、创新、竞争等才干。因此，本次修订除保持原来所具有的理论内容丰富、自成哲学体系、贴近实际生活、论证通俗易懂的特点外，在理论上重点加强了对管理哲学的定义、管理主体间性、企业价值观、科学的思维方法与现代管理、管理认识论等学术界一直关注的重点、难点、热点问题以及对管理哲学学科建设影响深远的理论问题的说明，还增加了许多中国古代思想家关于管理的哲理名言。同时，根据马克思所指出的哲学应具有认识世界和改造世界两大功能，本次修订在"经济管理中的哲学问题""社会管理中的哲学问题""城市管理中的哲学问题""乡镇行政管理的主体和客体"的基础上，又增加了和千家万户的子女成长密切关联的"教育管理中的哲学问题"，以及在我国近代教育历史上和当前教育改革中产生巨大影响的、著名教育家蔡元培的哲学思想与教育管理思想。通过修订，增强了本书的理论性和应用性。希望本书能给读者带来快乐。

参加本次修订的管理哲学研究者（按所撰写的章节前后顺序）有：

邓俊英：哲学博士，北京石油化工学院副教授，撰写了主体间性、批判性思维方法、复杂性思维方法、管理主客体的交互作用，修改增补了原书中管理主体具有社会历史性、管理主体应具备的能力素质、管理客体的含义和性质等内容。

李晓东：哲学博士，北京师范大学副教授、硕士生导师，撰写了第九章"管理哲学视野中的企业价值观"。

黄小晏：管理哲学博士，海军航空工程学院讲师，撰写了第十章"管理认识论"。

孔卫涛：哲学硕士，中共甘肃省委干部，撰写了第十三章第一节"教育管理矛盾运动中的主体和客体"。

本书的其他修订任务由笔者承担。全书由笔者统稿。

在修订过程中，我们参考了国内外学者的有关论著，在此表示诚挚谢意！

杨伍栓
2010 年 12 月

第一版前言

管理活动贯穿人类社会生活的全过程，社会生活中每一个具体的、现实的人，既要参与管理，又要接受管理。在当代，管理活动不仅是一项基本的社会活动，而且是一项重要的社会活动，管理状况如何直接影响着生产力的发展。同时，当代生产力的发展对管理者的素质提出了总体性、综合性的要求，要求管理者具有高水平的思维能力。为了提高管理效益、增强管理者的哲学思维能力，需要从哲学高度概括具有管理共性的、带有世界观和方法论意义的系统理论，即管理哲学。

管理哲学属于部门哲学。部门哲学是在一般哲学基本原理指导下，从世界观和方法论高度，概括存在于某一部门的本质和规律，其理论既具有哲学高度，又带有某一部门的特点，使抽象的一般哲学理论密切结合现实。因此，这些哲学理论易于实际工作者理解、接受和应用。

人们不会忘记马克思的名言：哲学家们只是用不同的方式解释世界，而问题在于改变世界。这句名言告诉我们，哲学不仅具有认识世界的功能，更重要的是还具有改造世界的功能。对于哲学的研究，一方面要加强基本范畴、基本理论的研究，同时也要重视哲学应用的研究，让哲学在改造客观世界的过程中发挥重要作用。让哲学真正在丰富多彩的社会实践中和多学科理论基础上得到发展，这是理论工作者和实际工作者的共同任务。如果不重视哲学的应用，使哲学理论脱离活生生的实际生活，哲学理论也会逐步失去生命力。

鉴于上述原因，笔者首先在北京大学开设了全校选修课"管理哲学"，并在此基础上编写了《管理哲学新论》一书。本书论述了管理哲学的基本理论与渗透管理活动各个阶段、各个方面的哲学问题，还立专章介绍了我国城市管理的主体和客体以及我国乡镇管理的主体和客体，从而增强了本书的应用性。

在写作本书的过程中，笔者参考了我国已出版的一些管理哲学论著，也参考了国内外许多专家学者的有关著作和文章，在此表示衷心感谢和敬意！

由于管理哲学属于新兴交叉学科，涉及多学科、多方面的知识，限于笔者的水平，难免有不妥和错误之处，恳请读者批评指正。

杨伍栓
2002 年 9 月

目 录

绪 论 1
 第一节 管理哲学的定义和特点 1
 第二节 管理哲学的产生 4
 第三节 管理哲学在哲学理论体系中的地位和社会作用 10
 第四节 西方哲学与现代管理 16
 第五节 中国古代哲学家的管理思想 30

第一章 矛盾统一体中的管理主体 42
 第一节 管理主体的概念和性质 42
 第二节 管理主体必须具备的条件 50
 第三节 管理主体系统各要素的关系 56
 第四节 管理的主体间性 59

第二章 矛盾统一体中的管理客体 61
 第一节 管理客体和管理客体系统 61
 第二节 人是管理客体系统的中心 71
 第三节 管理主体和管理客体的关系 82

第三章 科学的思维方法与现代管理 87
 第一节 唯物辩证法的思维方法 87
 第二节 辩证逻辑的思维方法 91

第三节 自然科学理论的思维方法 101

第四章 管理决策中的哲学问题 116
 第一节 决策的概念、特征和分类 116
 第二节 现代管理决策的一般程序 120
 第三节 科技革命与决策优化系统 126
 第四节 科技革命与决策方法、决策思维 133

第五章 管理运动过程中的哲学问题 136
 第一节 管理计划的映构过程及重要作用 136
 第二节 组织中的辩证法 140
 第三节 管理控制过程中各环节的辩证关系 150

第六章 管理协调中的哲学问题 155
 第一节 协调在管理中的含义和类型 155
 第二节 管理协调的基本原则 160
 第三节 协调的手段 162

第七章 管理伦理论 170
 第一节 伦理道德的内容和作用 170
 第二节 管理伦理的基本内容和重要作用 174
 第三节 管理模式向"以人为中心"的转化 181

第八章 管理价值观 186
 第一节 价值和管理价值 187
 第二节 管理价值观在管理中的作用 195
 第三节 管理价值目标 201

第九章 管理哲学视野中的企业价值观 209
 第一节 企业价值观概述 210

第二节　企业价值观的作用与构成　221

第三节　企业价值观建设的理论基础　236

第四节　企业价值观的理想建构及其意义　244

第十章　哲学与诚信管理　252

第一节　诚信的含义　252

第二节　社会交往与诚信　255

第三节　诚信与现代管理　257

第四节　诚信教育　261

第五节　营造诚信环境，建设诚信社会　266

第十一章　美学与管理实践　275

第一节　美学在实践中产生　275

第二节　心灵美是人的本质美　277

第三节　技术美学和管理实践　279

第十二章　管理认识论　281

第一节　管理认识论的划分　281

第二节　管理理性主义和管理经验主义　286

第十三章　经济管理中的哲学问题　297

第一节　经济管理与哲学　297

第二节　宏观经济管理中的哲学问题　302

第三节　企业管理中的哲学问题　310

第四节　经济管理中的伦理道德问题　314

第五节　东西方文化与经济管理思想　321

第十四章　社会哲学对社会学及社会管理的影响　326

第一节　社会哲学对西方社会学理论的影响　326

第二节　社会哲学对中国社会学理论发展及社会管理的影响　335

第十五章　哲学与宗教管理　339
　　第一节　哲学与宗教的关系　339
　　第二节　哲学思想对宗教管理的意义　342
　　第三节　利用哲学思想促进宗教管理　344

第十六章　教育管理中的哲学问题　348
　　第一节　教育管理矛盾运动中的主体和客体　349
　　第二节　教育管理与社会生产方式　352
　　第三节　教育管理与人本主义哲学　354
　　第四节　教育管理与人的自由　357
　　第五节　教育管理与个人意识、群体意识、社会心理、社会意识形态　361

第十七章　蔡元培哲学思想与教育管理　365
　　第一节　蔡元培的哲学思想　365
　　第二节　蔡元培的教育管理思想　371

第十八章　城市管理中的哲学问题（一）——城市管理主体　382
　　第一节　现代城市的定义、特征和类别　382
　　第二节　城市发展的历史过程和基本趋势　387
　　第三节　城市管理主体的组织形式——城市政府管理体制　390
　　第四节　城市管理主体的要素——市长　393

第十九章　城市管理中的哲学问题（二）——城市管理客体　397
　　第一节　城市规划管理　397
　　第二节　城市经济管理　403
　　第三节　城市基础设施管理　410
　　第四节　城市环境管理　413

第二十章　城市化进程中的土地管理和公共服务管理　425
　　第一节　城市化的内涵与外延　425

第二节　城市化进程中的土地管理　430
第三节　城市化进程中的公共服务管理　432

第二十一章　乡镇行政管理的主体和客体　438
第一节　乡镇行政管理的主体　438
第二节　乡镇行政管理的客体　445

主要参考文献　451

后　记　457

绪　论

管理哲学属于新兴交叉学科，正在形成和发展中。在许多方面，人们对它还很不了解。比如，什么是管理哲学？它是怎样形成的？它的理论体系如何建构？理论地位如何？它和一般哲学、一般管理学、具体管理实践活动是什么关系？它有什么社会作用？等等。本章重点回答这些问题。

第一节　管理哲学的定义和特点

一、管理哲学的定义

管理哲学就是研究管理领域中具有世界观和方法论意义的系统理论。这些系统理论是从一般管理实践活动、管理科学中抽取出来的共同本质和一般规律，以及管理与自然和社会的本质关系等。比如，管理主体系统的要素、结构和运动规律，管理客体系统的要素、结构和运动规律，管理主体系统与管理客体系统的辩证关系，管理主客体系统和周围环境的关系，管理价值观，以及管理道德观等，都属于管理哲学的内容。

管理哲学不同于一般哲学。一般哲学要概括自然界、人类社会和思维的一般规律，这些规律虽然也存在于管理领域中，但没有反映管理活动的特点。管理哲学是从世界观的高度，对管理的本质及其发展规律所做的哲学概括，带有管理领域的特点。

管理哲学和一般哲学又有联系，受一般哲学观点的指导和影响。管理哲学在建立自己的概念、范畴、基本理论时，要在一般哲学观点指导下进行，要吸收一般哲学的合理成分和有益的因素。比如，本书就运用马克思主义哲学的理论思维方法，分析管理主体和管理客体的矛盾运动的全过程，反思概括了此运动过程中反映的具有哲学特性的基本范畴、基本原理，构成本书的理论体系。

管理哲学与管理学也不相同。管理哲学研究的是管理的本质及其发展规律，是关于管理的一般世界观和方法论，属于哲学范畴。而管理学属于具体科学范畴，它研究的是管理活动中不同层次的具体理论、具体问题，如管理决策、管理目标、管理组织、管理控制等。管理哲学研究管理领域中更高层次、更一般的共性，它注重从管理的整体性上揭示各种管理活动中深层次的本质和规律，这些本质和规律适用于管理科学和各种管理活动。所以，管理哲学和管理科学的关系是一般和个别的关系。在我国学术界，目前对管理哲学和管理学的区别和联系还没有完全认识清楚，其原因主要有三点：一是二者关系十分紧密，不易区分；二是管理学在对管理实践的概括中所产生的概念有些已具有哲学的高度，在内容上有交叉；三是真正的管理哲学体系还没建立起来，有些学者认为没有管理哲学，其原因也在于此。

管理哲学定义中的"世界观和方法论意义的系统理论"是指该理论所具有的哲学意义，如本体论意义、发展观意义、认识论意义、价值观意义等。在本书的理论体系中的管理主体概念，就具有本体论意义。在管理主体和管理客体的矛盾统一体中，先有管理主体中的"人"，发挥人的主观能动性，把符合其要求的人、财、物等组织起来，才有管理客体；否则，就不可能有管理领域和该领域的矛盾运动。管理要以人为本，人首先存在于管理主体中，紧接着存在于管理客体中。管理的目的归根结底是为了人。因此，人在管理哲学理论体系中具有本体论意义。人的本体论意义和管理主体的本体论意义是一致的，并不矛盾。管理主客体的矛盾运动的形成和展开体现在任何管理活动中，因此具有哲学发展观的意义。管理认识论具有哲学认识论意义。管理价值观、管理伦理论等是管理哲学理论的组成部分，均具有世界观和方法论意义。

像认识世界上的其他事物一样，当人们对管理领域中的任何事物的认识深入到一定层次，会自觉或不自觉地在认识的哲学层面上进行反思。但只有形成有内在的紧密逻辑联系的系统理论，才称为管理哲学。

关于管理哲学的定义，我国学术界还没有统一认识，仍在研讨和完善中。

任何正确的哲学都有两种功能：一是认识世界，二是改造世界。管理哲学也应如此。管理哲学不仅要概括管理领域中的哲学理论，也要研究哲学理论在管理中的应用。因此，本书在内容上对两者予以兼顾。

二、管理哲学的特点

管理哲学具有两方面的特点：一方面，它属于哲学范畴，具有较高层次的概括性，不同于一般科学理论；另一方面，它又不同于一般哲学，它是从管理活动和管理科学中概括出最一般的本质和规律，对于管理领域来说，具有普遍性意义。因此，它的概括层次要比一般哲学低。

由于管理活动的领域、范围和内容不同，所以在此基础上所形成的管理科学也具有不同的层次。第一个层次是各种具体的管理科学理论，如经济管理学、行政管理学、军事管理学、教育管理学等。这些具体的管理科学理论产生于最基本的管理活动，如经济管理、行政管理、军事管理、教育管理等。这些理论具体阐释了有关管理活动的方法、组织、功能和过程。这些管理活动还可以进行更具体的划分：经济管理又分为工业经济管理、农业经济管理、商业经济管理等；工业经济管理又分为公司管理、工厂管理、车间管理等。管理科学的第二个层次是一般管理学，或叫普通管理学。这种管理学是概括、抽象了各种管理活动的一般，是对管理活动的一般理论、原则、方法、模式、过程的研究。这种管理理论于 20 世纪初从各门具体管理科学中独立出来，它来源于管理实践，但同具体管理科学相比，具有较高层次的概括性。人们在实践中进一步认识到，在一般管理原理的背后，还有更基本、更本质的东西需要概括，即存在着更基本的规律，这种基本规律对管理活动起着决定性的支配作用。比如，管理的根本问题是对人进行有效的管理，只有管理好人，才有可能管好物和财，如何看待人性和人的本质，就是一个哲学问题。

在管理学中，科学管理学派把人看成"经济人"，他们的管理原则和方法就围绕着在经济上满足人的要求来提高人的积极性和创造性，制定了工作定额和计件工资制，实行超额奖励等办法；行为学派则把人看成"社会人"，他们认为人不是单纯追求金钱收入，除了物质方面的需要以外，人还追求友情、安全感、归属感、受人尊重和自我实现等多种层次的需要，因此，必须从社会、心理方面来鼓励人们的工作积极性，提出了一整套激励原理和管理方法；现代管理学派在对人和其他带有根本性的问题上发生了变化，提出了一些与科学管理学派、行为学派不同的管理理论与方法。

为什么管理理论存在着这么多的层次？因为任何事物内部都存在着多种层次的本质。人们可以根据需要和条件，揭示其初级本质、二级本质和更深层次的本质。同时，任何事物都是个性和共性的统一，事物的共性和个性又具有相对性，在一定范围是共性的东西，在另一范围又成为个性。虽然这几个层次的理论都揭示了事物的共性，但后一个层次比前一个层次更抽象、更概括。管理哲学是比一般管理学更高的理论层次。

第二节 管理哲学的产生

一、管理实践的发展需要管理哲学

任何哲学的产生都是建立在一定社会实践需要的基础上，管理哲学也是如此。管理活动早在人类原始社会的氏族和部落中就出现了。在人类历史上，无论是生产斗争、科学实验还是社会斗争，哪一项实践活动都离不开管理活动，没有管理活动，各项实践都不可能有秩序地进行下去。

由于社会生产力的不断发展，社会生产的不断提高，人们的社会生活越来越丰富多彩，管理活动的种类、形式、内容也越来越丰富多样。管理活动开始主要是对生产过程的管理，后来扩展到对企业的管理、对经济的管理，进一步发展到行政管理、国家管理，又扩展到文化管理、教育管理和科学研究管理等。管理活动由物质生产领域到国家行政领域，再到精神生产领域。管理活动深入人们社会生活的各个领域，在广度和深度上都达到了前所未有的水平。但是，无论是什么形式和哪种内容的管理活动，管理者以及参与管理的人都要从世界观和方法论高度认识和运用管理的一般规律和一般原则，才能搞好管理，这就需要对管理进行哲学概括。需要管理者认识、掌握和运用的哲学内容是多方面的。比如，管理主体和客体的辩证关系；管理客体是一个各种矛盾交叉、错综复杂的立体网络系统，需要揭示这个系统的内在联系，还涉及在管理过程中如何处理好人与人之间的关系，使人际关系得到协调，从而调动人们的劳动积极性；需要对管理中的信息、预测、决策、控制、组织、时间和管理的价值观、伦理道德等问题的内在联系进行概括，以及处理好人与环境的关系等。这些关系虽然在各种管理活动中都有其个性和特殊性，但作为管理活动，又有其共性和一般规律。认识、掌握这些一般规律，才能搞好管理工作，才能从狭隘的经验中走出来，掌握管理的主动权。1923年英国管理学家奥利弗·谢尔登（Oliver Sheldon）出版了一本名为《管理哲学》的书，他指出："哲学是一种广泛追问的要求，它把日常事情的问题变成相对的无。它要求知道，我们是根据某些原则或法则来指导我们的实践，还是仅仅依赖于某些不可靠的东西。"①谢尔登把管理哲学理解为能够指导管理实践全过程的基本理论和基本原则和法则。由于科学技术的发展，社会生产日益现代化和社会化，管理活动中一些共同性问题，无论哪一门具体管理科学都不能予以概括、解释和解决，需要从哲学的高度进行概括、分析、认识和处理。因此，管理实践活动急需管理哲学的产生。

二、管理哲学的产生是管理理论发展的必然结果

哲学的产生不仅要有社会实践的需要，而且要有一定的社会科学、自然科学理论作为前提，还要求人们具有较高的抽象思维能力。管理活动虽然在原始社会中就已经出现了，但由于那时人们的抽象思维能力很差、知识贫乏，还不具有系统的管理思想，因此不可能产生管理哲学。系统的管理思想到20世纪初才形成。以往的管理思想为管理哲学的产生提供了有益的思想成果。

（一）传统的经验管理理论

在原始社会时期，人们为了抵御自然灾害，进行生产劳动，就推举首领，开始了对公共事务的管理活动，但这时的管理活动没有明确分工。随着第一次社会分工（畜牧业和农业的分离），便开始出现了专门对生产劳动领域的管理活动。由于生产力低下，脑力劳动和体力劳动混为一体，这时的管理活动和管理思想也是浑然一体，没有系统的管理思想。随着生产力的发展，发生了第二次社会分工（手工业和农业的分离）和第三次社会分工（商业的出现），相应

---

① 〔英〕奥利弗·谢尔登：《管理哲学》，刘敬鲁译，商务印书馆2013年版，第4页。

出现了脑力劳动和体力劳动的分离,有了初步独立的管理思想。这时的管理内容是对部落或氏族的公共事务的管理,管理权力属于公权,是根据氏族和部落成员会议的意见进行管理,还没有规章制度。随着生产力的提高、商品交换的发展,出现了阶级和私有制度,一部分人直接脱离生产劳动,专门从事管理工作。阶级斗争的必然结果产生了国家,管理的内容也出现了国家管理的形式。国家管理的形式不同于公共事务的管理形式,统治阶级为了管理国家,设立了专门管理机构,如组织部门、技术部门等,对被统治阶级加强管理。

国家管理形式的出现,有利于管理思想的发展。在奴隶社会和封建社会,有些政治家、思想家、军事家提出了一些关于管理国家、发展经济、管理军事等的管理思想。柏拉图的《国家篇》提出了国家如何安排得当的主张;亚里士多德的《政治学》一书研究了一百五十多种希腊城邦的组织体制和管理形式;我国古代的许多兵书战策、农工医著、儒道经典中也蕴含着丰富的管理思想。我国儒家的孔子、孟子主张以"礼"治国,法家则提出以"法"治国,《孙子兵法》中有许多丰富的管理辩证法思想,《老子》中也闪烁着以静制躁、以后居先、柔能克刚、弱能胜强的管理辩证法思想。这些思想为管理哲学的产生奠定了基础。

传统的经验管理思想有以下特点:

(1)具有阶级统治的本质,管理权是统治阶级意志的表现,原来统一的公共事务管理权力分化成政权、财权、军权、教权,政权又分为君权、族权、家庭中的夫权;

(2)以国家管理为对象,主要涉及国家的行政管理、军事管理问题,而不重视经济管理;

(3)基本上属于经验性管理,还没有形成对管理问题的系统思想,因而尚未形成科学管理体系。

(二)古典管理理论

19 世纪末 20 世纪初,由于电的利用,资本主义工业得到了发展,资本主义经济由工场手工业生产发展到机器大工业生产,形成了社会化大生产,管理的重点由国家的行政管理转向了经济管理。资产阶级国家的经济管理是运用经济手段对生产、分配、交换、消费各个环节的再生产过程进行管理,主要表现为组织、指挥、监督和调节。资本主义的经济管理经历了手工业生产、工场手工业生产、机器大工业生产的历史发展过程，分工越来越细，专业化程度越来越高，管理水平也不断提高，但管理中的矛盾随着资本主义的经济发展日益尖锐，如阶级矛盾加剧，劳资矛盾增多，工人的不满和反抗情绪与日俱增，影响了生产的发展。如何解决这个矛盾，需要从理论上进行说明，并提出解决的方法。古典管理学就在这样的情况下形成了。

古典管理理论的奠基人是美国的弗雷德里克·温斯洛·泰罗（Frederick Winslow Taylor）。他 1856 年生于美国费城一个富裕家庭；1874 年考入哈佛大学法律系，不久因眼疾辍学；1875 年进入一家小机械厂当徒工；1878 年进入费城米德维尔钢铁公司，开始当技工，后来任工长、总技师（这期间，曾在史蒂文斯工学院上夜校，并获得工程学学位），1884 年任米德维尔钢铁公司的总工程师；1890 年离开这家公司，从事顾问工作。1898 年进入伯利恒钢铁公司，从事管理研究工作，与芒塞尔·怀特（Munsell Wright）共同发明了高速钢。1901 年后，主要从事写作、讲演，宣传自己的管理思想。其主要著作有《工厂管理》《科学管理原理》等。泰罗被称为"科学管理之父"，他认为，经理们必须通过不断摸索，才能"拾取"管理的技能，不能凭经验办事。制定工作方法和工作标准，激励工人增加产量，是管理部门的主要任务。泰罗科学管理的基本原理主要有以下几个方面：

（1）工时定额原理。对工人的动作和每一道工序的工时进行研究，得出完成某项工作的总时间，进而确定工人的劳动定额。

（2）标准化原理。为了提高劳动效率，挑选具有适应某项工作素质和才能又具有上进心的第一流的工人，对他们进行培训教育，使工人掌握标准化的操作方法，使用标准化的工具、机器和材料，从而为公司创造了标准化的作业环境。

（3）职能化原理。管理职能同执行职能分开，管理部门承担调查研究、制定标准、拟订计划、进行控制等职能，工长和工人只承担执行职能，每一方都履行自己的职责，整个企业通过计划部门制订的计划来指挥，通过组织进行管理。

（4）提出差别计件工资制。把工人完成劳动定额同工资、奖金结合起来。具体包括：确定科学合理的定额；按照完成定额的多少，付给工资；工资支付的依据是工作的质量和数量,而不是职位的高低。

(5) 组织机构的管理控制原理。较大企业的管理除了按照职能化原理进行外,还应该应用例外原理,即企业的高级管理人员要分清工作的主次,把一般的日常事务的处理权交给下属管理人员,而对于一些重要的例外事务的决策和监督则亲自处理。

(6) 管理者和工人之间要相互协作,朝着同一个方向努力,才能达到各自的目的。

泰罗的管理方法得到了广泛的采用,对刺激工人生产积极性、提高劳动生产率以及促进资本主义的发展,发挥了重要作用。当时美国一个公司的董事长说,我们通过运用泰罗的科学管理原理,在成本总额、人员总数基本不变的情况下,产量比过去提高了三倍。但是泰罗的管理制度有很大的历史局限性。列宁在评价泰罗制时指出,泰罗制一方面是榨取工人血汗的制度,另一方面又是一系列最丰富的科学成就。

管理哲学作为一个概念,最早是由泰罗提出的,他在《科学管理原理》一书中说:"科学管理包括某种主要的普遍原则,是一种能以各种方法运用的哲学观。"[①] 他还指出:"科学管理从本质精髓来说,包含着某种哲学。"[②] 这说明泰罗在创立科学管理理论时,就已认识到管理哲学的存在及其重要性了。

这一时期的管理思想比起经验管理来说,是向前发展了。古典管理理论对管理过程的要素、分工、职能研究较细,给后来的管理理论奠定了基础,对管理的主要过程、职能、技能的论述对现在的管理工作仍有指导意义,但只强调了管理中经济因素的作用,他们中大多数研究者忽视了人的因素,把工人看作是机器的附属品,而不重视研究工人的情感、意愿、社会心理和行为等,不利于发挥工人的积极性。古典管理理论只注重经济,轻视思想、教育,缺少哲学思考,远不能解决复杂的管理问题和管理中的各种矛盾。

(三) 行为科学理论

这种理论是 19 世纪后期兴起的,由于古典管理理论主要从经济因素去研

[①] 〔美〕F. W. 泰罗:《科学管理原理》,胡隆昶等译,中国社会科学出版社 1984 年版,第 16—17 页。

[②] 同上书,第 88 页。

究管理,不能说明和解决管理中的许多矛盾,因此就产生了行为科学理论。行为科学理论的主要代表人物是美国管理学家乔治·埃尔顿·梅奥(George Elton Mayo),主要著作有《工业文明的人的问题》《工业文明的社会问题》等。他认为,工人不单是"经济人",而首先是"社会人",工人进行劳动并不只是追求金钱和物质利益,还追求人与人之间的友情、受人尊重,有安全感、归属感等需要。企业中除"正式组织"之外,还存在"非正式组织",即企业成员在共同工作过程中由于具有共同的社会感情而形成非正式团体。这些团体有内部的规范和舆论,是影响其成员的一种强大力量。他强调生产中人和社会因素的重要性,要求管理者不仅要善于解决企业管理中的经济、技术问题,而且要同员工建立良好的人际关系,只有满足员工的各种需求,才能调动员工的劳动积极性。他为了证实自己观点的正确性,曾领导一个研究小组于1929年11月在芝加哥附近的西方电气公司的霍桑工厂进行了广泛的研究。行为科学理论的特点是重视生产过程中各种感情因素、社会舆论、人际关系等社会心理因素对工人的影响,是对古典管理理论的重要补充。它克服了古典管理理论只强调经济因素而忽视社会心理因素和人际关系作用的缺点,但后来出现将这两种理论调和起来的倾向。

（四）现代管理理论

这主要是指第二次世界大战后出现的各种管理理论。这一时期出现了多种管理理论,影响较大的是社会系统学派和管理科学学派。

社会系统学派的代表人物是美国的切斯特·巴纳德(Chester Barnard)。他认为,社会的各级组织都是一个系统,整个社会系统是由各种级别的子系统组成的,每一个协作系统都由协作者的意愿、共同的目标、信息联系三个基本要素构成,通过信息把系统成员的个人意愿、需要和组织共同目标联系在一起。社会系统学派注意用系统的观点分析和管理企业,提高了企业的效率。

管理科学学派认为,管理是制定和运用数学模式与程序的系统,即用数学符号和公式来表示决策、计划、组织、控制等程序,求出最优的解决方法,达到企业的目标。对问题的解决一般要经过以下几个步骤:提出问题,建立数学模型;对模型求解,求得最佳效益数量值;验证求得的方案;建立对解决方案的控制系统;付诸实施等。它以计算机为工具,用科学的方法,如线性规划、模拟、对策论、概率论、排队论、搜索论、计划评审法、关键线路法以及质量控制等，来提高管理效率。

现代管理理论综合了古典管理理论、行为科学理论的一些合理因素，注意系统管理，重视信息和预测，重视对决策的研究以及管理中社会心理因素的作用，并把电子计算机、现代数学等科学技术应用于管理过程，提高了管理效率，反映了现代化大机器生产的特点。但是，现代管理理论对人的分析是以抽象人性论为前提，否认人的社会性、阶级性，把人看成是抽象的人，因此也有不科学之处。

（五）马克思主义的管理理论

马克思、恩格斯在他们的著作中对资本主义的管理活动进行了分析，揭露了资本主义管理活动的实质。马克思在《资本论》第3卷中阐述了资本主义管理的二重性，即监督劳动和指挥劳动，说明了工资理论、两大部类生产协调发展的再生产理论，为科学的管理理论提供了正确的指导思想。

马克思的生产力理论也为管理哲学理论提供了指导思想。马克思把各种社会关系归结为生产关系，把生产关系归结为生产力，而生产力中的要素可以概括为人的要素和物的要素，人和物的关系是辩证统一的关系：其中，人是主要因素，起主导作用，但不能忽视物的要素，只有把人和物有机结合起来，才能进行生产；只有既重视人的因素，又重视物的因素，才能使生产得到发展。"见物不见人"或"见人不见物"的观点，都是片面的，都不利于生产的发展。

马克思主义哲学的唯物论、辩证法、认识论等概括了宇宙的最普遍、最一般的规律，为建立管理哲学提供了正确的世界观和方法论。

第三节　管理哲学在哲学理论体系中的地位和社会作用

一、管理哲学的理论地位

要想了解一门新兴学科的存在和发展，必须弄清这门学科在众多理论体系中所处的地位，弄清它和其他理论的区别和联系。管理哲学属于哲学，它在哲学理论体系中处于什么地位，涉及哲学的定义问题。

哲学的定义有广义和狭义之分。广义的哲学不仅包含几个较广阔的领域，如自然哲学、历史哲学、认识哲学（认识论）等，而且包含一些较专门的研究领域，如管理哲学、领导哲学、教育哲学、人生哲学、宗教哲学等。而狭义的哲学则专指过去哲学中的本体论（关于一般存在的理论）或形而上学，亦称第一哲学、纯粹哲学，也就是世界观。可以把各种广义哲学看成是狭义哲学的分支学科或组成部分。事实上，无论是历史上还是今天，各种流派的思想均不限于本体论，往往在本体论之外包含其他组成部分，如自然哲学、历史哲学、认识论、伦理学、美学等，有的哲学则专门研究某一分支学科，而以某种本体论作为它的理论前提。①

在马克思主义哲学理论体系中，不仅包含本体论的内容，也包含本体论以外的其他内容。这是因为哲学作为世界观和方法论，是以整个世界为自己的研究对象的，而整个世界是由无数个局部组成的。在马克思主义哲学理论体系中，根据它们所反映的客观世界范围的大小，其理论层次的高低也有所不同。辩证唯物主义的唯物论和辩证法从理论的最高层次上揭示了适合于自然界、人类社会、人类思维的共同的基本规律，在唯物论和辩证法的理论前提下，又揭示了自然界、人类社会、人类思维领域的本质和运动规律，使这些一般原理带有各个领域的特点，即自然辩证法、历史唯物主义、辩证唯物主义认识论。

组成世界的各个领域又分为许多部门，比如人类社会领域又可分为经济、政治、军事、文化等部门。随着自然、社会、思维领域的发展变化和人们认识水平的深入，作为世界观和方法论理论体系的哲学，不可能仅停留在对三大领域最一般规律的认识上，必然在已有一般原理的指导下，对特定时空范围内存在的特定部门、具有相对普遍意义的规律进行概括。这种概括的结论既具有世界观和方法论意义，又具有该部门的特点，这就是部门哲学，如教育哲学、军事哲学、艺术哲学（也称美学）、道德哲学（也称伦理学）等，管理哲学也属于部门哲学。正如毛泽东所指出的："科学研究的区分，就是根据科学对象所具有的特殊的矛盾性。因此，对于某一现象的领域所特有的某一种矛盾的研究，就构成某一门科学的对象。"②

---

① 黄楠森、杨寿堪主编：《新编哲学大辞典》，山西教育出版社1993年版，第1020页。
② 《毛泽东选集》第1卷，人民出版社1991年版，第309页。

在上述几个理论层次中，辩证唯物主义的唯物论和辩证法提供的是最一般的原理和方法论指导。适于某个领域的哲学理论，是在辩证唯物主义的唯物论和辩证法理论基础上，对某个领域的研究，总结概括出相应的哲学理论和哲学范畴，可称作领域哲学。而部门哲学是在领域哲学理论的指导下，以特定的部门为对象，从世界观和方法论的高度，总结和概括出带有这个部门特点的哲学理论。这些理论在这个部门范围具有普遍意义，仍带有哲学的思辨性。管理哲学的形成也正是如此，由于管理活动属于社会现象，因此管理哲学理论的形成要受历史唯物主义的指导，它又不同于历史唯物主义，是带有管理部门特点的哲学理论。

需要指出的是，上述几种不同的理论层次均贯穿着世界观和方法论意义的基本理论，如思维和存在的关系问题、时空观、运动观、规律观，以及质和量、肯定和否定、有限和无限、绝对和相对等，只不过带有不同层次的特点，它们属于不同层次的哲学，而不属于具体科学。

从管理哲学的理论地位可以看出，它的出现和形成也是符合人们对客观世界的认识规律的。人们对客观世界的认识总是从个别到一般，又从一般到个别，从宏观走向微观，从有限走向无限。从哲学观点来看，人们认识了整个世界的规律和本质后，很自然地要深入研究各个领域、各个部门的规律，这种认识只能是哲学眼界的扩大，而不是用哲学代替各门具体科学。这些部门学科的建立扩大了人们对无限世界的认识，而不是把人们的眼界束缚在具体部门。一般哲学在形成、发展过程中，要对大量具体事物进行概括，形成一般原理，要经历一个由个别到一般的过程。要想使一般哲学得到发展、丰富，必须在原有理论指导下，再研究各个领域、各个部门的问题，进行哲学概括。如果哲学理论的形成只停留在由个别到一般上，而不进一步发展到由一般到个别上，那么，哲学理论只能停留在原来水平上，就会成为脱离实际生活的僵死的教条。因此，建立部门哲学，不仅是实际工作的需要，也是符合人们正常的思维规律和正确的认识路线的。

二、管理哲学的社会作用

学习和研究管理哲学具有重要的理论意义和实践意义。

首先，管理哲学能够把一般哲学具体化，成为联系一般哲学和管理科学、管理实践的桥梁和纽带，有利于发挥一般哲学的指导作用。

一般哲学由于概括的范围是整个世界，因此最抽象、最概括，是距实际较远的思辨性理论。为了使抽象的理论应用于具体对象，需要把理论本身具体化，经过一个从抽象到具体的转化过程，使高度抽象的理论通过一个个中介，逐步贴近现实，发挥其应用作用。而管理哲学正是把一般哲学同管理实践、管理理论结合起来，使一般哲学在管理活动中发挥作用。管理哲学能够成为联系马克思主义哲学和管理科学、管理实践的中介，从而形成管理的客观物质活动，也生动地体现了马克思主义哲学的实践特征。

其次，管理哲学能促进管理理论的发展，也有利于发展、丰富马克思主义哲学。

管理哲学作为正确的管理观和方法论，指导了管理实践活动，必然促进管理实践活动的发展。管理实践活动的发展，必然引起管理理论的更新。而新的管理理论和管理实践的深入发展，也会提出新的、需要马克思主义哲学做出结论的问题，从而促进马克思主义哲学的丰富和发展。比如，过去人们根据马克思的《资本论》把生产力的要素理解为劳动者、劳动资料和劳动对象，随着管理哲学、管理科学、管理实践内容的不断丰富和认识水平的提高，人们认识到生产力是一个复杂系统，管理也是生产力系统的要素，使原来的生产力理论得到丰富。

马克思主义哲学是对各门具体科学和具体实践活动的概括和总结，随着各门具体科学和具体实践活动的深入发展，还要继续进行科学概括。在抽象概括形成一般哲学理论的过程中，应先从各个部门做起，形成部门哲学，在这些部门哲学的基础上，再进一步科学地抽象概括，上升到一般哲学理论。这不仅将大大缩短一般哲学理论的形成过程，而且由于其建立在多次抽象的过程之上，所以从根本上保证了哲学理论的科学性。

三、管理哲学的理论启示——加强对哲学应用的研究

马克思主义哲学从来都重视和强调自己理论的应用问题。马克思早就说

过:"哲学家们只是用不同的方式解释世界,问题在于改变世界。"① 马克思主义哲学创立时,其应用的目的是用阶级斗争、无产阶级革命和无产阶级专政的理论去武装无产阶级和革命群众,通过革命斗争推翻旧世界,建立新世界。实践已证明,马克思主义哲学创立后的应用是成功的。但是,在现实生活中,有一些人常常对马克思主义哲学的应用产生疑惑,"哲学无用论"在新的形势下仍有市场。这种情况并不是说哲学真的没有用了,而是由于哲学的应用未能随着社会发展的需要更新其内容和形式,哲学的应用不能满足社会发展的要求。在对马克思主义哲学的应用中,曾经出现过割裂马克思主义的科学体系的现象,抓住马克思主义哲学中的某一句话、某一段话或某个词句,为我所用地进行解释;也出现过把马克思主义哲学当作千古不变的教条的现象,自然使人们感到哲学无用。正反两方面的经验和教训告诉我们,在哲学的应用问题上,要想获得成功并不是一件容易的事情。在应用哲学的过程中,会受到各种条件的影响,哲学的应用是一个复杂的运动过程。在我国学术界,过去有轻视哲学应用研究的倾向,认为哲学研究就是哲学基础理论的研究,越抽象水平越高。有的学者强调哲学思辨的特点,重视反思,轻视与社会实践和现实生活的结合。

在哲学研究中,加强哲学基本范畴、基本理论的研究是重要的,加强哲学的应用研究也是十分重要的。毛泽东说:"对于马克思主义的理论,要能够精通它、应用它,精通的目的全在于应用。"② 再好的理论,如果不能应用于实际,就没有生命力。哲学是时代精神的精华,它不仅包括这个时代各门具体科学的精华,也包括用这个精华来说明现实世界,改造现实世界。哲学的应用也应具有时代精神,也要反映时代特点,反映广大人民群众的要求。社会生活的现实要求我们既要加强哲学基本原理的研究,为广大干部和人民群众提供科学的世界观和方法论,又要重视哲学应用的研究,使哲学走近现实,为人们提供科学的哲学应用原则和方法,使抽象的哲学理论具有一定程度的可操作性。通过对哲学应用的研究,在原有正确哲学理论的指导下,对于具体科学领域或实践中的问题进行哲学分析,找到解决这些领域和实践中的问题的正确理论和方法,真正发挥哲学认识功能和改造世界的功能。通过对哲学应用的研究,也可

---

① 《马克思恩格斯选集》第1卷,人民出版社1995年版,第57页。
② 《毛泽东选集》第3卷,人民出版社1991年版,第815页。

以对某个领域的问题提出新观念、新理论，帮助人们树立适应社会发展需要的新的理论观点和思维方法；还可以建立哲学和具体科学、具体实践活动的中介学科，使哲学通过指导中介学科，进而形成相对具体的解决问题的思想方法和工作方法。比如，通过对哲学应用的研究，建立了管理哲学、教育哲学、军事哲学、环境哲学等部门哲学，使哲学研究展现出新的局面。部门哲学的形成，提供了哲学在某一个部门、某一个领域的原则和方法，克服了以往出现的把哲学一般原理当成现成的公式生搬硬套，在哲学应用上的简单化、庸俗化错误。

　　加强对哲学应用的研究，建立部门哲学，对于实际工作者掌握正确的哲学理论，做好实际工作，也大有益处。对于实际工作者来说，要做好实际工作，必须掌握正确的哲学理论，提高自己的理论思维能力，这就需要认真学习经典作家的哲学论著和中外哲学史等。但在通常情况下，真正能够做到认真学习马克思主义和中外哲学史的毕竟是少数人，比较可行的办法是哲学工作者将研究哲学基础理论所得的新成果，不断地和各个部门科学结合起来，形成既有哲学高度又有某个部门特点的、通俗易懂的、易于被广大实际工作者所理解、接受和运用的部门哲学。这是广大实际工作者所希望得到的，也是他们对哲学研究提出的要求。做社会科学方面工作的有这种要求，做自然科学方面工作的也有这种要求。正如恩格斯所说："自然研究家尽管可以采取他们所愿意采取的态度，他们还是得受哲学的支配。"[①] 恩格斯还指出，"就单个人来说，他的行动的一切动力，都一定要通过他的头脑，一定要转变为他的意志的动机，才能使他行动起来"[②]。部门哲学的形成大大有利于发挥一般哲学的指导作用，使正确的理论转化成正确的行动。当然，一般哲学由理论到实践的中介是多级的，不是只靠一个中介就可以解决哲学的应用问题。物质世界是无限发展的，人们的认识也是无限发展的，不可能停留在对某一个领域、某一个部门原来的认识水平上。因此，部门哲学仅是多级中介中的一级，正是通过多级中介，一般哲学越来越接近人们的社会实践，在人们认识世界和改造世界的活动中发挥重大作用。

---

　　① 《马克思恩格斯选集》第4卷，人民出版社1995年版，第308页。
　　② 同上书，第251页。

第四节　西方哲学与现代管理

正如管理学有自己的研究对象一样，西方哲学也有自己的主题和研究对象，就此而言，二者是截然不同的。但作为理论基础的哲学，依然对管理学有着重要的指导作用。如果我们把管理分为管理者和被管理者，他们就都生活在一定的文化氛围之中，受到传统与当时流行的价值观念、道德准则、生活信念、思维方式和风俗习惯的影响，而这些文化因素又都受到哲学的缓慢而持久的影响。如果我们把管理学的内容分成宏观的管理理论（如人群关系理论、社会系统理论、激励理论、人性假设理论等）和具体的管理措施（如计划、组织、领导、人力资源、控制等），哲学对二者都有指导作用。下面介绍几种现代西方流行的哲学学派，以及它们对管理科学的影响。

一、实证主义哲学及其对管理的影响

（一）实证主义哲学的基本观点

19 世纪哲学史上的一件大事就是实证主义的兴起。实证主义以实证科学作为哲学基础，它也是现代西方哲学中所谓科学主义思潮的先驱，影响了以后的马赫主义、逻辑实证主义、科学哲学等流派，与实用主义、新康德主义等流派的观点也极为接近。实证主义的思想根源是欧洲哲学史上的经验主义，与乔治·贝克莱（George Berkeley）、大卫·休谟（David Hume）一样，实证主义者认为全部哲学都应以经验为基础，这种经验是按照实证的自然科学的方法获得的，具有科学的意义，可以被检验。为了反对传统哲学中重视内在经验概念的思辨性和抽象性，他们把知识限制在经验的范围内，放弃了对经验以外世界的认识，放弃了对传统哲学所谓本质问题的研究。同时，他们对人类的理智力量充满信心，认为人能够通过科学认识来改造自然和社会。他们高举科学的大旗，倡导和谐、进步、秩序。实证主义的创始人和主要代表是奥古斯特·孔德（Auguste Comte）、赫伯特·斯宾塞（Herbert Spencer）等。

孔德提出实证主义就是要以实证的知识来代替神学和形而上学知识，认为

哲学应当以实证自然科学为根据，以可以观察和实验的事实及知识为内容。具体地说，他认为我们的生活由三个方面构成——思想、情感和行动，哲学活动的真正目标是构造出一种把这三方面纳入一体的体系。他特别强调"实证"，认为它表现了实证主义的一切本质，"实证"就是指实在、有用、确定、精确、肯定、相对、可度量和检查等意义。实证的精神实质是对现象的不变规律的探求，它排除所谓追溯现象的原因等传统哲学的内容，也就是用"怎样"来代替"为何"。他提出思想的三阶段，也就是人对真理认识的三个阶段：神学阶段、形而上学阶段、实证或科学阶段。只有实证阶段才能达到真正的知识。实证主义的真理观引导孔德提出了学科分类法。他强调各门学科都必须从整体的观点来看待所研究的对象，而一切科学都是人所掌握并为人所服务的，所以人的科学是一切科学中最重要的科学，因而他认为社会学是最高的科学。

孔德把人性当作社会的基础，认为决定社会的起源和性质的是作为人性体现的人的情感意志，这些是人的本能。孔德的社会学提出了后来不断被提出的问题，就是个人与社会关系的问题以及人究竟是什么样的动物。孔德认为，人有个人本能即追求自己的利益，这是不能被否认的，也有社会本能，这是指人的利他性，社会就是起源于人的这两种本能。社会是有机的，不是单个的个人的简单相加，必须有相应的组织，社会成员要协同分工。孔德特别强调了从人类之爱的角度出发解决社会问题，他一再声明，实证主义把爱当作普遍的原则，这是与他的实证主义理想相一致的，即通过实证主义的研究，建立一种人类的情感意志和谐的社会。为此他还试图建立一种"人道教"，倡导对人类的崇敬，认为这可以纯化人们的感情，使人们变得高尚，社会更和谐。

另一位实证主义的代表人物是斯宾塞。斯宾塞认为科学和哲学都以现象为研究对象，也就是研究有限的、条件确定的、具体的东西。而现象背后作为现象原因的东西，则是绝对不可知的东西，他称之为"力"，"力"是使事物存在的原因。他也对知识做了划分，同样分为三个类别：最低级的知识，这是完全不相联系的知识；科学知识，这是部分联系的知识；哲学，这是完全联系的知识。普遍联系，世界是一个整体，这是他思想的一个核心，也是对以后思想界影响较大的一点。斯宾塞自己认识到的世界的普遍联系就是"普遍进化论"，认为世界受进化规律支配。他也从实证主义出发提出了社会学。斯宾塞认为社会学研究的是人类社会的产生、发展、结构和功能的学问。社会学被提出来，也是基于他的信念：社会现象也像自然现象一样具有某种齐一性、规律性。斯宾塞认为社会是有机体，有机体的各个部分必须保持平衡才能健康，社会也是如此。社会有机体的特性是它的整体是为了部分而存在的。他特别强调个人，认为社会是为了个人而存在的，而不是相反。此外，他认为社会有机体之间也存在竞争，适者生存。

（二）实证主义哲学对管理的影响

实证主义思想是理性主义和科学主义的代表。虽然孔德与斯宾塞做的多是理论工作，但他们提出的实证理念却影响巨大。理性主义强调理性、科学、逻辑推理和精密分析，正是在理性主义思想的熏陶下，才产生了古典管理学派，标志着管理学正式建立。管理科学的创始人泰罗就说过，科学管理的精神就在于，在一切关于组织中所进行的工作方面，用精确的科学调查研究和科学知识来代替个人的判断或意见。显然，这正是实证主义的基本精神。在这一精神指导之下，泰罗等人致力于科学管理的试验，通过观察分析和计算，提出假说或阐明普遍规律，用来指导具体的管理措施的制定。此外，孔德与斯宾塞把社会看成一个有机整体的思想，对管理学理论把组织看作一个活动的整体加以考察有非常重要的影响。

二、实用主义哲学及其对管理的影响

（一）实用主义哲学的基本观点

实用主义是 19 世纪后半期在美国兴起的一个哲学流派，是现代美国各派哲学中对美国的社会生活和思想文化影响最大的哲学流派。实用主义的主要代表人物是美国的查尔斯·桑德斯·皮尔士（Charles Sanders Peirce）、威廉·詹姆士（William James）、约翰·杜威（John Dewey）、乔治·赫伯特·米德（George Herbert Mead）。19 世纪末 20 世纪初自然科学的发展，导致科学主义思潮兴起，对实用主义的产生和发展产生很大影响。实用主义在反对"形而上学"和"二元论"的口号下，把哲学的任务归结为制定与世界观无关的科学的认识论和方法论原则。实用主义者大多强调人的认识活动的创造作用，强调一切科学和认识的对象均出于人的认识本身的创造。"实用主义"一词来自希腊文，本义就是行为、行动、由行动达到效果。这就不难理解，为什么实用主义强调哲学要立足于现实生活，把确定信念作为出发点，把采取行动当作主要手段，把获得效果当作最高目的。这种行动本身就是人对未来的规划指出实现目标的途径，因而他们所谈的利益、功效虽然和管理学所说的利益、功效不完全一致，但二者有共同性也是显而易见的。

作为一个大的哲学流派，实用主义在科学、法律、政治、教育等领域有广泛的影响。实用主义学说的要点是：从个人的经验和境遇出发，研究的是个人在面对世界时所遇到的问题和如何正确地解决问题，包括如何正确地解决哲学问题；不同意有最后的永恒真理，强调多元性、相对主义和偶然性；强调信念与信仰的作用；以行动的成功和获得预期效果为最终归宿。

皮尔士认为，哲学的使命不是认识世界，而是确定信念。他的实用主义是作为一种方法论出现的，他的方法被称为"怀疑—信念的探索理论"。为了解决信念的确定性问题，皮尔士提出了著名的确定实际意义标准的"皮尔士原则"，即任何一个名词、命题和论断的意义就是它们所引起的实际效果的总和。为了获得概念的意义，人们就要考虑从这一概念的真理必然得出什么样的可以设想的实际效果，这些效果的总和将构成这个概念的全部意义。皮尔士的意义理论还有一个重要的特点是，强调作为意义标准的可感觉效果应从行动、实验中去把握，感觉效果就是引起实验、行动的效果。有时他把意义标准归结为个人的行为习惯，认为凡是能引起一定行为习惯的就是有意义的，一个事物的意义简单说来就是它所涉及的习惯。这是一种行动主义的观点，以这种观点为基础，他提出，一个概念和命题的意义在于一套与之相应的操作。人们不能脱离实际用法孤立而静止地考察名词的意义，意义应在效果中去寻求，效果来自行动，也就是应该通过采取相应的行为、操作，从这些行为和操作中去考察其实际效果。这种为获得对某一对象的意义而采取的一系列相应行为的过程，是一套相应的操作过程。这一观点成为后来操作主义理论的基础。

詹姆士的贡献是多方面的。在心理学方面，他提出了意识流理论，强调了心理意识尤其是意识活动的能动性，认为人的意识是一个连续不断的流。在这种意识流的基础上，他提出了"纯粹的经验"是构成一切事物的原始素材或质料，它是一种"纷繁庞杂的混乱"，"一条意识流"。根据这些观点，詹姆士提出他的真理观，即真理是人创造出来的，真理是相对的，真理是思想中的真理,真理的特征是能帮助人确定信念,满足人的需要,使人获得成功。所以詹姆士赞成多元主义,追求全体性。这种真理观表现在他对实用主义的认识上:实用主义的方法只不过是一种确定方向的态度,这个态度不是去看最先的事物的原则、范畴和假定必需的东西,而是去看最后的事物、收获、效果和事实。

杜威的思想又叫经验自然主义,认为经验是主体和对象、有机体和环境之间的相互作用。他认为,有机体为了生存必须适应环境,人对物的认识来自我们自己的经验。经验就是人适应自然的生活、行动、实践。这种经验的主要形式就是"刺激—反应"。然而,在适应环境时,总会遇到新问题,怎么办?杜威提出了著名的思想五步说,这也是解决任何问题的方法论:感觉到困难;认识并确定困难究竟为何;设想解决方案;运用推理对设想的方案加以选择;进一步观察和实验。杜威的哲学又可称为工具主义,认为思想、概念、意义只是人们为达到某个目的而设计的工具,工具不具有真假性,只有有效性。由此,他主张"真理即效用"。但是他意指的效用不是对个人而是对社会和公众有效。杜威特别强调了具体的个人的真实性,反对用一般的"国家"和空洞的"个人"概念来取代活生生的人。他提出社会进化论,认为进步就是现在不断地改造和前进。

米德把实用主义的经验心理学发展为社会行为主义,认为人的经验和交往共同塑造了一个人的人格。个人对经验内容的处理是反思,但经验内容本身是与社会的交往,个人在交往中不断接收到他者的信号,通过反思理解了它们,这样社会行为被纳入了个体,个体也就发展成为社会的个体。

(二)实用主义哲学对管理的影响

实用主义对管理的贡献表现在多方面。实用主义强调个体的第一位作用,这为寻求有效地达到目的的途径开辟了思想上的道路,这一思想是人本主义的表现,不把人看作是机器中的一个零件,而是活生生的或者作为思考的有情感意志的人,对后来的人本主义的管理理论如人际关系学说和行为理论都有指导性。由詹姆士开始的实用主义心理学研究对后来的行为主义有巨大影响。后来的行为主义学者主要是运用社会学、心理学和人类学的成就来回答是什么东西左右着人们的行为,以及如何才能激发工人的士气,如何正确处理人与人之间的关系,如何发挥集体的作用等。他们采用的方法就是运用科学程序,对组织中的人群做实证的行为学的研究,把注意力集中在人群的行为上,探索行为与人的内在心理的关系。在具体管理方法上,实用主义的思想方法提供了一个开放的以效用为中心的真理观,强调效果、收获,这正是管理学以效率为目标的理论基础。杜威的思想五步说提供了一个决策的方法论模型。决策理论学派的决策过程分为四个部分:搜集情报,探查环境;分析可能的行动方案;从各种方案中选择一个行动方案;对行动方案进行评价。这完全吻合杜威的有机体与环境的相互作用理论和思想五步说理论。

三、分析哲学及其对管理的影响

(一)分析哲学的基本观点

分析哲学是20世纪上半叶西方哲学的主要思潮,它是作为对以前的哲学体系的反叛而产生的,有非常深刻的社会背景因素,同时它自身也加强了这种社会文化背景的力量。自文艺复兴以来,经过宗教改革、科学革命,人们对旧的宗教和形而上学的东西失去了信心,疑虑感在加强。似乎除了哲学一切科学都在进步,所以一些哲学家从现代科学引入了新的思想方法和操作方法,使哲学逻辑化、分析化、科学化、技术化,希望具体地一个一个地解决哲学问题。分析哲学的传统可以追溯到苏格拉底对概念定义的分析、洛克的经验还原主义,以及休谟对分析知识和综合知识的区分等。他们分析的是人类的语言,目的是认清人类在语言后面所形成的错误认识。

分析哲学作为哲学的主流,有很长的发展史,前后有较大的变化。这里主要介绍几个代表人物。伯特兰·罗素(Bertrand Russell)试图为人类知识寻求牢固而坚实的基础,他提出"外在关系论",反对传统的"内在关系论"。内在关系论认为,世界是一个有机的整体,要想认识任何有限的事物必须先了解整体。罗素认为,个别事物是可以独立存在的,个别真理是成立的,由此得出多元的宇宙观。据此,罗素提出逻辑原子主义思想,认为了解任何主题的实质途径是分析,直至分析到最后无法继续分析下去的最后成分,他称之为逻辑原子。他说这种逻辑原子就是我们构成事物的所谓观念。整个宇宙就是由这种逻辑原子的逻辑构造而形成的。因此,他追求简化对世界的逻辑描述,反对心物二元的划分,认为事物之间的关系是相对于观察者来决定的。遵循这些原则,他提出只要有可能，就要用已知实体的构造来代替未知实体的推论，如自我、物体等。罗素的这种思想在后来的社会科学研究中经常出现，不再对某个概念进行语言定义，而是用可观察的事件来限定它们，后来发展成为科学哲学学派。

路德维希·维特根斯坦（Ludwig Wittgenstein）的理论前后期有很大不同。早期维特根斯坦提出语言图像论，他把语言看作一种与世界具有同型结构的图像。这种思想认为世界是事实的总和，不是物的总和，即物或客体不能孤立地存在，只能存在于事实之中，只有在事实中才能把握物和客体；事实可以分为分子事实和原子事实，最低级的原子事实就是事物直接联系的方式；思维是事实的逻辑图像，图像与事实之间存在逻辑一致；命题是语言的基本单位，也是现实的图像，命题的总和构成语言。语言图像论的一个重要推论就是：哲学不是理论，而是活动；不是创造命题，而是使命题清晰。后期维特根斯坦提出语言游戏说，语言不被认为是世界的图像，而是侧重其在使用时的意义。他认为，语言反映了生活形式的多样性。正是因为生活形式的多样性，语言也就有了各种不同的用法，每种语言之间又相似，但所有语言之间没有统一的本质，哲学的任务就是描述日常语言的用法。维特根斯坦指出，作为游戏，语言也有自己的规则，这规则是公共的规则，应该共同遵守，不存在私人的规则，因此也就不存在私人语言。

分析哲学的其他重要代表还有维也纳学派，他们著名的口号就是"拒斥形而上学"，这里的形而上学是指传统研究超越经验的本体或本质领域。为此，他们提出了著名的证实原则：一个命题的意义就是证实它的方法。一个语句的意义是由它的证实条件来决定的；只有当这个语句可以被证实的时候，这个语句才有意义。作为维也纳学派的代表人物，保罗·鲁道夫·卡尔纳普（Paul Rudolf Carnap）试图用自己选择的物理主义语言对各门学科进行大的综合。他所谓的物理主义语言系统，就是由报道经验中直接给予的观察句子所构成的语言系统。他认为其他一切学科的语言都可以翻译成物理语言，而不改变它们的内容，连心理现象也不例外。比如，某人生气了可以描述为某人体内的内分泌系统的变化。这就与行为主义相一致，把心理学变为描述心理学。

后期日常语言学派的代表吉尔伯特·赖尔（Gilbert Ryle）认为，哲学并不增加关于心灵的新知识，而在于澄清我们对世界的已有认识。他反对笛卡尔以来的心物二元论，否定灵魂的独立性。他指出，描述心灵的词语实际上只是描述一种活动、一种功能，而不是描述实体。他认为精神不是另一种神秘实体，对精神状态的描述实际上是根据过去和现在推测的一种行为方式，而不是真的有一种独立自在的精神世界。他说，谈论一个人的心灵，就是谈论人在做某类事情时所表现出的能力、倾向和爱好，比如说团队精神，并不真的存在一个实体叫团队精神，它表现为团结友爱，表明这个团队的成员以前是团结友爱的，今后也会团结友爱。赖尔的这种思路就是用"人的行为"来取代"心灵"这个概念，与行为主义走到了一起。

（二）分析哲学对管理的影响

分析哲学对管理思想的影响可以从两方面加以分析。一是分析哲学的分析方法，这种分析方法运用在管理学中就是管理科学学派的方法，它的特征是把大型复杂的问题分解为较小的部分，在制作分析模式时注重细节，并遵循逻辑程序，这与分析哲学逻辑地构造世界是一回事；二是分析哲学拒斥形而上学的结果，把心理学变成描述心理学和行为心理学，反对用神秘的精神来解释人类的行为和精神状态，有非常强的实证主义精神，为后来的人际关系学说和各种社会心理实验提供了理论基础和新的思路。

四、科学哲学及其对管理的影响

（一）科学哲学的基本观点

现代科学哲学与自然科学尤其是物理学的巨大突破密切相关。其实，自孔德以来的实证主义、马赫主义、逻辑原子主义、过程哲学都属于科学哲学范围。卡尔·波普尔（Karl Popper）的科学哲学又被称为批判理性主义，波普尔之后的科学哲学的发展是历史主义的兴起。

波普尔的批判理性主义是继承实证主义发展而来，但又是对当时维也纳学派的反驳。波普尔不赞成维也纳学派的证实原则，认为证实原则的最大困难是归纳概括在逻辑上的不确定性，也就是普遍科学命题不可能由有限经验事实所证实。既然证实原则不能确保自身成立，那么怎么区分科学真理和其他命题呢？波普尔提出了他的证伪学说，认为区别科学与非科学的标准不是可证实性，而是可证伪性。也就是说，一种科学理论只有当它是可证伪的，它才是经验的、科学的；一种不能被任何想象的事件所否证的理论即不具有可否证性的理论是非科学的。波普尔的理论为科学提供了一种新的方法——试错法。这种方法的特点是，大胆提出假说，使其面临最严格的批判，以便觉察错误之所在。在证伪主义和试错法的基础之上，波普尔提出了他的科学发展模式。他认为科学知识的增长一般经历了四个阶段：科学开始于原始问题，这些问题是要寻求对于世界的某些方面的解释；对这些问题提出实验性的理论，以尝试解答这些问题；各种解答受到批判和检验，相互之间有冲突，直到有一个理论得到了认可；有些理论被科学技术的进一步发展所否证，又出现新问题，科学研究永远没有终结。这种科学发展四阶段模式又可看作是科学研究的逻辑，是试错法的最高体现。这种方法又可简单地归结为猜想与反驳。猜想的原则是：不是理论始于观察，而是观察中渗透着理论；形而上学起着重要作用；应满足简单性、可独立检验性和不会很快被证伪。反驳的原则是：批判、排除和判决性实验。

在波普尔之后兴起的是历史主义，保罗·费耶阿本德（Paul Feyerabend）将托马斯·塞缪尔·库恩（Thomas Samuel Kuhn）开创的历史主义学派推向了极端。他的名著是《反对方法》。费耶阿本德认为，科学的基础是事实，而事实并不是与理论分开的，从事科学研究的人总在一定的科学、哲学和其他理论的指导下，因而不存在纯客观的"观察事实"，他无时无刻不受到理论的"污染"，这种受污染的"事实"不能作为科学理论的唯一证据，与这种证据不符的理论也不能说是错误的。科学的发展是在多种理论并存的前提下互相比较、竞争、批判的结果。他认为科学的发展毫无规则，任何方法论原则都只是说明了科学发展的一个方面。他提出：一切方法，甚至最明显的方法，都有它的局限性。所以他反对寻找所谓唯一的方法，主张多种方法并存，即"怎么都行"。这是方法论上的无政府主义，是要求开放地使用一切可能的方法，又要对一切方法持怀疑、保留的态度。这使他的方法论呈现出以下特点：选择的方法，在各种思想中比较；历史回复的方法，现代的思想并不是全新的，已经模糊地被包含在古代的观念中了；非理性的方法，每一个时代的社会条件、知识背景、群众的心理因素、科学的宣传、情感等非理性的方法都影响了科学的发展，它们构成科学的动力之一。

(二) 科学哲学对管理的影响

与分析哲学一样,科学哲学也是科学主义思潮的代表之一,主张哲学必须以科学方法为楷模,以研究科学的认识论、方法论和科学的发展规律为己任,强调逻辑分析。科学哲学与现代自然科学紧密结合,认为应以科学的方法研究哲学以及研究科学本身的性质和规律。科学哲学与科学主义、理性主义思潮是一致的,作为一种思潮对文化的各个领域包括管理都产生了影响。管理科学学派正是在这种思潮的影响下从事研究和提出原理的,虽然我们不能确定到底是哪一种哲学思潮影响了管理科学学派的基本思想。在具体的管理思想方面,科学哲学提供的获取真理的方法,如猜想与反驳等,对任何学科都具有指导意义。

五、结构主义哲学及其对管理的影响

(一) 结构主义哲学的基本观点

结构主义是20世纪60年代出现的一种哲学思潮。它不是一种统一的哲学派别,而是由结构主义方法联系起来的一种广泛的哲学思潮;它主要是作为一种方法,应用于语言学、社会学、历史学和文学理论等不同领域。

结构主义提出了一些独具特色的基本概念,包括结构、秩序、系统、关系、整体、记号、模型、无意识结构等。结构主义的共同特点是强调结构,但对结构没有统一的定义。结构主义方法论的基本特征是:关系决定要素,这是指对象内部诸要素之间以及对象与对象之间处于复杂的关系网络之中,只有说明关系,才能适当解释整体、部分和要素,关系对于要素有优先的重要性;结构就是创造,即把对象划分为部分,再按照一定的规则和秩序加以重新组合,就可以再现对象的内部结构,结构不是对世界的复写和描摹,而是创造一个真实的世界;秩序才是本质,直接呈现在人们眼前的东西只是现象和表层结构,只有借助理智力量把握深层结构,才能认清隐藏在现象背后的内在秩序,这种秩序是对象的内部结构,它才是现象的本质;模型指导认识,实际事物只是表现出来的符号,只有把这些符号纳入模型而不仅仅是对这些符号进行描述,才能真正理解把握这些符号;用"共时性"代替"历时性",强调从横向而不是纵向揭示对象的内在结构，从复杂现象中发现恒定的结构规律。

结构主义的思想先驱是瑞士语言学家费尔迪南·德·索绪尔（Ferdinand de Saussure），他认为语言是一种先天的结构，与日常人们说出的言语不同，这就是结构与经验现象之间的不同。美国语言学家诺姆·乔姆斯基（Noam Chomsky）的转换生成语法区分了深层结构和表层结构。结构主义的重要代表有克洛德·列维-施特劳斯（Claude Lévi-Strauss）、雅克·拉康（Jacques Lacan）、让·皮亚杰（Jean Piaget）等。在结构主义的发展中，产生了后结构主义和发生学结构主义。

法国人类学家列维-施特劳斯认为结构主义的中心课题就是从混乱的现象背后找出秩序来。这又根源于一种信仰，即世界是一个大系统，各种社会文化现象（包括社会生活的各个方面：经济、技术、政治、法律、伦理、宗教等）构成一个复杂的关系网络，除非把其中之一与其他方面联系起来考虑，否则便不能得到很好的理解。科学探究的就是这个内在结构。根据结构主义语言学，列维-施特劳斯认为结构的主要特征就是：第一，结构展示了一个系统的特征，它由几个部分组成，其中任意一个成分的变化，都会引起其他成分的变化；第二，对于任意给定的模式，都应有可能排列出由同一类型的一组模式产生的一个转换系；第三，由于存在上述特性，如果一种或数种成分发生了变化，就能够预测模式将如何反应；第四，模式必须做到，能使一切被观察到的事实都被理解。列维-施特劳斯认为，模式虽然是人构造出来的，是理智的产物，但结构却是真实存在的。只是这种真实存在的基础不在客体自身之中，而是在人的无意识活动之中，是人的一种先天的构造能力。一切社会文化现象都是由结构决定的，语言结构支配着人类的语言，亲属结构支配着人类的亲属关系，神话结构支配着人类的神话传说。

法国精神分析学家、哲学家拉康提出了"镜像阶段"理论，用结构主义解释人的个性和人格的形成过程。他认为，婴儿从6个月到18个月之间，从镜子中看到自己，感到非常快乐，从这时起，他就开始认识到自己是与别人不同的人，并且与别人有联系。这个过程就是婴儿通过想象与外界建立了联系，建立了一种二元对立的关系，是一种对话，也是一种语言结构。拉康把人的个性分为想象、象征和现实三个层次。想象指对世界图像的记录及由此而来的欲望，象征指主体的善恶是非原则，象征原则是逐渐形成的。象征与想象是相互冲突的，相当于语言与结构的冲突，冲突的结果最后汇合成现实，就是人的个性中能够存在的东西。拉康对人的个性发展的阶段的观点，对人们认识社会结构有较大的指导作用。

瑞士心理学家皮亚杰发展了发生学结构主义。在他看来，结构包括三个特性：整体性、转换性和自身调节性。他把结构与发生学联系在一起，认为结构主义总是和构造论紧密联系的，现实的最后性质就是永恒的构造过程，而不是把现成的结构积累起来。不存在没有构造过程的结构，这种构造过程就在结构的转换性和自身调节性中。构造的基本规则是整体平衡作用。结构的发生过程即构造表明，结构的转换是由一个结构到另一个结构形成的过渡，而且结构从来就是一个转换体系，绝不会有完结了的结构。人在建立自己的结构时使自己成为结构，随着结构的转变，人也在转变，所以人在改变世界的同时也在改变自己。

（二）结构主义对管理的影响

结构主义作为一种社会思潮，本来就不是一种统一的哲学流派，而是以结构主义方法相互联系的，它在数学、生物学、心理学、社会学等学科中都有影响。关于结构主义方法如何应用于管理学，从两种管理学流派就可以窥其一二。古典管理学派的两大流派之一古典组织理论就其思维方式而言颇同于结构主义，代表人物是亨利·法约尔（Henri Fayol）和马克斯·韦伯（Max Weber）。他们强调组织结构，重视整体的统一性，强调全面的规划。法约尔强调组织内的分工、组织的统一指导与指挥、纪律与秩序、个人服从整体等。韦伯著名的科层制组织就是把组织看作由职位和部门组成的等级结构系列，每个部门与职位都为整个结构服务。继承古典管理理论发展而来的管理科学学派采取了系统的观点和方法来解决管理问题，这与结构主义更一致。管理科学学派的系统观念是指把某一管理对象看作是由相互联系、相互作用的不同部分即子系统构成的一个具有特定功能的有机整体，他们称之为系统，该系统又从属于更大的系统。系统分析方法要求，对系统的认识和管理，必须从全局出发，进行研究、分析和决策，这才是唯一正确的认识和管理方法。

六、哲学人类学及其对管理的影响

（一）哲学人类学的基本观点

哲学人类学有广义和狭义两种含义：就广义而言，它泛指 20 世纪以来兴起的人本主义思潮，包括各种观点极度不同的关于人的学说；狭义的指由德国哲学家马克斯·舍勒（Max Scheler）创立的哲学流派。在此我们主要以舍勒创立的哲学人类学为代表进行说明。哲学人类学的基本特征是，试图从哲学角度来解释经验科学中所得到的关于人的知识，探讨人类不同于其他存在的本质结构，从而为具体的有关人的学科奠定哲学基础。哲学人类学是西方社会在第二次世界大战之后形成与发展起来的，它以战后的人本学转折为背景。

马克斯·舍勒是哲学人类学的先驱。他早期作为一个现象学家而闻名，后来逐渐放弃现象学，强调经验科学与形而上学的结合，建立以生命冲动和精神本质为基础的哲学人类学。舍勒说他的哲学问题是人是什么以及他在宇宙中占有什么地位。舍勒认为哲学人类学是一切与人有关的科学的基础，因为哲学人类学为这些学科提供了确定的对象和特定的目标。舍勒把全部存在分为动力、生命和精神三个领域。动力领域指物理世界，生命领域指包含人在内的实在的有机世界和与人有关的自然界，精神领域指具有精神的个人或人格与神的活动场所。显然，这种划分使得人的本质特征、人区别于动物的标志即"精神"凸现出来。生命是一种冲动，是自在自为的存在，它包含感性冲动、本能、习惯和实践智能。精神是什么呢？舍勒认为，精神的含义包括以下几个方面：（1）精神只存在于个人之中，每个人的精神都是唯一的，个人是精神活动的中心；（2）个人的丰富性决定了精神的多元性，在精神领域内个人是绝对自由，它与生命的中心不同，后者属于心灵的中心，受心理学普遍规律制约；（3）精神是个人的本质，它包括人的知觉能力、情感意志活动、直观本质和领悟价值的能力、人的自由和选择的能力以及与上帝交往的能力，爱是一切精神活动中最基本的活动，它先于任何理性的、情感的、意志的、体验的、宗教的活动；（4）精神对一切事物开放，它自身不构成对象，只是接受对象，也就是他思想着、期望着、意欲着、领悟着、体验着、爱念着某物；（5）精神自身没有原始的动能，只有当人在生命冲动的驱使下活动时，它才成为一种自我推动、自我实现的力量。所以既不能把人完全归结为生命冲动，也不能把人完全归结为精神，他认为，人是生命与精神的统一。正是因为人的这种结构，人根本上不单纯依赖他的物理心理状态，人的精神本质为他提供了无限发展的可能性，而人的生命冲动也是历史发展的动力。

在舍勒之后，发展起来各种形式的哲学人类学，如以米夏埃尔·兰德曼（Michael Landmann）为代表的文化哲学人类学。兰德曼认为，人是"未特定化的"，这指人是尚未完成的，人必须自己运用自己潜在的创造性去完成或实现自己的完整性。这种创造性就是人天赋的自由。另一方面，人一开始就是在文化传统中产生的，并且是完整的。所以人又处于必然性之中，因而人是文化的、社会的、历史的、传统的存在。但人作为创造者又是个体的存在。所以文化就是一种自由的创造，人处于永恒的创造和绵延的历史中。然而对于个体，人究竟能成为什么全在于人的主观精神了。

（二）哲学人类学对管理的影响

哲学人类学和人本主义思潮对管理思想的影响，从泰罗的管理思想和人性理论即清楚可见。泰罗的理论早于舍勒的哲学人类学，这并不妨碍哲学人类学的理念曾经且将继续影响管理学。泰罗自己就说过，科学管理不是任何一种提高效率的手段，不是一种新的计算成本的制度，不是一种新的付给工人报酬的方案，不是计件工资制度，不是奖金制，不是工时研究，不是动作研究和工人动作分析，这些其实都是所谓科学管理的具体体现。泰罗认为，他的管理思想的本质不在这些具体的事件中，而是在于"心理革命"，要实现工人和管理部门思想上的彻底改变，使双方由原来基于利益分配的对立转化为合作和和谐共处以最大限度增加双方的共同利益。这种心理革命本身就是人类学的研究对象，它是以一种人类学的假设为依据，即人都依据自己的理性计算自身的最大利益，并以此为行动依据，这种假设又有其更深刻的哲学人类学假设基础：人是自然的产物，服从自然规律的约束，人具有理性又具有感性，感性决定人的痛苦和欢乐，理性让人学会计算痛苦和欢乐的量，而综合起来的趋利避害就是人的本性。这里反映了科学管理学派的失误，他们没有关注人的尊严和自由。同样，古典的组织学派也没有注意人是一个完整的人。韦伯就说过，一个职员无非是一台运转着的机器上的一个齿牙，整个机器的运转给他规定了基本固定的运转路线。正是这种对人的错误或片面的理解，使得古典管理理论存在缺陷和错误，从而造成各种新的管理学派的诞生，如人际关系学说就是针对古典管理理论体系发展起来的，它强调人与人之间的友好关系，要求企业重视"人性"。

可见，作为人本主义哲学，哲学人类学对管理学是有巨大指导意义的。人本主义思潮把人作为哲学的基本问题，重视人的意志、情感、心理、体验、直觉等方面的作用，这正是管理学中人际关系学说和行为科学的理论基础。行为科学提倡尊重人，满足人的需求，正是对人的情感意志的尊重。它们强调团体之爱，贬低物质上的渴望，希望世界可以通过团体的归属而变得更美好，人可以把自己融入某种更大的实体从而重新发现自己的价值。纵观管理思想的发展史，现代的管理思想正越来越重视人的意志愿望在人的行为方面的作用。

以上介绍清楚地展现了现代西方哲学中存在两个特征：一是"人的转向"，从讲求实证的实证主义到强调结构的结构主义，再到哲学人类学，都把人视为中心，都研究了人的科学；二是科学主义，或者强调用科学的方法去认识世界，或者力图提供一种科学的认识世界的方法，如实证的方法、分析的方法、试错的方法和结构的方法。这与现代管理思想殊途同归。作为管理学产生标志的古典管理学的两个发展方向是：从人的侧面来探讨管理的所谓"行为科学"和把现代自然科学技术新成就运用于管理领域的所谓"管理科学"。除了对人的研究和在科学方法论上的成就外，哲学的理论还对管理学起了重要影响，比如实证主义的社会有机体说和结构主义的结构决定事物的性质等理论就是如此。

第五节　中国古代哲学家的管理思想

我国是一个有着几千年历史的文明古国。在长期的管理实践基础上，产生了丰富而深邃的管理思想。辩证地吸收这些宝贵遗产，古为今用，对于建构现代管理哲学、丰富现代管理科学理论，搞好组织文化建设，以及指导各项管理实践活动，都有重要作用。

一、孔子及儒家以"仁"为本的管理思想

《汉书·艺文志》载："儒家者流，盖出于司徒之官，助人君顺阴阳明教化

者也。游文于六经之中，留意于仁义之际，祖述尧舜，宪章文武，宗师仲尼。"可见儒者自古以来即有辅助君主治理天下的职能，他们的特点是学习六经，以仁义为本，他们尊重的导师是孔子。这里以孔子为代表分析儒家的哲学思想与其管理思想之间的关系。

孔子，子姓孔氏，名丘，字仲尼，公元前551年生于鲁国，是春秋后期重要的思想家。孔子的先人是宋国的贵族、商朝王室的后裔，但在孔子出生以前，他的先人就因宋国内乱逃到鲁国，失去了贵族地位。孔子幼年丧父，家境贫穷，年轻时曾做过季氏的家臣，但这并不妨碍孔子好学无倦成为一代名师。孔子34岁开始授徒讲学，曾在鲁国任过官职，后来带领着一些弟子云游列国，宣传自己的主张，老年又回到鲁国，潜心致力于古文献整理，修《诗》《书》，定《礼》《乐》，序《周易》，作《春秋》。

孔子所生活的时代是一个"礼崩乐坏"的时代，而他给自己定的目标是"知其不可而为之"（《论语·宪问》），这体现了孔子对自己的责任感的重视。

孔子的哲学思想可以从以下几点来系统把握。首先，他提出"仁"的概念。《论语·颜渊》记载："颜渊问仁。子曰：'克己复礼为仁。一日克己复礼，天下归仁焉。'"孔子在《论语·雍也》中说："己欲立而立人，己欲达而达人。能近取譬，可谓仁之方也已。"这两处对仁的简练表述包含了丰富的意义。第一处引言中引出了"仁""己""礼"三者的关系，"仁"是要有"礼"作为内容的，"礼"是与"己"相对立的，这里的"己"专指私欲。第二处引言表明了"仁"是关系到人际关系并且是发自人的内心的东西，这里的"己"是作为道德主体的人，要求把另一个道德主体当作是和自己同质的东西对待。这样，孔子提出仁就不仅是提出了一般的道德规范，而且重新确定了道德规范本身的合理性，并把这个道德规范纳入社会结构领域，使得个人的道德成为社会结构中重要的一环。其次，孔子提出了正名思想。他说："名不正，则言不顺；言不顺，则事不成；事不成，则礼乐不兴；礼乐不兴，则刑罚不中；刑罚不中，则民无所措手足。"（《论语·子路》）孔子的正名思想的根源是当时的名实不清，他试图用正名的办法让理论上的"名"指导实际中的行动。当然，他提出的"名"的具体内容是所谓"君君，臣臣，父父，子子"（《论语·颜渊》）。然而，我们也可以看到他首次提出"理论指导实际"的思考方式，而且是以一种理想社会结构的理论指导具体的行动。此外，孔子提出道德人格的

"君子"和"天命"的思想。孔子说:"不知命,无以为君子也。"(《论语·尧曰》)君子就不仅是一般行道德之事的人,而且是在思想中对自己的本性和世界历史的发展有清楚认识的人。"君子"概念的提出一方面是作为一种激励措施,是管理心理学中的重要手段;另一方面也是对管理者本身的素质提出较高要求。孔子的另外一个值得注意的特点是,他是我国历史上第一个公开讲学的教师。他对学生的教导主要有四个方面:"文、行、忠、信。"(《论语·述而》)他对教育与学习方法也有研究,如"毋意,毋必,毋固,毋我"(《论语·子罕》)。

根据孔子的哲学与社会理想,很容易理解孔子的管理思想。孔子的管理思想表现在行政管理上就是施行仁政。当时,有以德为政和以刑为政两种思潮,孔子根据他的"仁"的理论明确主张仁政。他说:"道之以政,齐之以刑,民免而无耻。道之以德,齐之以礼,有耻且格。"(《论语·为政》)孔子仁政的双重作用是:一方面,提醒统治者,要管理好国家,必须正名,制定礼乐,也就是先要有理想的制度规划;另一方面,对一切社会成员,孔子以君子的标准来要求,这是一种心理机制,是对士气的激励。衡量一个君子的标准与统治者正名的内容是一致的,这就使得个人在国家与社会中更有归属感,也更容易接受统治。孔子的教育管理思想与他的行政管理思想在宏观方面也是相互补充的。他说:"不学礼,无以立。"(《论语·季氏》)可见教育的内容也是道德和行政管理的内容。综上所述,孔子的教育观在宏观上是作为社会整体的一部分提出来的。孔子的思想是一种立足全局的思想,把社会的制度落实到成员的心理机制中去,并从教育着手,培养社会需要的人,反映了孔子的社会有机体观念。

从宏观的理念具体化到操作程序上,孔子要求统治阶层端正自己的行为,为百姓树立榜样。君子要博学多才,领袖要选贤与能;经济管理上要"节用""薄敛""使命以时";教育上要"不耻下问""举一反三"。

孔子对后世的影响是巨大的,他的哲学思想和以其哲学思想为根据的管理思想(先富后教、以礼乐为教、修己治人、知天命等观念)对管理实践活动一直起着重要的指导作用。

二、老子及道家的"自然无为"的管理思想

《汉书·艺文志》载:道家之学"出于史官,历记成败存亡祸福古今之

道，然后知秉要执本，清虚以自守，卑弱以自持，此君人南面之术也"。道家的特征如上所说是"秉要执本，清虚以自守，卑弱以自持"。先秦道家的代表人物有老子、庄子、列子、杨朱等，其中以老子的管理思想对后世最有影响，以至后来有汉初的黄老之治，下面就以老子为代表分析道家的哲学与管理思想的关系。

老子，姓李名耳，字聃，据史书记载他曾做过周王朝的史官，孔子曾向他问过礼，老子晚年眼见周王朝日趋没落，骑牛出函谷关，著书立说。然而，历来各家对老子的生平各执一说，未成定论，这里仅分析《老子》一书中的思想。

《老子》一书最主要的思想是提出了"道"的概念。《老子》第一章开篇明义就说："道可道，非常道；名可名，非常名。无名，万物之始；有名，万物之母。"认为道是一种超越有形实体的万物本体。它的特点是化生万物，但自身却不是万物之一。"道生一，一生二，二生三，三生万物。"（《老子》第四十二章）道是一切事物形成、生成、转化、消失的原因，因此它是一种动力和原则。这就表现了老子的另一个思想，即天道思想。天道思想直接反对的是人格神论的"天"。与有人格意志的"天"不同，万物因道而生，而道对于万物"生而不有，为而不恃，长而不宰"（《老子》第十章），因此它只是万物生成变化的规律和动因。老子的贡献不仅如此，他还对道化生万物的规律做了阐述，提出了素朴的辩证法思想，即"反者道之动"（《老子》第四十章）。在他看来，道是不可见、不可触的，不是万物之一，所以要用不同于认识事物的方法认识道。老子提出的认识论主张是静观，他说："涤除玄览，能无疵乎？"（《老子》第十章）"为学日益，为道日损。"（《老子》第四十八章）就是说，要从心中去掉一切对万物的认识，才能把握生成万物的道。道不仅需要认识，重要的是要遵道而行，这就进而过渡到老子的行为学说，他主张"自然无为"，理由是"道常无为，而无不为"（《老子》第三十七章）。这"无为"不是"什么也不做"，而是做符合道的规定性的事。道本身对于万物"生而不有，为而不恃，长而不宰"，遵道之人也应像道一样，按照万物的本性行事，似乎是事物自身生成发展的，没有他物的作用，这就是自然。无为的基础是认识事物的本性。《老子》明确地反对背离事物本性的行为，"知常曰明。不知常，妄作，凶"（《老子》第十六章）。可见，无为所指的不是行不行动，而是行动的性质是否遵循物自身的道理。

　　哲学与管理学的紧密联系在《老子》中表现得非常明显。《老子》的管理思想主要是"我无为，而民自化"（《老子》第五十七章），也就是清静无为。老子坚决反对人为地制造一些不符合自然规定的规则，他认为那些人为地加于人民的规章条令已经违反了人本性的自然，"故失道而后德，失德而后仁，失仁而后义，失义而后礼。夫礼者，忠信之薄而乱之首"（《老子》第三十八章）。老子的无为和孔子的仁治一样，对统治者和普通百姓有不同的要求。对统治者来说，清静无为，不是要他们什么都不做，而是让他们做到"绝圣弃智""绝仁弃义""绝巧弃利"，这样做的结果是"民利百倍""民复孝慈""盗贼无有"（《老子》第十九章）。这不是普通的要求，因为无为的基础是理解了"道"，体现"道"的生活才可能是无为的。也就是抓住一般规律，来解决具体事件，以免陷入复杂的日常事务之中。这对后来魏晋玄学中的"主静""执一御众"很有影响，他们都强调统治与管理者要有全局观。对一般的被统治者，老子要求统治者对他们做到"虚其心，实其腹，弱其志，强其骨，常使民无知无欲"（《老子》第三章），就是说首先要让被统治者有比较好的物质生活。为此，他提出一种以平等为代价的管理方案——"天之道，损有余而补不足"（《老子》第七十七章）。

　　在具体的管理经验上，老子的辩证法思想，如"图难于其易，为大于其细"（《老子》第六十三章），"弱之胜强，柔之胜刚"（《老子》第七十八章）等，一直是后世牢记的范例。老子的管理思想集中体现在他的小国寡民的社会理想之中。在这个社会中，人民"甘其食，美其服，安其居，乐其俗。邻国相望，鸡犬之声相闻，民至老死，不相往来"（《老子》第八十章）。这是一个物质生活充足的和平社会，风俗淳厚，其统治者正是前面说到的无为而治的君王，他的统治策略是"功成事遂，百姓皆谓我自然"（《老子》第十七章）。

三、墨子及墨家倡导"兼爱"的管理思想

　　《汉书·艺文志》载：墨家"盖出于清庙之守。茅屋采椽，是以贵俭；养三老五更，是以兼爱；选士大射，是以上贤；宗祀严父，是以右鬼；顺四时而行，是以非命；以孝视天下，是以上同"。

墨家的创始人墨子，名翟，出身微贱，有丰富的生产工艺技能，曾经"学儒者之业，受孔子之术，以为其礼烦扰而不说，厚葬靡财而贫民，服伤生而害事，故背周道而用夏政"（《淮南子·要略》）。墨家的主要代表就是墨子，下面我们就分析墨子的哲学及其管理思想。

相比于孔子和老子，墨子的哲学思想与其管理思想有更大的同一性。《墨子》全书一以贯之就是"兼爱"。这表现在他的行政管理思想上就是要求"兼相爱""交相利"。他的这个观点是有针对性的，是为了解决当时的社会问题。他说："天下之害孰为大？曰：大国之攻小国也，大家之乱小家也，强之劫弱，众之暴寡，诈之谋愚，贵之敖贱。"（《墨子·兼爱下》）如果天下之人能达到他要求的兼相爱，"有力者疾以助人，有财者勉以分人，有道者劝以教人"（《墨子·尚贤下》），大家的利益就都会得以实现，整体的利益也就实现了。墨子的思想可以说体现了非常理性的协作精神，也反映了墨子认为物质利益是一切争斗的原因的思想。

首先，墨子主张"尚贤"，也就是"选贤与能"，"不党父兄，不偏富贵，不嬖颜色，贤者举而上之"（《墨子·尚贤中》）。他把选拔人才的范围扩大到当时的贱人阶层，认为农夫、手工业者只要有才都可以被选作官长；提出"官无常贵，而民无终贱"（《墨子·尚贤上》）；主张对博学贤良之士要"富之、贵之、敬之、誉之"，这也就是培养良好的尊重人才的氛围。其次，墨子还强调要"节用""尚俭""节葬"，这是针对当时的奢华之风提出的。还有，墨子提出的"力"的概念与孔子"命"的概念相对抗，要求人们凭自己的力量主动地去获得好的生活，"赖其力者生，不赖其力者不生"（《墨子·非乐上》）。墨子管理思想中还有一个重要的方面就是提出"天志""明鬼"。管理心理学中的一个重要问题是如何使决策正确执行，如何使一个规划变得可行，墨子是以宗教方式解决这一问题的。如果人们都追求自己的利益，如何才能实现兼爱呢？墨子认为："鬼神之所赏，无小必赏之；鬼神之所罚，无大必罚之。"（《墨子·明鬼下》）

四、孙子及兵家着重"奇正形胜"的管理思想

《孙子兵法》是我国最早的一部兵书。现在一般认为《孙子兵法》十三篇

是孙武所著。

孙武,字长卿,春秋末期齐国人,曾被吴王任命为将军,助吴国"西破强楚,北威齐晋",是在实战中有过成功经验的军事家。他所著的《孙子兵法》包含着丰富的辩证法思想,虽然是从军事管理出发的,但对于行政管理、经济管理等都有相当高的参考价值。

首先,《孙子兵法》突出了全局的重要性,事件不是孤零零地起作用的,军事不是与政事截然可分的另一物。孙武指出军事和政治与民心的关系至关重要,战争要取得胜利,需要五个条件:"一曰道,二曰天,三曰地,四曰将,五曰法。"这第一位的道就是"令民与上同意也"(《孙子兵法·计篇》)。所以他强调:"善用兵者,修道而保法,故能为胜败之政。"(《孙子兵法·形篇》)具体在行政管理上,孙武提出"令之以文,齐之以武"的原则,一方面用怀柔、鼓励、重赏等方法对被管理者进行教育,另一方面用严刑、重罚等法纪手段来约束被管理者。通过这样的文武兼施,使军队上下一心,上令能够下达,士兵愿意以死效忠,从而战无不胜。其次,在部署具体的行动时,孙武强调对知识的掌握。作战时,孙武着重指出必须对客观实际情况做全面的认识,强调认识的优先性。他说:"知彼知己,百战不殆。"(《孙子兵法·谋攻篇》)"明君贤将所以动而胜人,成功出于众者,先知也。"(《孙子兵法·用间篇》)再次,孙武特别强调了人的主观能动性,要求争取主动权。他说:"善战者,致人而不致于人。"(《孙子兵法·虚实篇》)这样即使存在一些不足,也可以通过自己的努力克服,"昔之善战者,先为不可胜,以待敌之可胜"(《孙子兵法·形篇》)。这就是控制事物发展的趋势,如何做到呢?孙武提出两个具体的操作办法:一是对敌人"避实而击虚",这也要以前面提到的对敌我双方的情势的充分认识为基础,知道敌人的弱点,就可以"攻其无备,出其不意"(《孙子兵法·计篇》);二是要"以患为利"(《孙子兵法·军争篇》),就是把对自己不利的情况转为有利的情况。比如自己"以少合众,以弱会强"时,可以设法把敌军分开,我方集中专攻一路敌军。如果敌人在政治上有优势,也应设法将其转化为劣势。"廉洁,可辱也;爱民,可烦也。"(《孙子兵法·九变篇》)最后,孙武对战争的消极因素也有充分的认识,并纳入了他的通盘考虑之中。由于战争带来国库空虚,经济发展受到影响,孙武强调:军事斗争要速战速决,避免长期战争;利用敌人的资源;节俭;等等。此外,孙武的管理思想也很重视对人才的选择。他强调择人任事、用将以德，认为将帅应该具备"智信仁勇严"五个条件，对君主的要求是用人不疑，让将帅有充分的主动权。

除了直接的管理经验外，作为对具体经验总结的孙武军事理论还具有丰富的辩证法思想。其中重要的一点是他提出"奇正相生"的观点："战势不过奇正，奇正之变，不可胜穷也。"(《孙子兵法·势篇》)因此，高明领导者的高明之处就在于识别和利用奇正态势的变化取得胜利。也就是说，在任何情况，都必须对全局有所把握，认识其中的奇正关系，从而掌握主动权。他说："凡战者，以正合，以奇胜。"(《孙子兵法·势篇》)"兵无常势，水无常形；能因敌变化而取胜者，谓之神。"(《孙子兵法·虚实篇》)这种思想是孙武对自己管理思想的高度总结，体现了他倡导的一种开放式的管理方法，灵活地处理各种常规和意外问题。这种辩证法思想后来被孙膑继承。孙膑是战国时期齐国军事家。据《史记·孙子吴起列传》记载，孙膑为孙武的后世子孙。孙膑强调"形胜之变"，不能"以一形之胜胜万形"，这也是要求灵活处理面对的问题，他甚至说："形以应形，正也；无形而制形，奇也。"(《孙膑兵法·奇正》)

五、《管子》"轻重有术"的管理思想

管子，名夷吾，字仲，春秋时期著名的政治家，曾辅助齐桓公九合诸侯，一匡天下。《管子》一书虽托名管子，其实是战国中后期各家著作的论文集。其中的哲学思想批判地继承了老子的思想学说，对荀子、韩非的哲学思想产生了重要的影响。

《管子》中的哲学思想同样是它的管理思想的基础。《管子·心术》中明确地对"礼"做出界定："礼者，因人之情，缘义之理，而为之节文者也。故礼者，谓有理也。理也者，明分以谕义之意也。故礼出乎义，义出乎理，理因乎宜者也。"这就是认为礼的作用是既顺乎人的情欲又能够表明社会身份，把"礼"落实到人的内心情感上，使社会机构和它的正常运行既不脱离社会本身的规律，又不与人情相冲突。对于具体的社会管理方法，《管子》强调"法"，认为"法者，所以同出不得不然者也"(《管子·心术》)，这是突出了法在社会中的强制性与划一性。至于法的来源，与礼一样，是最终以道和理为自己合理性的基础，"事督乎法，法出乎权，权出乎道"(《管子·心术》)。法与礼结

合的统治结果就是"名正法备,则圣人无事"(《管子·白心》)。这与老子、韩非的"无为无不为"大体一样。可以看出,由道家一脉发展起来的管理方法强调的是遵循事物的本性去管理:一方面,认识事物的本性和人的本性,了解他们的发展趋向;另一方面,不试图去改变这些本性,而是顺其自然加以利用,不像儒墨二家,试图用改变人性的管理方式,来达到自己所想要的管理结果。尊道的管理方法最后的结果就是制定顺合自然的法律,执行法律时却严格标准决不徇情。《管子》中尊道的另一个体现是认为统治者本身应像道临天下一样,无私无欲,"恬愉无为,去知与故"(《管子·心术》),就是统治者自身在统治时不要夹杂私欲,要去掉巧智和做作,要按照臣民的实际情况去统治。这也是以道为本管理思想的共同特征。

在这种管理思想的指导下,《管子》一书提出了各种比较具体的管理方法和原则。首先,它强调了满足人的自然本性的需要在一切管理中具有重要地位,也就是经济发展的重要性。《管子·牧民》中提出:"仓廪实而知礼节,衣食足而知荣辱,上服度则六亲固。"《管子·治国》中提出"凡治国之道,必先富民。"其次,它提出了自己的管理心理学,认为行政管理还要依靠意识形态,张扬四维,教化百姓。所谓"四维",就是礼义廉耻。如何培养百姓的这种心理呢?《管子·牧民》中提出:"守国之度,在饰四维;顺民之经,在明鬼神,祇山川,敬宗庙,恭祖旧。"这与孔子所说的"慎终追远,民德归厚"是一致的。最后,它明确提出要加强社会性的管理。与行政管理不同,社会性的管理主要针对治安、风俗、教育等内容。《管子·八观》中指出:"州里不鬲,闾闬不设,出入毋时,早晏不禁,则攘夺窃盗,攻击残贼之民,毋自胜矣。……乡毋长游,里毋士舍,时无会同,丧烝不聚,禁罚不严,则齿长辑睦,毋自生矣。"为了有一个好的社会环境,应该加强内政管理,使上情下达、上下一心,使行政组织的基层与社会结构的底层统一起来,全社会更加具有一致性。

《管子》一书中最有特色的地方是其具体的经济管理思想,最明显的特点是以"轻重"为核心的理财术和宏观调控综合管理。《管子·牧民》中指出,"地者政之本也",这是对农业的重视,它要求均地分力、兴利除害,以振兴农业;根据"利出于一孔"的思想,即由国家来控制关系到国计民生的粮食和货币,提出"官山海"政策,即国家对盐铁进行统一管理。这两个具体主张都是以轻重之术理财为基础的，一方面强化量化与计算，另一方面注重总体平衡。轻重之术主要是针对市场与物价的关系，国家从宏观上全面控制粮食的生产与储备，杜绝与国争利的现象，运用放贷、政令以及抛售和购买的经济手段来稳定物价、控制市场，从而调剂民用、充实国库。

六、法家"抱法处势"的管理思想

《汉书·艺文志》载：法家者"出于理官"。法家与名家和道家都有密切关系，如韩非强调"循名责实"，《史记》中老子和韩非同传。名家、道家与法家的密切关系来自对道的理解：万物总的道理原则是"道"，道体现于一物一事中是"理"，人因其理而称之为"名"。从言论思想看，名实相符就正确，不符就不正确；从事实看，名实相符就是物处于正确的状况，不符则不正确。道家关注道与理和物的关系；名家主要考查名实是否相符；法家则用这种方法来处理政事，即以综合名实为管理的基本方法、法家和名家都以道为方法论的基础，不离于道。

法家是有意识地把道与理和名的关系应用到治国之中，并发展出自己的理论，他们对于古代的管理思想是有直接贡献的。在韩非之前的法家有强调"势"的慎到、强调"术"的申不害和强调"法"的商鞅。韩非对这三家都进行了批评，并进而发展了法家的理论。

韩非，韩国人，出身没落贵族，曾与李斯同学于荀子门下，继承了荀子的性恶论。他认为人的行动都是从自己的利益出发的，并且人的这种为了自己的利益而行动的本性是不会改变的。在他看来，正是基于这种不变的人性，法家的治国之道才是正确而且是必需的，也就是要通过"严刑""重罚"来治国。可见法家管理方法的基础是人性的趋利避害。韩非说："凡治天下，必因人情。人情者有好恶，故赏罚可用；赏罚可用则禁令可立，而治道具矣。"（《韩非子·八经》）正是基于这种对人情的理解和应用，法家反而在管理理论中杜绝感情色彩，释情而任法。

韩非总结前期法家各派的学说，提出了一套以"法"为主，"法""术""势"相结合的统治术。关于"法"，他说："法者，宪令著于官府，刑罚必于民心，赏存乎慎法，而罚加乎奸令者也。"（《韩非子·定法》）也就是说，"法"

是官府统一颁布的条令和规章，是公开给老百姓看的，法应具有公开性、稳定性、普遍性。关于"术"，他说："术者，因任而授官，循名而责实，操杀生之柄，课群臣之能者也。"（《韩非子·定法》）"术"是统治者任免、考察官吏的权术，这些是统治者自己的计谋，不能对外公开，只能藏之于胸。"势"是统治者占据高位所拥有的权力。韩非认为，"法""术""势"一个都不能缺，君主最好能够"抱法处势"，即在稳妥地掌握了统治权的时候，用其胸中的"术"推行法治。

根据韩非的这些统治理论，我们很容易理解他的具体的统治方法。在行政管理上，韩非主张要有一个并且只有一个首脑，这就是君主。君主的作用就是颁布法律，制定规章，保证法律的权威性，并且保证其他所有人在他和法律面前一律平等。君主维护法律的主要手段就是赏罚二柄，也就是褒奖守法者，严惩违法者。"为人臣者陈而言，君以其言授之事，专以其事责其功。功当其事，事当其言，则赏；功不当其事，事不当其言，则罚。"（《韩非子·二柄》）君主维护整个社会结构的方法是制定完备的官僚体系，然后选拔任用官员，这些官员的职位就叫"名"，统治者对这些官员工作的检查就是"循名而责实"，因而社会被想象成是一个各个成分各有分工的系统。既然社会上各项工作都有人专门去做，身为最高统治者的君主就没有具体的工作，他所做的就是选举贤才、考察官吏。在选举贤才方面，韩非强调"所举者必有贤，所用者必有能"（《韩非子·人主》）。在人才的考核方面，他强调"因任而授官"，在人才选拔与考核时，统治者不能掺杂自己的好恶，而要按客观事实处置。在这种统治形式下，君主其实是另一种无为而治，也就是"无为而无不为"，即自己无所为而别人为他做一切。

七、王夫之"理势合一"的管理思想

王夫之，字而农，晚年隐居衡阳石船山，故又称船山先生，崇祯时举人，明亡时曾起兵抗清，后归隐深山，藏遁"瑶"洞，始终没有剃发，得以"完发以终"。

王夫之的哲学思想主要是气一元论，认为"天下惟器"（《周易外传》卷五），"气者，理之依也"（《思问录·内篇》），世界上存在的只是物质，道理只是变化物质"气"的道理。这样既坚持了唯物主义，又没有否定理的存在，只是强调任何道理都是属于某种事物，同时也强调了事物都是有道理的。在此基础上，王夫之提出"有即事以穷理"（《续春秋左氏传博议》），主张扎扎实实地研究事物的道理。"气"的特点是变化不息，王夫之据此提出"日新之化"的辩证法思想。他说："天地之德不易，而天地之化日新。"（《思问录·外篇》）为什么会有这不息的变化呢？他认为，这是事物内部两种力量相互作用的结果。"易者，互相推移以摩荡之谓"（《周易内传》卷一），而这两个对立面的统一是它们双方的相互渗透，不存在第三者把它们联系起来，"两端者，虚实也，动静也，聚散也，清浊也，其究一也"（《思问录·内篇》）。这种气一元论反映在人性问题上，就是他的"性日生日成"理论，认为习惯和本性相互作用、相互结合，习惯变了，本性也就随着变了，因而他说"性屡移而异"（《尚书引义》卷三）。这种人性观直接反对的就是先验道德观，反对程朱理学的天理人欲之辩。在王夫之看来，天理必须寓于人欲之中，离开人欲也就无所谓天理。他说："礼虽纯为天理之节文，而必寓于人欲以见"，"故终不离人而别有天，终不离欲而别有理也"（《读四书大全说》卷八）。

把他的气一元论应用到历史观上，就得出"理势统一"的历史进步观，反映出他对历史动力的理解。他说："势者事之所因，事者势之所就，故离事无理，离理无势。势之难易，理之顺逆为之也。理顺斯势顺矣，理逆斯势逆矣。"（《尚书引义》卷四）事件的发生是由内部的必然趋势决定的，而趋势表现了事情中固有的规律。理势统一说的根据是事物内部有自己的规律，它是不以人的意志为转移的。理势统一不仅是对历史的反思，也是在具体行动与管理中所要牢记的原则，在他的管理理论中经常出现。

王夫之的管理思想主要集中在经济管理上。在经济与道德的关系上，他主张"以廉耻礼乐之情、为生物理财之本"（《诗广传·小雅》）；在土地管理上，他主张土地民有；在商业管理上，他承认"商贾贸贩之不可缺也"（《宋论·太宗》），也就是承认商人的作用，但反对商人垄断利益分配从而剥削百姓，主张国家应对盐茶等实行控制；在财政管理上，他主张郡县的征收权与中央的使用权分开，保证全国财政管理的统一。

第一章 矛盾统一体中的管理主体

辩证唯物主义认为,矛盾是事物发展变化的根本源泉和动力。矛盾双方的既对立又统一推动着事物的变化和发展。辩证唯物主义所讲的矛盾是一个概括了所有对立统一关系的哲学范畴,辩证唯物主义的矛盾分析方法适用于认识和处理各种问题。在管理活动中,管理主体和管理客体在一定条件下组成了矛盾统一体,任何管理者要做好管理工作,必须处理好管理主体和管理客体间的辩证关系,使管理主体和管理客体相互促进、彼此协调,才能得到良好的管理效益。在管理主体和管理客体两方面中,由于通过管理主体的作用才能使人、财、物等成为管理客体,形成管理客体系统,因此管理主体是管理矛盾统一体的主要方面。

第一节 管理主体的概念和性质

一、管理主体的概念

所谓管理主体,是指在管理活动中具有一定的管理素质、有一定权威、承担管理工作的人。管理素质包括诸多方面,比如知识、才能、性格、品德、爱好等。这种素质集中表现为能正确提出奋斗目标,并能推动、组织、激励和控制被管理者为此目标努力奋斗的能力。由于每一个具体现实的人都具有社会性,因此每一阶级、阶层在不同历史条件下对人的能力衡量的标准也迥然不同。但是作为管理的共性、作为管理矛盾统一体发展的动因来要求,这种能力主要表现为：

（1）具有较强的观察力、记忆力和逻辑思维能力。善于进行全方位、多向性的系统思维，在思维领域上具有拓展性，在思维强度上具有纵深性和超前性。善于运用唯物辩证法普遍联系和运动发展变化的观点统御管理主客体系统，能正确处理管理大系统和小系统、全局和局部、整体和部分的关系，能敏锐地接受新事物，正确认识和把握管理系统所处的各种主客观条件和发展趋势。

（2）具有较强的决策能力和创新应变能力。善于通过自己的调查研究和各种咨询、参谋研究机构掌握大量翔实的信息，针对发展变化的客观情况选择、确定管理目标和达到目标的有效途径。

（3）具有协调组织能力。为了实现管理目标，管理者能够合理有效地使用人、财、物等各种资源，协调组织和成员之间的矛盾冲突，增强群体的内聚力；善于及时与上级、同级或下级进行工作任务、人际关系、利益、资源等方面的协调活动，形成各组织系统及其人员的协同合作，为实现本组织的目标而共同努力。

（4）控制和自制能力。控制能力是管理者运用行政、经济、法律、教育、道德等手段，来保证管理决策的实施能力。管理者可以通过制定各种规章制度，健全各种工作规定、技术规范，建立完善的信息系统，进行职业道德和组织纪律教育、调查研究、发现偏差、追踪决策等工作，来实现有效控制。

自制能力是自我约束控制能力。管理者要做好管理工作，既要有创新精神，又要有自制能力。金无足赤，人无完人。每一个人都有自己的缺点，作为管理者也不例外。如果管理者没有自制能力，则必然使自己的缺点错误得不到约束，所造成的危害比一般人大得多，因此自制能力是每一个管理者都不可缺少的。己不正，焉能正人？"其身正，不令而行；其身不正，虽令不从。"（《论语·子路》）只有管好自己，才可能管好别人。"知人者智，自知者明；胜人者有力，自胜者强"（《老子》第三十三章）。只有具备了自制能力，才能做到有怒不形，遇喜不亢，临危不惧，处变不惊，在任何时候都保持正常心态，正确处理管理过程中所遇到的各种问题。"仁者爱人，有礼者敬人。爱人者，人恒爱之；敬人者，人恒敬之。"（《孟子·离娄章句下》）任何管理者都必须发挥主观能动性，在实践中、在各种困难和挫折中，加强自身修养，培养自己的自制能力。

要成为管理主体，除了具有管理素质和管理能力之外，还必须拥有相应的权威。权威包括权力和威望两个方面。所谓权力是人与人之间的一种特殊影响力，是一个人或许多人引起另一个人或许多人的心理、行为变化的能力。比如，管理者应该具有决策权、指挥权、奖惩权等。由于管理主体担任了一定的职务，于是便具有了这个职务法定的权力，即职权。因此，他对被管理者的影响带有强制性，下级要服从上级的领导和管理。

但是，管理主体只有权力没有威信也不能使权力发挥良好的作用。如果一个管理者威信很低，得不到群众的信任和支持，只靠命令指挥，以权压人，也是搞不好管理工作的。因此，权力的正确发挥，又和管理主体的威信紧密相连。威信是一种社会心理现象，它是由管理者良好的品德、知识、能力所形成的一种影响力，使被管理者愿意接受管理者的管理和支配，是一种非权力性的影响力。"居官有二语，曰：惟公则生明，惟廉则生威。"（《菜根谭》）由于威信和权力有密切联系，因此，权威就是权力和威信二者的结合。

权威在管理中起重要作用，许多联合性的活动是靠有权威的管理者组织起来的。权威会形成一种无声的命令，恩格斯在《论权威》一文中指出："联合活动、互相依赖的工作过程的复杂化，正在取代各个人的独立活动。但是，联合活动就是组织起来，而没有权威能够组织起来吗？"① 权威由权力和威望两大方面组成，这两大方面又包括相互联系的许多方面，比如，权力常常和资历、职位、传统习惯的影响密切相连。领导主体的职位高、资历深，加上传统习惯的作用，很自然使被管理者产生敬重和服从感，从而使管理者易于行使自己的权力。威信和权力既有联系又有区别，有权力者不一定有威信，威信常常和管理者的才能、知识水平、人品、实际管理水平和管理效果密切联系。

在实际工作中，权力和威信是紧密联系的。管理者要想有效地行使权力，就应该使自己在被管理者心目中有威信，获得被管理者的信任、尊重和支持，使被管理者自觉地接受管理者的支配，创造性地执行管理者的指示。"令顺民心，则威令行。"（《管子·牧民》）这样，必然会带来良好的管理效益。否则，

---

① 《马克思恩格斯全集》第18卷，人民出版社1964年版，第341—342页。

简单生硬，强迫命令，会使被管理者消极应付，即便机械地执行，也不会产生良好的效益。

二、管理主体与认识主体的关系

管理主体和认识主体既有区别又有联系。作为辩证唯物主义认识论的范畴，认识主体是指处于一定历史条件和社会关系中的从事着实践活动和认识活动的人。认识的主体是人，但不是抽象的纯粹生物学意义上的人，而是在一定的社会关系中和历史条件下从事实践活动的人。认识主体的形式往往是多样的，其基本形式有个体主体、群体主体、社会主体等。个体主体是指在社会提供的物质条件和精神条件下，从事相对独立的实践活动的个人。群体主体是指按照一定的利益、目的、信仰和规范而组织起来，共同从事实践活动的集团，如民族、阶级、政党、科学共同体等。社会主体是指活动着的个人和集团的总和，但不是个体和集团的简单相加，而是在一定社会历史条件下，以社会关系维系的社会力量的整体。管理主体一般指群体主体，常以管理系统而存在。在管理领域，管理主体也是认识主体。

三、管理主体系统的组成成分和作用

在大量的管理活动中，管理主体常常是一个集体或集团。这个集体或集团分工协作、各司其职，形成一个系统，这就是管理主体系统。由于管理对象不同，管理主体也有各自不同的特点。对于一个一般的社会管理主体来说，管理主体系统至少由决策系统、智囊系统、执行系统、监督系统、信息系统等几个子系统组成。还可以根据管理对象内容的变化需要，增加管理主体子系统的内容。

管理决策系统在管理主体系统中居中心地位，因为决策系统要根据现有的主客观条件和智囊系统提供的多种可选择方案提出整个管理活动的奋斗目标。这个管理目标既是管理主体的，又是管理客体的，关系到管理主体和管理客体这个矛盾统一体的前途和发展方向问题。决策系统还要制订实现目标的计划和方案。

执行系统的主要职能是贯彻实施决策方案，进行人力和物力等具体组织工作，对计划、目标的贯彻实施进行指挥和协调。

　　智囊系统也叫参谋系统，往往由多学科专家组成。其职能是：为决策系统出谋划策；为决策系统提供情报、新的决策理论、决策方法；为决策系统提供多种优化的决策方案，供决策者选择；运用集体智慧和多种知识，帮助决策者实现管理目标。智囊系统的水平和完善程度，标志着一个管理系统的水平。它是适应现代管理活动所面临的多因素、多变量的复杂关系而建立起来的为决策系统服务的不可缺少的思想库。现代智囊系统是在第二次世界大战后出现的新事物，但作为一种社会现象，却古已有之。在我国的《诗经》《尚书》中，就已有对"咨询"的解释，"咨"即商量，"询"即请教，"咨询"即参谋。到了春秋战国时期，诸侯割据，群雄并立，各诸侯为了满足自己利益的需要，招募了大量谋士。三国时，刘备请足智多谋的诸葛亮为军师，为形成三国鼎立的局势发挥了至关重要的作用。唐朝时，唐太宗十分重视智囊人物的作用，他的谋士魏徵一生向唐太宗直言进谏200多次，为唐太宗安邦治国立下了汗马功劳。据《贞观政要·论任贤》记载，魏徵去世时，唐太宗曾大哭说："夫以铜为镜，可以正衣冠；以古为镜，可以知兴替；以人为镜，可以明得失。朕常保此三镜，以防己过。今魏徵殂逝，遂亡一镜矣。"① 总之，在我国历史上，管理者一直重视智囊的作用。但由于受到各个时期历史条件的制约，尤其受封建主义的影响，智囊的作用往往依附于当时的统治者，没有独立性，属于在小生产条件下的个人经验决策，有许多缺陷和弊端。

　　自第二次世界大战之后，智囊系统首先在美国、西欧和日本大量出现。世界知名的美国智囊机构兰德公司于1948年建立，之后迅速发展。智囊团是专才和通才的集合体，是专才中的通才，其成员只有精通自己的专业，同时又掌握其他专业知识，才能发挥参谋的重要作用。兰德公司为美国政府提供了许多重大决策方案或咨询意见。中美建交就是由兰德公司经过分析后向总统提出方案的。1950年，朝鲜战争爆发前，兰德公司就拿出自己的预测结论：中国将出兵朝鲜。1957年，兰德公司在预测报告中推测了苏联发射第一颗人造卫星的时间，结果同实际发射日期仅差两周。

　　其他国家也有影响相当大的智囊机构。如英国的伦敦国际战略研究所、德

---

① （唐）吴兢：《贞观政要》，上海古籍出版社1978年版，第33页。

国的工业设备企业公司、日本的经济团体联合会和野村综合研究所等。这些智囊系统运用集体智慧，为决策者提供社会、经济、军事、科学技术等方面的科学依据，提供优化理论、策略和方法，帮助决策者做出正确决策。

监督系统根据决策者的规定和意图，对管理活动的各个方面进行监督。它一方面要监督、了解决策方案的实施进度，另一方面要及时地把出现的问题反馈给决策系统和智囊系统，使决策者进行决策，从而使执行中出现的问题和偏差及时得到纠正和调整，以保证管理目标的顺利实现。

信息系统是由信息组织、人员、工具构成的，是专门负责信息的收集、加工、处理的网络系统。其职能是为管理者的管理活动提供及时、准确、完整、适量、可行的信息资料，来作为管理者活动的重要依据。信息是重要的战略资源。现代社会的发展，信息、管理、人才是经济发展的关键条件，也是社会发展的关键条件。任何管理活动中进行决策、制定政策、组织实施的过程，都是获取和利用信息的过程，如果没有真实丰富的信息作为基础，管理者的活动必然是盲目的，不可能获得成功。过去在管理主体系统中，信息系统的职能常常由参谋系统兼任，随着信息作用的增大，越来越多的管理主体系统将信息系统独立出来，成为管理者从事管理活动不可缺少的重要条件和组成部分。

四、管理主体的特点

（一）管理主体具有社会历史性

一方面管理主体作为现实的个人，是生活在一定历史时期的，这个时期的生产力发展水平以及由此决定的政治制度、文化和社会意识形态都具有鲜明的时代特点，生活在其中的人也不可避免地被打上时代的烙印。

在原始社会、奴隶社会和封建社会，生产工具基本上是人力、畜力和简单的机械，生产方式比较落后，社会处于农业时代。缺少对生产过程大规模统一的经济管理，管理的内容主要体现在社会公共管理和军队管理中。例如，埃及在其古王国至中王国时期建造了大量金字塔。使用的劳动力约10万人，花费20多年时间，才建成了胡夫金字塔。采掘金字塔所用的石块在冬季和春季进行，每一石块都标明编号和运往墓地的时间，并且在工地上凿刻成形。石块搬运则在每年河流涨水的季节进行，减少陆地搬运，从而节约大量财力、物力、人力。古埃及还发展了规模庞大的灌溉系统和运河，这些都是借助国家的行政管理和军事管理来进行管理的。

　　资本主义社会以来，技术进步推动了生产力发展，为了提高劳动效率，节约自然资源和劳动力资源，探讨一定人力、物力条件下的生产最大化的工业企业管理随之兴盛起来。20 世纪初期美国的泰罗科学管理、法国法约尔的一般管理理论、德国韦伯的组织理论以及在此基础上发展起来的各种管理流派，都是和当时社会发展、人性需要相适应的。自然科学、社会科学新理论及新方法的产生，使管理的研究由企业扩大到社会，由静态发展到动态，由简单线性演化为全方位立体性，出现了过程学派、社会系统学派、权变理论学派等管理思想和实践。对企业的管理再也不是企业自身孤立的问题，而是和国家、社会、政府、人民联系在一起的社会现象。作为以往的单个管理主体，其智慧、能力、方法都在复杂的管理活动中表现出很大的局限性，因此，掌握先进科学理论并依托计算机模拟及各种数学模型的智囊团和决策咨询机构纷纷出现，作为组织的管理主体以及面向世界的管理活动——大公共管理日益显示其重要作用。例如：1997 年 12 月在日本京都召开的联合国气候变化框架公约缔约方第三次会议通过了旨在限制发达国家温室气体排放量以抑制全球变暖的《京都议定书》，该议定书于 2005 年 2 月 16 日正式生效。这是人类历史上首次以法规的形式限制温室气体排放。2009 年 12 月 7—18 日在丹麦首都哥本哈根召开了联合国气候变化框架公约缔约方第 15 次会议，商讨《京都议定书》一期承诺到期后的后续方案，就未来应对气候变化的全球行动签署新的协议。管理主体自身的管理理念、管理方法、管理活动在不同社会生产力条件下，呈现出不同特点和内容，体现出管理主体的社会历史性。

　　管理主体的社会历史性还体现在，管理主体的管理活动要受到所处历史时代生产方式的制约和影响。管理主体的主要因素是具有一定管理能力的人，管理效果如何和管理者的素质有关，同时，要受到社会历史条件的制约及其所处历史时代生产力状况的影响，也要受到当时生产关系的影响。比如，在原始社会、奴隶社会和封建社会，虽然也有大量的管理活动，但不可能形成完善的管理主体系统。在原始社会的管理主体中，没有参谋系统；在奴隶社会和封建社会的管理主体中，不可能有监督系统。管理主体中缺少这些因素，必然影响管理效果。受封建主义管理体制的影响，至今我国管理主体中的监督机制在某些部门和系统中仍不很完善。在阶级社会里，管理主体的管理活动还要受到所处阶级地位的制约和影响。各个历史时期的决策体制也带有历史性。原始公有制的生产方式决定了它的决策体制是原始民主制。氏族议事会、部落议事会、部落联盟议事会是原始社会不同层次的决策机构。氏族议事会是氏族的最高决策机构，是氏族全体成员参加的会议。在这种会议上，要进行推举或撤换酋长和军事首领的决策活动，也要进行是否同意外族人或俘虏加入本氏族等重大问题的决策。日常事务则由酋长决策。部落议事会由各个部落的酋长和军事首领组成，部落联盟议事会由各个部落议事会的全体成员组成。这两个机构的主要职能是对部落中重要的公共事务以及本部落和周边其他部落的关系问题做出决策。到了奴隶社会和封建社会，由于实行君主专制统治，因此其决策体制是君主专制制度。到了资本主义社会，生产力得到了很大的发展，上层建筑比较完善，其决策体制也相对复杂完善，实行分权制衡制的决策体制。资产阶级民主制的分权制衡制，则实行立法、行政、司法的"三权分立"。在社会主义社会里，以生产资料公有制为基础，劳动人民当家作主，其决策体制是民主集中制。

（二）管理主体具有主动性

所谓管理主体的主动性一般不是指管理主体中人的能动性，因为任何一个正常的人都有能动性。管理主体的能动性是就管理主体在管理矛盾统一体中的地位和作用而言的。在管理主体和管理客体矛盾两方面中，管理主体是矛盾的主要方面，决定着矛盾统一体的性质。管理主体通过发挥主观能动性，把原来不属于管理客体的一些要素，变成了这个矛盾统一体的内容。管理主体要高瞻远瞩、审时度势，从管理统一体的前途命运出发，进行科学决策、确定管理目标、制订实施计划等。管理主体的一切活动事关全局，对整个管理过程起推动作用，其主动性是显而易见的。

管理主体的主动性要求管理者在管理活动中，要敢于开拓进取、锐意创新。对于我国的各级管理者来说，要在正确执行党和国家有关政策法规的前提下，发挥主动性、创造性，不断开拓管理工作的新局面，而不是教条地执行有关规定或机械地搬用别人的经验。

(三) 管理主体还具有协调性

一个完善的管理主体往往是由多种要素组成的矛盾统一体。这些要素之间，既有差异对立的一面，又有一致统一的一面。比如，管理主体中的决策、参谋、执行、监督等各要素的职能、特点各不相同，组成这些要素的成员由于社会地位、思想觉悟、思维方法、专业特点、实践经验等差异，相互必然产生不协调，但同时各要素有着共同的管理目标，这个共同的管理目标使各要素相互配合、分工协作。共同的管理目标是促使各要素相互协调的基础和根本保证。正常情况下，在管理主体的协调和不协调的矛盾中，协调因素是矛盾的主要方面，因此，管理主体呈现协调性。

第二节 管理主体必须具备的条件

管理主体在管理过程中所处的重要地位和作用，要求管理主体具有不同于一般人的条件。虽然管理对象的个性千差万别，对管理者的要求也各不相同，但从管理者所具有的共性考察，管理主体应该具备以下条件。

一、具有良好的政治素质

在我国，所谓政治素质，主要是指管理主体所具备的政治方向、政治立场、政治观点、政治纪律和政治敏锐性等方面的素质。由于管理主体所处时代和所代表的阶级、阶层、集团的利益不同，要求其所具备的政治素质也不相同。在我国社会主义经济社会建设中，中心任务是发展经济，但必须有政治保证。领导干部一定要讲政治，我们讲的政治是马克思主义的政治，是建设中国特色社会主义的政治。

在政治方向、政治立场、政治观点、政治纪律、政治鉴别力、政治敏锐性等方面中，政治方向和政治立场居核心地位。政治方向决定着党和国家的前途命运及方向道路问题。而政治立场是在对党和国家、人民群众的根本利益问题上，自己站在哪一边的问题。坚持正确的政治立场，就是在任何情况下都要坚定地站在党和国家、人民的立场上，毫不动摇地维护中国人民和世界人民的根本利益。所谓政治观点，对我们来说，就是马克思主义的观点，要善于运用马克思主义的观点作为思想武器去观察、分析和处理问题。政治纪律是执行党的正确路线的保证。管理者只有具有严格的政治纪律，才能使政令畅通，使党的各项方针政策得到及时准确地贯彻执行。同时，只有具备较高的政治鉴别力，才能在复杂的政治环境中分清善恶、美丑、荣辱，划清大是大非，避免犯"左"或右的错误。也只有增强政治敏锐性，才能见微知著，善于观察处于萌芽状态的各种现象，识别假象、抓住本质，把握事物的发展趋势。管理者应具有良好的政治素质，在实际工作中要树立坚定的共产主义信念。只有具有坚定的共产主义信念，才能在任何困难面前，坚信前途光明，焕发勇往直前、百折不挠的奋斗精神，从而搞好管理工作。管理者应具有全心全意为人民服务的精神。为人民服务，而不是为个人或剥削阶级服务，是我们社会主义国家各级管理者与其他剥削阶级国家管理者的本质区别。历史唯物主义认为，人民群众是历史的创造者，群众是真正的英雄。《孟子·尽心章句下》中说："民为贵，社稷次之，君为轻。"管理者只有具有全心全意为人民服务的精神，才能有觉悟、有勇气要求自己不做危害人民利益的事情，才能在管理工作中相信群众、依靠群众、尊重群众的首创精神，才能把自己的管理目标变成人民群众的奋斗目标，从而保证管理目标的实现。管理者具有良好的政治素质，应该成为遵纪守法的模范。享誉海内外的著名科学家、中国计算机汉字激光照排技术创始人、北京大学方正集团前领导人王选教授，以《汉书·晁错传》里一段话中的"方正"作为北大新技术公司产品的品牌名称："察身而不敢诬，奉法令不容私，尽心力不敢矜，遭患难不避死，见贤不居其上，受禄不过其量，不以亡能居尊显之位，自行若此，可谓方正之士矣。""方正"指人的行为、品性正直无邪，方方正正、规规矩矩，诚恳待人、朴实无华。为了搞好管理工作，必须有安定的外部环境和良好的内部秩序，要求人们遵纪守法是形成这种局面的重要条件。管理者只有首先自己遵纪守法，才能使被管理者也做到遵纪守法。正如孔子所说："政者，正也。子帅以正，孰敢不正？"（《论语·颜渊》）在市场经济的新形势下，要以诚实、公平、合法的态度参与竞争，把自己的一切活动纳入宪法和法律所允许的范围内，不能使用违法违纪的手段来为个人和单位牟利。一事当前，先要考虑自己的行为是否违法违纪。只有管理者以身作则，率先垂范，才能形成良好的局面。孔子说："为政以德，譬如北辰，居其所而众星共之。"(《论语·为政》)大量事实证明,上行下效,若管理者违法乱纪,必然带来下属部门的不正之风,使全局处于不稳定状态,也不可能搞好管理工作。

二、具有"专"和"博"的知识素质

知识常常和能力相联系,无知则无能。王选教授说过,不要急于满口袋,先要满脑袋,满脑袋的人最终也会满口袋。要想干成一番大事业,必须先有丰富的知识储备。一个管理者若知识贫乏,就很难具有驾驭全局、处理各种复杂问题的能力。孔子说:"好学近乎知,力行近乎仁,知耻近乎勇。知斯三者,则知所以修身;知所以修身,则知所以治人;知所以治人,则知所以治天下国家矣。"(《礼记·中庸》)管理者只有首先具备扎实雄厚的专业知识,成为专业的内行,才能有资格成为本部门的管理者。列宁说:"凡是熟悉实际生活、阅历丰富的人都知道:要管理就要懂行,就要精通生产的全部情况,就要懂得现代水平的生产技术,就要受过一定的科学教育。"① 只有精通专业知识,才能认识管理对象的本质和规律,才能掌握管理的主动权,不失时机地提出正确的管理意见。可以设想,如果一个连长不懂军事,一个农场场长不懂农业,那他是不可能搞好这些部门的管理工作的。

管理者除了掌握专业知识外,还必须掌握与专业知识相关的其他自然科学知识、人文知识。任何一种管理活动总是和周围其他事物处于动态的相互联系、相互作用之中,管理矛盾统一体内部各要素也是相互联系、相互作用的。在这种复杂的相互作用中,管理者在管理过程中所遇到的问题不仅有社会方面的,而且有自然和思维方面的。呈现在管理者面前的是一个多信息、多角度、多层次的立体图景。管理者要正确处理这些多方面的问题,必须在熟练掌握本专业知识的基础上,博采众长,把"专"和"博"结合起来,具备多种知识结构,使自己成为"通才"。只有这样,管理者在处理各种疑难问题时才能游刃有余。"君子博学而日参省乎己,则知明而行无过矣。"(《荀子·劝学》)历史上许多高明的决策者都是因为知识渊博才成为旷世之才,名垂千古。比如,诸葛亮正因为上知天文,下知地理,博古通今,懂政治,晓经济,精军事,熟

---

① 《列宁全集》第38卷,人民出版社1986年版,第240页。

教育，才成为技高一等、出奇制胜、出神入化的卓越决策者。英国哲学家培根说："知识就是力量。"他还说："读史使人明智，读诗使人灵秀，数学使人周密，科学使人深刻，伦理学使人庄重，逻辑与修辞使人善辩。"这些均说明了知识对人成才的重要作用。《二程集·遗书卷》中说："君子之学必日新，日新者日进也。不日新者必日退，未有不进而不退者。"管理者要不断学习新知识，才能适应管理的实际需要。

就管理主体的知识素质问题而言，在现实社会中确实存在着轻文史知识、重理工知识的现象。这种片面性对管理工作极为不利。在现代社会中，各种管理活动都离不开社会生活，没有离开社会的纯粹的科学技术、自然科学方面的管理。各种管理均涉及经济、政治、法律、哲学、社会等问题，管理者在管理活动中不可避免地要碰到和处理诸如此类的问题。认真学习和掌握这些有关的社会科学知识，有利于形成科学的世界观，形成正确处理社会问题的思想方法和工作方法，形成正确的伦理道德观、价值观，从而在复杂多变的社会环境中立于不败之地。

三、掌握正确的哲学理论

正确的哲学理论是人们对于整个世界最一般规律的正确反映，是时代精神之精华，是社会知识、自然知识和思维知识的概括和总结，是一种理论化、系统化的世界观。每一个正常的人都有自己的世界观。管理者在进行任何一项管理活动时，都是在一定的世界观的指导下进行的，不受正确哲学思想的指导，就受错误哲学思想的指导。管理者若能掌握正确的哲学理论，就容易形成正确的世界观。在正确世界观的基础上，会形成正确的方法论，必然会提高管理效率。掌握正确的哲学观点，常常结合实际去思考哲学问题，管理者的思维能力会不断提高，在实际工作中，就会比一般人站得高、看得全、认识深，善于抓住事物的本质。

在社会意识中，政治和哲学联系紧密，哲学常常要为政治服务。当政治路线正确时，正确的哲学思想会为政治服务带来好的结果；当政治路线错误时，哲学会为政治服务带来坏的效果。而一般人不易分清政治和哲学的关系，不易分清哪些是哲学，哪些是政治。所以，人们往往把政治的错误也归咎于哲学。

实际上这种错误正是管理者没有正确地理解、掌握哲学以及没有正确运用哲学所导致的。比如，在"文化大革命"后期，由于错误的政治路线，"四人帮"歪曲、篡改马列主义和毛泽东思想，肢解马克思主义哲学，打着马克思主义哲学的幌子反对马克思主义哲学。他们的错误和给国家和人民造成的损失，并不是马克思主义哲学造成的。打倒"四人帮"后，有人认为，马克思主义哲学不科学，把责任推到马克思主义哲学上，使一些人产生远离政治、远离哲学的倾向，甚至怀疑和否定马克思主义哲学。这种思想上的片面性对管理工作极为不利。管理者应该认识到，哲学和政治虽然有密切联系，但有根本不同，不能把"文化大革命"所造成的政治恶果归结到马克思主义哲学上，也不能因为马克思主义还有不完善之处，就否定马克思主义哲学。要认清马克思主义哲学的科学性，自觉地学习和运用马克思主义哲学，将其作为管理活动的指导思想。

四、具备多种能力

由于管理主体面临着一个由多变量因素组成的矛盾统一体，因此管理主体应具有多种能力。能力与知识既密切联系，又相互区别。知识是能力的基础，但有了知识，不去应用，将其束之高阁，使其成为空洞理论，知识就不可能成为能力；或者把知识错误地运用于不适当的空间和时间中，也不可能转化为管理主体的能力。由知识变成能力，要有一个正确地运用和转化的过程。管理能力主要包括专业技术能力、人事组织能力、综合分析能力等。

专业技术能力指的是管理主体对自己所从事专业的认识程度和运动规律的把握能力，包括运用专业知识对实际问题的分析能力，运用专业工具设备的技术、技巧的熟练程度，以及运用专业知识对专业领域的工作内容的预断能力等。

人事组织能力指管理主体对下属人员组织、协调和控制的能力。管理者要带领下属人员去完成既定任务，必须形成一个团结的集体。管理者既要作为集体的一员有效地进行工作，又要在其所管理的集体中建立良好的人际关系，需要一定的人事组织能力。人事组织能力的核心是如何看待人、如何对待人才的问题。如果管理者具有爱才之心，用才之能，善于求贤、举贤、用贤，就能够通过各种形式发现人才，并根据每个人的特长授给他适当的权力。用哲学的语言说，要善于利用矛盾的特殊性。尺有所短，寸有所长，"无求备于一人"（《论语·微子》）。如果常能看到每个下属的长处，就会感到天下芳草处处有，不难发现人才和利用人才。如果只看到下属人员的短处，则会感到处处都缺少人才。《史记》中记载着汉高祖刘邦打败项羽建汉后总结得天下的原因时说："夫运筹策帷帐之中，决胜于千里之外，吾不如子房。镇国家，抚百姓，给馈饟，不绝粮道，吾不如萧何。连百万之军，战必胜，攻必取，吾不如韩信。此三者，皆人杰也，吾能用之，此吾所以取天下也。项羽有一范增而不能用，此其所以为我擒也。"（《史记·高祖本纪》）刘邦用人不分三教九流、贫富贵贱，均用人所长。如张良是贵族、萧何是小吏、陈平是游士、樊哙是屠夫等，刘邦均用其长。而项羽心胸狭隘，刚愎自用，重要的谋士、大将都在项羽那里失意，跑到刘邦这里。韩信出身贫寒，他首先投奔项羽，项羽认为他出身低微不予重用。韩信曾向项羽献策，立意深远，出语不凡，项羽却不予采纳。张良知韩信之才，假装卖剑去韩信处，劝韩信弃楚投汉。韩信投汉后，刘邦修拜将台，拜韩信为帅，韩信先取秦又收六国，为刘邦取胜立下赫赫战功。大量事实证明了选人、用人的重要性，也证明了人事组织能力的重要性。

综合分析能力是指管理主体把它所管理的组织看成一个整体系统，进行分析和处理的思维能力。由于一般的管理对象都是由人、财、物、信息等多种因素构成的系统，该系统又和周围的其他系统发生密切联系，为了达到优化管理目标，必须对管理对象进行综合分析，注重整体效益，注意了解管理对象中各因素的相互联系及周围组织对该组织的影响，这样才能确定优化目标，从而实现管理目标。

五、具有健康的身体和坚强的意志

管理主体承担着多种社会角色，其不仅要制定组织的长期发展战略规划，还要处理日常事务。繁杂的工作常常令人身心疲惫，没有健康的身体素质就难以适应快节奏的生活、纷繁复杂的事务和环境与工作的巨大压力，管理主体的责任和使命就不可能完成。经验表明，身体健康状况会影响心理健康，影响人的性格、行为方式。管理主体对组织成员和社会具有较大影响，其身体健康状况不仅影响工作效率、群体情绪，也影响组织正常发展。因此，古人常说，成功者必"精满、气足、神旺"。许多政治家都非常重视身体健康,并通过体育活动促进身体健康、心理健康,塑造自己坚忍不拔的性格。

南非政治家曼德拉在83岁高龄时仍然为世界的和平与发展劳碌奔波,从其精神面容看,谁也不会相信他如此高龄。是什么力量使他充满活力?运动就是原因之一。曼德拉早年就养成了锻炼身体的习惯。即便在漫长的27年的监狱生涯中,他也从没放弃过体育锻炼。

毛泽东一生大力提倡体育运动。他号召全国人民积极开展体育运动,并挥毫书写了"发展体育运动,增强人民体质"的题词,在全国产生了巨大的影响。他有着广泛的体育爱好,尤其喜爱游泳。毛泽东年轻时酷爱体育锻炼,坚持洗冷水浴,还经常进行"日光浴""风浴"和"雨浴"。除此之外,他还进行登山、做体操、练拳术等运动。他提倡"欲文明其精神,必先野蛮其体魄",提出"体者,载知识之车而寓道德之舍也"等著名论点。毛泽东一生都对自己的主张身体力行,常年进行游泳、跳舞、打乒乓球等锻炼。1966年,他73岁时还能畅游长江。毛泽东还提出强国必须重视体育,成才必须德智体全面发展。新中国成立后,在他的领导下,我们国家专门成立了国家体育运动委员会。所以,一个人不仅要有高尚的道德、丰富的知识,还要有健康的体魄,这样才能担当起领导中国和世界的重任。

管理主体所具备的条件和素质是多方面的,这些多方面的条件和素质是密切联系、相互作用的。《孙子兵法》曾指出:"将者,智、信、仁、勇、严也。"所谓智,是指领导智慧、决策智慧;信指管理者与周围人们之间的信任关系,要求管理者待人以诚;仁即仁德之心,要求管理者为人正派;勇即勇于承担责任、处事果断、有气魄;严指有功必赏、有过必罚、纪律严明。在上述五个方面中,把智放在首位,把仁置于核心,形成以智取胜,以仁求治的管理思想。这对于今天的管理者来说,仍有借鉴意义。

第三节 管理主体系统各要素的关系

管理主体系统是一个多变量、多层次的矛盾统一体。在这个矛盾统一体中,既有矛盾同一性,又有矛盾斗争性,这决定了管理主体系统各要素间的对立统一关系。

一、管理主体系统各要素的对立统一

一方面,组成管理主体系统的各个要素、各个子系统有其相对独立性。比如,决策系统和参谋系统各有自己的独立性。决策系统不能干扰参谋系统的工作,以保证参谋系统的咨询工作能尽可能做到具有客观性和科学性。而参谋系统为了保证自己所提方案的科学性,不能受决策系统领导人主观愿望的影响,也不应考虑这些方案最终能否被决策者所采纳。参谋系统也不能干扰甚至代替决策系统的工作,他们只能提出某种可能的建议和方案,而这些建议和方案是否被采纳,由决策系统决定。决策系统处于主导地位,起关键作用。决策系统的职能在于"断",参谋系统的作用在于"谋"。执行系统也不能干扰或代替监督系统的工作,否则,整个管理主体系统就会失去正常的反馈,其控制功能就会失调,造成管理活动偏离目标。

另一方面,管理主体系统各要素又是相互统一的,彼此相互作用、相互协调。由于决策系统是管理主体的核心,是矛盾的主要方面,因此,执行系统、监督系统应该服务于决策系统。总之,它们是相互区别、相互依赖、各司其职、分工协作的辩证关系。

二、管理主体系统各要素之间相互结合的量变和质变关系

辩证唯物主义的基本原理告诉我们,组成事物的成分,由于排列组合的形式不同,会引起事物性质的变化。在管理主体系统中,组成系统的各种因素如果能做到优化组合、取长补短,在整体上会产生良好的管理性能。具体表现在:

(一)管理主体系统各成员在性格、知识方面的特性互补,会产生良好的结构效应

由于管理对象的复杂性和管理活动的多种职能,要求在选择、组成管理主体系统的成员时,注意配备既能胜任管理工作,又具有不同性格、特点和学科专长的成员。这样的成员组合成的主体系统,才能在整体上具有很强的适应

性，才能适应越来越复杂的管理内容。清朝诗人顾嗣协在一首《杂兴》的诗中说："骏马能历险，力田不如牛。坚车能载重，渡河不如舟。舍长以就短，智者难为谋。生材贵适用，慎勿多苛求。"每个管理成员各有其长，也各有其短，管理主体系统只有由多方面的人才组成，性格、知识相互补充，才能保证整体优化。比如，在管理主体系统中，应该有善于制定长远规划和出谋划策的、有善于做宣传鼓动工作的、有善于从事对外交际工作的等，这样才能有利于处理管理活动中所遇到的各种问题。列宁曾说："最好是使这个机构有各种各样的人员，在这个机构里我们应当设法把多种素质和不同优点结合起来，因此，我们得下功夫拟好候选人名单。"[①]

（二）管理主体系统中各成员在情感、理想目标、价值观念上相互协调及相互促进，能从整体上提高管理效率

管理主体系统中各成员在思想情感上协调融洽、相互支持，能使管理主体表现出一种积极向上、团结友爱的气氛。这种心理相容必然会化作一种巨大的物质力量，大家同心协力，克服前进中的各种困难，去实现共同的目标。

管理主体系统各成员在理想目标、价值观念方面的相互协调，是维系一个集体团结一致的思想基础。主体成员只有具有共同的奋斗目标、志同道合，才能形成真正的团结。价值观念是人们对于事物好坏的根本看法。价值观念的一致，也是管理主体团结一致的基础。如果各成员对事物的好坏看法相差甚远，没有共同的是非标准，则很难在整体上形成团结一致的局面。

上述所谈管理主体系统中各成员在思想、情感、理想目标、价值观念等方面的相互融合、相互协调，不是彼此毫无差别的完全等同，而是在大方向、大原则、大目标上的求同存异和相容一致，从而使管理主体从整体上保持性能优化。

管理者认识了管理主体系统存在着的辩证关系，就要在实际管理活动中处理好这些关系，努力创建一个性能优化的管理主体系统，实现理想的管理目标。

---

① 《列宁全集》第43卷，人民出版社1987年版，第384页。

第四节 管理的主体间性

管理活动中不仅有管理者与被管理者形成的主客体关系，而且有管理者与被管理者作为人所具有的主体之间的关系。受西方主客二分的哲学观影响，在科学管理的时代，管理者与被管理者的关系总体上是一种主客体关系：管理者处于管理关系中主导的决定地位，对被管理者有指挥、控制、监督等权力，被管理者屈从于管理者的地位和权威。管理者的主观意志常常通过管理活动强加于被管理者，被管理者没有自主权和自由活动的可能，只能像被操纵的机器一样，任由管理者支配。被管理者的人格尊严得不到尊重，并且在这种管理体制影响下，形成了顺从、依附、没有自主性和创造性的制度人格，得不到发展自己自由意志的机会和条件。

然而，作为和管理者一样的人，被管理者也有种种自然需要和社会需求，也要有人的尊严。因此，被管理者在生产中被现代化、自动化机器解放出来以后，具有了独立于生产的人的地位，自然而然要求实现自己的主体性。而个人主体性的实现，是通过对物的改造和同主体人的交往体现出来的。这就产生了主体间性，也叫交互主体性。

主体性的产生源于"人沿着合理的方向，运用特定的手段，在可能的范围内有效地改造外部世界，从而实现自己的意志，人是以自己主体性的活动使自己成为主体的"①。主体性活动有物质生产与交往，也有精神生产与交往，因此，交往是主体——人与人之间活动的基本形式，也是基本实践。语言是主体间思想交流、信息传递的主要手段，主体间性通过交往体现出来。主体间性的发展程度取决于主体之间的交往程度。主体间的交往具有对等性，即希望经过彼此交往获得主体之间的相互承认、相互理解、相互沟通、相互影响。主体间性实质上是主体性在主体之间的延伸、扩展，主体性和主体间性的发展应该是一致的。真正的主体性以主体间性为必要的补充，主体与主体既互为目的又互为手段，主体地位只有在主体间相互交往中被承认、被尊重才能成立。

科学管理的先驱者泰罗虽然没有提出管理中的主体间性的概念，但他的具

---

① 郭湛：《主体性哲学——人的存在及其意义》，云南人民出版社2002年版，第21页。

体实践体现了管理主体间性思想。泰罗说:"有很多人把工人看成是贪心、自私、贪婪,甚至更坏的人。我完全不同意这种说法。工人同社会上各阶层的人没有什么不同。他们并不比其他阶层的人更加贪婪、更加自私。他们也不比其他阶层的人少贪婪、少自私……但是有一点可以肯定,不论工人是什么样的人,他们都不是蠢材。"① 泰罗对工人的态度是一种基于善良的人道主义精神的友好,正因为他的友好,工人们和他成为朋友,使他一系列科学管理的思想能够在工厂中实现,这给现代管理者一个有益的启示,主体间性的发展是主体发展的条件。管理者的主体地位和被管理者作为人的主体地位是不应该相互排斥的,只有把被管理者的主体性通过管理交往活动激发出来,管理者的主体性价值才能实现,其主体地位才是真实的。

---

① 〔美〕F. W. 泰罗:《科学管理原理》,胡隆昶等译,中国社会科学出版社1984年版,第236页。

第二章 矛盾统一体中的管理客体

管理客体作为管理对象,和管理主体同时存在于管理活动中,构成了管理活动的基本内容。在管理客体的人、财、物诸要素中,人既是管理客体的基本要素,又是管理系统的中心。本章主要说明,在管理客体系统中,以人为中心展开的多种矛盾关系。

第一节 管理客体和管理客体系统

一、管理客体的含义

管理客体即管理对象,是指进入管理主体管理实践活动领域,接受管理主体协调、组织、指挥和使用的客观对象。

管理客体主要由人、财、物三种基本要素组成,一切社会活动都离不开这三种要素。所谓搞好管理工作,就是管理好人力、物力、财力,充分发挥人力、物力、财力的作用,做到人尽其力、物尽其用。只有使人、财、物合理结合,成为具体的现实的生产力,才能产生良好的经济效益、环境效益和社会效益。

(一) 人是管理客体的基本要素

人在管理客体中虽然和财、物一样具有客观实在性,但人和财、物不同,人具有社会性和意识的能动性。人类社会的形成和发展都离不开人的作用。

《孝经·圣治》介绍孔子说:"天地之性人为贵。"在管理客体人和物的关系中,人处于主导地位,是生产力中最活跃、最基本的要素。社会生活的一切活动都要通过人去进行,社会生活的一切内容也都是为了人。管理的中心环节就是对人的管理,只有管好了人,把人的积极性、主动性、创造性调动起来,提高工作效率,才能促进生产的发展。我国春秋时的政治家管仲说:"夫霸王之所始也,以人为本。本理则国固,本乱则国危。"(《管子·霸言》)在管理客体中,人是最主要的要素,没有人就无法管理,也无须管理。

人又是对管理活动影响最大的可变动因素,对其他各种客体要素具有能动作用。对人的管理是提高管理效益的关键。

人在管理活动中既可以成为管理主体,又可以成为管理客体,具有双重身份。这是由社会组织系统多层次的复杂结构决定的。某一层次的管理者,同时是更高一级层次管理者的管理对象。

马克思主义十分重视人的作用,认为人民群众是历史的创造者。历史上一些开明的统治者在一定程度上也认识到了管理客体中人的重要作用。比如唐初大臣魏徵曾语重心长地对唐太宗李世民说:"臣又闻古语曰:'君,舟也;人,水也。水能载舟,亦能覆舟。'"(《贞观政要·论政体》)许多成功管理者的经验之一就是在管理中注重感情投资,尊敬人、信任人、关心人、理解人、培养人、帮助人,心中时常装着一个大写的人字,对员工动之以情,晓之以理,以情动人,以理服人,收到了良好的管理效果。正如《汉书·王贡两龚鲍传》中所说:"治天下者,当用天下之心为心。"

在所有管理对象中,人是最重要的因素,管理主要是对人的管理,财和物都是人创造和使用的,只有通过对人的管理,才能实现对财和物的管理。

(二) 物也是管理客体的基本要素

管理哲学中讲的物和辩证唯物主义所讲的物质既有区别又有联系。辩证唯物主义所讲的物质是标志客观实在的哲学范畴。而管理哲学中讲的物是指进入了管理活动范围,被管理者所利用、操作、改造的物质实体,如设备、工具、材料、仪器、能源和各种自然资源等。在生产性活动中,物主要指各种劳动资料和劳动对象;在非生产性活动中,其主要指各种物质装备,如军事活动中的武器装备、教学活动中的教学设施等。管理哲学所讲的物是辩证唯物主义中所讲的物的一部分具体表现形式。

为什么物也是管理客体中的基本要素呢？

（1）一切管理活动都离不开物质基础，而物是一切管理活动的物质基础。若缺少物质基础，一切管理活动就无法进行。离开一定的物质条件，人的主观能动作用也不能发挥出来。

（2）要取得好的管理效果，还必须认识、研究和掌握物的特性和运动规律，并且加以利用。比如，要管好工厂里的机器设备，就应认识和掌握这些机器设备的性能和工作原理等。

（3）管理的作用就是要使管理客体系统中的人和物合理结合，有效地利用物力资源，做到物尽其用。如物资管理、设备管理、库存管理，都是为了做好物质资料的生产、分配、流通、保管、消费的管理。

（三）财也是管理客体的基本要素

财，即资金或财力以及在管理活动中物质资料的价值表现，一般以货币的形式存在。财之所以是管理客体的基本要素，是因为它在管理活动中具有重要作用。在商品经济条件下，任何管理活动如果缺乏财力，其管理活动就很难进行。财是组织、经营的武器。对于一个企业来说，对财的管理是企业管理中一个重要的独立方面。企业生产经营活动的质量和数量以及整体效益，大都可以从资金运转中综合地反映出来。合理的组织资金活动，可以对企业各方面的生产经营活动起促进作用。对财的管理所形成的各项价值指标，成为企业经营决策的主要依据。对财的正确管理，可以及时组织资金供应，节约使用资金，控制生产消耗，大力增加收入，合理分配收益，从而推动各部门增产节约、增收节支。因此，搞好对财的管理，对于改善企业经营管理、提高经济效益，具有重要作用。在社会主义市场经济条件下，企业是自主经营、自负盈亏、自我约束、自我发展的经济实体和市场竞争主体，对财的管理面临着复杂的环境，管理的状况如何对企业的发展起着举足轻重的作用，关系到企业的兴衰成败和能否继续存在。对财的管理，包括生财、聚财、用财等几个相互联系的客观过程（环节）。在这几个环节中，生财是根本，聚财是保证，用财是关键。搞好财务管理，要根据财力运动的客观规律，开源节流，合理分配和使用财力，对财力进行正确、有效的组织和协调，正确进行预算控制、成本分析、财务管理等，努力提高经济效益。

上述管理客体的三种基本要素在管理客体中的存在具有相对独立性，但在实际的管理客体系统中是不能分开而单独起作用的。它们是作为一个有机联系的整体而接受管理主体的管理的。在管理客体系统中，这三种要素相互作用、相互影响、相互制约，在一定条件下相互转化。只有其中的一个要素不可能发挥管理客体的作用。管理客体作用的发挥，有赖于这三者有机巧妙的相互结合。三者能否合理科学的结合是衡量管理者水平高低的重要标志。

关于管理客体的基本要素问题，在国内外也有不同看法。有人认为，管理客体的基本要素中除了人、财、物之外，还应再加上时间和信息，因为管理者若缺少时间观念和可靠足够的信息，是无法进行管理的。但多数学者认为，从哲学上讲，时间是物质的存在形式，不能离开物质而单独存在；信息也是物质的属性和特征，物质是信息的载体，不能离开物质而单独起作用。它们都可以概括在物质范畴中，不需要再单独作为一个要素。

还有学者认为，管理客体除了人、财、物之外，还少不了士气和方法。不注意鼓舞士气，不注意正确的管理方法，同样搞不好管理。因此，他们认为士气和方法也应成为管理客体的要素。但也有许多学者不同意这种看法。他们认为，士气属于精神范畴，精神是离不开人而存在的，管理客体中人的因素包括士气在内。方法是主体作用于客体的手段，属于管理主体范围的内容，方法不是管理主体所作用的对象，不应属于管理客体。随着管理科学的深入发展，人们对管理客体的要素会做出更加明确、更加科学的规定。目前，用人、财、物三要素可以概括管理客体的内容。

从宏观方面说，能够成为管理客体的包括自然界、人类社会、人的思维三大部分，但每一部分又包括若干个层级，每一个层级又有许多方面。从主体活动和主客体相互作用方面，客体又可以分四部分：本源的原始的自然界是第一客体；人类活动改造过的物质世界——"人化的自然"或"物化的世界"是人类活动的第二客体；人以自己的意识活动创造了一个感觉的、情绪的、表象的、观念的、符号的世界，这些作为管理活动的客体构成了第三客体；当人的活动指向自身，以个体人、人类、社会为活动对象，在活动中反思、反观自身，不断完善自我，作为个体的人、人类、社会就是管理活动的第四客体。全球化促进了资本、商品、技术和生产过程的社会化，也形成了劳动力的全球流动。管理客体的人（同时是管理主体）的文化差异、民族习惯、生活方式和思维方式的不同将会在社会交往中表现出来，管理客体日益凸显出其复杂性的一面。管理的客体无论是人还是物，不管是时间、空间还是信息、社会关系等，都发生了许多变化。人们根据不同时期管理对象的不同大致划分了物本管理、人本管理、能本管理时代。物本管理的中心是物，主要探讨如何开发和利用自然资源为人类服务，怎样制造和使用先进的设备改进生产、提高效率。人本管理时代管理的重点开始倾向满足人的物质、精神和社会关系的需要，通过这些方面的实现推动生产的进步和人的发展。能本管理时代是知识经济、信息经济时代的管理方式，管理的对象是知识和能力，管理的核心更侧重人的"思想"，即怎样通过发挥主观能动性实现人的自我价值和全面发展。管理客体的这种变化决定了一切管理要以时间、地点、条件为转移，要具体问题具体分析。

二、管理客体的性质

（一）管理客体具有客观性

管理客体是管理主体的管理对象，它存在于管理者的意识之外。无论是经济管理、政治管理或社会管理，其管理客体都具有客观性，都有着自己固有的规律性，都以时间和空间的形式存在着。它们是物质的不同表现形态。管理对象中的财和物都是物质要素，因而具有客观性。例如，物的要素中的技术设备、劳动资料、生产条件都是客观存在的。财的要素中资金状况、收支情况都属于物质要素，具有客观性，有自己的存在方式和运动规律。在管理对象中，最主要的要素是人，人的要素对于管理主体来说是一种客观存在，和人一起存在的社会关系也是一种社会存在。管理对象中有人的要素，人有社会性，有意识活动，有意识活动的各种表现，如社会心理、风俗习惯、感情兴趣等。这些虽然属于精神范畴，但它属于不能离开人的大脑这种物质的客观存在，对于管理主体来说也具有客观性。

认识管理客体的客观性具有重要意义。由于管理客体具有客观性，有其内在运动规律，因此，管理者在管理活动中要注意研究管理客体的运动规律，尊重管理客体的运动规律，按照管理客体的运动规律进行管理。比如，企业管理中企业有自己的运动规律，国家管理中有国家的运动规律等。只有认识了这些客观规律，才能在管理活动中取得好的成效。

自然界、人类社会、人的思维各自具有自己的规律，作为世界的一个组成部分，又共同遵循宇宙的根本规律。自然生态平衡是世界存在的一个前提，也有其运动规律。当被欲望和利益驱使的人类行动严重破坏这种平衡时，自然界就会给人类以报复。

管理客体中的精神因素也是管理者不能轻视的。如果管理者不了解被管理者的心理、思想、愿望、情绪，就不能从内心深处调动被管理者的积极性。管理客体中人的思想观念、心理因素、欲望要求如何，直接影响到管理客体的活动效果。管理者只有清醒地把握管理客体的社会心理、思想脉搏、人心所向，才能因势利导，充分调动管理客体中人的积极性，发挥他们的智慧和创造力，使人与人、人与物达到最佳的结合。

管理者一旦认识到管理客体的精神因素对管理效果的作用，就要注意调动管理客体中人的积极因素。要注意培养管理客体中人的良好精神风貌、"组织气候"、"企业文化"，使管理客体中的成员成为有理想、有道德、有文化、有纪律的一代新人。在管理客体中，形成良好的传统和作风，使管理客体成为一个最佳系统，像一台机构精良的机器，可以生产出高质量的产品。

（二）管理客体的可管理性

管理客体的可管理性是指客观对象具备接受管理主体的指挥、组织和协调的条件，具有被管理的可能性。若管理对象只具有客观性，而不具有可管理性，也不能成为管理客体。比如，宇宙中的所有星体都具有客观性，但在目前条件下，许多星体上的事物还不能成为管理客体，因为它们还不具有被管理的可能性。

管理客体的可管理性是由两种因素决定的。

一是由客体现有的特性决定的。客观存在的事物必须具有能和其他事物相互联系、组成管理系统的特性，才有可能进入管理客体。比如，要成为工厂里生产产品所使用的原料，它必须具有这种原料的特性，才能进入工厂的管理客体。对于一定的管理系统中的事物来说，彼此间存在着间接联系，但这些事物有自己的客观性，当管理主体根据客体的客观性和自己客体系统的需要，把它们通过一定方式组织起来，彼此相互发生直接联系时，即可转变为特定的有序状态，从而成为管理客体。

二是由管理主体所具备的条件决定的。管理客体中事物的性质要靠管理主体去认识和掌握。只有认识了这些事物，才能利用这些事物，才有可能采用一定的手段和方法把它们组织起来，并对它们进行指挥、控制和协调，从而把这些客观事物作为对象进行管理。如果主体由于认识水平、实践能力及客观条件的限制，对管理对象认识肤浅，甚至一无所知，或虽有所知但限于各种条件的制约，仍无法对它们进行有效控制。那么，这些事物对于管理主体来说，仍不具有管理客体的性质，不能成为管理客体。正如马克思所说："对象如何对他说来成为他的对象，这取决于对象的性质以及与之相适应的本质力量的性质。"①

由以上分析可知，管理客体的可管理性是可以不断发展的。因为管理客体的可管理性与管理主体的认识能力有关，管理主体的认识随生产力的不断发展及科学技术和认识工具的不断进步而不断增强。许多在历史上没有被认识、没有条件认识的事物，现在已经认识了，现在还没有认识的事物将来能够被认识；原来不能管理的事物，现在可以管理了。所以，管理客体的可管理性是随历史的发展而发展的。

（三）管理客体具有复杂性

客观对象能否成为管理客体，以及如何成为管理客体，取决于客观对象是否已经纳入人类认识和实践活动的范围，同时也取决于管理主体作为人的本质力量和特定活动的性质及能力。管理活动是一个包含自然、社会、思维相互作用的复杂整体，各个部分既是多样的，又是相互联系和彼此作用的。管理主体和管理客体，特别是作为人的客体，经常发生着地位的相互变化。一方面管理主体以别的事物和对象作为管理活动的客体；另一方面，管理主体也经常以自己和自己的活动作为对象性的存在。管理实践还通过意识活动不断创造出精神的、观念的、制度的对象世界，并且这个对象世界反过来又进一步作用和影响人们现实的管理活动。如此相互作用提高了人们改造客观世界的能力。管理客

---

① 《马克思恩格斯全集》第42卷，人民出版社1979年版，第125页。

体并非简单地受人支配和摆布，其自身的运行规律也是管理主体必须尊重的，否则管理活动就难以顺利进行，因此，管理客体呈现出复杂性。

(四) 管理客体具有能动性

客观的、历史的、现实的人是受动性和能动性的统一体。正如马克思所说："人们不能自由选择自己的生产力——这是他们的全部历史的基础，因为任何生产力都是一种既得的力量，是以往的活动的产物。"[①] 人的受动性除表现为受现实的生产力决定外，还受个人无法完全控制的社会生产关系的影响，这种关系甚至在某种程度上决定人的发展程度。在一定物质基础上形成的思想、观念、意识、情感等也对人具有制约作用，是人在特定历史时期无法摆脱的。从这个意义上看，人是受动性的历史存在物。然而，"他周围的感性世界决不是某种开天辟地以来就直接存在的、始终如一的东西，而是工业和社会状况的产物，是历史的产物，是世世代代活动的结果，其中每一代都立足于前一代所达到的基础上，继续发展前一代的工业和交往，并随着需要的改变而改变它的社会制度"[②]。这些是人类自主活动的条件，同时，也是人类自主活动的结果。人在这里是具有自觉性、能动性、创造性、实践性的人。人的能动性是指人以自己的意识为向导，有计划、有目的、自觉地认识、改造客观世界，使之有利于人的生存和发展。人的能动性体现在：第一，人通过物质生产实践使自然发生形态的改变，并在这种改变中把人的目的性注入自然界的因果链条中，使自然按照人的本性运转。第二，人在改变自然界的同时也在改变着人和人的关系，没有人和人的关系就没有人对自然的改造。第三，人在实践中还创造了思想的世界、观念的世界、对象化的世界，这无不体现了人的主观能动性。作为管理活动中的管理客体——有生命的人，其自觉能动性更应放在首要位置，以体现人的尊严和价值。日本松下公司创始人松下幸之助认为，应该加强对全体员工的智能开发、道德培训，实行"集中众智的全员经营"方针，充分发挥员工的积极性、创造性，让员工在快乐的工作中获得成就。

管理客体的性质要求管理者在建构自己的管理客体系统时，不能单从主观

---

① 《马克思恩格斯选集》第 4 卷，人民出版社 1995 年版，第 532 页。
② 《马克思恩格斯选集》第 1 卷，人民出版社 1995 年版，第 76 页。

愿望出发，要从实际出发，尊重客观规律，勤奋学习，勇于实践，不断提高对事物的认识能力，以建立理想的管理客体系统。

三、管理客体和认识客体的关系

管理客体和认识客体既有区别又有联系。认识客体是认识主体的实践活动所指向的对象。认识客体和认识主体一样，也要从社会实践角度去理解和把握。那些还未被社会实践和认识活动所指向的自然物，同人的认识与实践没有现实的联系，因而不能成为现实的认识客体。同样，管理客体也是指进入管理主体管理领域的人和物。认识客体属一般哲学范畴，有广泛的概括性，而管理客体仅限于管理领域。在管理领域，认识客体主要指管理客体。

四、管理客体系统

任何一个较为复杂的管理客体，都是由人、财、物等基本要素构成的人工开放系统。管理客体系统内部充满了辩证关系，是一个辩证统一的整体。管理客体系统的辩证性质可以概括为以下内容：

（一）管理客体系统具有目的性和稳定性

任何一个管理客体系统的形成都是为了实现一定的目的。如工厂是为了生产某种产品，才由许多要素组成客体系统。任何管理客体系统，都具有一定结构，一个大而复杂的管理客体系统的结构往往是多层次的。由于管理客体系统具有一定结构，因此保证了该系统的稳定性，并使这个系统在内部或外部条件发生变化的情况下，仍能保持自己的质。

（二）管理客体系统具有协同性

管理客体系统的协同性是指把管理客体系统所具有的各种因素，通过一定的结合方式，使它具有特定的有序状态的性质。管理客体的协同性，也是管理客体系统要维持正常功能的客观要求。只有使管理客体系统处于有序、协同状态，它才能发挥正常作用。为此，要求管理者在建构管理客体系统时，要选择那些具备构成有序、协同状态条件的因素，共同组成管理客体系统。

(三) 管理客体系统具有不协调性

管理客体系统不仅具有协同性,而且具有不协调性。组成管理客体系统的各个要素都具有自己的个性,具有矛盾特殊性。各要素虽然在组成管理客体的过程中经过了一定的选择,有一致的协同之处,但毕竟还有不一致之处。这些不一致之处形成了管理客体系统的不协调性。这在任何现实的具体的管理客体系统中都是普遍存在的。由于这种不协调性的存在,管理者在管理实践活动中,应注意做多方面的工作,将不协调因素转化为协调因素,不停顿地将管理客体系统推向更高水平。

(四) 管理客体系统具有变动性

管理客体系统是一个变动的系统。管理客体系统各要素是相互作用的,各要素之间在发生着变化,管理客体系统周围的环境也在不断地发生变化,并不断地作用和影响着管理客体内部。这使管理客体系统处于不断的变动状态,就形成了管理客体系统的变动性。

认识管理客体的变动性,具有十分重要的意义。这种变动性能使任何管理客体系统的结构不断完善,协调性不断加强,不协调性不断消除,使整个管理客体系统不断发展。这种变动性有两个方向:一是沿前进方向,二是沿倒退方向。一个本来处于良好状态的管理客体系统,也会由于内部和外部条件的变化,导致内部协调性被破坏,使管理客体系统水平下降甚至瓦解。管理者在任何时候都应该认清管理客体的发展趋势,使其向好的方面转化。

五、管理客体系统的属性与生产方式的关系

由于管理客体系统的属性处于一定的生产方式中,因此要受到生产方式的制约和影响。生产力状况影响着管理客体系统中物的开发和利用,生产关系的性质影响着管理客体系统中人和人的关系及人和物的关系。

在原始社会,由于受原始公有制的影响和生产力水平低下的限制,管理客体系统中物的要素是原始共同财产,人们对这种财产的关系是原始平等关系,管理客体系统的系统性差,人们对建立管理客体系统还缺乏自觉的意识。

到了阶级社会，在剥削阶级生产方式的影响下，构成管理客体系统中物的要素基本上属于剥削阶级的财产。作为管理客体系统中的劳动者和作为管理客体的生产资料在所有制上是分离的。

在社会主义社会的管理客体系统中，构成管理客体系统中物的要素在本质上属于劳动人民的共同财产。作为管理客体系统中的劳动者和作为管理客体系统中的生产资料是直接结合的。马克思主义的社会基本矛盾原理为我们正确认识管理的本质及在不同的生产方式中为什么会有不同的管理方法做出了科学的说明。

第二节　人是管理客体系统的中心

一、人为什么是管理客体系统的中心

在管理客体系统的要素中，人是管理客体系统的中心。美国著名管理学家彼得·德鲁克（Peter Drucker）说："所谓企业管理，最终就是人事管理。"[1] 为什么人是管理客体系统的中心呢？

（1）客观存在的事物能够成为管理客体，是由于人具有能动性，人们通过实践活动，能把原来不是管理客体的事物变成管理客体。有了人的作用，物和财才可能成为社会生活的要素，成为管理客体。

（2）在管理过程中，只有管好了人，对人进行正确有效的指挥、调节和控制，才能通过人实现对物力和财力的管理。生产管理、行政管理、资源管理、军事管理，实质上都是对人的管理。

（3）在管理客体系统中，人的要素不是消极被动地适应管理主体的管理，而是对管理主体有能动性，能够反作用于管理主体。比如，人对于管理主体做出的决定、指示，既可以拥护、支持，也可以不拥护、不支持；既可以积极、主动地执行，也可以消极应付、阳奉阴违；甚至可以做管理主体的工作，提出各种建议，使管理主体改变自己的主张，做出新规定；在执行管理主体指示的过程中，人也不是被动的，可以积极主动地选择执行管理主体指示的方法，创

---

[1]　何奇等编：《中外古今管理思想选萃》，企业管理出版社1987年版，第179页。

造性地完成自己的工作。而管理客体中的财和物没有这种能动性，只能机械地接受管理。

二、重视人的需要是管好人的关键

所谓人的需要，从内容上看，包括物质需要和精神需要；从高低层次来看，包括生存需要、发展需要和享受需要。

人的需要和动物的需要有本质的不同。动物只是单纯地摄取自然界产生的各种东西来满足自己的肉体需要。人则积极发挥自己的能力，进行物质生产和精神生产活动，改变外部世界，创造出物质产品和精神产品，使自己的需要得到满足。在历史发展过程中，人的需要及其满足状况随着生产力的发展和人与人之间社会关系的变化而不断变化着。在阶级社会里，由于各阶级的经济地位不同、政治态度不同、文化状况不同，因此各阶级的需要也不相同，具体表现为利益要求不同，甚至相互对抗。占统治地位的剥削阶级的需要，是通过限制和牺牲大多数劳动群众的需要来满足的。一般来说，在社会主义社会，随着阶级对抗的消失，人与人之间不同的需要不表现为利益的对抗，社会需要和个人需要将在生产不断提高的基础上，日益协调地得到发展和满足。

人的需要对社会发展起什么作用呢？从古代起，需要被看作是人们进行活动的内在动力，18世纪法国唯物主义者爱尔维修认为，人的肉体"需要"是历史发展的最后动力。但是，他没有对人的需要做出科学的分析，也没有正确地揭示出历史发展的最后动因。历史唯物主义认为，人的需要是受社会条件制约的，现实的、具体的需要是推动人们积极从事生产活动和其他改造世界活动的重要原因，但是它不能成为人类历史发展的最后动因，因为它本身还要由物质生活的生产方式来说明，推动人类社会发展的根本动力和终极原因是生产力和生产关系的矛盾运动。

为什么要重视人的需要呢？因为人的行为离不开人的动机，动机是人的目的的出发点，是激励和推动人们去行动达到一定目的的内在动因，是人的一种心理状态。而人的动机，是建立在需要的基础上的，在需要的作用下，形成了人行为的动机。当需要以兴趣、目的、愿望或意向等形式指向一定的对象，并激起人的活动时，就构成了人活动的动机。人之所以会有需要，是由于人的内部条件和外部条件综合作用造成的。人有需要就可以诱发行动的动机,动机会引起实现动机的行动,行动结束达到了预期的结果,实现了一种需要的满足。一种需要得到了满足,在一定条件下又产生新的需要。这个发展过程不是简单的重复,而是一个新事物不断代替旧事物的前进运动过程。

用人的需要来解释人的动机和行动,是马克思主义的基本观点。马克思曾说过:"没有需要,就没有生产。"① 恩格斯在《自然辩证法》中,批评形而上学唯物主义错误的思维方式时指出:"人们已经习惯于用他们的思维而不是用他们的需要来解释他们的行为(当然,这些需要是反映在头脑中,是进入意识的)。"②

管理主体了解了被管理者中人的需要之后,对于他们的经济生活、政治生活、精神生活等方面加以合理组织和安排,可以调动他们的工作积极性,提高工作效率。

历史的、现实的、主观的和客观的原因使得在任何社会里,人们的需要、追求各不相同,人们的需要有些是同社会利益相一致的,有些是不符合社会利益甚至是相违背的。有些通过努力可以得到满意的结果,有些则不能实现,得不到满意的结果。管理主体从保证社会利益出发,应该鼓励、支持和强化个人那些符合社会需要的愿望和需要,通过正确方式淡化或限制那些不符合社会需要甚至损人利己的个人需要。这样做符合社会进步的要求,会促使每个成员正确处理社会利益、集体利益和个人利益间的关系。

现代企业管理系统是人、财、物等要素组成的有机系统,而作为万物之灵的人则是这一系统的核心要素。人区别于其他要素的根本标志在于人是管理客体中唯一有意识、有感情、有需要进而有能动性的特殊要素,能否激发和引导人的积极性、主动性,对企业管理的成败至关重要。人们的一切行为都有其特定的理由,而这种理由常常离不开满足某种需求的欲望。

第二次世界大战以后,研究人们的行为及其产生原因的行为科学在西方兴起,并日益成为企业管理哲学的重要组成部分,它主要从人的需要、欲望、情绪、动机等心理因素的角度研究人的行为规律,并借助这种规律性的认识来预

---

① 《马克思恩格斯选集》第 2 卷,人民出版社 1995 年版,第 9 页。
② 《马克思恩格斯选集》第 4 卷,人民出版社 1995 年版,第 381 页。

测和控制人的行为,以实现管理的目的。

需要理论的研究,兴起于20世纪30年代,它认为人的行为可以理解为追求需要的满足,首先把人的需要作为研究对象的是美国的亨利·默里(Henry A. Murray),随后又有戴维·麦克利兰(David C. McClelland)、亚伯拉罕·马斯洛(Abraham H. Maslow)等人。

(一) 默里和麦克利兰的需要理论

亨利·默里在1938年出版的《人的探索》一书中假定人都有某些需要,并提出了"需要目录",把人的需要划分为30种,试图用需要的多样性来说明人的行为的多样性。但在他的理论中,人的多种需要之间是杂乱无章的,这就使人们难以用需要来解释人的行为。

进入20世纪50年代,戴维·麦克利兰提出了有限的几种需要来说明企业家的行为。他认为,对于一个企业家来说,最突出的需要是成就需要,成就需要越强烈,其在事业上成功的可能性越大。他进而指出一个企业拥有成就需要高的人越多,其劳动生产率就越高。同时,麦克利兰还发现,成功企业家必须同时具备权力需要和归属需要。这样,麦克利兰就将需要理论与企业管理主体的素质问题直接联系起来了。

(二) 马斯洛的需要理论

美国心理学家马斯洛认为:"人的一生实际上都处在不断追求之中,他是一个不断有所需求的动物。"① 而人的需要是分高低层次的,由低到高可以这样排列:(1)生理需要。这是人类维持自身生存的基本需要,如食物、饮料、衣服、住所、睡眠、氧气等。(2)安全需要。这是要求保障人身安全和使人们摆脱为失去工作及丧失财产、食物、衣服和住房而担心的需要。(3)归属和爱的需要。因为人是社会的人,他们需要归属于其他一些人,并为其他一些人所爱。(4)尊重需要。希望受到别人的尊重,尊重自己的自尊心。(5)自我实现的需要。这是一种使人能最大限度地发挥自己的潜力并完成某些事情的欲望。

---

① 〔美〕弗兰克·戈布尔:《第三思潮:马斯洛心理学》,吕明、陈红雯译,上海译文出版社1987年版,第42页。

马斯洛认为，人的上述几种不同层次的需要可以同时并存，但只有在较低一级需要得到满足后，较高一级需要对于推动人的行动才有意义。而在所有需要中，生理需要是最强烈的需要。马斯洛认为，如果一个人极度饥饿，那么除了食物外，他对其他东西会毫无兴趣。他梦见的是食物，记忆的是食物，想到的是食物，他只对食物发生感情，只感觉到食物，而且也只需要食物……这样的人真可谓单纯靠面包为生。不过要是面包很多，而一个人的肚子已经饱了，那会发生什么事呢？其他（高一级的）需要就立刻出现了，而且主宰生物体的是它们，而不是生理上的饥饿。而当这些需要也得到了满足，新的（更高一级的）需要又会出现。以此类推。马斯洛认为，人的自我实现的需要是人类最高层次的需要。①

对于马斯洛的需要层次论应该采取辩证的态度。既要看到其有益的方面，也要看到其不足之处。

马斯洛从人的需要出发研究人的行为，重视需要在人类行为中的作用，指出人的需要呈现一个从低级向高级的发展趋势，其理论根据符合人的心理发展过程，因而具有实用价值，成为现代西方管理活动中的激励理论之一。马斯洛的需要层次论告诉我们，人的需要是多种多样的，有物质上的需要，有精神上的需要。因此，在管理过程中，对人激励的方式也应该是多种多样的，不仅要给人以物质的满足，而且要给人以精神的满足。当生理需要得到一定的满足之后，精神需要更显重要。马斯洛认为，在管理系统中，每一个人都有自己的需要，但有一个大家共同的优势需要，管理者应该注意满足被管理者的优势需要。这些思想对于我们今天搞好管理工作颇有启发。

虽然马斯洛的需要层次论对于我们有可取之处，但也有很多缺陷。他在谈到人的需要时忽视了人的社会性，没有反映人的社会意识和社会环境对人的需要产生的巨大影响，即离开了社会的需要、条件和制约来谈个人需要的实现与个人价值的实现。马克思主义认为，人的本质是一切社会关系的总和，是各种社会关系的有机统一。人的需要和人的本质密切相连，脱离人的本质的需要是不存在的。

---

① 〔美〕弗兰克·戈布尔：《第三思潮：马斯洛心理学》，吕明、陈红雯译，上海译文出版社1987年版，第41页。

在对待马斯洛的人的需要问题上，还有一种不同的观点，认为马斯洛是从纵向的角度把个人的需要分为生理需要、安全需要、归属和爱的需要、尊重需要以及自我实现的需要等五个层次，这是有一定意义的。但是，作为社会的人，不仅仅以个人身份出现，人作为反映世界、改造世界的主体，还可以分为个人、集体和社会三种类型，因此，人的需要也可以从横向角度分为个人需要、集体需要和社会需要三种形式。要研究人的需要，只有把纵向的五个层次和横向的三种形式结合起来，既看到人的生物属性，又看到人的社会属性，才是全面的、科学的。如果只讲五个层次，不讲三种形式，必然会得出任何个人需要都应当被满足的结论。但实际上个人需要有一个正当与否的问题。有时候个人需要与集体需要和社会需要不一致甚至相矛盾，这种个人需要就是不合理的，因为它往往要在牺牲集体和社会利益的情况下才能实现，管理者对这种损人利己的需要应当进行限制。在社会管理中，满足个人正当的需要与限制个人不正当的需要是同等重要的，都有助于社会进步和个人的全面发展。在社会主义社会，人们谴责那些不劳而获、不顾社会或周围人们的需要而一味满足自己需要的人。许多个人并不处处以个人需要、个人所得到的利益为动力，而经常是自觉地以社会需要、集体需要为动力，产生社会责任感或对社会利益、集体利益的责任感，从而激发出主动性、创造性。马斯洛的需要层次论主要从个人利益出发，宣扬了人的利己本能。而马克思主义所讲的需要，不仅指个人需要，而且包括集体需要和社会需要。个人需要、集体需要、社会需要都是人们的正当的、合理的需要，它们都存在于社会生活中。管理者应该把三者有机、协调地统一起来，使三方面的需要都得以实现，从而促进社会的发展。

三、注重研究人性理论，搞好企业管理

古今中外，各种人性假设都是从人的本性这一深刻的角度来探寻人的行为动机，都包含着深刻的哲学命题。重视对各种人性理论的研究，总结其经验教训，发挥其重要的哲学指导作用，对搞好企业管理大有裨益。这里仅以西方影响较大的几种人性理论做具体说明。

（一）Y 理论与企业管理

美国行为科学家道格拉斯·麦格雷戈（Douglas M. McGregor）在《企业管

理的人性方面》一书中提出人性假设的 Y 理论。这一理论首先建立在他对人性假设重要性的认识和对传统人性假设的质疑基础之上。

麦格雷戈指出管理的根本问题在于管理者对人性的认识，不同的人性假设下必然会产生不同的管理方法，进而引起企业员工不同的职业行为，导致不同的管理效果。如果员工没有干好工作，首先应从管理者身上寻找原因。

麦格雷戈对传统的只讲指挥和监督的管理理论的人性假设做了如下归纳，并称之为 X 理论：

（1）一般人生来就好逸恶劳，尽量逃避工作，逃避责任和义务。因此，企业要制定严格的规章制度以控制和约束员工的行为。

（2）一般来说，绝大多数人都没有什么雄心壮志，宁愿接受别人的领导和监督，祈求生活上的安定，缺乏进取心。因而，用物质奖励的办法也不一定能激励他们为达到企业的目标而做出自己的努力，相反对大多数人应时时用强制、训斥乃至惩罚等方式加以威胁或是采取"大棒加胡萝卜"——惩罚与奖励双管齐下的办法才能使其按企业规定的计划和任务去做。

上述 X 理论尽管是 20 世纪 50 年代由麦格雷戈总结出来的，但在 20 世纪 30 年代以前该理论的基本假定就已经对美国广大工业部门的经营管理产生过潜在的实质性影响，也一度对企业生产效率的提高产生过积极影响。但是麦格雷戈认为随着科技的发展、社会的进步，人们的生理需要和其他基本需要都已得到相当程度的满足，再想用"大棒加胡萝卜"式的管理方式来激发员工的工作热情显然是做不到了。同时，每个人在某些方面都有各自的潜能，只要具备条件并激励其后天的努力，这种潜能就能被挖掘出来，而如果恪守 X 理论的各种假定，人类身上这些潜能就永远也不能发挥出来。

由此，他提出了新的人性假设理论——Y 理论。Y 理论认为：

（1）好逸恶劳、逃避责任、缺乏进取心都不是人的天性，只要环境适当，工作同样可以成为人们的需求得以满足的源泉；人不但能承担责任，还会主动争取责任。

（2）来自外界的控制或惩罚、威胁不是促使人为实现组织目标而努力的最佳方法，人在自己承诺和参与决定的目标和工作中能进行自我指挥和自我控制。而人致力于实现自己参与目标的程度是同他们在目标达成时所能获得的报酬相联系的，其中最重要的报酬就是对其自主、自尊、自我实现等高层次需要的满足。

(3) 大多数人都具有相当的想象力、创造力,然而在现代工业社会条件下,这些潜力只是得到了部分的发挥。

从以上人性假设出发,麦格雷戈提出了一系列新的管理策略,主要有以下几点:其一,管理者的主要职责应当是想方设法创造一个适当的环境,使之能不断鼓舞和激励员工积极热情地工作,主动承担责任,充分发挥自身潜力,以从中获得各种满足。传统的以命令和强制为特点的企业管理显然违背了这一要求。其二,管理者要实现企业的组织目标与员工个人目标的统一,必须首先实现企业的要求与员工个人需要的统一,使人们看到,要实现自己的愿望,最好的途径就是为实现企业的目标而努力。以 X 理论为基础的传统管理往往使工作成为人们受强制和惩罚的来源,人们会力求避免工作或对工作消极怠工,原因正是在于管理的这一缺陷,而非人的本性。其三,企业管理者要注重员工的报酬问题,不仅要关心工资、奖金等"外在的报酬",更要注重提高工作给员工带来的"内在的报酬"。所谓"内在的报酬"与人们从事的工作是分不开的,它包括人们在工作中的自主以及自尊体验,自我参与、自我发展的实现,等等。

(二) 超 Y 理论与企业管理

在麦格雷戈归纳 X 理论并提出 Y 理论之后,美国心理学家约翰·莫尔斯(John J. Morse)和杰伊·洛希(Jay W. Lorsch)通过分别在两个工厂和两个研究所运用 X 理论和 Y 理论进行管理实验,证明了 X 理论并非一无是处,Y 理论也不是普遍适用的,并进而提出了超 Y 理论。超 Y 理论把 X 理论、Y 理论对人性的简单化、纯粹化的假设复杂化。它认为:

(1) 不同的人有不同的需要结构。有的人较注重低层次的金钱需要;有的人宁愿接受组织结构及其规章的约束以获得稳定的安全感;有的人要求参与决策,愿意争取责任,渴望实现自我。

(2) 一个人是否乐于为某一组织效力,关键在于该组织的组织状况是否同他的需要结构相一致。

(3) 人对不同的组织或组织的不同部门会有不同的需要,也就是说,人们可以按自己的需要结构同时选择在工作性质不同的单位或部门工作,以实现自己相应层次的需要。

基于以上假设，莫尔斯和洛希指出超 Y 理论的基本点是组织的形式应根据组织目标、工作性质与员工的需要和能力来决定。莫尔斯和洛希的实验结果就是一个很好的例子：在工厂中，由于采用流水线的批量生产方法，想要取得较高的生产效率，必须有周密的组织、严格的监督和有效的控制，因而应采取 X 理论。而在研究所中，由于其成员大多数是从事脑力劳动的研究人员，在工作中要求有较多的自主权和较自由的组织环境，因此必须运用 Y 理论才能实现有效管理。由此推而广之，依据超 Y 理论，管理方式必须是灵活易变、富有弹性的，不同企业应"因企制宜"进行管理，而同一企业内部应了解不同员工在需要和能力方面的差异，"因人制宜"采取不同的管理方式。

（三）Z 理论与企业管理

Z 理论是以日本企业管理模式为其实践基础，受东方文化影响，是由日裔美籍管理学家威廉·大内（William Ouchi）提出来的。

Z 理论人性假设的核心在于：人是群体的分子，具有群体生存需要，其命运同群体命运息息相关。

Z 理论的基本思想是：任何管理活动都是在组合为群体的人（包括管理者和员工）中间进行的，管理的本质是通过合理的组织、指挥和调节，实现群体内部的和谐，形成群体合力，以群体合力向外竞争，以取得竞争优势。简言之，就是"内协外争"[①]。

Z 理论的具体方法主要有：（1）长期雇佣原则。即使企业处于业绩不佳的时期，也不应开除员工，而应减少工作时间、削减奖金，从而使企业和员工共命运。（2）中等程度的专职化发展途径。一方面注意培养员工的专业能力和知识，另一方面注意使他们在各方面都得到锻炼，从而有效地增加企业人力资本的存量。（3）通过有效授权，鼓励员工参与企业决策和管理。上级不是硬性地发布指令、指挥，下级也不是机械地执行上级的要求，而是充分调动员工的积极性，多方面听取员工的建议，在员工充分参与的基础上做决策。（4）全面关心员工，使上下级之间形成融洽的关系。不仅要求员工完成生产任务，更要注

---

① 陈荣耀：《追求和谐——东方管理探微》，上海社会科学院出版社 1995 年版，第 44 页。

重他们在工作中自我价值实现的要求,关心他们的生活质量。

这一理论隐含了丰富的哲学思想。其一,它规定了管理的根本目的在于有组织的向外竞争力,而不是以非组织的形式更不能以内耗的形式向外竞争,充分认识了内因的重要性;其二,它指出"内协"的根本目的在于"外争",明确了手段和目的相互制约的关系,若颠倒了这一关系就会使组织失去向外竞争力,进而导致内部腐朽力量的增长;其三,它揭示了一个组织向外竞争力的强弱,归根到底取决于组织内部,主要是管理者与被管理者之间的和谐力的强弱,即整体大于部分之和的功能发挥得越显著,组织的外向竞争优势就越大。

四、领导行为理论与企业管理

领导行为理论认为,领导是集体中的一种现象,领导者推动和影响集体成员或下属,引导他们的行为按领导者预期的方向发展,为共同的目标努力。因而,它必然涉及领导者与其下属成员之间的关系,所以,尽管领导行为理论是从领导者的个性、行为出发,但必须考虑到下属的需要,着重考察领导者的个性、行为对下属成员的影响。

(一)双因素模式与企业管理

1945年,美国俄亥俄州立大学的工商企业研究所开创了领导行为的研究。他们对1800项标志领导行为特征的因素进行筛选、归纳,最后将这些行为特征概括为"抓工作组织"和"关心人"两大类。

"抓工作组织"的内容包括领导者为下属成员分配特定的工作,制定下属成员必须遵守的规章制度,为下属成员指明预期的目标等。"抓工作组织"就是要求领导者通过分配任务、制定政策、确定目标使下属成员的行为被纳入预定的轨道,以严密的组织和控制来提高工作效率。

"关心人"是要求领导者与其下属成员之间建立互信、互爱、互谅的关系,以良好的人际关系来调动员工的积极性,其内容包括领导者悉心听取下属成员的意见和要求,以平易近人、友好的态度对待自己的下属成员等。

这两类相互组合,可以标明不同的领导行为类型,如图2-1所示。

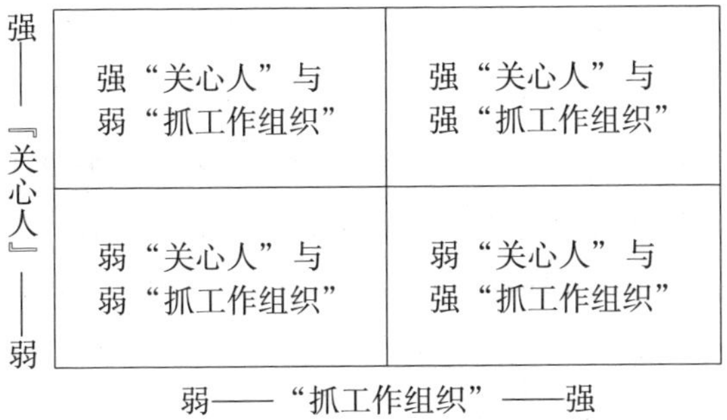

强"关心人"与 弱"抓工作组织"	强"关心人"与 强"抓工作组织"
弱"关心人"与 弱"抓工作组织"	弱"关心人"与 强"抓工作组织"

（纵轴："关心人"强—弱；横轴："抓工作组织"弱—强）

图 2-1　领导行为四象限图

资料来源：李长武：《近代西方管理思想史》，吉林大学出版社 1991 年版，第 267 页。

研究人员通过对大量企业领导进行问卷调查的结果表明，有效的领导行为应是这两类因素都强的结合体。一个领导者离开其中任何一类因素都无法实现有效管理。

"双因素模式"的结论鲜明地体现了科学性与人文性的统一：一方面注重运用组织手段提高管理效能，另一方面又强调对人的需要的高度重视，要求企业领导者必须注重对员工本身各种需要尤其是交往、参与、自我实现需要的满足。

（二）领导方式与企业管理

几乎与俄亥俄州立大学同时进行领导行为研究的还有美国密歇根大学社会调查研究中心。他们认为企业管理的中心在于对人的管理，其研究的基本出发点是着眼于提高和发挥企业组织中人的能力。他们通过对大量企业员工的调查访问和长期实验研究，提出了领导行为的理想类型。依据描述领导类型的各种特征，研究者归纳出以下四种类型的领导方式：

（1）专制命令型。其特征是权力集中于最上层，上级对下属人员缺乏信任，根本不听取他们的意见，经常以威胁、惩罚的手段调动下属人员，因而下属人员对组织目标没有责任感。企业的一切目标都作为命令下达，人们表面上接受，背地里对抗，组织内部几乎不存在相互协作。

（2）温和命令型。其特征是权力控制在上层，领导人员对下属有主仆性的信赖关系，偶尔听取下属人员意见，运用奖励和有形、无形的惩罚调动下属人员的积极性，故下属人员对组织目标几乎没有责任感。企业目标作为命令下达，下属人员有时能陈述意见，背地里仍有对抗的表现，内部沟通和协作仍很缺乏。

（3）协商型。其特征是上层领导者仍掌握重要问题的决定权，但对下属人员有相当的信任度，能采纳下属的意见，运用奖励，偶尔也运用惩罚调动下属人员的积极性，大部分组织成员对组织目标有一定的责任感。企业目标是在同下属人员协商后才作为命令下达，内部对抗较少，有适度的沟通与协作。

（4）参与型。其特点是控制职能广泛分散，上级对下属人员能完全信任，上下级之间对工作问题可以自由地交换意见，上级尽力听取和采纳下属人员的意见，采取让下属人员参与决策、给予经济报酬、自主地设定目标并进行自我评价等手段调动下属人员的工作积极性，因而组织的各类成员对组织目标都具有真正的责任感。企业目标一般都以集体参与的方式制定，能为全部成员所接受，绩效目标是高标准的，并能得以执行。组织内部在相互之间高度信任的前提下进行广泛而密切的相互交往，共同致力于组织目标的实现。

密歇根大学研究的结论是：生产率高的企业大都采取参与型的领导方式；采取命令型领导方式的企业，应通过上述中间类型的领导方式逐步向参与型领导方式转变。

事实上，参与型领导方式的本质精神是使每个成员能在企业的人际关系中真实地感受到尊重和支持，从企业的领导方式中最大限度地感受到作为人的尊严，进而从高标准的工作目标中获得持久的行动激励。这一理论既重视激励因素又重视组织因素，是以集体为中心的领导理论，与 Z 理论有某些相似之处。

纵观上述各种行为科学理论，从 Y 理论"社会人"或"自我实现人"的假定到超 Y 理论"复杂人"的假定，再到 Z 理论"群体人"的假定，无一不是建立在人本主义哲学这一理论基础之上的，而领导行为理论同样也体现了以人为本的核心思想。人本主义哲学把人作为哲学的出发点和核心，正是行为科学理论把人作为管理问题出发点和核心的哲学依据。哲学在企业管理中的深刻运用和强大生命力在此得到了生动、普遍的体现。

第三节　管理主体和管理客体的关系

管理主体和管理客体的关系是在管理的实践活动中形成的。在这个动态的矛盾统一体中，有人和物的矛盾，有人和人的矛盾，也有人的主观能动性和客观规律性的矛盾。处理好管理主体和管理客体的关系，是搞好管理的根本所在。管理主体和管理客体的关系表现在以下几个方面。

一、管理主体和管理客体的相互区别与对立

在一定条件下，管理主体和管理客体之间有着明确的界限，在实际管理活动中，管理主体处于指挥地位，管理客体处于服从地位。管理主体和管理客体中人的关系是管理和被管理的关系。管理主体和管理客体中物的关系是认识和被认识、改造和被改造的关系。在管理活动中，如果否认二者的区别，颠倒其主次地位和作用，会带来管理上的混乱。管理主体和管理客体的区别要求管理者一方面要认识自己所担负的重要职责，另一方面要认识掌握管理客体中各要素的特点，以及管理客体系统的运动规律和发展趋势，掌握管理的主动权。

管理主体和管理客体的对立还表现在二者存在自控和受控的矛盾。自控是指在管理活动中管理主体和管理客体之间通过组织内部的相关因素和外部条件的作用所形成的自我调节和控制。受控是指管理活动中管理主体和客体受到外部组织的控制和影响。这种自控和受控的矛盾经常影响着管理主体和管理客体之间的关系，使之处于变动状态。管理者只有立足全局，把握这些矛盾，才能正确地处理变化着的各种矛盾。

二、管理主体和管理客体的相互依赖、相互统一

管理主体和管理客体虽然性质不同、职能各异，但在管理活动中是相互统一的。在管理实践中双方互为前提：离开一方，另一方也不存在。管理主体以管理客体的存在为前提，若没有管理客体，管理主体也就失去了意义。管理主体为了进行管理而认识和改造管理客体，才作为管理主体而存在。同样，管理客体也是相对于管理主体而言的。管理主体把人、财、物结合起来形成管理的内容。

管理主体和管理客体的统一还表现在二者的区分具有相对性。在管理活动中，人既可以作为管理主体，也可以作为管理客体。在一定的时间和空间里，对于一定的对象是管理主体，而在另外一个时间和空间里，对于另一个对象则成为管理客体。出现这种情况，主要是由社会组织系统多层次的复杂结构决定

的。由于社会结构的层次有高低之分，因此，某一结构层次的管理者同时又是更高一级层次的被管理者，某一结构层次的被管理者对于低一层次的管理者来说，又成为管理者。管理主体和管理客体之所以具有上述的相对性，还因为每一个具体的、社会的人都处在纵横交错的复杂联系中，每个人不仅要受到所在组织、集团的管理，也要受到和自己相关的外部的各个管理部门、服务机构等多方面的管理。在不同的关系中，人的角色经常会发生变换，由管理主体可以变为管理客体，反之亦然。例如，一个工厂的党委书记，对于工厂员工来讲，他是管理主体，但当他回到所住的居民住宅区里，他要接受居民委员会的管理，他又成了管理客体。管理主客体的相对性要求管理者要能上能下、能官能民，适应不同角色的转换。

管理主体和管理客体的相对性还表现在，每个人既可以把自己当作管理主体，也可以把自己当作管理客体。人应该自己管好自己，也能够管好自己。人有自我意识，可以对自己进行评价。对于担负着重要任务的管理者来说，只有管好自己，才能管好管理客体。

管理主体和管理客体的统一性还表现在，二者的相互作用使管理客体不断凝结为物质形态和精神形态的东西，不断转变为物质成果和精神成果，从而实现管理目标。

三、管理主客体的交互作用

在管理过程中，管理主体和管理客体处于交互作用中，具体表现在以下几个方面：

第一，管理者的管理理念，特别是如何看待被管理者，决定了管理活动的价值取向。把被管理者看成是被约束的对象，是创造价值的机器，是在精神、人格、尊严方面低人一等的下等人，这是以往管理者对待工人的态度。尽管泰罗所处的时代，西方主客二分的哲学观仍占主要地位，但是从物质生产活动的具体实践中，泰罗看到了作为生产中的人包括管理者与管理者之间、管理者和被管理者之间、被管理者和被管理者之间的密切合作，将会代替过去管理者与被管理者之间的对立、猜疑、不和。泰罗认为，个人是受他人制约的，只有在同多数人的合作中，个人才能够发挥自己最大的积极性、创造性。事实上，实践中的人具有两重性：既是自主认识和活动的主体，又是他人认识和改造的对象——客体。在共同社会活动中的人，离不开彼此之间的交往活动，因此会形成主体之间的共识、共存、共在，从而确立了彼此合作的基础。

生产过程中的工人，一方面要管理自己的活动，即进行自我管理；另一方面要管理自己同其他劳动者之间的合作，同时还要接受企业管理者的指挥、协调、监督，即执行被管理者的职能。可见管理主客体之间的密切合作包含了企业各个方面的合作，不仅仅是工人和雇主之间的合作。泰罗在美国国会的证词中则说："新的方法就是把工人看作兄弟一样进行教导和帮助，教他学会最好的工作方法，这就是管理人员对待工人的新的思想态度。"[①]"工人不再把雇主看作对头而是看作自己的好朋友，他们懂得了友谊和合作比冲突更好些……在实行科学管理的三十年中，在所有实行科学管理的工厂中，从来没有发生过一次罢工。"[②]

管理主体通过管理制度、措施、方法、手段的中介作用将主体的思想、意志、理想传达给管理客体中的人，作用到管理客体中的物等要素上，在具体的活动中实现管理目标。但这不是一个简单的作用过程，而是管理主体与管理客体交互作用的过程。因为，管理者的主观意志和愿望只有在既符合事物发展的客观规律、具有科学性，同时也符合管理客体中人的需要，适应人的发展水平时，管理目标才能成为现实。

管理主体按其客观性要成为管理活动的主导。但是，管理制度一经形成，往往具有相对的稳定性，管理主体常常因管理活动的复杂性，整日沉浸在制定政策、制度、监督和检查上，与具体的生产实践脱离开来，甚至同管理客体的直接联系也很少，无法了解管理客体的内在需要和发展的动力是什么。而管理客体由于是生产力的直接劳动因素，最容易因工具的进步而改变观念和劳动方式，因此在管理活动的一定历史时期，管理客体要求改变劳动的组织形式以摆脱旧体制对发挥劳动积极性的束缚和压制，对管理变革具有积极的推动作用。

第二，管理主体的意图和目标的实现，需要管理客体的理解和配合，管理客体中的人在任何时候都不是消极被动地接受指令，而是常将自己的需要化作

---

① 〔美〕F. W. 泰罗：《科学管理原理》，胡隆昶等译，中国社会科学出版社1984年版，第257页。
② 同上书，第241页。

行为的动机和目的。因此，这里存在着管理客体主体化的倾向，即管理客体中的人被管理主体同化而具有了管理主体的某些性质和因素。同样，管理主体要实现管理目标，就不能不考虑管理客体的性质和特点，尤其是作为管理客体中的人是有思想、有感情、有各种需要的。管理主体只有深入了解管理客体中人的一切需求，并合理地满足其需要才能调动其积极性和创造性。管理主体在思考和判断问题做出决策时，要站在管理客体的角度全方位地思考，管理客体的某些特点会直接影响管理主体的选择。

可见，管理主体与客体除一般的物质性作用外，还体现着目的与手段、创造者与被创造者、能动者与受动者之间的关系，本质上是一种超越与限定的关系。从管理主体、管理客体相互作用的内容和结果看，二者是通过主体客体化和客体非对象化的双向运动实现的。主体客体化是人通过实践使自己的本质力量转化为对象物；客体非对象化则是客体从客观对象的存在形式转化为主体生命结构的因素或主体本质力量的因素，客体失去对象化的形式成为主体的一部分。主体与客体互为前提、互为媒介，在双向运动中不断解决矛盾冲突。

第三章 科学的思维方法与现代管理

恩格斯说:"一个民族要想登上科学的高峰,究竟是不能离开理论思维的。"[1]在各种管理活动中,管理者要通过思维活动进行决策和处理各种复杂的问题。若能自觉地掌握如何运用科学的思维方法,不仅勤于思维,而且善于思维,注意提高思维的效率,将有利于管理者进行实践活动。本章介绍一些常用的科学的思维方法及其在管理中的应用。

第一节 唯物辩证法的思维方法

一、矛盾分析的思维方法

唯物辩证法认为,矛盾存在于一切事物之中,每一事物的发展过程存在着自始至终的矛盾运动,辩证法所讲的矛盾是一个带有广泛意义的哲学范畴。凡是具有对立统一关系的事物都属于矛盾关系,矛盾存在于自然界、人类社会、人类思维的每个领域。矛盾的普遍性要求管理者在进行管理实践中,要注意运用矛盾分析的思维方法,敢于正视所遇到的大量矛盾,"善于去观察和分析各种事物的矛盾的运动,并根据这种分析,指出解决矛盾的方法"[2]。不要害怕矛盾,回避矛盾。

---

[1] 《马克思恩格斯选集》第4卷,人民出版社1995年版,第285页。
[2] 《毛泽东选集》第1卷,人民出版社1991年版,第304页。

唯物辩证法还认为，矛盾具有特殊性。矛盾是普遍存在的，但每个事物的矛盾在存在的内容和表现方式方面又各不相同，有自己的个性。事物的存在既纷繁复杂、千姿百态，又可以相互区别，就在于矛盾具有特殊性，矛盾的普遍性存在于矛盾的特殊性之中，共性存在于个性之中。矛盾的特殊性原理要求管理者在进行管理实践活动中，运用矛盾分析方法对所遇到的矛盾进行思维时，先要区分不同矛盾的性质，对于管理客体中的问题要认清是人的问题，还是物的问题；是属于政治思想的问题，还是属于技术问题；是属于社会问题，还是属于自然现象问题；是属于敌我矛盾，还是属于人民内部矛盾等。只有分清矛盾的性质，具体问题具体分析，才能采用不同方法，有针对性地解决问题。管理活动正是在处理这些矛盾的过程中不断前进和发展的。

二、两点论和重点论相结合的思维方法

这种思维方法属于矛盾分析法，但又不同于一般的矛盾分析法，有其独特的内容。唯物辩证法告诉人们，一个复杂的事物，往往是由许多矛盾构成的，由于矛盾力量的不平衡性，每个矛盾对事物发展所起的作用是不同的。但是，总有一种矛盾，由于它的存在和发展，规定和影响着其他矛盾的存在和发展，这种处于支配地位的矛盾就是主要矛盾，而处于服从地位的矛盾则是次要矛盾，或称为非主要矛盾。唯物辩证法这一原理要求管理者在进行管理实践活动中，在分析处理一个复杂事物的各种矛盾时，从思维方法上要注意分清哪个矛盾是主要矛盾，哪个矛盾是次要矛盾。由于主要矛盾规定和影响着其他矛盾的发展，因此，管理者首先要努力抓住主要矛盾，解决好主要矛盾，这样才有利于次要矛盾的解决。又因为次要矛盾和主要矛盾同时存在于一个事物中，相互影响、相互作用，所以，管理者在分清主要矛盾、次要矛盾并着力解决主要矛盾时，也不能忽视对次要矛盾的研究和解决。比如，一个企业的管理过程中，生产什么产品达到什么目标是这个企业的主要矛盾，管理者要花大量精力来抓好产品的质量、数量和销售问题。因为只有解决好这个主要矛盾，才有条件解决好企业的其他问题。但是，在解决主要矛盾的同时，也不能不解决员工生产的安全条件、员工的生活福利等问题。如果员工生产的安全条件没有保证，发生人身事故，将影响生产的进行；若发生重大事故，使本来属于次要的矛盾上

升为主要矛盾,生产则难以进行下去。

唯物辩证法认为,由于矛盾的不平衡性原理,在同一个矛盾的两方面中,其力量对比也是不平衡的,有矛盾的主要方面和次要方面,主要方面往往决定事物的性质。这要求管理者在观察问题和处理问题时不仅要抓住主要矛盾,同时要分清矛盾的主要方面和次要方面,这样才有利于主要矛盾的解决。比如,对于企业的生产来说,管理者要想抓好生产管理这个主要矛盾,必须清醒认识在生产过程的不同阶段所存在的有利因素和不利因素,创造条件,不断扩大有利因素,减少不利因素,变不利因素为有利因素,促使主要矛盾的顺利解决。

唯物辩证法关于主要矛盾和次要矛盾、矛盾主要方面和次要方面的原理,要求管理者在思维方法上坚持两点论和重点论相统一的方法,即在事物的许多矛盾中要分清主要矛盾和次要矛盾,对于每一个矛盾要分清主要方面和次要方面。在解决好主要矛盾的同时,也不能忽视次要矛盾的解决;在看到矛盾主要方面对事物性质的决定作用的时候,也要看到次要方面对事物性质的影响;注意主要矛盾和次要矛盾、矛盾主要方面和次要方面的转化。大量事实证明,两点论和重点论相统一的思维方法是管理者处理复杂事物各种矛盾必须坚持的有效的思维方法。

三、联系的、全面的分析问题的思维方法

唯物辩证法认为,任何事物内部各要素间是相互联系的,任何事物和周围其他事物是相互联系的,每一个事物的过去、现在和将来也是相互联系的,整个世界是一个相互联系的统一整体,联系具有客观性和普遍性。唯物辩证法关于世界普遍联系的观点要求管理者在管理实践活动中要运用联系的、全面的分析问题的思维方法。正如列宁所说:"要真正地认识事物,就必须把握住、研究清楚它的一切方面、一切联系和'中介'。我们永远也不会完全做到这一点,但是,全面性这一要求可以使我们防止犯错误和防止僵化。"[1] 毛泽东也多次论述,要全面地看问题,切忌片面性。不仅要看到本单位或本部门内部各要素的相互作用、相互制约、相互影响,也要看到本单位、本部门和周围其他

---

[1] 《列宁选集》第4卷,人民出版社1995年版,第419页。

单位或部门的相互联系。管理者在进行决策和确定管理目标的时候，既要科学地安排管理客体中人、财、物的关系，又要考虑在实现管理目标的过程中所产生的经济效益、环境效益和社会效益，使三种相互联系的效益有机地统一起来，不能只追求经济效益而破坏环境，也不能只强调环境效益而降低经济效益。

四、过程论的思维方法

任何事物都是运动变化发展的，在事物的运动变化和发展过程中，从变化和发展的状态来看，要经过量的积累到质的变化；从事物发展的方向道路来看，要经过肯定、否定到否定之否定的过程，呈现出波浪式前进和螺旋式上升的前进运动。《韩非子·五蠹》中提出："世异则事异，事异则备变。"事物发展过程的特点要求管理者要用发展变化的思维方法把握事物发展的全过程。从管理者确定管理目标到最后实现管理目标，需要一个量的积累过程，需要做艰苦细致的工作，不能急于求成。有些企业领导者盲目追求经济上的高效益，而不愿做实现高效益必须要做的准备工作。结果，"欲速则不达"，产品质量不能保证，失去市场竞争力，反而降低了经济效益。所以，在思维方法上应重视过程论的方法。

事物的发展是一个前进曲折的过程，这要求管理者不仅要注意量的积累，而且当量的积累达到一定程度时，要敢于把事物推向新的阶段，使管理客体上升到更高层次，达到新的高度。同时，由于这个过程不是直线，而是前进曲折的，管理者在管理过程中会遇到各种困难和挫折，不可能是一帆风顺的，要准备走曲折的道路，"君子安而不忘危，存而不忘亡，治而不忘乱"（《周易·系辞下》）。要有克服重重困难的充分的思想准备，克服简单化的思维方法。

唯物辩证法的思维方法还可以归纳出许多形式，但不管采取哪一种思维方法都是建立在从实际出发、实事求是的基础上。管理者的思维方法只有从客观存在的事实出发才有实际意义，只有正确反映客观事物本质和规律的思维才能对实践活动起正确的指导作用。唯物辩证法的思维方法是建立在坚实的唯物主义基础上的，而不是唯心主义的主观想象。

第二节 辩证逻辑的思维方法

一、归纳和演绎相统一的方法

（一）归纳法

所谓归纳法，是指从个别事实中概括出一般结论的思维方法。比如，我们说城市具有聚集性、整体性、开放性、复杂性等一般特点。这些城市的一般特点，既符合中国的城市状态，也符合外国的城市状态，是从许许多多个具体城市中归纳出来的。再如，在城市管理中，为了有效地对城市的科学技术进行管理，城市科技管理部门要制定一套城市科技管理制度，如科学技术成果管理制度、发明保密制度、发明专利制度，以及科技经费的管理规定、科研器材的管理制度等。这些制度是在归纳了成千上万个科研单位的一般特点之后，结合我国有关政策规定产生出来的。如果没有归纳，或归纳不准确，必然得不出正确的一般结论。

归纳法又可细分成许多具体的表现形式，比较常用的有以下几种。

1. 典型归纳法

典型归纳法是通过对具有代表性的典型范例的分析，上升到一般性结论的思维方法。我们在城市管理中，为了制定某方面的政策，选择具有代表性的典型城市或单位进行"蹲点"调查，从中概括出这类城市或这类单位的一般性特点，从而制定出适合这类城市或单位的政策和方法。这种思维方法也是由个别到一般的方法。如美国管理学家泰罗为了概括当时资产阶级经济学派的劳动时间节约和利润学说，搜集了大量的企业管理材料，经过归纳提出了科学管理论。要正确运用典型归纳法，需注意在选择典型时要慎重，要在同类事物中进行分析比较，从而找出正确的、能代表这类事物的少数事物作为典型。如果所要归纳的事物并不典型，那么，归纳的结论就不具备一般性的意义了。

2. 简单枚举归纳法

这种方法是根据对某类事物部分对象的考察，发现它们具有某种属性，而又没有遇到与此相矛盾的情况，从而得出该类事物都具有某种属性的结论的归纳推论。① 该方法是通过考察某类对象的一部分，从而做出关于该类事物的一般性结论。这种思维方法适合在研究对象数量大、范围广，不可能也不需要对这类事物的每个事物都进行考察的情况下使用。比如，在城市管理中，需要了解自己城市的一些新产品在社会上的反映。这些产品可能销售分散到许多地方，市政管理有关人员不一定到所有购买这些产品的地方去调查，而是有重点地选择一部分地区或用户进行调查，这样也可以得到对这些产品使用情况的一般反映。用此种方法处理问题可以收到事半功倍的效果。当然，为了保证归纳结果的可靠性，考察对象不能太少，要尽可能多地了解考察对象，并注意考察对象中是否有相反的例证。

3. 科学归纳法

这种方法是对某一类事物的部分对象的必然属性或事物间的必然联系进行考察认识，从而得出这类事物所有对象具有某种属性的一般结论。比如，在电学研究中，人们对一些电路进行研究发现，通过导线的电流强度和导线两端的电压成正比，和导线的电阻成反比。这是一个反映电流、电压、电阻三者关系的普遍规律，而认识这个规律就要运用科学归纳法。科学归纳法已深入到事物的内在联系中，揭示了事物的内在本质。科学归纳法与简单枚举法相比较，后者的可靠性与考察对象的数量有关，考察的数量越多，结论可靠性越高；而科学归纳法结论的可靠性主要靠实践和思维的力量去把握事物的本质和必然联系，所考察对象的数量和结论的正确程度未必正相关，不一定是考察对象越多，结论越正确。尽管考察对象数量少，但只要研究深刻、概括正确，就能把握这类事物的本质。

科学归纳法对于搞好管理工作有着重要作用。比如，为了掌握城市管理的主动权，需要认识现代城市发展的一般规律。我们通过对一部分城市进行深入考察研究发现，城市的负荷能力应与城市的规模相适应。城市的负荷能力主要指城市的基础设施、文化设施、交通设施、服务设施、环境设施等的承载容量，城市规模主要指城市人口的数量，这两者应该是相适应的。只有二者相适应，才能使城市正常运转，否则就会出现各种城市病，甚至会形成"积重难

---

① 《逻辑学辞典》编辑委员会编：《逻辑学辞典》，吉林人民出版社1983年版，第827页。

返"的局面。

4. 统计概括归纳法

这种方法是从要研究的全体对象中，抽取一小部分进行实验，然后进行数据分析，得出一部分对象的统计特性，再推出整体的统计特性。比如，在企业管理中，要了解企业产品合格率的情况，不可能对企业中的所有产品一个个进行检验，只需从企业正常生产的产品中，抽出一部分进行检验，从而进一步得出适合企业产品整体的一般性结论。

（二）演绎法

所谓演绎法，是指从一般原理、概念推出个别事物结论的思维方法，也就是由一般到个别的方法。演绎法的客观根据仍存在于客观事物中，由于客观事物是共性和个性的辩证统一，共性存在于个性之中，一般存在于个别之中，因此，通过反映事物共性的"一般"，就可推出个别事物的结论。比如，通过"所有金属都导电"这个"一般"，可以推出"铝这种金属也是导电的"这个结论。演绎推理的前提和结论之间的联系是必然的，演绎推理是逻辑证明的工具，人们可以从正确的一般性结论出发，经过推理来证明某个命题是否正确。演绎法是构成理论体系的重要工具，一切用公理建构的理论体系都要借助演绎法，演绎法可以使原有的知识得到扩展和深化，是科学预见的重要手段。

（三）归纳法和演绎法的关系

归纳法和演绎法是人们思维中应用最广泛的方法，也是管理工作中经常使用的思维方法，因为人们认识事物的过程总是要经历由个别到一般，再由一般到个别的过程。

归纳法和演绎法的这些思维方法，虽然存在于人的主观世界里，但它不是主观自生的或人脑固有的，而是客观事物中个别和一般的辩证关系的反映。客观事物中的任何一个事物都是个别和一般的辩证统一。客观事物中个别和一般、共性和个性的辩证关系反映在思维方式中，决定了归纳和演绎之间的辩证关系。归纳是由个别到一般，演绎是由一般到个别。两种思维方式有所不同，但在思维过程中，演绎离不开归纳，归纳离不开演绎，两者是相互联系的。为什么演绎离不开归纳呢？因为归纳是演绎的基础。演绎是由一般原理推出个别事物结论的思维方法，而演绎的一般原理是由归纳从个别到一般的思维运动过程中概括出来的。同样，归纳也离不开演绎，任何归纳都需要一般原理作为指导。人们在归纳过程中是有目的、有选择的。为什么要归纳？归纳什么？都离不开演绎的指导。归纳的结论，需要演绎进行补充和修正。因为归纳有一定的局限性，归纳的结论不一定都是事物的共同本质，归纳法需要演绎法进行论证、补充和说明。归纳和演绎不能互相脱离，它们在人们的思维过程中是相互依赖的。

在管理工作中，常常把归纳法和演绎法结合起来使用。要运用归纳法不断观察管理客体发展中所出现的各种新情况、新问题，从中归纳出带有普遍性的东西，以便为正确的决策提供依据。同时，在归纳的过程中，又离不开一般原理的指导。只有把一般原理和本部门的具体情况结合起来，才能制定正确的政策和办法。

二、分析和综合相统一的方法

（一）分析法

分析法是思维把认识对象分解为各个部分进行研究，并进一步找出决定事物本质的因素的方法。分析的方法不仅仅是把事物分成几个部分，分析的任务是要从事物的总体中、从事物的种种联系及其发展变化中，找出作为这个事物本质的东西。分析不是把事物的整体机械地分为许多具体的部分，而是为了抓住事物深刻的本质。比如，在对人的分析中，就要从人的许多属性中，找出人本质的属性，即人是一切社会关系的总和。又如，在管理决策过程中，要形成优化的管理目标，就需要对诸多方案进行分析，既要分析决策方案和总目标的关系，也要分析方案与子目标和阶段目标的符合程度。不仅要分析方案和所有目标的关系，而且要分析方案和一般目标、主要目标的关系。总之，要同时分析方案和目标多方面的关系并且运用数学计算，才能确定出最优方案。城市作为一个复杂的社会有机体，有着多方面的特征。对这些特征进行分析，可以看到，它的本质特征是经济、政治和人民精神生活的中心。城市管理工作应当始终注意如何发挥城市的中心作用，以带动周围地区的发展。

（二）综合法

所谓综合法，是指思维把认识对象的本质方面按照其所固有的内在联系组合为统一整体，从整体上去认识对象的思维方法。综合不是简单地把整体的各个部分机械地加在一起，而是按照对象的各部分的内在本质联系，从整体上去深入研究事物。综合法对于实际工作有着重要意义。因为客观对象是一个有着多方面本质的统一体，所以要全面深入地认识对象，就要对其各方面的本质联系进行综合，才能全面具体地认识客观事物。比如，我们研究乡镇管理，需要认识乡镇各个方面的管理过程，如乡镇规划管理、乡镇经济管理、乡镇法治管理等，并研究它们之间的内在联系。然后从乡镇的整体上对这些管理活动进行综合认识，从而概括出乡镇管理的一般规律。

（三）分析法和综合法的辩证关系

分析法和综合法的关系是客观事物中部分和整体辩证关系的反映。部分和整体的辩证关系，决定了分析和综合的辩证关系。

分析和综合是相互区别的。在思维过程中，分析是把整个对象分解为各个部分，从中找出本质的联系；而综合的过程是把整体的各个因素组成一个统一整体，从整体上去认识事物本质的过程。分析和综合是两种不同的思维方式。

分析和综合又是互相依赖、互相渗透和互相转化的。综合要以分析为基础，没有分析就没有综合。没有分析，不了解认识对象的各个部分，得不到认识对象各个侧面的细致规定，就无法综合。所以，恩格斯说，"没有分析就没有综合"[1]。

分析也不能离开综合，只有在综合的指导下，才能进行正确、有效的分析。要对事物各个部分做出正确的分析，必须把各个部分放在整体中去考察，必须看到各个部分之间的联系，把它们看成是一个矛盾统一体中的各个部分，这样分析的结果才可能是正确的。要制定适合一个行业的政策，离不了对该行业进行分析，但这种分析必须把这一行业放到乡镇这个整体中去分析，必须看到这一行业和其他行业的相互制约和相互影响关系，才能得出正确的分析结

---

[1] 《马克思恩格斯选集》第3卷，人民出版社1995年版，第381页。

论。否则，孤立地分析某一行业，其结论必然是片面的。

分析和综合在一定条件下是可以相互转化的。在思维过程中，为了具体地了解认识对象，需要首先对认识对象进行分析，分析达到了一定的程度，思维的进程就开始倒转，由分析转化为综合。经过综合得出对事物整体的和本质的认识以后，又要开始新的分析。因此，分析和综合在思维过程中是相互转化的，不断转化的过程也是对事物认识不断深化的过程。

在乡镇管理工作中，分析和综合对立统一的辩证关系有着许多具体运用。比如，在乡镇管理工作中要进行决策，决策的大致程序为：调查研究，提出问题；系统分析，确定目标；收集信息，科学预测；制订方案，确定对策；全面比较，评价方案；总体权衡，最后决策。这个过程中，在一定目的指导下进行的调查研究过程，是一个分析的过程。在详细地占有真实而全面的材料后，就要进行综合，提出需要解决的问题。然后，针对所提出的问题进一步进行分析，弄清问题的性质、内容和存在的范围等，使我们对所要解决的问题的各个方面有比较深入的认识。在此基础上进行综合，确定解决问题所要达到的目标。为了保证目标的实现，还需要做进一步的调查研究工作，搜集多方面的信息资料，了解实现目标所具有的条件和问题，这也是一个分析的过程。在此基础上又要进行新的综合，拟定实现目标的初步方案。为了保证初步方案的科学性，需要征求专家等有关人员的意见，对初步方案进行评价。也可以提出新的方案，这也是一个分析过程。经过充分评议之后，权衡比较各种方案的利弊，就可以做出最后决策，这又是一个综合过程。如果没有这一系列的思维活动，所得到的方案很可能是不科学、不可靠的。

三、抽象和具体的方法

（一）抽象和具体的含义

抽象和具体是两种相互区别又相互联系的思维方式。所谓具体是思维对事物多方面属性的综合。马克思说："具体之所以具体，因为它是许多规定的综合，因而是多样性的统一。"[①] 由于客观事物都具有多种多样的属性，这些多

[①] 《马克思恩格斯选集》第2卷，人民出版社1995年版，第18页。

种多样的属性相互联系着处在同一个整体中,在人的大脑里反映了这些属性,就形成了人对客观事物的具体认识。在认识过程中,通过各种实践活动,先形成感性具体,然后经过抽象形成理性具体。感性具体是指人们在感性认识阶段所获得的关于客观事物生动而具体的整体形象。理性具体是指人们在理性认识阶段所获得的关于事物本质的认识,是思维对事物多方面本质属性和关系的综合,使客观事物在思维中成为一个完整的统一整体。

所谓抽象是思维把事物整体中某一方面的本质抽取出来,是对事物某一方面本质的认识。如对于一个国家来说,有着多方面的本质,涉及政治、经济、文化等方面。为了认识这些方面的本质,就需要设立各个方面的学科、专业和各方面的科研、管理部门并分别对其进行研究。只有先认识研究对象的各个方面的特性,形成各种抽象的规定,才能认识某一方面的本质。

抽象和分析有着密切的联系,分析是抽象的手段,只有运用分析的方法对具体事物进行分解,才能找出事物某一方面的本质。比如我们要研究城市经济问题,就需要对城市中各种要素进行分析,找出组成城市经济的那些要素。而城市经济又包括工业、商业、交通、财贸、农业等许多部门,要认识这些部门的特性,也需要运用分析手段,来确定这一部门不同于其他部门的本质。

人们由感性具体经过抽象,获得了对事物某一方面的本质认识。但是,任何事物都有多方面的本质,人们都希望得到对事物全面、正确的认识,思维活动自然由抽象再上升到理性具体。通过理性具体,才能把事物许多方面的本质属性、关系有机统一起来,使客观事物在思维中成为一个完整的统一体。

要达到理性具体,需要以综合为手段。只有通过综合,才能把整体的各个部分联系起来,使整体在思维中重新表现出来。

在管理工作中,对一个复杂的管理客体的情况全面深入的了解也是一个由抽象到理性具体的过程。由于管理客体组成要素的复杂多样性,管理者不可能对其情况在短时间内都认识得全面和深刻,总是先认识某一方面的本质,这就是抽象。经过一段时间,对许多方面的情况都有了深入的认识,就需要综合各个部门或各个方面的认识,从总体上来认识管理客体,以便制订正确的工作计划和各项政策,这就是由抽象到理性具体的思维过程。如果违背思维规律,不经过抽象,直接由感性具体上升到理性具体,那是不可能的。

由上述分析可以看出,从感性具体到理性具体的认识发展过程是一个认识深化的过程。虽然感性具体和理性具体都是对事物整体性质的认识，但二者大不相同，感性具体主要反映了事物外部特征和外部联系，理性具体则反映了事物内在的多方面本质，是多方面内在本质的统一。

（二）抽象和具体的辩证关系

抽象和具体是相互区别、相互联系的辩证关系。在认识过程中，具体反映了事物的整体形象，感性具体反映了事物的外部整体形象，理性具体反映了事物的内部联系，感性具体和理性具体都不同程度地反映了事物的整体形象。而抽象是把整体中某一方面的本质抽取出来，是对具体事物某一方面本质的认识。因此，抽象和具体是两种不同的思维方式。

抽象和具体又是紧密联系、相互渗透的。在认识过程中，先形成感性具体，有了感性具体，才可能有思维的抽象，感性具体是思维抽象的前提；而理性具体又以思维抽象为前提，是在思维抽象的基础上形成的。没有思维抽象对事物做出的种种规定，也不可能形成理性具体。抽象和具体不仅相互联系，而且相互渗透。抽象所得的结论渗透在感性具体之中，是对感性具体所提供的材料分析、比较、概括之后得到的。理性具体又是对抽象所得结论的综合，理性具体的内容渗透在思维抽象之中。

抽象和具体的辩证关系告诉我们，在实际工作中，既要重视思维的具体，也要重视思维的抽象，避免把两者割裂开来的片面性倾向。如果割裂它们的联系，夸大感性具体的作用，轻视抽象，就会导致经验主义的错误，认为感觉经验可靠，而忽视正确理论的作用。如果夸大抽象的作用，轻视感性具体，抽象将成为脱离实际的空洞的抽象，就会导致唯心主义的错误。

掌握抽象和具体的辩证关系，有利于我们搞好管理工作。正确处理管理客体中每个复杂问题，需要运用抽象上升到具体的方法。因为每一个复杂问题，其产生的原因往往是多方面的，只有对各个方面的原因以及它们之间的联系进行抽象，才能获得对问题全面的、本质的认识，才能制定出解决问题的正确方法。比如，负责城市公共交通的领导在察看了城市的交通情况后得出交通拥挤、秩序混乱的感性具体认识。为了确定解决办法，就需要对造成这种现象的原因进行抽象分析，得到对交通拥挤问题的全面认识后，才能采取措施，解决问题。

四、历史方法和逻辑方法

(一) 历史方法和逻辑方法的含义

1. 历史方法

要了解历史方法,就需要了解什么是历史。历史是客观事物已经实现的发展过程。历史是按时间展开的,历史发展中有许许多多的人物、事件和细节表现,历史发展的总趋势是由低级到高级、由简单到复杂的有规律的发展,但发展过程不是一条直线,要受到各种因素的影响,因而是波浪式的前进和螺旋式的上升运动,有时还会出现暂时的倒退。

历史方法是按照事物的自然进程来揭示事物发展规律的方法。历史方法要求按照一定的时间顺序,追踪事物发展的全过程,需要收集和使用能说明历史发展的各种资料、大小事件和各种具体细节,注意各种偶然因素的影响。比如,历史学和考古学就主要使用历史方法展开研究。

历史方法有着重要的认识论意义,《孟子·离娄上》中说:"为政不因先王之道,可谓智乎?"人们要想深入认识现实事物,必须用历史方法去认识这一事物的历史过程。现实事物是由历史上的事物发展而来的,只有研究事物的历史发展过程,才能预见现实事物的发展趋势,吸取历史提供的经验教训,以帮助我们正确思考和处理现实问题。正如《战国策·赵策一》中所说:"观今宜鉴古,无古不成今。"《增广贤文·上集》中有:"鉴前代成败事,以为元龟。"《贞观政要·杜谗邪》则说:"前事不忘,后事之师。"英国大诗人拜伦说:过去是最好的预言家。在现代管理中,也需要运用历史方法认识管理对象,如要解决当前存在的环境污染问题,需要从现实追溯历史,只有从历史的发展过程中找出造成环境污染的多方原因,才能做出从根本上治理污染的正确决策。

2. 逻辑方法

逻辑是指人的思维对客观事物发展过程的概括和反映。逻辑方法是指在思维中不考虑事物历史发展自然过程中所出现的个别因素,而通过逻辑思维和一系列概念、范畴来揭示历史发展规律的方法。

运用逻辑方法需要舍去历史发展的曲折过程和一些无关紧要的具体细节，抓住历史发展过程中一些内在的、本质的联系，来揭示历史发展的规律。比如，我们要研究人类社会的历史规律，不需要也不可能对历史上所有的人物、事件进行概括，而是要抓住不同社会形态里生产力和生产关系、上层建筑和经济基础矛盾运动的展开和发展过程，以揭示人类社会发展的基本规律。

（二）历史方法和逻辑方法的关系

历史方法和逻辑方法是相互区别、相互联系的。

历史方法和逻辑方法是两种不同的思维方法。历史方法是通过考察事物的自然进程来揭示历史规律的方法。逻辑方法虽然也要依据历史事实，但要经过思维的加工：抛弃细节，抓住主流；抛弃偶然，抓住必然；抛弃曲折和偏差，抓住历史发展的总趋势——用概念、判断、推理等思维形式揭示历史发展的规律。

历史方法和逻辑方法又是相互联系的，具体表现在：

（1）这两种方法都是研究事物历史发展时所使用的方法，都能够揭示事物的本质和发展规律。

（2）历史方法和逻辑方法是相互渗透、相互补充的。一方面，逻辑方法离不开历史方法，因为逻辑方法要概括历史的自然进程，要以历史的具体发展为基础。另一方面，历史方法也离不开逻辑方法。逻辑方法是从事物的必然联系上去反映客观事物的历史发展规律，对历史方法有指导意义。如果离开了逻辑方法，看不到历史发展中的逻辑联系，历史方法就会带有盲目性，从而变成历史材料的杂乱堆积，不能揭示历史发展的必然规律。因此，在实际工作和科学研究中，历史方法和逻辑方法往往是同时使用、相互补充的。在主要使用历史方法的过程中，也要使用逻辑方法；在主要使用逻辑方法时，也会使用历史方法。

历史方法和逻辑方法相互区别、相互联系的关系，对于管理者的思维活动有着重要的指导意义。比如，要做好城市管理工作，必须要研究现代城市的发展规律，以便掌握管理城市的主动权。现在不少学者认为城市的发展要遵循以下规律：城市和乡村相互促进共同发展的规律；城市和区域相互依存彼此推动的规律；不同规模、不同功能的城市同时并存的规律；城市由低功能到高功能、由封闭到开放的规律；城市负荷能力与城市规模相适应的规律；城市建设和经济建设要协调发展的规律等。这些规律的揭示过程，离不开历史方法和逻辑方法。人们要运用历史方法观察、研究我国和世界各国许多城市的发展过程，概括组成城市的各要素在城市发展过程中的必然联系，从而揭示这些规律。在今后的城市管理工作中，人们仍需要运用历史方法和逻辑方法去研究这些规律，发现新的规律，并运用这些规律做好城市管理工作。

五、批判性思维方法

批判性思维产生于时代思想变革的过程中，它是基于客观事实和逻辑推理，包含着反思、肯定中含有否定、求同存异，并且具有冒险精神的创新思维形式。批判性思维不局限于揭示缺陷，更主要的是强调创造。批判性思维的特征是：(1) 敢于怀疑。不人云亦云随大流或是对问题保持缄默失去思想能力，而是大胆怀疑。(2) 独立判断。在调查研究和深思熟虑基础上独立思考、独立判断。不迷信、不崇拜权威，也不畏惧黑恶势力，以社会公正为目的。(3) 建设性思想。人们经常把批判性思维看成揭露缺陷、否定一切，其实，真正的批判性思维是告诉人们错误为什么是错的，如何找到正确的道路，是建设性的意见和思想，是积极的思维和态度。(4) 创新性观点。批判性思维鼓励求同存异，在多视角、多维度看问题的过程中，形成与众不同的代表事物发展方向的观点。(5) 冒险精神。批判是对旧事物的否定，对新事物的探索。走在时代前面的人，由于其思想往往不被大多数人理解而不得不承受一份沉重的孤独，有时要牺牲名誉、地位、利益甚至生命。如：哥白尼的《天体运行论》提出了与当时占统治地位的"地心说"截然不同的"日心说"，为了避免当局迫害，该书在哥白尼生命垂危时才得以公开出版。

第三节　自然科学理论的思维方法

20世纪初以来，由于世界经济的发展，政治和军事的需要以及科学技术条件的成熟，产生了系统论、信息论、控制论等新兴的自然科学理论。这些新兴理论不但促进了科学技术的迅速发展，而且也引起了人们思维方式的重大变革，使人们在思想方式上从过去的以实体为中心过渡到以系统为中心，从单值的过渡到多值的，从线性的过渡到非线性的，从单一测度的过渡到多测度的，从主要研究横的关系过渡到研究纵的关系和纵横交错的关系，从定性思维发展到定量思维及把定性思维和定量思维相结合的思维方法。这些思维方法把客观事物看作一个有机联系的整体，逻辑上采取先总后分再总的方法，从总体上全面地、动态地、深刻地认识事物。系统论、信息论、控制论纵横交错发展的趋势，使思维方法上呈现出交叉性、综合化趋势。

一、系统方法

（一）系统方法的理论根据

系统方法的理论基础是系统论。系统论的思想观点是在人们的实践活动中产生的，作为一门科学，是由美籍奥地利理论生物学家路德维希·冯·贝塔朗菲（Ludwig von Bertalanffy）在20世纪40年代创立的。系统论认为任何事物都是由若干相互联系、相互作用的部分组成的具有特定功能的有机整体；任何事物都是一个系统，任何系统都具有以下特点：

（1）整体性。任何一个具体事物都是一个整体，而整体是由两个或两个以上的要素组成的。这种构成不是各个要素的机械相加，除了这些要素之外，还有各要素间的相互关系、相互作用。各个要素的相互作用、相互关系产生了系统的系统质或整体质。系统的整体功能大于各要素的功能之和。比如，化合物的分子是由原子组成的，但化合物的性质不是组成它的各个原子性质的简单相加，而是呈现出各原子所不具有的性质。在社会生活中，每个家庭的功能和属性相加之和，也不等于全社会的功能和属性。在物质资料的生产系统中，若能合理安排人力、物力，使各要素巧妙结合，则能大大提高整体的生产效率。系统的整体性是系统论的核心。

（2）相关性。组成系统的各要素是处在相互联系、相互作用之中的。整个系统及其周围的事物，也处在相互联系和相互作用之中。任何一个要素的变化，都会影响其他要素的变化。系统内部各要素是有机联系的，从而使系统能保持整体性。又因为整个系统和周围事物相关联，才能使事物和外界进行物质的、能量的、信息的交换。

(3) 动态性。任何系统都不是静态的，而是随着时间的推移不断发展变化的。动态指事物的运动状态。这是由于任何系统内部结构的分布位置不是固定不变的，而是随着时间的变化而变化的，任何事物都要和周围事物发生联系，因此，系统不可能是绝对静止的。

(4) 有序性。事物的联系和关系不是杂乱无章的，而是按照一定的规则和程序展开的。系统各要素间的联系具有相对静止的方面，保证了系统具有一定的稳定性和有序性。

(5) 预决性，也称目的性。这是指系统的发展方向和对系统发展方向的预测。

(二) 系统的分类

由于客观事物联系的多样性和复杂性，形成了系统种类的多样性。

按照系统形成的原因，可分为自然系统和人工系统。自然系统由自然物质构成，如人体系统、原子结构系统等；人工系统是人建立起来的为满足人类需要的系统，如交通系统、组织管理系统等。

按照系统的性质，可分为社会系统、经济系统、军事系统、工程系统、生物系统、科研系统、教育系统、情报系统等。

按照系统与周围环境联系的方式，可分为封闭系统和开放系统。封闭系统是指不与外界发生物质、能量、信息交换，和外界联系较少的系统，如晶体、沙粒等。实际上，绝对不与外界发生任何联系的封闭系统是没有的。只是为了区别不同特点系统的需要，而把平常和外界联系较少又能稳定存在的系统称为封闭系统。所谓开放系统，是指必须与外界环境经常进行物质、能量、信息交换的系统。

按照系统的规模，可分为普通系统和大系统。

按照系统结构的复杂程度，可分为简单系统和控制系统。输入输出成相应比例的系统是简单系统；系统自身有自动调节输入、输出机制的系统称为控制系统。

还可以根据系统的状态和时间的关系，将系统分为静态系统、动态系统等。

(三) 管理活动的系统性

管理活动的系统性有着多方面的表现。首先，管理是多种职能的统一。一般管理包括计划职能、组织职能、指挥职能、控制职能、调节职能、监督反馈职能，这几种职能是相互联系、彼此制约和影响的。这几种管理职能的作用是：计划职能确定管理的目标和行动方案，使人们知道活动的内容、目的、程度和规则，即知道应该做什么；组织职能进行任务和权力的分派，使人们明确自己在实际过程中应该和可能起到的作用，即知道该做什么和怎么做；指挥、控制和调节职能是在实际活动过程中对各部门、各环节的活动进行协调指挥，以保证计划的顺利实施；监督反馈职能是对人们的活动和活动的结果进行适时的或最终的评价，运用一定的手段奖优罚劣并将结果反馈回来，为下一过程提供经验或教训。

其次，由于管理对象是多方面的，如管理客体中有人、财、物、组织机构等各种因素，因此，管理是多种因素的统一。各种因素都有自己独特的功能和作用，要求管理者在管理中不能只注重一种因素，而应该对各种因素进行统一的管理。如果处理不好它们相互制约的关系，就会造成管理失误。比如，如果人员管理不好，也不可能管好财和物，如果财和物管理混乱，人员的活动就没有保证。

最后，管理活动不仅是多因素的统一，而且是多层次的统一。管理对象结构的复杂性使管理对象呈现多层次的统一。各个层次的联系也是复杂的。管理对象的多层次性，要求管理者在管理活动中认识到管理对象的复杂联系，从管理对象联系的整体性上进行管理，认识事物的整体性和组成整体系统的各要素的相互作用。特别是对一些复杂的管理系统来说，从系统的整体性上考虑更为重要。

现代社会的发展已经进入了一个大生产、大经济、高科技的阶段。比如，经济管理已形成一个动态的大系统。不是仅包括生产这个环节，而是一个包括许多环节的循环圈，其内部又包括各种各样的信息网络。经济系统是由许多不同层次的子系统构成的复杂有机系统。现实社会的许多问题都不单是一个国家、一个地区或一个领域的问题，而是带有全球性、全人类的共同问题。管理学史上的有些管理理论，往往只认识到整个管理系统的一个或几个环节，没有从系统内部诸要素之间的相互关系、系统与环境的相互作用、整个管理的动态系统去研究管理问题，因此，具有片面性。

管理系统性原理告诉我们，在组织管理时，必须从管理系统的整体和全局出发，掌握系统内部各要素间的相互联系及其作用，把握系统的整体结构、功能和特性，要认识这一系统所在的大系统，考察它与周围环境因素的相互影响、相互作用。根据系统要求，管理者在管理活动中应处理好以下几个方面的关系：

（1）任何一个整体都包含许多部分，没有部分就无所谓整体。而整体的形成不是由部分任意拼凑的，各个部分和整体之间是有机联系的。管理者应该立足于整体功能，来选择各个部分，组成好的整体。

（2）由于管理整体的各部分都有自己的特性和内容，具有不同的结构和功能，而各个部分又是密切联系的，因此，一方面要求管理者采取不同的管理方法和领导艺术调动各个部分的积极性，充分发挥各个部分的功能和优势，允许各部分进行公平、合理、平等的竞争，另一方面也要求管理者积极促进各个部分的互助合作、相互支持，为实现共同的目标相互促进。通过整体中各个部分的相互协调，使整体功能处于不断优化之中。

（3）要处理好系统与周围环境的关系。任何系统都不是孤立存在的，总是与周围的事物相联系，它的存在和发展都离不开周围的环境，需要不断从周围环境中吸取能量和信息。系统环境的状况如何，也影响着系统内部的状况和性质。系统内部与环境的关系往往形成事物发展的内因与外因的关系。环境因素是系统生存和发展的条件。管理系统性要求管理者注意系统与环境的关系，在管理决策过程中，要考虑管理系统的整体状态与周围环境的关系，这样才能保证决策的科学性和正确性。

（四）城市系统

现代城市是一个集约人口、集约经济、集约科学文化的空间地域，是多维、多结构、多层次、多要素、多变量的复杂大系统。在这个系统中，各种要素相互作用，推动着城市的发展。要管理好现代城市，需要对城市大系统的复杂性进行分析认识。

从系统的性质和功能分析，城市是一个由自然因素和人工因素相结合的复杂系统。自然因素有城市所处的地理位置、水资源、矿藏、周围环境条件等；人工因素有各种建筑、供水、排水、电力、交通、基础设施等。

从系统和周围环境的联系方式分析，城市是一个巨大的开放系统，需要不断地与外界进行人口、人才、物质、信息等方面的交换。

从结构层次分析，城市是一个由多层次组成的大系统。从高一级层次看，城市可分经济系统、社会系统、生态系统三大系统。从低一级层次看，这三大系统又包括许多子系统。经济系统包括工业、农业、建筑、商业、市政建设、金融、外贸、财政、交通运输、科技、服务等生产、消费、积累、交换和流通的过程。社会系统包括不同类型和不同层次的人际关系、人们的社会行为、社会心理等，还有从行为中反映出来的道德观念、价值观念、法律观念和文化素养等，以及各种社会团体和组织的相互关系和管理体制、方针政策等。生态系统包括城市地区自然界的光、热、空气、水分，各种有机、无机元素彼此间的相互作用，以及市民和自然界的相互关系等。如果把低一级层次的子系统再进行分解，还可以分出更多的微系统，如工业系统又可分为机械工业、化学工业、石油工业、纺织工业、食品工业等微系统。

各要素结构间的随机动因很多，发展趋势是多方向、非线性的。城市系统复杂性的特点，要求我们在进行城市的规划、建设和管理等工作中，运用系统方法进行科学管理，这样才能使城市管理切实有序，取得良好成效。

（五）系统方法和现代管理

系统方法是从系统观点出发，从系统与元素之间、元素与元素之间以及系统与外部环境之间的相互联系、相互制约、相互作用中，综合地考察对象，以达到最优处理问题的科学方法。系统方法要运用系统论的基本原则，即整体性、相关性、动态性、有序性等原则。

运用整体性原则，就要求我们在观察问题和处理问题时，要立足整体，统筹安排，"由上而下""由总而细"，即从整体出发，从组成整体各个元素的结合上，来保证整体的良好性能。为保证整体具有良好的功能，各要素必须服从整体的需要。

在现代城市管理工作中，也要运用整体性原则。要管好城市，应该立足于城市的整体。根据城市的社会经济现状和发展趋势，确定一个时期内城市管理的总目标。为了实现这个总目标，还必须根据城市结构层次的实际情况，把总目标进行具体分解，确定工业布局、交通、城市建设、科教文卫体、人员结构、治安、社会福利等各方面管理的子目标。每个子目标就是一个子系统，子系统下面还可以分成更小的子系统，这样就组成了一个相互联系、相互作用的目标系统。各个子目标的确定必须服从总目标的整体要求，为了保证整体目标的最优化，要依靠子目标的合理组合和正确实施。在城市总目标和子目标的制定和实施中，都必须运用整体性原则，才能保证总目标的实现。

要科学地管理城市，必须制定城市总体规划。城市总体规划是城市管理的依据，确定城市总体规划的内容和编制程序，也都需要系统方法。城市规划要从整体上综合考虑城市的政治、经济、文化、社会发展等各方面的因素，以及诸因素间的相互关系，立足于社会效益、经济效益和环境效益的统一，保证良好的整体效应。为了保证城市总体规划的整体效应，城市的详细规划要服从总体规划。

我们在实际工作中运用系统方法的相关性原则，应注意研究事物间和要素间多方面的复杂联系。在思维方法上，要从传统的单项研究转入对事物的多项研究，从线性研究进入非线性研究，从结构研究上升到多方面的研究。正确处理系统中各方面的关系，促进系统的正常发展。比如，在城市这个大系统中，从行政上可分为市、区、街道、居委会等层次；从专业上可分为规划、市政、环卫、园林、工商、公安、交通、民政、文化、卫生等专业管理部门。运用系统方法的相关性原则，应该掌握各个层次、各个专业间的相互联系、相互影响关系，使城市管理由点到面，由浅入深，由单一到复杂，由低层次到高层次，逐步形成多层次的综合管理体系。综合管理体系的形成，有利于建立层层承包、层层检查、层层考核、层层奖惩的责任制，能显著提高管理效率。

运用系统方法的有序性原则，我们在研究实际工作中，要掌握事物内部各要素间和事物与事物间联系的前后顺序，认识事物发展的历史过程，按照科学的逻辑程序进行管理。比如，在编制城市规划过程中，要经历资料的收集、分析、整理和编修城市规划方案等程序。城市管理机构的设置和布局及各种子系统的形成，都要遵守一定的程序。

二、比较法和动态方法

(一) 比较法

比较法是确定事物之间同异关系的思维方法。由于客观事物之间既有差异性,又有同一性,存在着可比的客观根据,因此在思维中,可以对事物进行比较。通过比较,才能区别事物,为进一步深入认识事物打好基础。有比较才能有鉴别,有鉴别才能兴利除弊。

事物之间的相互比较可以从多方面进行,有外形比较、结构比较、功能比较、数量比较、质量比较、层次比较、原因比较、系统比较、纵向比较、横向比较、历史比较、正反比较、今昔比较、中外比较等。比如,《孙子兵法·九地篇》中说:"古之善用兵者……合于利而动,不合于利而止。"《火攻篇》中说:"非利不动,非得不用。"意思是说,用兵打仗要通过比较利弊而定,两利相权取其重,两弊相权取其轻。这种"有利则动,无利则止""因利而动,因得而用"就是利用比较法进行军事决策的表现。

在现代企业管理中,比较法有着广泛的应用和重要作用。通过中外比较,用我国企业管理的经验教训同世界各国企业管理情况相比较,可以吸取其有益成分,搞好我国的企业管理。通过今昔比较,从动态的观点来研究企业的发展过程,可以总结新中国成立以来我国企业管理的历史经验,揭示我国企业管理的一般规律和正确方法。通过正反比较,可以使我们深刻认识中外企业管理中失败的教训,使其转化成真理性的认识,避免重犯类似错误。此外,通过比较,还可以对企业中的有关事物进行定性的鉴别和定量的分析,从而做出正确的决策。比如,管理者要在许多企业发展规划方案中选出一个,必须运用比较方法。再如,要在城市建设工厂,为了厂址的选择达到设计要求和目标函数,要在几个方案中对原料来源、产品成本、交通、能源、发展前景等多种因素进行比较,以此确定最佳方案。在决策中,比较是选择的基础,任何一个正确的选择都离不开比较。没有比较,就没有选择,只有对被选方案进行认真比较、权衡利弊、综合评估、排队筛选,才能做出正确决策。

（二）动态方法

所谓动态方法，即用运动、变化、发展的观点来认识和处理问题的方法。唯物辩证法认为：任何事物都是运动变化的，运动是物质的根本属性和存在方式；运动是无条件的、绝对的；静止是相对的、有条件的。所以，思考问题和处理问题应该用动态方法，这是唯物辩证法和形而上学思维方法的根本区别之一。比如，像其他事物一样，乡镇也是在不断发展变化的。由于乡镇生产力的发展，原有的结构和功能不适应乡镇发展的需要，就需要做相应的调整和变化。作为乡镇领导，应该具有动态观念，用唯物辩证法发展变化的观点观察和处理问题，要根据乡镇的客观变化情况，灵活运用各种管理方法。用动态观点观察乡镇，并不是认为它是瞬息万变、不可捉摸的。乡镇的发展既有绝对运动的一面，又有相对静止的一面。只有保持乡镇的结构和功能在一定时期内的相对稳定性，才能保证乡镇的发展。乡镇的发展在各方面都具有历史继承性，在用动态观点处理现实问题时，也要考虑它的历史联系。改革开放以来，随着农村商品经济的发展，农村产业结构由单一型转变为多元型，形成了农、牧、副业全面发展，农、工、商并举的格局。但是，乡镇经济的发展，特别是社会主义市场经济的建立，要求乡镇产业结构进一步向高级化方向发展。社会主义市场经济要求生产者在生产经营过程中，根据市场的需求安排生产、参与竞争。根据市场的需求调整产业结构是农业生产遵循的原则。在调整过程中，既要对不合理结构进行调整，也要注意保持原有合理结构的稳定性。比如，一般情况下，在种植业内部结构调整中，首先应保证粮食生产的稳步增加，因为粮食生产是关系国计民生的大事，是乡镇经济中其他产业发展的前提。在保证粮食产量稳定增长的前提下发展经济作物，应根据本地区的资源优势、技术优势发展某种产品。要避免那种强调结构调整，轻视粮食生产，对粮食生产在资金、技术、播种面积上大幅度减少的倾向。总之，在对待管理对象的发展问题上，应该坚持动中有静、静中有动、动静统一的辩证的动态思维方法。

三、信息论的思维方法

信息论是由美国数学家克劳德·香农（Claude E. Shannon）创立的。根据信息论和信息观点所确定的研究客观事物系统的性能和运动规律的科学方法称为信息方法。运用信息方法的基本要求是：以信息概念作为分析问题和处理问题的基础，应当完全撇开对象的具体运动形态，把系统的有目的的运动过程抽象为一个信息变换的过程。信息方法告诉我们，正是由于信息流的正常流动，尤其是因为有反馈信息的存在，才能使系统按预定的目的实现控制。如果是两个系统发生信息联系，就必须使两个系统通过信息通道发生信息交换。

信息方法一般可分为信息获取、信息传输、信息处理、处理结果的输出四个步骤。

（1）信息获取是指将系统所需要的信息测定出后，使之变成数据，经传输线路传送给处理装置进行必要的处理。

（2）信息传输是保证获得的信息在系统中流通的手段。为了使信息正常传输，必须在系统中设置通信系统，即由各种类型的信道组成的信道网。信道是连接两站或两设备间的信息通路。为了提高信道网的利用率或保证信息传输的可靠性，可以利用直接信道方式，也可以利用迂回信道方式。

（3）信息处理是将从信息获取设备传送过来的初始信息，用一定的设备或手段按照既定的目标和步骤进行加工处理。

（4）处理结果的输出是指在信息控制系统中，对已加工处理的信息，以一定方式将处理的结果输送出去。

信息方法是一种研究复杂运动形态，把握事物的复杂性、系统性、整体性的科学方法，它为实现科学技术、生产、经营管理、社会管理的现代化提供了强有力的工具。在现代社会，信息、能源、材料被称为现代科学技术的三大支柱。信息论思维方法的运用，直接关系到管理决策的科学化。没有大量准确的信息，或对信息不能进行快速准确的处理和使用，就不可能进行正确的决策、组织、控制。

四、控制论的思维方法

控制论是美国数学家诺伯特·维纳（Norbert Wiener）创立的。控制论是研究技术装置、生物机体和人类组织等系统之中的控制和通信的一般规律，它撇开对象的物质和能量的具体形态，撇开过程的物质或能量交换的方面，仅从生物体和技术装置中控制的功能类比方面,研究对象和过程的各组成部分间信息的传送过程。信息的传输与交换过程形成了控制论的核心。控制论的思维方法是施控系统怎样实现对被控系统控制的方法,它要求在动态过程中,不断实现施控系统的目的。控制论的思维方法由反馈方法、择优方法等多种方法构成,其核心是反馈方法。

在管理者的管理实践中,要对管理客体的运动过程进行控制,不能不使用控制论的思维方法。要想有正确的控制,必须有正确、及时的反馈,才能及时纠正偏离管理目标的部分。如果管理主体做出的决策正确,但由于执行系统不能正确执行而发生偏离,这时若有完善、敏锐的信息反馈系统反映给决策者信息,那么偏离也可得到及时的修正;否则,将会造成不可挽回的重大损失,失去控制,根本不能实现决策目标。所以,管理者在管理过程中应注意运用控制论的思维方法,以适应运动变化着的管理客体。

五、定性思维和定量思维相统一的方法

(一)定性思维方法

所谓定性思维方法,是根据事物的性质来认识事物的思维方法。人们在对事物的认识过程中,往往先认识事物的质,即先从一事物和其他事物相区别的内在规定性上去认识事物。任何管理者要对管理客体的事物进行管理,或者要把原来不是管理客体的事物纳入管理客体中来,必须要区分事物的性质。正如毛泽东所指出的:"对于物质的每一种运动形式,必须注意它和其他各种运动形式的共同点。但是,尤其重要的,成为我们认识事物的基础的东西,则是必须注意它的特殊点,就是说,注意它和其他运动形式的质的区别。只有注意了这一点,才有可能区别事物。"① 在管理者的管理对象中,常常遇到大量需要处理的问题,有些属于技术性问题,有些属于思想问题,有些属于法律问题,有些属于经济问题。只有认清这些不同事物的性质,才能用正确的方法处理不同性质的问题。由于任何事物都是多种矛盾的统一体,因此,同一个事物往往有多方面的质。作为被管理者的人,有政治思想、道德品质方面的质,也有业

---

① 《毛泽东选集》第1卷,人民出版社1991年版,第308页。

务能力、知识水平方面的质。管理者应该根据自己管理工作的实际需要，去发现、分析、利用事物的不同特性。不仅如此，无论定性思维还是定量思维的必要条件，只有确定了事物的质，对事物量的研究才有意义，也只有确定了事物的质，才能认识理解量的意义，才可以在掌握事物的量比较困难而客观形势又需要尽快做出决策的情况下做出决策。所以，定性思维的程度是衡量管理者思维水平的重要方面。

（二）定量思维方法

定量方法是对事物做出量的规定性，对事物进行量的分析的方法。定量分析方法是管理者由经验式的管理向科学管理转变的表现形式，经验式的管理对于管理客体量的认识，往往采取猜测、估计的方法，其结论缺乏精确性。在此基础上所做出的决策也缺少科学性。马克思认为："一种科学只有在成功地运用数学时，才算达到了真正完善的地步。"[1] 而科学的定量分析方法主要是运用数学方法，对管理客体进行数据统计，掌握管理对象的各种比例关系，做到心中有数。正如毛泽东所说："对情况和问题一定要注意到它们的数量方面，要有基本的数量的分析。任何质量都表现为一定的数量，没有数量也就没有质量。我们有许多同志至今不懂得注意事物的数量方面，不懂得注意基本的统计、主要的百分比，不懂得注意决定事物质量的数量界限，一切都是胸中无'数'，结果就不能不犯错误。"[2] 任何管理者要进行有效的管理，只注意定性思维是远远不够的。若没有定量思维，所制订的计划、政策缺乏可靠的依据，必然失去可行性。比如，在进行城市规划中，如果对该城市现有的用地规模、人口规模、基础设施现状缺少定量思维，心中无数，就很难做出城市规划，勉强做出的计划也很难执行。再如，若某地发生水灾，作为管理者仅仅知道自己所管理的地区发生水灾还不够，还应该了解受灾面积有多大、灾情的严重程度、造成的经济损失有多少等，这样才有可能采取有效的救灾措施。

事物质的规定性是多方面的，和事物的质相联系的量的规定性也必然是多方面的。因此，要求管理者在进行定量思维时，不仅要掌握一方面质的量，而

---

[1] 中共中央马克思恩格斯列宁斯大林著作编译局编：《回忆马克思》，人民出版社 2005 年版，第 191 页。

[2] 《毛泽东选集》第 4 卷，人民出版社 1991 年版，第 1442 页。

且要掌握事物多方面质的量。这样的定量思维才是全面、准确的。比如,了解一个企业里员工的状况,除了掌握员工总数外,还要对员工年龄结构、男女比例、文化程度高低层次、健康状况等进行定量思维、全面考虑。此外,由于组成事物的许多矛盾发展变化的不平衡性,在从总体上把握事物的量的同时,也要注意不同的量在事物发展中的不同作用,以便在进行决策和制定相应政策时有所区别。

由于管理者所研究对象的性质和管理者的需要不同,定量思维可以采取不同的具体方法。数学是研究物质世界的空间形式和数量关系,它撇开了客观事物的具体形态,概括了事物的量、量与量之间的关系、量变之间的内在关系,以及在量与量之间进行推演的具体方法。任何客观事物都有空间特性,客观事物之间也普遍存在着这种空间联系和数量关系。所以,管理者在进行思维时,数学方法是一种常用的带有普遍性的方法。比如,用代数方程、微分方程、积分方程、差分方程等方程式来表示从前一时刻的运动状态推断出以后各时刻的运动状态的现象,这类现象由于事物变化服从着确定的因果关系,因此可以用方程式来表达。而一些或然现象,或称随机现象,其发展变化不止一种可能,而是有多种可能,这种随机现象也是可以统计的。比如,组成随机现象的成员虽然不多,但出现的次数较多,也可以显示一定的统计平均规律。概率论和数理统计就是从数量角度来研究随机性的数学方法。在管理活动中,还常常遇到一些没有明确的数量现象的模糊现象,如用较多、较好、较差、还可以之类的模糊概念来描绘,这类现象也可以用数学方法定量描述。20世纪60年代产生的模糊数学,是对相当复杂的模糊现象定量描述的数学方法。模糊数学虽然产生时间不长,但对领导者的科学决策发挥了重要作用。应用模糊聚类和相似优先原理,可以把带有模糊性的调查对象进行分类,对复杂的模糊因素进行评价,还可以使用模糊语言编制计算机程序等。另外,电子计算机方法也是一种数学方法,电子计算机是人脑定量思维的延伸,它的广泛运用和发展,使人的定量思维扩展到人的认识的所有领域,大大提高了人们的思维效率,各级管理者均应努力掌握它。

(三)定性思维和定量思维的相互结合

在处理实际问题的过程中,定性分析方法和定量分析方法往往是相互区别、相互联系、相互作用的。任何事物都是质和量的辩证统一，质是一定量的质，量是一定质的量。质规定着量的活动范围，量的变化超过一定的度，也会引起事物的质变。质和量是相互联系不可分割的，所以定量分析方法要以定性分析方法为前提。又因为一定的质要通过一定的量表现出来，所以，要认识事物还要做定量分析。缺乏定量分析的定性分析是模糊的、不精确的，管理者如果根据这种模糊的、不精确的认识做出预测、决策，只能是一种粗略的估计，缺少科学性。

由于质和量同时存在于任何一个客观事物中，因此，要求管理者在认识和处理管理客体的事物时，要把定性思维和定量思维结合起来。在思维的进行过程中，定性思维和定量思维是辩证统一的。在质和量的矛盾统一中，质是矛盾的主要方面，只有认识并分清了事物的质，认识事物的量才有意义。所以，在定性思维和定量思维的统一中，定性思维是定量思维的前提，定量思维要在定性思维的指导下进行。如果定性思维错误，定量思维也必然失去意义。同时，定量思维是否准确，对定性思维是否正确也有影响。比如，一个企业是先进企业，必然通过这个单位的产品质量、数量、上缴利税、社会效益、环境效益、经济效益等多方面的量来予以说明，如果定量分析中所得的数据不准确，必然导致定性分析的不正确。

鉴于客观事物运动形式的多样性和联系的复杂性，在运用定性思维和定量思维的过程中，究竟应该主要采取何种形式，要根据实践的需要和思维对象本身的性质来决定。一般来说，涉及社会心理因素较多、关系错综复杂、不易用精确数字来描述的问题，主要使用定性思维方法，但也不能完全不用定量思维方法。比如，在对决策目标进行定量思维时，对于可以量化的目标，要对其各个方面确定明确的数量界限，而对那些难以量化的目标，则采取化整为零的方法，把大目标分解成可以量化的小目标。一般情况下，只要小目标按期完成，大目标也自然会实现。而对于那些要求反映事物发展结果、发展因素间的确切联系，预测研究对象的发展趋势等问题，则主要用定量思维方法，同时也需要用定性方法确定事物的性质。只有把定性思维和定量思维结合起来运用，才会产生思维的高效率。

六、复杂性思维方法

世界经过亿万年的进化演变，呈现在我们面前的是一个由低级到高级，由简单到复杂，由直接线性因果联系到多样性、网络式交互作用复杂系统的永不停息的变化过程。人的思维亦是如此，客观对象的复杂性被人们认识并形成与其相适应的复杂性思维方式。复杂性思维方式基于20世纪中期以后产生的耗散结构理论、协同学、突变论和超循环论，探索了复杂性产生的环境条件、动力机制、途径和耦合等问题，在一定条件下通过体系内的各要素相互竞争、相互合作，从无序和混乱中自发、自主地产生秩序，并由此产生一系列科学新概念，如熵、演化、有机主义、非决定论、可能性、相对性、互补性、复杂性、自组织，以及混沌、分形、孤立子等理论基础上形成的与传统思维方式具有本质区别的新的思维方式。传统的线性思维方式体现了客观性、因果性、必然性、规律性、可逆性、可重复性、实证性等特点。人文社会科学中，价值观念、思想情感、意志品质、利益追求都可能带来更为复杂多变的情况，简单的线性思维、还原论方法无法对此加以诠释。

复杂性思维的特点是：(1) 多样性。多样性是复杂性之源。多样性导致必须从不同角度、不同层次、不同方向、不同途径来认识事物本质。对复杂系统变化过程进行长期、精确的预测几乎不可能。因为系统中一个很小的不确定性因素，通过反馈耦合得以放大后，在某一分叉上引起突变，就会导致整个系统产生惊人的复杂性。(2) 非线性。系统要素之间的联系除具有直接性，更多地从整体上看是网络性、错综复杂的，其规律呈现出统计规律，需要运用总体综合的思维方式来把握。(3) 开放性。系统存在与发展都必须与环境相互交换物质和能量，达到一定条件下的稳定平衡有序状态。(4) 整体性。作为一个多要素交互作用的整体，其局部存在某种不确定性，因此，要从整体认识和把握事物的发展，从整体认识局部变化的可能性。把人、自然、社会、思维看成一个不可分割的统一整体，在当今生态失衡、污染严重的情况下，"世界一体化"的思维尤显重要。

第四章　管理决策中的哲学问题

决策是管理活动基本的、重要的内容，它贯穿管理的全过程和各个方面，事关管理工作的成败。决策活动要求管理者充分发挥意识的能动作用，掌握科学决策的理论和方法，运用现代科学成果，遵守科学的决策程序，做到决策的民主化、科学化、最优化。

在管理运动过程中，管理决策始终处于矛盾的主导地位，决定着管理运动的发展方向，如果决策失误，其他管理活动都不会取得好的效果。因此，管理者要始终抓住这个主要矛盾。运用矛盾分析方法进行管理活动，既是管理者搞好管理工作的世界观，又是处理好各种管理问题的方法论。

第一节　决策的概念、特征和分类

一、什么是决策

所谓决策，一般是指为了达到一定的目的，对遇到的情况和问题，从两个及以上方案中选择一个有效方案（或手段）的过程。决策的内容应包括以下几个方面：（1）决策是有意识、有目的的自觉活动。为了达到一定的目的，解决某个问题，才进行决策。（2）要有可供选择的两个及以上的方案方可进行决策。如果事情只有一种可能，就不需要决策。（3）决策是一个过程，这个过程包括设计、分析、比较、选择、决定等阶段，而不是指最后决定采取某一方案的一瞬间。顾名思义，无论是宏观管理或微观管理，无论是什么部门、什么性质的管理，如何制订计划、确定目标、选择方案，如何设置工作机构、配置人员、分配工作权限，如何检查监督工作，即在计划、组织、协调和控制的各种职能上都存在决策。美国经济学家、诺贝尔奖获得者赫伯特·西蒙（Herbert A. Simon）认为，管理就是决策，最好把决策当作管理的同义语。

"决策"一词最早是从英语翻译过来的，原意是"做出决定"，后来为了文字精练和表达准确，人们把它译为"决策"，但到底什么是决策，如何理解决策的含义，在我国仍有不同的看法。有的人认为，决策就是决定政策，仅对高层领导者而言，因为只有高层领导者才进行决策，与一般管理者没有关系。而实际上，除了高层管理者可以进行决策外，一般的管理者也可以根据上级的有关政策精神，结合所辖部门的情况进行决策，制定既符合上级精神又适合自己本系统或本部门情况的政策。因此，把决策仅理解成是少数高层领导者的事显得太狭隘了。另外一种观点认为，决策就是做出决定，凡是做出了决定，无论大事小事都可称为决策。这样理解决策是在小事情上使用了大字眼。在日常生活中，需要做出决定的事情太多了，而决策一般是指对重大问题、复杂问题的决定，不能把所有的决定都称为决策。一般来说，决策是一个管理科学的概念，决策主要是管理决策。所谓科学决策是符合客观规律的有科学根据的决策。这些科学根据包括对面临的各种情况进行正确深刻的分析，掌握大量可靠信息等。否则，会形成错误决策。比如，过去我国在农业上搞单一经营，片面强调抓粮食生产，把一些宜林、宜牧、宜渔的土地和水面改为耕地，不仅挤掉了经济作物，农业生产难以全面发展，而且造成植被毁坏、草场退化、水土严重流失，自然生态平衡遭到了严重破坏。回顾历史，不论是"左"的还是右的错误，都属于决策失误。因此，越是涉及一些大的全面的战略问题，越要进行认真深入的科学研究，反复进行定性、定量分析和科学论证，进行科学决策。

决策是人类的一种特殊的认识活动。因为决策是人的有意识、有目的的思维过程，是在实践基础上对信息的收集、加工和输出过程。决策过程显示了人类认识所特有的选择性、创造性。

决策在管理中具有特别重要的意义。一项管理工作总是先做决策，再制订计划，组织实施、协调、控制等，决策贯穿管理的全过程。在组织、计划和控制的每一项活动中，制订计划需对情报资料进行选择，确定组织性质、规模、结构，运用控制随机处理问题等都需要决策。

我国历史上有许多成功的决策广为世人传颂，如夏朝的大禹治水，他采取疏导的方式制服了洪水；商末的姜太公足智多谋，辅佐周文王推翻商朝建立了周朝；战国时，大将田忌和齐王赛马，孙膑采取了用田忌的上马去赛齐王的中马，用田忌的中马去赛齐王的下马，用田忌的下马去赛齐王的上马的正确决策，使田忌取胜；汉朝的张良"运筹策帷帐之中，决胜于千里之外"，帮助刘邦打下了天下；三国时期，诸葛亮为刘备出谋划策，屡建奇功；元朝末年，朱元璋采纳了"广积粮、高筑墙、缓称王"的决策，取得了战略性的胜利。

对一个企业的管理来说，决策可分为战略决策、管理决策、业务决策三种类型。

（1）战略决策是为了让企业和变化着的外部环境保持平衡，使企业适应外部环境所进行的决策。如确定或改变一个企业的经营目标、开拓新市场、合并企业、开发新产品等，都属于战略决策。

（2）管理决策是为了实现企业的战略目标，对管理客体系统的人、财、物等资源和组织机构进行改革、调整的决策。如对资金的使用和筹集、机构的调整、设备的更新等，都属于管理决策。

（3）业务决策是为了提高日常业务效率，在不变更企业体系的基础上，根据现实的外界客观条件变化的情况所进行的决策。如关于一般生产、存货与销售等日常活动过程所进行的决策。①

这三种决策中，最重要的是战略决策。在企业外部变化较少的时候，业务决策所占的位置比较重要。由于现代企业外部变化迅速，战略决策显得日益重要。从现代企业所处的环境和层次的分工方面来说，企业的主要领导者应抓好战略决策。例如，瑞士的机械表曾行销全世界，20世纪60年代第一块石英表出现时，瑞士钟表商不以为然。日本人却做出了大力发展石英电子技术的决策，结果迅速占领了世界市场，一度导致上千家瑞士钟表工厂倒闭。这个案例充分说明了正确的战略决策的重要性。

---

① 参见徐国华、赵平：《管理学》，清华大学出版社1989年版，第267页。

二、决策的基本特征

决策有如下特征：

（1）任何决策都是为了达到一个目标，没有目标就无法进行系统决策。决策是一种立足现实、面向未来的认识世界和改造世界的实践活动。

（2）决策总是在一定条件下追求目标的优化。决策活动是一种基于现实的超前认识，正是这种超前认识，使人能不断超越自己，使新事物层出不穷。

（3）决策过程是从若干个有价值的方案中选择最优，选择过程就是一个优化过程。决策的选择是不是最优取决于两个方面：一是这种选择要符合客观事物的发展规律，二是这种选择能够提供实现决策目标的主客观条件。

（4）决策具有可行性。制定决策的目的在于实施，如果一个决策不具备可行性，它便是一种脱离实际的错误认识。正确的决策之所以具有可行性，是因为它来源于客观实际，反映了存在于客观实际中的问题，是在实践中发现的需要解决的矛盾。它来源于实践，必然要回到实践中去。实际决策过程中，这几个特征之间是密切相连的。

三、决策的基本类型

确定事物的性质离不开该事物所存在的条件，一切以事物所存在的条件、地点和时间为转移。确定决策的类型，也要根据不同的条件而定。

根据决策的目标性质，可划分为定型化决策、非定型化决策和介乎二者之间的准定型化决策。定型化决策是指管理过程中反复出现的、经常需要解决的决策问题。由于这类问题的处理过程和处理方法已经定型化了，并在实践中证明是正确的，因此处理这类问题凭借固有的程序执行就可以达到目的，不需另行决策。非定型化决策是指管理过程中第一次出现的问题，需要经过严密的系统分析，建立数学模型，加上决策者个人的果断、远见等所做出的决策。在实际生活中，大量遇到的决策问题是介乎二者之间的准定型化决策问题。对这类问题进行决策，既要参考定型化决策的各种方法，也要充分发挥决策者的创造力。

根据决策的重要程度，可划分为战略决策和一般决策。战略决策是指重大决策,所决策的问题一般是影响经济政治发展的全局问题或影响深远的问题。每一个国家、地区和部门,都有自己全局性的问题和长远的问题,都需要进行战略决策,由于事关全局,所以这种决策大都是由最高管理层进行的。一般决策是指个别的、局部的、暂时性问题的决策,其重要程度低于战略决策,但要服从战略决策,是实现战略决策的手段。

按决策的目标要求,可划分为理想决策和满意决策。理想决策是指追求理想条件下最优目标而做出的决策。因为客观条件容易发生变化,所以理想决策往往难以实现。因此,在实际工作中,多数决策者不愿冒很大的风险去追求理想决策,而是在现实的可能条件下求得满意决策。

按决策的范围,可划分为国际决策、国家决策、集团决策和个人决策。不同范围的决策既相互独立,又互相衔接。

此外,还有其他一些分类方法。比如按决策结果,可划分为肯定型、非肯定型、风险型;按决策的部门和对象,可划分为政治管理决策、经济管理决策、社会管理决策等;按决策的形式,可划分为单目标决策和多目标决策;按决策的环境,可划分为竞争性决策和非竞争性决策等。

第二节 现代管理决策的一般程序

一、现代管理决策的一般程序

现代管理决策虽然有许多类型,但各种类型的管理决策程序大体是相同的,包括:调查研究,分析形势,发现和提出问题;系统分析,确定决策目标;拟制决策方案;分析和评价方案;总体权衡,方案择优;组织决策执行等六个程序。

(一)调查研究,分析形势,发现和提出问题

从实际出发,实事求是,是唯物主义一元论的根本要求,是我们党的优良传统和作风。在实际工作中是从实际出发还是从主观意志出发,体现了唯物主义和唯心主义两条对立的思想路线。所谓从实际出发,就是从客观事物本身的情况出发,按照世界的本来面目认识世界。毛泽东说:"'实事'就是客观存在

着的一切事物，'是'就是客观事物的内部联系，即规律性，'求'就是我们去研究。"① 从实际出发，实事求是，坚持从物到感觉和思想的唯物主义思想路线，从而为主观和客观相统一提供根本保证，是我们认识世界和改造世界的最根本的思想方法和工作方法。邓小平指出："按照实际情况决定工作方针，这是一切共产党员所必须牢牢记住的最基本的思想方法、工作方法。"② 决策活动是一项有意识有目的的改造客观世界的实践活动，要做到科学的决策，必须使主观和客观相一致，使主观认识符合客观实际。因此，决策者必须要对决策对象进行深入细致地调查研究。这是进行科学决策的关键所在，也是保证决策程序正常进行的首要原则和前提条件。

所谓问题就是现有状况和应有状况之间的差距。所有决策的程序都是从发现和提出问题开始的，管理工作者的责任就是要不断发现问题，提出解决问题的方法并加以实施，以促成事物发展。在实际工作中，往往有许多问题摆在管理者面前，管理者要进行大量的调查研究工作，对所掌握的信息和资料进行全面系统的分析，才能具备科学决策的基础。随着科学的不断发展，调查研究的方法也在不断丰富，朝着社会化和科学化的方向发展。比较常用的调查研究方法有全面调查、重点调查、专家意见法、典型调查和抽样调查。抽样调查又分为典型抽样法、随机抽样法等。

调查研究是我们党的优良传统，由于现代化大生产的发展，原来的开小型调查会、蹲点等调查研究方法远远不够。现代调查研究有两个基本特点：一是社会化，在社会化大生产的情况下，人类活动的时间和空间大大扩展，使调查研究日趋社会化，而在小生产时代，局部的典型情况往往是全局的缩影。现代社会的重要特点是社会现象具有越来越大的随机性，局部的真实不等于全局的真实，调查结果正确与否不能靠手中掌握的一两个事例，重要的是靠系统准确的统计数据，要有严格的统计组织和准确、科学的统计方法。为了使统计工作跟上社会的发展，就需利用电子计算机，建立数据库进行统计处理。国外经验证明，在管理的各个层次中，现代领导无不重视统计、情报这些社会化的调查研究工作，没有社会化的调查资料，管理者就无法进行决策工作。现代调查研

---

① 《毛泽东选集》第 3 卷，人民出版社 1991 年版，第 801 页。
② 《邓小平文选》第 2 卷，人民出版社 1994 年版，第 114 页。

究的另一个特点是科学化,即必须使用科学的调查研究方法,掌握复杂的社会现象的真实情况,进行调查的每一步都要符合科学性。如各种报表的设计应该具有科学性,使被调查者能准确、及时地填写出来,并为下一步的科学统计创造良好的条件。德尔菲法是现代科学调查中常用的一种方法。其主要做法是将预测内容写成若干条含义明确的内容,规定统一的评估方法,背靠背地征询数十名专家的意见。专家所提的问题虽数目不多,但都清楚明白,不含主观意见,然后将这些意见再综合反馈给专家研究,把研究的意见综合分析,经过这样多次的反复,获得较为统一的正确意见。德尔菲法的优点是,可以排除人们面对面接触的弊病,充分发挥专家个人的看法,获得好的调查效果。

在调查研究的过程中,还应该注意以下几个方面:

(1) 要认识社会现象的随机性。所谓随机性就是哲学上所说的偶然性。在商品交换中,商品价格围绕着价值上下摆动的现象就是随机性。社会现象的随机性往往会模糊人们的视线。由于人们主观因素的干扰,常会改变原来社会的自然状态,导致人们认识上的错觉,如人们弄虚作假、应付检查。有时由于人们认识的局限性,不能客观、全面地了解社会的情况。认识对象是一个历史发展过程,如果忽视了这种连续性,只根据某一阶段的数据得出结论,就犯了以偏概全的错误。

(2) 在调查研究过程中,要注意典型调研和随机调研的关系,只有把典型调研的事实同随机调研的事实结合起来,二者进行比较,才能显示典型性的作用及政策价值。实际上不能用典型调研代替随机调研,典型单位的情况不能代表所有单位的情况。只有重视对调查研究材料的综合分析,才能得出正确的结论。

在调查研究的基础上要注意分析所要决策问题的发展趋势,用动态的观点把握决策对象。无论是内部因素或是外部环境的变化,都会使要决策的问题发生变化。若没把握决策对象的发展趋势,待情况变化了,却毫无思想准备,就会使人陷入被动状态。

(二) 系统分析,确定决策目标

目标是指在一定的环境和条件下所希望达到的结果。任何决策都包括确定明确的具体目标,在确定目标时,要明确目标实现的结果、时间、各部门应承担的责任等，确定实现目标的边界条件，即确定实现目标成果的下限和需要利用与可利用的资源上限，边界条件应该是越具体越好。有价值的决策目标要具有明确性、正确性和适度性。明确性即目标清楚而非含糊不清；正确性指在一定条件下，通过人的主观努力可以达到预期的目的；适度性指目标不高不低，恰到好处。有价值的决策目标应充分估计到实现目标的现实条件和通过发挥人的主观能动性所能创造的条件，在一定期限内实现目标。

（三）拟制决策方案

决策方案是寻找达到目标的有效途径。这就需要权衡利弊，对各种方案进行比较，择优选择合理途径，在拟制多种方案的过程中，要广泛运用智囊技术，并注意各种方案实行的条件。要注意发挥集体决策的作用，因为集体决策可以最大限度地利用所得到的各个方面的信息情报，可以提出较多的备选方案，便于相互沟通，这样的决策方案具有群众基础，便于被广泛接受。

（四）分析和评价方案

分析和评价方案是对各种方案进行权衡、论证和比较，以求选择一个最能实现目标的方案。为了达到选择的目的，就要全面分析和评价各个方案的费用和效益。在分析和评价方案中，既要进行定性研究，又要进行定量分析，其主要内容包括：

（1）对效益的综合评价。如决策在经济结构方面是否合理，在技术方面是否可靠，以及在整体协调性、环境适应性、运行稳定性等方面是否可靠，决策的社会效益如何，对自然生态和环境的影响如何等。

（2）潜在问题分析。既要预测每一个方案在执行过程中可能发生的问题以及问题的严重性，还要分析可能发生问题的原因，如何避免问题的发生，发生后又如何补救等。总之，要对方案的可行性、满意程度和可能产生的结果进行评价分析。

（五）总体权衡，方案择优

在决策过程中，需要在许多方案中选择最好的方案。由于各种方案各有所长，即使被认为是最好的方案，对要求达到的特定指标也不一定是最佳的。要使某一个方案各项指标都达到最优,就必须综合各有关方案的优点,或对某一方案进行修改和补充,或选择对总目标的主要指标有利的方案。要从多个备选方案中选择可行性、满意程度和可能的结果三者兼备的最佳方案,并且要经过计算选择能获得理想投资收益的方案。如在第二次世界大战期间,英法盟军在海上执行运输任务的船只经常遭到德国军队飞机的轰炸。在当时的条件下,要解决这个问题有两种可选择的决策方案:一种方案是增加英法盟军防空部队飞机的数量,以便击落更多的德军飞机,减轻德军对盟军海上运输的威胁。另一种方案是增加盟军海上运输的船只,保证海上运输有足够的力量,从而保证盟军的物资和兵源的配备。在可行性、满意程度和可能的结果三者兼备的前提下权衡利弊、计算选择,采取增加运输船只比增加防空部队的飞机更能获得理想投资收益。于是采用了第二种方案,取得了成功,为最后取得战争的胜利做出了巨大贡献。一般情况下,在评估方案的过程中,为了确保评后方案的落实,在选择最佳方案的过程中,最好多选择一两个方案,以供第一个方案因某种条件的变化而不能执行时备用。

在方案的选择过程中,要运用决断理论,在运用决断理论时,要处理好领导和专家的关系。专家要为领导者提供各方案的背景资料,而作为领导者,要用战略的、系统的观点及科学的思维方法做出判断。

对决策方案做出合理选择之后,整个决策过程告一段落。

(六) 组织决策执行

组织决策执行是决策过程的继续,是决策程序的最终阶段。决策执行就是用实践来检验、调整已选定的决策方案是否正确,以修正决策方案在实施过程中与最终目标出现的偏差。

在组织决策执行之前,最好先进行模拟实验,即先进行"试点",以验证方案运行的可靠性。经过实验认为可靠,可组织全面实施;如果不可靠,则进行反馈,对决策方案进行修改和补充。

组织决策执行往往是决策程序中最困难的阶段,相当于在认识的辩证过程中由认识到实践的过程,具有更重要、更伟大的意义。确定了较好的决策方案,对于实现决策目标来说,仍停留在一种认识上,能否取得预期的效果,取决于决策的执行,管理者要克服人、财、物各个方面的困难,把各种技能集中运用起来。比如，在执行决策的过程中，不仅要把工作分派给下属，还要阐明执行决策的重要意义，对下属进行宣传动员，让下属同管理者一起同心同德地执行决策，在具体工作过程中，对下属部门和人员给予尽可能多的支持和指导。

在执行被选定的方案时，必须通过控制系统和信息反馈系统对决策方案的实施进行监督、检查，这是因为在实施方案时往往会受到各种随机因素的干扰。通过监督、检查，可及时纠正执行中的偏差和修改方案本身的不足。若遇到主、客观条件发生重大变化，还必须进行追踪决策，根据新的条件，重新确定决策目标。

科学的管理必须认真对待决策程序，但在实际执行过程中，不一定教条地套用上述过程。各程序可以相互交错结合进行，不是在每个程序中都平均使用力量进行每一种决策，但不能轻视这些程序。

二、管理决策思维与马克思主义认识论

管理决策是一种创造性的思维活动。决策的正确与否不仅和管理者所面临的客观条件有关，而且和管理主体的认识能力密切联系。管理者要具有科学的管理观，具有良好的决断能力、逻辑思维能力等。在决策的形成过程中，既包含感性认识阶段，又包含理性认识阶段，以及从理性认识走向管理实践并受管理实践检验的阶段。

遵守正确的决策程序进行决策的过程，也是一个贯彻辩证唯物主义认识路线的过程。在决策程序中，"调查研究，分析形势，发现和提出问题"反映了在实践基础上形成决策的感性认识，对管理客体及其周围环境中产生的问题或即将发生的问题，通过信息反映于管理主体的认识中。"系统分析，确定决策目标；拟制决策方案；分析和评价方案；总体权衡，方案择优"反映了决策的理性认识阶段，包含着形成决策概念，进行判断、推理的逻辑思维过程。"组织决策执行"反映了决策从理性认识走向管理实践并接受管理实践的检验在此过程中的反馈和修正，反映了决策的理性认识经过实践检验，重新进入理性认识，使决策的理性认识更加完善。在这个过程中，管理主体的意志、毅力、性格、知识等素质，也直接影响着决策的水平。管理主体在决策过程中的

主动性、创造性发挥着重要作用，离开这种主动性和创造性，决策活动将变成机械的程序形式。决策的过程是一个管理主体能动地反映管理客体的认识过程。

对决策的真理性的检验也贯彻了辩证唯物主义的认识论。决策是否正确，不是由决策者的主观意志所决定的，也不是像一些学者认为的那样，是由管理者的"灵感"或外界的某种"机缘"决定的，而是看决策是否正确反映了管理客体的发展规律，是否带来良好的管理效果。因此，检验决策真理性的标准是管理实践。正如马克思所说："人的思维是否具有客观的真理性，这不是一个理论的问题，而是一个实践的问题。人应该在实践中证明自己思维的真理性，即自己思维的现实性和力量，自己思维的此岸性。"①

管理实践为什么能够成为检验管理决策是否正确的标准？这是因为管理实践和其他实践活动一样，具有直接现实性，它可以把主观和客观联系起来，把管理决策变成管理的客观现实，从而检验管理决策是否正确。列宁说："实践高于（理论的）认识，因为它不仅具有普遍性的品格，而且还具有直接现实性的品格。"②

决策过程也是一个认识的辩证发展过程，对一个复杂问题进行决策，往往需要从实践到认识，再从认识到实践的多次反复，不可能一次完成。因此，对决策是否正确的检验，也要经过多次实践。

认识管理实践是检验管理决策的标准，有利于避免和克服在管理决策中的主观主义和教条主义，保证决策的科学化。

第三节　科技革命与决策优化系统

历史唯物主义认为，生产力的发展是社会发展的最根本原因。生产力也包括科学技术在内。由于科技革命的产生和发展，促进了生产力的发展，使生产方式、生活方式、思维方式以及经济、政治等社会生活的各个方面都发生了深刻变化，对管理决策活动也产生了重大影响。

---

① 《马克思恩格斯选集》第 1 卷，人民出版社 1995 年版，第 55 页。
② 《列宁全集》第 55 卷，人民出版社 1990 年版，第 183 页。

管理活动是一种社会现象，有管理必有决策。管理决策的方法、手段、水平的提高和科学技术的发展水平密不可分，由于科技革命的作用，使当代管理决策逐步实现科学化、民主化。

一、科技革命对社会生产力发展的作用

科学革命是科学发展的质变。在科学革命中，原有理论的基本概念和理论体系被突破，新的科学理论代替了旧理论。新的科学理论作为人们认识世界、改造世界的锐利思想武器，必然引起社会各个方面的变化。首先，科学革命所引起理论的更新通过转化的途径，变成了强大的生产力。在新的科学理论指导下，人们不仅发明了新的生产工具，而且利用新的科学理论进行技术发明，从而扩大了生产力中劳动对象的范围，提高和改变了劳动对象的质量，大大提高了生产力。例如，在新的科学理论指导下，人们找到了用过去理论没有找到的各种矿物，使劳动对象的范围显著扩大。由于化学、冶金等理论和技术的发展，人们不仅能广泛利用各种金属材料，而且制造出了橡胶、树脂塑料和化学纤维等新型材料。人们不仅可以充分利用天然资源，而且可以制造出新型人造材料、合成材料和复合材料。人们还可以通过教育和训练途径把自然科学理论转化为劳动者的劳动技能，以提高生产力。在人类发展史上，每一代人都要学习前人的生产经验和劳动技能。在生产力高度发展、生产工具极为复杂的时代，必须通过教育途径，学习自然科学与技术科学原理，才能掌握和使用这些工具。科学技术的发展对劳动者的文化素养和科学技术知识水平提出了越来越高的要求，劳动者知识化成了社会发展的必然趋势。通过学习和教育途径，劳动者和生产管理者掌握了有关自然科学知识，如概率论、运筹学、系统工程等，并把它们运用到生产的组织和管理中去，使自然科学转化为劳动者和生产者的组织能力和管理能力，从而提高了生产力。

技术革命是技术发展过程的质变，技术革命包括新技术的发明和新技术在生产中的广泛应用两个方面。历史上已发生的三次技术革命充分证明了技术革命大大促进了生产力的发展。

第一次技术革命从18世纪60年代开始，到19世纪40年代完成。它与英国产业革命同时发生，以牛顿建立的经典力学体系为背景，以纺织机械的革新

为起点，以蒸汽机的发明和广泛使用为标志，其特点是由手工技术过渡到机械技术，以机器生产代替了人的体力生产劳动。不仅如此，还引起了生产力结构方面的变化，促进了劳动过程的社会化，使全社会的分工和协作得到发展，产生了机器制造业、机器纺织业、新的交通运输业等一系列新兴产业部门。

第二次技术革命从19世纪60年代开始直至第一次世界大战。以电磁学的科学革命为前导，以电气动力技术为主导技术，同时引起了通信技术的革命。在产业结构方面，出现了电力、电器、石油、有机化工、汽车、飞机等一系列新兴工业部门，重工业取代了轻工业，成为工业生产的主要部门。

第三次技术革命开始于第二次世界大战以后的20世纪四五十年代。这次技术革命的主要标志是原子能、空间技术和电子计算机的广泛应用，电子计算机开始代替部分脑力劳动，机械化向自动化发展。第三次科技革命在劳动性质、产业结构等方面均产生了深刻变革，使一系列高技术、新产业建立起来，大大促进了生产力的发展。

科技革命不仅促进了生产力的发展，而且促进了人们在认识上的进步和观念上的变革。16世纪天文学中哥白尼太阳中心说的产生，冲击了长期居统治地位的宗教神学观念；当代随着信息产业的发展和互联网的普及，"地球村"的观念、全球化的意识为越来越多的人所接受。在对社会形态的影响方面：第一次科技革命奠定了资本主义制度的物质基础；第二次科技革命促使自由资本主义完成了向垄断资本主义的过渡；第三次科技革命促使资本主义生产关系由垄断资本主义过渡到国家垄断资本主义。

二、科技革命对管理决策的影响

管理决策活动源远流长，自有人类社会以来，便有管理决策活动，管理决策水平的提高离不开科学的发展和技术的进步。在古代，生产力水平较为低下，人类主要靠采摘野生果实和捕捉动物而生存，以什么样的方式进行采集和狩猎，是单独行动还是集体行动，要通过决策进行选择。决策水平的不断提高使人类改造世界的能力不断增强，获得了早期的自由。

随着生产力的不断提高，人类的决策能力也进入高一级的程度，在奴隶社会和封建社会，产生了诸如中国的万里长城、埃及的金字塔等宏大工程，生产工具由石器工具转为青铜器工具、铁器工具。生产工具的改进促进了生产力的发展。在近代，由于自然科学的迅速发展，人们对决策的认识出现了新的飞跃，在认识和掌握科学知识的基础上，决策能力大为提高。人类通过决策选择自己的行动，改造自然也出现了新水平，人们发明和使用了蒸汽机、电力机械等，使机器生产逐步取代了手工业生产，生产力得到了提高。马克思、恩格斯说："资产阶级在它的不到一百年的阶级统治中所创造的生产力，比过去一切世代创造的全部生产力还要多，还要大。"① 在当代，工业和科学技术的发展、新技术革命的出现，使以电子计算机为主要标志的自动控制机器逐步代替了传统的机器，科学技术成了最重要的生产力。生产力的发展进一步促进了决策能力向更高的程度发展。现代科学技术的发展使管理决策在方法、手段等方面都发生了重大变化。比如，由于电子计算机具有快速准确的记忆力、推理力、预测力等先进功能，因此运用电子计算机参加管理决策活动和其他管理活动，可提高决策、计划、组织、控制等管理过程的效率，而管理效率如何，直接影响到经济效益。

在生产力不够发达的古代，由于制约因素少、信息传递较慢、决策对象较为单纯，主要靠个人的阅历、知识和经验进行决策。由于科技革命的影响，传统的生产方式和生活方式、思维方式发生了变化，使管理决策也发生了重大变化，具有了新的特点：（1）由原来的个人决策逐步向群体决策发展。科技革命促进了社会生产力的发展速度，人们从事社会活动的组织规模越来越广泛，人们生活节奏加快，管理对象内容丰富、情况多变，需要决策者快速处理大量多变的信息，做出正确的决策。如果仍像过去那样靠个人经验进行决策，就不能及时、正确地处理复杂的局面。由专家组成智囊群体，才可能做出正确的决策。（2）由单目标决策向具有综合性的多目标决策发展。由于科技革命的影响，当代社会的生产和生活的社会化加强了，生产和生活中各种相互联系要素的制约性越来越强。因此，要求决策者在对管理对象进行决策时，要充分考虑到决策实施后所带来的多方面影响，要从经济效益、社会效益、环境效益诸多要求的统一上进行决策。（3）当代各种管理活动中带有战略意义的决策在时间和空间上的跨度越来越大。科技革命所带来的生产的发展，为科学预测提供了

---

① 《马克思恩格斯选集》第 1 卷，人民出版社 1995 年版，第 277 页。

许多观察、实验手段，提供了大量可靠的信息及正确的指导思想，使决策者视野开阔，具有驾驭和把握未来的能力。许多有远见的决策者，从自己管理对象的现实出发，在制定近期规划和远景规划时，不仅考虑到本部门的发展，而且考虑到本民族、本国家的发展，甚至从全球角度考虑人们共同关心的能源、资源、生态平衡等问题。(4) 由定性决策向定性、定量相结合的方向发展。科学技术的进步使电子计算机等现代化的管理手段运用于管理决策中，为决策提供大量的分析依据，使决策能够实现定性、定量的结合，为决策科学化提供了保证。

三、决策科学化、民主化的意义和方法

决策科学化是指决策符合客观事物的发展规律，能运用科学的思想理论、方法将现代科学技术成果应用于决策过程，使决策符合实际。决策民主化是指决策要最大限度地反映人民群众的根本利益，在决策的全过程中贯彻群众路线。理论和实践都证明，要进行正确的决策，必须坚持决策的科学化和民主化，否则，会带来决策的失误。我国 20 世纪 50 年代末的"大跃进"、60 年代的"文化大革命"，以及新中国成立后在政治、经济、思想、文化等方面所出现的一些决策失误，都与没有坚持决策科学化、民主化有关。

那么，什么样的决策才称得上科学决策呢？第一，决策所确定的目标是正确的。任何管理活动都要达到一定目标，如果决策目标不正确，其他管理活动也就失去了意义。第二，决策确定的措施方案也应该是正确的。只有措施方案正确，才能保证实现目标。第三，保证在实施方案、实现正确目标的过程中，所使用的人力、物力、财力最少，时间最短。第四，由于客观事物之间的相互联系，在执行决策方案的过程中往往会对相关联的事物产生影响，有些影响对社会发展不利，是我们不希望出现的，因此，好的决策应能保证在执行过程中所产生的副作用最小，并且对可能产生的副作用有严密完善可行的处理措施。

科学决策比起经验决策有许多优点，它依靠团体的智慧而不是个人的经验，有科学的决策体制以及系统和科学的决策程序，能运用科学思维方法和现代技术手段，保证了决策的正确性。

我国现在所进行的"新四化"建设，其目标是总体性的，涉及社会生活

的各个方面，在实现这个总目标的过程中，要注意保证我国社会各个方面的协调发展，必须用科学方法进行总体决策，并制定一系列实施措施。否则，决策失误所造成的影响，在广度和深度上都将是相当大的。

要做到决策科学化，需要决策者掌握大量真实可靠的信息，广泛听取各方面专家的意见和建议，以正确的决策思想为指导，遵照严格的决策程序，尽可能采取先进的科学技术手段和方法。

要做到决策科学化，必须处理好主观能动性和客观规律性的辩证关系。客观规律是事物本身固有的、本质的必然联系，主观能动性是人们主动地认识世界和改造世界的能力。管理者在决策过程中，不可避免地要遇到主观能动性和客观规律性的辩证关系。首先，尊重客观规律是发挥主观能动性的前提，因为规律是客观的，具有稳定性和强制性，要想获得科学的决策，必须尊重和认识决策对象的规律，才能做出符合决策对象规律的正确决策。同时，要认识这些规律，利用这些规律，必须发挥主观能动性，因为客观规律是事物内在的、本质的必然联系，要认识它、利用它，不付出一番艰苦的努力是不行的。要获得一个正确的认识，往往需要由实践到认识、由认识到实践的多次反复才能完成。在这一过程中，会遇到许多困难和挫折，必须经过不懈的努力，顽强地斗争，才能达到目的。

几十年来，在我国对黄河的治理过程中，不同时期所采取的不同决策也反映了尊重客观规律和发挥主观能动性的关系。20 世纪 50 年代，建立了以"宽河固堤"为核心的一系列有关措施。到 20 世纪 80 年代，提出以小流域为单元，综合治理黄河。90 年代，在黄河流域提出并率先实施"退耕还林（草）、封山绿化、以粮代赈、个体承包"政策。党的十八大以来，生态文明、绿色发展理念引领水土流失高标准系统治理、强化监督管理。以黄河水土保持生态工程、坡耕地整治、病险淤地坝除险加固和塬面保护等一系列国家水土保持工程为龙头，示范带动全面治理，"绿水青山"与"金山银山"相融相生，助力 250 多万人脱贫解困。科学的决策给人们带来了巨大的经济效益和社会效益。

要做到决策科学化，还必须努力实现决策的民主化。因为要进行科学决策，仅靠少数人是做不到的，需要建立科学的决策体制，具有决策群众组织机构、运行机制和工作制度。总结我国过去在决策中失误的原因，有认识上和技术上的原因，但重要原因是我国决策体制不健全，决策活动受领导者个人素质高低影响较大。我们是社会主义国家，决策民主化是社会主义民主的体现。在我们社会主义国家里，决策的根本目的是实现人民群众的利益，也只有人民群众最了解实际情况，要千方百计地动员群众参与决策，这样做出的决策有利于调动群众的积极性，使群众自觉地朝着国家所制定的目标奋斗。

实践证明，实现决策民主化在我国必须不断地完善人民代表大会制度，切实发挥人民代表大会和各种权力机构的作用，使人民群众真正参与决策。我国宪法和法律给予人民群众以民主权利，人民群众有权通过各种形式向决策者反映社会上存在的各种问题，提出各种意见和建议。决策者应虚心听取群众意见，采纳正确意见，这样才能推进决策民主化的进程。

要保证决策民主化，还必须建立科学的决策体制。决策组织往往是一个群体，它应具有决策的信息咨询机构、专家智囊机构、决策指挥机构和执行机构等，只有通过这些组织机构和工作机制才能实现决策。如果不建立决策体制，就会出现只按传统行政办法进行决策，决策者和执行者混为一体，缺乏必要的监督机制等问题，这样就不可能保证决策的科学化。建立科学的决策体制，是保证决策科学化的必要条件。

要实现决策科学化，还要求决策者本人具有很高的素质，至少有以下几方面的要求：

（1）决策者应充分认识到决策科学化、民主化的意义；要能抛弃旧观念，树立与社会化大生产相适应的新观念，要具有正确的价值观。

（2）要具有民主作风，能密切联系群众。魏源在《默觚·治篇》中说："孤举者难起，众行者易趋。"要善于运用各种智囊团、信息库、咨询公司等，弥补决策者个人知识、经验、才智、精力等方面的不足。

（3）能注重利用现代化的技术手段，收集、掌握大量的国内外有关信息，能够不断总结和研究别人的和自己的经验教训，并应用于决策。

（4）要能深刻认识和掌握决策对象的客观规律，懂得相应的科学知识，使自己成为业务内行；会用现代科学的理论方法和手段进行决策活动。

（5）应具有实事求是的科学态度，能遵照科学决策的要求，按照决策的程序进行决策。

科技革命的影响，在客观上也给科学决策创造了有利条件。运筹学、控制论、信息论、系统论、电子计算机等一大批学科的出现和发展，为决策的科学化、民主化提供了新的方法论基础。在社会科学方面，逻辑学、心理学、社会心理学、社会学和组织理论的发展，促进了人们对决策基本规律的认识。这些都为人们进行复杂决策时进行定性、定量、定时分析提供了多方面的理论、方法和手段，成为实现决策民主化、科学化的重要条件。

第四节　科技革命与决策方法、决策思维

恩格斯说："人在怎样的程度上学会改变自然界，人的智力就在怎样的程度上发展起来。"① 科技革命大大促进了思维科学的发展。作为时代精神精华的哲学的发展，也证明了科技革命对思维科学发展的作用。现代管理工作中所运用的系统整体性思维方法、定性和定量相结合的方法以及模糊思维方法，都和科技革命的影响密不可分。由于人们思维方式的进步，使决策方法、决策思维均发生了重大变化。

一、科技革命促进了人的思维能力、思维方式的发展

一个时代思维能力的高低，通过作为时代精神精华的哲学最能反映出来。在原始社会，由于生产力低下，人们的知识贫乏，抽象思维能力很低，古代朴素唯物论仅能用一种或几种原始物质来概括世界的本原。到了15世纪以后，自然科学有了发展，尤其在化学反应中，人们发现原子是进行化合和化分的最小单位。在哲学上，这一时代的近代机械唯物论认为原子是组成世界的最小砖石，这种概括性虽然仍有"以偏概全"的缺陷，但其概括性已深入到事物的内部，说明人的思维能力提高了。到了19世纪，在自然科学上，能量守恒和转化定律的发现反映了各种能之间的联系具有物质统一性。细胞学说的创立，揭示了生命的本质，反映了生命物质和非生命物质的物质统一性。自然科学的革命，加速了思维方式的变革，促进了科学的哲学唯物辩证法的产生。唯物辩证法是一种新的科学的思维方法。由于科技革命的影响，使人们的实践方式向着知识型、科学型、信息化的方向发展，呈现出高度分化与高度综合、多学科

---

① 《马克思恩格斯选集》第4卷，人民出版社1995年版，第329页。

的相互融合又相互交叉的整体化发展趋势。新学科层出不穷，出现了"三代交叉"，第一代大都是两个学科交叉，第二代是多学科交叉，第三代是自然科学与社会科学交叉。系统论、信息论、控制论、微电子学、激光学、分子生物学、现代宇宙学、生态学、生物工程、光纤通信、能源等科学技术和新学科的发展，使人们在思维方式上产生了变革。现代科学技术从不同方面深刻揭示了客观世界的整体性和系统性，在思维方式上出现了系统整体的思维方式。这种思维方式把具体的研究认识对象看成是一个系统，其中的各个要素是相互联系的。在对认识对象的分析研究中，不仅注重事物的线性因果联系，而且注重事物在相互联系中所受到的多种影响；不仅注意结构和功能的辩证统一关系，而且注意整体和部分的辩证统一关系。

科学的发展使人们在思维方法上能够运用数学概念对事物进行数量分析，用一定的数学关系式和数学模型来说明事物性质和事物运动变化的规律，把观察、实验和逻辑分析结合起来，提高了人们对事物本质的认识能力。思维科学的发展把宏观的定性分析与微观的定量分析结合起来，使数学方法的应用范围大大扩大，人们的思维逐渐趋于精确化。与此同时，科学技术的发展也促进了模糊思维的发展。运用模糊思维反而能得到相当精确的认识，模糊性是对事物的不确定性的反映，模糊方法是用定量的方法描述不同事物质的规定性。用模糊思维来把握"多一点儿""少一点儿""大概如此"等模糊概念时，比计算机还精确。随着科技革命的发展而出现的模糊数学，就是专门用数学方法达到对模糊对象精确的认识，用定量方法研究模糊事物质的规定性。在科技革命的过程中，不仅深化了原有的思维方法，而且创造了一系列新的思维方法。除了上述的几种方法之外，还有信息方法、控制方法、结构功能方法、精确数学模型方法、宏观统计方法等。

二、科技革命促进了决策思维方式的变化

决策活动是管理活动的关键。在决策活动中，要运用决策思维方式进行思维，由于科技革命的作用，决策思维方式也在发生着变化。在古代，由于生产规模狭小，生产力水平较低，社会联系比较简单，管理者凭直观和经验便可对所遇到的问题进行决策，决策正确与否主要取决于管理者的经验和修养。到了

现代，出现了高科技、大工程、大企业，生产的社会化大大加强，原来那种直观、经验的决策不适应社会实践的要求，迫使人们改变决策思维方法。

20世纪以来，在科技革命的影响下，决策方法、数学分析方法和其他科学方法逐步代替了经验方法。尤其是运筹学和电子计算机的产生和发展，很快在决策中得到应用和推广，决策方法出现了数学化、模型化、计算机化，这是自然科学方法向管理决策大量渗透的一种趋势。

数学模型法是指为了对研究对象进行有效决策，必须掌握研究对象的性质、特点和功能，需要对研究对象进行定性和定量的分析。把研究对象模型化，要运用多学科的知识，建立与研究对象性质、特点相近的模型，利用计算机进行分析，了解决策方案的可行程度。由于研究对象的性质、特点、功能不同，研究的角度不同，可以确定各种模型，如静态模型、动态模型、宏观模型、微观模型、线性模型、非线性模型、逻辑模型等。

数学模型法应用各种数学符号、数值来描述工程管理、技术经济等系统中的有关因素及其间的数量关系，是用数学方法描述系统变量之间的相互作用的模型。在决策中应用数学模型法可以提高决策的准确性，帮助决策者搞好决策方案的选优和评估。对一个复杂问题进行决策，往往有多种方案，每一种方案都有其利弊，只有通过建立数学模型，经过定量分析，对各种数据进行验算，才能对多种方案进行检验、比较、评估，为多中选优提供可靠的根据。

决策过程的每一步都要涉及大量的变动因素，由于计算机具有运算速度快、存储信息量大、逻辑判断功能强、结论准确等优点，因此决策过程需要运用计算机处理。在确定决策目标时，需要从设想的许多目标中分析、比较、确定正确的目标，其中大量工作需要计算机来做。在拟制决策方案时，要先拟定一些备选方案，经初步选择，去掉不合适的，补充新的方案，经过反复设想、分析、淘汰的过程才能确定方案，同时需要计算机进行快速处理。在对决策方案进行分析、评价、组织决策、实施等过程中，都需要借助计算机进行。决策过程中大量有关信息的收集、整理也都可以通过计算机进行。计算机文献检索系统可以快速精确地向决策者提供某一领域的大量资料。计算机在决策过程中的运用，改善了决策过程本身，同时改变了决策者的观念。由于计算机良好的作用，决策者可以摆脱许多繁重的工作，集中精力处理重要的决策环节，有助于发挥决策者的能动性。

第五章　管理运动过程中的哲学问题

像任何具体运动形式一样，管理活动也有着和其他运动形式不同的运动过程。每一个具体的管理活动的运动过程都有自己的特点，但作为管理活动的共同特点，都是由计划、组织和控制三个互相联系但职能不同的逻辑阶段组成的运动过程，这表现出管理运动过程的前进上升运动。掌握管理运动过程的特点，认识其组成成分的职能及其不同职能的相互联系，对于搞好管理十分必要。

第一节　管理计划的映构过程及重要作用

一、管理计划的映构过程

什么是计划？计划就是策划，是决策的产物，计划是对未来行动方案的说明。它告诉管理者和执行者未来的目标是什么，要采取什么样的活动来达到目标，要在什么时间范围内达到这种目标，由谁来进行这种活动等。在计划的形成过程中贯穿着认识主体和认识客体的反映和被反映的关系。在计划的形成过程中，管理主体在管理实践的基础上，在一定价值观念的指导下，对管理客体系统和周围环境进行认识，并将这种认识成果转化为未来实践活动的目的和行动方案，还要确定方案的实施者、实施的程序和手段。

计划的形成过程是一种意识的形成过程，这种意识的形成建立在对管理客体以及周围环境等相关因素的正确认识的基础上。在这种反映和被反映的过程中，管理主体不是消极被动地反映管理客体，而是能动地作用于管理客体，在作用客体的过程中反映客体，建构关于计划的意识，所以，计划是一种双向作用的过程，是一个既有反映又有建构的意识活动。计划的形成过程也是一个对信息的接受、加工和处理的过程，管理主体作为信宿要接受作为信源的管理客体和相关因素的作用。为了能及时取得管理客体及外界环境的客观状况的信息，管理者必须根据管理的需要，主动地作用于这些客观事物，这种主体与客体相互作用的双向运动过程保证了管理计划的客观性和科学性。

在管理主体对管理客体以及相关客观因素的反映中，还渗透着管理客体的价值观念。管理主体根据自己的价值观念对客观事物进行选择，对反映对象进行取舍和过滤，选取和确立同自己价值目标相关的对象。这种选择又可分为三种情况：第一种情况是管理主体对外在客观信息的选择，只有那些与特定的管理目标相联系的客观信息，才能被纳入管理信息之中，而和管理活动无关的信息则被拒之于外。第二种情况是对于管理系统原有内储信息的选择，根据管理目标的需求，在管理系统原来储存的信息中选择与实现目标有关的信息。第三种情况是在管理主体对所接受信息进行初步加工处理所形成的多个计划方案中，进行优化选择。

在管理计划形成过程中，不仅要以认识规律、尊重规律为前提，同时也渗透了管理主体的情感、意志、信念等意识的能动作用。计划的形成过程包含着反映、选择和建构活动的辩证统一。反映、选择和建构相互作用、相互制约，其中，反映活动是选择和建构的基础，反映为选择提供对象，为建构提供材料，选择是建构的手段，最后达到建构的目的，三者相互包容、相互联系，贯穿在计划形成的过程中。

唯物辩证法认为时间和空间是物质的存在形式，时间具有一维性，空间具有三维性，在计划的映构过程中，管理者不可避免地要在一定的时空观的指导下进行。比如，在确定计划的类型时可根据计划所适用的时间界限把计划分为长期计划、中期计划和短期计划。一般情况下，适用五年以上时间的计划为长期计划，适用一年以上五年以下时间的计划为中期计划，适用一年或一年以下时间的计划为短期计划。也可根据计划的适用对象所在的范围和空间特性把计划分为综合计划、局部计划和项目计划。综合计划是涉及管理对象的整体、具有多个目标和多方面内容的计划；局部计划是适用于一定范围的计划；项目计划是针对管理对象的特定课题所做出的计划，如企业新产品开发计划、企业员工培训计划、学校下一年的招生计划等。科学划分计划的类型，有利于管理者在完成计划的过程中，由完成短期计划到完成中期计划和长期计划，由完成项目计划到完成局部计划和综合计划，即实现由局部性的部分质变、阶段性的部分质变，达到全局性的和全过程的质变，最后实现管理的目标。

要制订一个计划，一般需要选定目标、认清前提、发掘可行方案、评估方案、选定方案、拟订方案、拟订引申计划等步骤，充分体现了意识能动性和辩证唯物主义物质第一性、意识第二性的原理。比如，选定目标，必须从客观存在的实际情况出发，不能凭主观想象确定目标，需要对管理对象进行调查研究。认清前提，不仅要考虑当前面临的环境状况，也要发挥意识能动性，进行超前思维，预测将来计划实施的环境。对于一个企业来说，要预测未来新产品、新市场、资源分配、政治环境、物价水准、经济形势、政府政策、销售情况等发展前景，以便确定若干个初选目标。在此基础上运用逻辑思维能力，使用归纳演绎、分析综合、比较法、定量思维和定性思维相结合等思维方法发掘可行方案，对方案进行评估、选定等工作。计划过程也是一个坚持唯物论和辩证法相统一的过程，因为计划的每一个步骤都是以调查研究为基础的，正如毛泽东所说："要解决问题，还须作系统的周密的调查工作和研究工作。"① 制订计划的各个步骤都是相互区别、相互包含的对立统一关系，选定目标中包含着要认清计划前提，认清计划前提又为发掘可行方案、评估方案创造了前提条件……从上一个步骤进入下一个步骤都是一个矛盾主次方面的逻辑自然展开和转化过程。

二、管理计划的作用

计划在管理过程中起重要作用。首先，只有科学地制订计划，才能协调与平衡多方面的活动。"凡事豫（预）则立，不豫（预）则废。"（《礼记·中庸》）俗话说："一年之计在于春，一日之计在于晨。"这都说明了计划的重要性。现代社会，生产技术日新月异，生产规模不断扩大，分工与协作程度空前提高，每个社会组织的活动不但受到内部环境的影响，还要受到外界多方面因素的制

---

① 《毛泽东选集》第3卷，人民出版社1991年版，第839页。

约。管理者所遇到的问题有复杂的和简单的，有整体的和局部的，有主要的和次要的，有数量性的和非数量性的，有战略性的和战术性的，有秘密性的和公开性的，有成文的和不成文的，有例行的和随机的，有弹性的和呆板的，等等。管理者必须预先考虑，根据轻重缓急，做出计划，选择最佳处理方案。作为一个国家，计划的重要性显得更加重要。因为整个国家是一个复杂的社会系统，它有众多子系统，它们的相互关系有许多只能通过计划才能合理确定。比如，国民经济的发展与社会发展速度的关系、经济与社会发展的合理布局、固定资产的投资规模等，都需要通过计划来确定。

其次，计划可以帮助管理者建立管理目标，是管理者指挥的依据。管理者要根据计划进行指挥，根据任务确定下级的权力和责任，促使组织中的全体人员的活动趋于一致而形成一种复合的组织化行为，以保证达到计划所设定的目标。有了目标，就可以控制管理客体的进程。例如，工厂订了计划，目标是生产30台机器，管理者就可以根据这30台机器的需要准备材料、人力等。所以，计划是制定目标与达到目标的桥梁，没有计划就无法实现目标。

再次，计划是管理者进行控制的基础。计划包括建立一些目标和指标，这些目标和指标将成为管理控制的基础。控制的所有标准也都来源于计划，而计划的实施又需要控制活动给予保证。在控制中一旦发现问题，又可能使管理者修订计划。由于管理过程是一个动态的系统，因此一切都在变化之中，而计划是预测这种变化并设法消除变化对组织造成不良影响的有效手段。对一个企业来说，未来可能会出现资源价格的变化、国家对企业政策的变化、消费观念的变化等。而计划则要预测到这些变化，一旦出现变化，可以及时采取措施。

最后，计划工作还有助于用最短的时间完成工作，减少盲目性所造成的浪费，促使各项工作均衡稳定的发展。

总之，因为计划有如此重要的作用，所以，著名的管理学家法约尔说，管理的第一要素就是计划。一个没有计划的管理者，就像没有目标的射手，没有罗盘的舵手。不过，计划的范围和复杂性随着管理层次的不同而不同：高层管理人员的工作重点是制定方针、策略、创新；中层管理人员的工作重点是协调步调，减少重叠，加强资源利用；基层管理人员的大部分时间是用来执行上级决策、安排具体活动的；等等。

第二节　组织中的辩证法

一、组织的定义和作用

组织是按照一定的目的、任务和形式编制起来的社会集团，为了达到一个共同的目标，在统一领导下分工合作。这个定义包含以下几层含义：第一，组织必须明确自己的努力目标。任何一个组织都是为了一定的目标而建立的，如果没有目标或目标不明确，这个组织也就没有存在的必要。比如，一个工厂是一个组织，其目标就是要生产社会需求的产品。第二，组织必须有分工和合作关系。组织为了实现目标，不能没有分工和合作，单有分工而没有合作，不称其为组织。只有把分工与合作结合起来，才能产生较高的集团效率。企业为了达到经营目标，要有采购、生产、销售、财务和人事等许多部门，每个部门专门从事一种特定的工作，各个部门也要互相配合，既有分工又有协作，才能使企业正常运转。第三，组织要有不同层次的权力与责任制度。组织为了实现目标，必须对分工的各个部门赋予一定的、明确的权力和责任，以便其各司其职，把责和权结合起来，保证组织目标的实现。

组织职能是管理职能中最基本的职能。决策、计划、控制等其他管理职能，都要通过组织职能实现。通过组织可以使许多人集合起来，发挥团队精神，使人们同心协力完成一个共同的任务，达到一个共同的目标。只有通过组织使一个群体分工协作，才能提高整体的工作效率。赫伯特·西蒙曾说："所谓管理，就是建立组织，管理组织。"①

二、组织的哲学依据

唯物辩证法认为，任何事物都是形式和内容的统一。内容是构成事物的一切要素，即事物的各种内在矛盾以及由这些矛盾所决定的事物的成分、特征、运动过程、发展趋势等的总和。形式是把内容诸要素统一起来的结构和表现内容的方式。内容和形式是揭示事物的内在要素和它们的结构以及表现方式的一

---

① 转引自〔日〕占部都美：《现代管理论》，蒋道鼎译，新华出版社1984年版，第81页。

对范畴。组织的要素即组织的内容,这些要素的结合方式即为组织的形式。在内容和形式的辩证关系中,内容决定形式,内容变化了,形式也要相应地变化,形式对内容也有反作用。采用什么组织形式,是由组织的内容决定的,而好的组织形式能促进组织内容、性质的发展。

三、组织中的矛盾关系

(一) 个人和组织的矛盾关系

任何一个组织都是由两个人以上组成的集体,因此,任何一个组织都是一个矛盾统一体。其内部和外部各个要素、各个方面之间存在着诸多对立统一的辩证关系。管理者要做好组织工作,应注意处理好这些关系。

组织和个人在组织中是相互制约、相互规定的。当组织稳定有序地发挥作用的时候,组织对个人的控制、统御在矛盾统一体中起主导作用,它控制和决定着个人在组织中的地位和作用,协调着个人之间的相互关系,每个人都离不开这种受控作用。但是,即使在这种情况下,也存在着组织和个人的依赖关系。组织是由个人组成的,个人是组成组织的基础,组织整体的特性和功能是由个人的各方面素质决定的。同时,组织整体的功能又和个人间的相互配合、相互协调密不可分。组织对个人有控制和影响作用,支配和控制着个人作用的发挥,而个人又制约着组织的特性和功能。这种相互制约关系,一方面要求组织中的个人为了实现共同的目标,应积极主动地接受控制,另一方面又要求管理者不管在何种情况下,应该尊重下属,爱护组织中的每一个成员,注意调动他们的积极性。

(二) 平衡和不平衡的矛盾关系

由于组织是一个由多种要素组成的动态的矛盾统一体,因此在组织中自始至终都存在着平衡与不平衡的矛盾。所谓组织的平衡,是指组织系统内矛盾诸要素、诸方面以及组织同环境之间形成协调、和谐、适应的关系,从而使组织系统整体处于一种相对稳定有序的状态。不平衡是指组织系统内矛盾诸要素、诸方面以及组织同环境之间出现不协调、不适应的关系,使组织系统整体处于不稳定状态。任何一个组织系统都是平衡和不平衡的辩证统一。平衡和不平衡是相比较而言的，因为组织系统的运动是绝对的，所以不平衡是绝对的，平衡是相对的。平衡和不平衡相互渗透，平衡中包含着不平衡，不平衡中又包含着某种平衡。当组织系统内部绝大多数因素、方面处于平衡状态时，其中的个别因素和方面的变化可能会偏离原来的联系，出现局部的不平衡。当组织系统内部矛盾的绝大多数因素、方面不能维持其相互适应的关系，导致组织系统在总体上处于不平衡时，其中少数因素和方面可能形成协调的、适应的关系，形成局部的平衡，这就是不平衡中的平衡。

（三）集权和分权的矛盾关系

集权制和分权制是指管理职权在管理空间和时间上的表现形式和发展趋势。集权有狭义和广义之分。狭义的集权是指政治上的权力集中，一切政治权力均集中在中央，地方服从中央的绝对领导，接受中央的统一调配等。广义的集权是指管理中的集权，即把管理过程的决策权、控制权、人事配备权等集中于最高层管理者，中下层管理者只有在上级领导的有效控制下处理例行日常工作的权力，缺乏决策权、控制权和人事配备权等主要权力。职权的运动方向和发展趋势越来越集中于上级组织或上级专门机构。集权有利于集中领导，有利于协调各部门之间的活动，便于统一指挥。正如科学管理的代表之一亨利·法约尔在其名著《工业管理与一般管理》中论及"统一领导"的管理原则时说："这项原则表示：对于力求达到统一目的的全部活动，只能有一个领导人和一项计划，这是统一行动、协调力量和一致努力的必要条件。人类社会和动物界一样，一个身有两个脑袋，就是个怪物，就难以生存。"[①] 在组织里，只有权力相对集中统一，才能避免多头领导和多头指挥，否则，令出多门，权力大量交叉，造成内耗，会导致权力失效。集权在实施过程中，要注意各层次管理机构在行政上实行主管人负责制，下级对上级主管负责，副职对正职负责，一般管理者对本部门的直接管理者负责，以避免分散指挥和无人负责现象。但是，如果过分集权，超出一定的度，就会限制中下层管理人员的主动性和创造性。如果中下层管理人员无权因地制宜、随机应变地处理问题，那么组织就缺

---

① 〔法〕H. 法约尔：《工业管理与一般管理》，周安华等译，中国社会科学出版社1982年版，第28、29页。

乏适应性、灵活性，难以同不断变化的周围环境保持平衡。同时，集权在一定程度上会缩小管理的幅度，增加管理的层次。由于管理层次增多，易造成组织内部的信息传播障碍，从而导致信息缺乏或错误，引起决策的失误。

分权是相对于集权而言的，是指下属各级人员都有与其职责相适应的管理权力。上层管理者主要在目标、任务、政策方面实行控制，各级管理人员可以根据面临的各种实际情况，选择达到目标的途径和手段。分权的运动方向和发展趋势是职权由上而下的发散性下放。分权具有一定的优越性：必要的分权由于减少了上级对下级的控制因素，从而增加了管理的幅度，减少了管理层次，缩短了信息的流通过程，避免了情报和决策传递造成的迟延，可以节约时间，提高效率。由于中下层管理者具有一定的决策权，又接近发生问题的所在地，因此有利于及时地采取措施，解决各种具体问题，从而减轻了上级领导的负担。分权的作用还可以使各级管理人员职责分明，调动他们的积极性、主动性和创造性，加强下属各级组织的灵活性和适应性。但是，分权的优点也只能在一定的度里体现出来，超过一定的度，权力过于分散，也会带来各种弊端，比如，会造成由于中下层各级管理者权力过大而产生各自为政、本位主义倾向，或由于外部控制力减弱，各局部单位的自主性、独立性增强，各单位协调配合比较困难，可能导致过分注重短期效益，而忽视组织机构的长期目标等。

集权和分权作为权力存在方式的一个矛盾的两方面，是相互排斥又相互依赖的。任何组织既需要分权，又需要集权。在生产实践和科学研究领域里，分工越来越细，组织规模越来越大，环境条件的变化越来越快，只有实行分权，才能实行专业化管理。同时分工愈细，协作关系也就愈显密切，愈需要集中统一指挥。正如管理学家亨利·艾伯斯（Henry Albers）说："分权制确实给予下属较大的行动自由，但它决不是没有上级限制的行动自由。没有集权制的分权制就会招来自相残杀的冲突。没有协调和统一目标，组织就不能生存。"[①]

分权和集权的相互依赖还表现在集权和分权具有相对性。分权是在上级制定的政策、目标、任务的指导下自行做出决策，行使一定的权力。因此，即使最大限度地分权，也是以一定的集权为前提的。比如，近年来逐渐占领市场的跨国公司的事业部，作为跨国公司的一个分利润中心，有一定范围的独立决策

---

① 〔美〕亨利·艾伯斯：《现代管理原理》，杨文士译，商务印书馆1980年版，第81页。

权,但作为一个产业部门还要在跨国企业总部的约束控制下开展经营管理活动。集权是由最高层管理人员掌握着决策和控制权力,但是下级的一切活动不可能都由上级来决定,因此,即使在最大的集权组织里,也存在着分权。

强调重视集权和分权的相互依赖关系并不是说二者的作用是没有区别的。想正确运用它们的辩证关系,做到合理有效地分配权力,就要掌握集权和分权的度。度是保持事物质的数量界限,事物的量变超过一定的度,就会产生质变。要使集权和分权产生良好的效果,也必须掌握"集"和"分"的度。作为上层管理者必须掌握一定的决策、人事配备等权力,在此前提下进行分权才能为实现共同目标创造条件;否则,若无限制地分权,将不该分散的权力分散下去,必然导致对中下层管理部门的失控,甚至造成管理系统断裂和崩溃。同样,集权也不能过度,否则也会带来事与愿违的后果。

究竟在什么情况下采用分权,在什么情况下采用集权,要根据管理对象的矛盾特殊性,具体问题具体分析。一般情况下,如果外部环境变化快,又经常影响到组织的主要因素,宜采用分权形式,以提高组织的适应性和灵活性,提高组织同外部环境保持动态平衡的能力;而在外部环境比较稳定的情况下,多采用集权形式,以有利于提高组织的整体活动效益。组织规模大、人员多、经营管理内容复杂,宜实行分权管理;组织规模小、人员少、内部关系简单、外部涉及面小,宜采用集权形式进行管理。组织的有关方针、政策、办法需要统一时,宜实行集权;不需要统一时,可采用分权。如果涉及组织的发展战略,面对使用大量资金等影响全局的重大问题时,应该实行集权;如果仅是局部一般性资金的收入或开支,无关大局之类的事项,宜实行分权。组织的活动地点相对集中,宜采用集权;活动地点分散,联系相对困难,则宜分权。在管理者的人数少、素质差、控制能力弱的情况下,实行集权;在管理者人数多、素质高、控制能力强的情况下,宜实行分权等。总之,影响集权和分权的因素是多方面的,管理者应根据各种因素的变化情况,该分权时分权,该集权时集权,适时调整集权与分权的度,有效地实现管理目标。

在组织的集权和分权的采用形式上,也存在着内容和形式的关系。内容决定形式,内容变化了,形式也要发生相应的变化,究竟要采用集权形式,还是分权形式,需根据组织的内容来确定。采取适合组织内容的形式能促进组织内容的发展,达到管理的预期目的。毛泽东在论游击战争的指挥关系时指出:

"应该集中的不集中，在上者叫做失职，在下者叫做专擅，这是在任何上下级关系上特别是在军事关系上所不许可的。应该分散的不分散，在上者叫做包办，在下者叫做无自动性，这也是在任何上下级关系上特别是在游击战争的指挥关系上所不许可的。"①

（四）稳定和变革的矛盾关系

在组织中还存在稳定和变革的矛盾关系，这是事物绝对运动和相对静止辩证关系的反映，任何事物的运动是绝对的，静止是相对的。运动和静止又是相互包含的。在事物的绝对运动中包含有相对静止，在事物的相对静止中又有着绝对运动，动中有静，静中有动，任何事物都是绝对运动和相对静止的辩证统一。管理组织中的稳定是指事物的存在方式或运动状态相对地保持不变。变革则是事物的存在方式或运动状态发生了改变，这种改变是在人有意识、有目的地参与的情况下实现的。当管理组织处于稳定状态时，才可能显示出一个组织的性质，为变革和发展提供前提条件。只有处于稳定状态的组织，才能发挥组织的作用。如果组织变化无常、不可捉摸，必然处于混乱无序状态，失去应有的功能，也不可能有正常的变革和发展。正如恩格斯所说："物体相对静止的可能性，暂时的平衡状态的可能性，是物质分化的本质条件，因而也是生命的本质条件。"②

然而，由于组织内部矛盾和外部矛盾运动变化的作用，组织不可能只停留在稳定状态，它不可避免地要发生变革。比如，当组织外部环境发生了重大变革时，组织必须改变其原来的结构和功能，去适应新的环境；当组织的目标根据社会的需要发生了重大的改变和修正时，也需要改变原有的结构、方式来适应新目标的需要；当组织内部各要素发生不协调自身产生矛盾冲突、影响正常的功能发挥时，也需要进行变革。通过变革使组织达到在新的更高水平上的稳定，会发挥更好的功能。

（五）组织结构、组织机构、组织文化等要素的辩证统一

事物内部矛盾是事物发展变化的根本动力。任何组织要发挥良好的功能，

---

① 《毛泽东选集》第 2 卷，人民出版社 1991 年版，第 436—437 页。
② 《马克思恩格斯选集》第 4 卷，人民出版社 1995 年版，第 363 页。

都离不开组织结构的科学化、组织机构的合理化和良好的组织文化等因素的共同作用。只有诸多因素相互作用、相互促进、相互支持，组成团结协作的矛盾统一体，才能从整体上保证组织系统的最佳功能。

从静态观点看，凡是符合精干原则、整体高效应原则、协调一致原则的，都是科学化结构。从动态观点看，科学化结构的整体功能应大于部分功能之和。要做到组织结构的科学化，不仅要研究组织内部各要素之间的协调和相互依赖，而且要从动态方面研究组织要素之间的最佳排列和组合方式。组织各要素是不断发展变化的，它的变化、发展直接影响整个结构的功能。因此，组织结构应该根据社会环境和内在因素的变化进行相应的调整和改革，以保证组织的优化功能。

组织机构是指组织内部划分为若干个相对独立的且彼此之间传递转换物流、财流、人流和信息流的部分并表现出一定结构的组织形式。组织机构的合理化是指组织机构能正确地反映组织机构内部要素和外部环境之间的客观联系，组织内部各构成要素之间客观联系及其所形成的组织机构是合理的，组织机构和组织外部要素之间是适应的，等等。只有组织机构合理化，才能保证组织和谐有节奏地运转。

组织文化是指组织在一定条件下逐渐形成的且为全体成员所共同信奉和遵守的价值观、思维方式、行为准则。对一个企业来说，组织文化即企业文化，其内涵有广义和狭义两种表述方法。广义的企业文化是指在一定的社会历史条件和民族传统影响下，具有本企业特色的物质文化和精神文化的总和。物质文化主要指人们在物质生产领域里，认识、掌握和改造世界的能力和成果，其主体是"物"，包括厂房、技术设备、原材料、产品等。精神文化主要指人们在物质生产中创造的精神产物，其主体是"人"，包括企业的价值观、信念、企业精神、企业形象、传统、风气，以及与之相适应的组织机构、规章制度、行为规范等，其核心是价值观。物质文化是精神文化形成和发展的物质基础，精神文化是物质文化的反映，并反作用于物质文化。狭义的企业文化一般指企业的精神文化。

企业文化对企业的发展有着重要作用。一个企业的发展，既受物质方面，又受精神方面因素的影响。企业文化作为一种精神因素，对企业的发展起着潜移默化的影响作用，甚至决定着企业的命运。

企业文化为企业建立统一的管理目标发挥着重要的统领导向作用。企业目标不仅是企业一定时期所预计达到的质量和数量指标，而且是经济的最佳效益和文化的预期成果。企业的目标对企业的生存和发展极为重要。企业文化不仅是时代精神的体现，而且是企业成员价值标准、道德观念、理想愿望、精神风貌的综合反映。发挥优秀的企业文化，可以把企业每个成员引导到统一明确的目标上来，使大家同心协力，团结一致，朝着共同的目标奋斗。

企业文化可以增强企业的内聚力，使员工中不同的思想、性格、情绪融合在一起，形成相互信任的人际关系，增强员工为企业生存和发展做贡献的责任意识。企业文化理论的核心是注重对人的管理，强调在管理过程中以人为中心，要尊重人、关心人、爱护人，主张用多种方式来鼓舞人的士气，调动人的积极性，倡导人的忠诚，激励人的潜能。在企业文化的影响下，一方面使管理者树立尊重、理解、关心、爱护员工的思想意识和良好作风，另一方面也有利于增强员工作为主人翁的责任感，积极主动地参与管理。企业文化通过培育组织成员的认同感和归属感，建立起成员与成员之间以及成员与组织之间的亲密关系，使个人的思想、行为、理想、信念和组织整体有机统一起来，成为企业发展前进的巨大动力。

企业文化有重要的规范和约束作用。任何企业要想具有战斗力，必须要有一定的规章制度，但这些规章制度是在一定的企业文化影响下制定的，尤其是企业文化中的价值观起着重要作用。但是，无论怎样严密的规章制度，也不可能将员工的所有行为规范穷尽，员工的有些行为不需要制度规范，而需要正确的企业文化来调控和引导。企业文化所产生的企业精神能够起到规章制度、组织纪律所起不到的作用，因为企业精神不带有强制性，靠员工自觉自愿地接受，比规章制度、组织纪律管得宽、管得深。企业精神是制度的升华，它把各种制度精炼成富有哲理性和巨大感召力的企业最高准则，员工将这些准则铭记在心，经常自觉地以这些准则对照、修正自己的行为，始终和企业的价值准则、管理目标保持一致，如果违背了这些准则，即使别人不知道或不批评，自己也会感到内疚和自责。企业文化所产生的使员工行为自觉遵守的规范和约束力，能成为企业兴旺发达的强劲力量。

企业文化有强大的融合作用，使企业成为一个坚强的整体。企业文化为员工树立了共同的目标、价值观和道德观,在为实现共同目标、理想、愿望而努力的过程中,员工认识到,单靠个人有限的力量去实现企业的目标是不可能的,必须团结一致才能克服前进中的各种困难,达到预期的目的。员工在企业文化的感召下,在共同生活和工作过程中,形成了荣辱与共、休戚相关的亲密友情,每一个成员在这种亲和气氛下均受到感染,把自己融入企业的群体中去,这种亲和友爱的气氛是一种黏合剂,是一种向心力,使企业成为一个无往不胜的坚强整体。日本一些企业的企业文化以团队精神为特点,企业上下一致维护和谐,互相谦让,强调合作,反对内部竞争,企业好像一个制度共守、利益共享、风险共担的大家庭一样,成员和睦相处,企业对员工实行终身雇佣制,保证了生产的高效率。

企业文化还具有辐射作用。任何企业都是和其他事物处于相互联系中,是社会的一部分。企业文化的发展,必将通过各种渠道对社会文化产生影响。进步的企业文化会给社会文化注入新的活力,促进社会文化的丰富和发展。

企业文化在管理中的重要作用受到了世界各国许多专家、学者、企业家的重视,哈佛大学、斯坦福大学、麻省理工学院和一批经营管理咨询公司等研究机构都对此进行了专项研究,研究结果认为:企业文化对企业员工和企业经营业绩产生巨大作用,特别当市场竞争激烈的时候更是如此,这种文化影响甚至大于经营策略、企业组织结构、企业管理体制、企业财务分析手段及企业管理领导艺术等。这正是一些企业界最优秀的总经理不惜耗费大量的时间和精力营造、维护自己的优秀企业文化的原因所在,也是我国越来越多的理论工作者和实际工作者重视对企业文化的研究和应用的原因所在。

(六)组织管理中"宽"与"严"的辩证关系

这里说的"宽",是指管理者通过采取一系列措施和办法体现对下属的关怀、培养和爱护;"严"是指法纪规章贯彻执行中的强制性和严肃性。这二者在管理中是一对明显的矛盾。这对矛盾在管理者与被管理者之间,经常发生碰撞,有时还会相当激烈。能否处理好这对矛盾的关系,是决定管理成败的一个重要因素。

首先,在管理实践中,有的管理者偏重"宽",有的管理者推崇"严"。

前者认为，"宽"是调动企业员工积极性的重要方法，没有"宽"，员工就不会把主观能动性发挥出来。后者认为，企业只有"严"字当头，才能实现有效的管理，不"严"，企业就会松散混乱。其次，发生在管理者与被管理者之间的矛盾主要表现在一些人喜"宽"厌"严"，或是要"宽"怕"严"。当管理者偏重"宽"时，久而久之被管理者就会产生被娇惯或被溺爱的心态，表现出工作作风上的松懈和懒惰，正如在《三国志》中，诸葛亮所说的"宠之以位，位极则贱；顺之以恩，恩竭则慢"。当管理者偏重"严"时，特别是为改善企业某一方面的不足而采取一些严厉的、强制性的措施时，被管理者不甘受到种种约束，产生逆反心理，甚至与管理者公开对抗，使矛盾激烈化，造成管理工作不能顺利开展。

权衡"宽"与"严"二者的利弊，如果单独偏重任何一面，都会是弊大于利，只有把二者很好地统一起来，才是最佳的管理方法。《尚书·君陈》中说："宽而有制，从容以和。"西方行为科学的代表马斯洛创立的需要层次论认为：管理者必须根据不同人的不同需要，来研究和探讨如何调动员工的工作积极性问题，进行具体的管理活动。这样做只是抓住了管理中"宽"的一个方面，做了一半工作。

在实施"宽"的同时，"严"是必不可少的。一个企业没有严格的管理，就不可能建立良好的管理秩序和生产秩序，不可能产生良好的效益。严格的管理是企业获得成功的重要法宝之一。真正严格的管理应该分成三步：一是制定严密、系统、科学的规章制度和工作规范，并且要充分考虑到它的可操作性；二是让员工认识、了解和掌握这些规章制度和工作规范；三是任何合理的规章制度都不可能轻易地为广大员工所接受和掌握，只有采取相应的配套措施，必要时采用强制性的手段，才有可能得到贯彻实施。有时还要对那些有令不行、有禁不止、有章不循的员工及其行为予以严厉的处罚，这样才能维护各项规章制度的权威性和严肃性。这就是"严"的具体表现。诸葛亮主张的治国之道是："威之以法，法行则知恩，限之以爵，爵加则知荣；荣恩并济，上下有节。"（《三国志》卷三十五）这一观点对企业管理同样具有借鉴意义。"宽"和"严"是矛盾的，又是统一的。一个管理者只有把二者有机结合起来，不偏一面废一面，才能实现有效的、成功的管理。

第三节 管理控制过程中各环节的辩证关系

一、管理控制的定义、内容和步骤

控制是指检查工作是否按既定的计划、标准和方法进行，并及时改进所出现的偏差，以便更好地实现组织的既定目标和任务。控制包括管理人员为保证实际工作与计划一致所采取的一切活动。管理过程是一个可控制的系统，这一系统中存在着信息的接收、存储、加工及输出的过程。只有根据控制论的基本观点和方法，利用反馈信息不断地对受控对象进行调整，促进系统内人、财、物、信息、能量等资源的合理配置和流动，才能顺利实现预定的目标。

控制的手段一般包括人员配备控制、对实施情况进行评价控制、正式组织结构控制、政策和规则控制、财务控制、自适应控制等。因为管理客体系统是一个整体，所以控制过程中往往需要同时采用几种控制手段。例如，作为财务控制手段的预算常常和实施评价控制同时进行，对管理者工作的评价往往看其工作的实施与预算之间的差距如何。

管理控制过程一般包括以下几个步骤：确定质量标准、获取偏差信息、调节和监督。

（1）确定质量标准。

质量标准是衡量组织实施计划方案的实践活动与计划方案相符合的尺度。为了保证计划方案的实行，必须运用控制手段，确定质量标准，对执行计划的实践活动进行衡量。为了有利于执行质量标准，要求质量标准定量化。如果不能定量化，控制过程就不能发挥应有的作用。

（2）获取偏差信息。

偏差信息是对组织过程与计划方案之间偏差的反映，只有获取信息，才能了解管理实际过程的现状，才能纠正偏离目标的问题。由于管理对象在不断变化，在制订计划时，对管理对象的细节不可能全部掌握，因此这种偏差是不可避免的。获取偏差信息后，要对产生偏差的原因进行分析，为修正偏差提供客观依据。通过控制可以及时纠正偏差。

获取偏差信息的手段有手工的、机械的和电子计算机化的。在现代管中，常用人-机系统。人-机系统既可以发挥计算机运算速度快、运算结果正确等优点，也可以发挥计算机所不能发挥的作用。

(3) 调节和监督。

调节是根据反馈回来的偏差信息纠正管理的实际结果与质量标准之间偏差的管理活动。

调节和协调不完全相同。调节是针对控制过程的，主要指反馈控制。协调主要指组织过程。二者都是为了消除管理诸要素之间的不和谐现象。

调节在控制过程中有重要作用。通过调节，消除控制系统内部各要素间、各环节和阶段间的不协调因素，使控制系统达到平衡状态。正确把握调节过程应该以唯物辩证法原因和结果的辩证关系原理为指导。唯物辩证法认为，原因和结果是揭示客观世界中普遍联系的事物先后相继、彼此制约的一对范畴。原因是指引起一定现象的现象，结果是指由原因而引起的现象。原因和结果在实践中是先后相继的，总是原因在先，结果在后。原因和结果存在对立统一的辩证关系。在一定范围内，原因和结果存在对立，两者不能混淆。原因和结果又是统一的，在一定条件下两者相互依存又相互转化，因果之间的联系是复杂多样的。调节活动体现了事物在发展过程中因果关系的辩证过程，调节就是管理过程中的原因和结果的相互作用、相互转化的运动过程，前一个过程结果是后一个过程结果的原因，通过调节，获得偏差信息，纠正偏差，求得符合管理目标的结果，使整个管理过程正常运转。

监督是根据计划目标和各种质量标准，监察管理活动中的行为与结果是否偏离管理目标并督导人们按标准办事的控制过程。监督的根本任务就在于：取得实际活动的信息，将它们同有关标准比较，查明偏差，并经过分析弄清产生偏差的原因，督促有关部门或人员纠正偏差，保证管理目标的顺利实现。

监督和调节功能的相同之处在于它们都是为了纠正在实施计划过程中所出现的偏离目标的现象而发挥控制的作用，都需要在获取偏差信息的基础上，找出产生偏差的原因，采取有效的措施，达到纠偏的目的。监督和调节的不同之处在于，监督带有很明显的社会性，在阶级社会里带有阶级性。比如在阶级社会里，经济管理中的监督活动反映了生产资料所有制的状况，谁占有生产资料，谁就掌握监督权。在政治和行政管理中，阶级性表现得更加强烈。而调节活动带有突出的专业技术性，主要是各级调节机构对自己的管理对象所出现的偏差采用专业技术手段进行协调、纠正，以实现管理目标。监督和调节在实际管理活动中既相互联系又相互区别。

二、管理控制过程的辩证关系

控制过程表现了多方面的辩证关系。

（一）控制过程的几个步骤是对立统一的辩证关系

它们的相互对立表现在各自的功能是不同的。它们相互统一表现在：第一，在控制过程中各步骤是相互联系不能分割的。没有质量标准，就不可能有衡量管理实际结果的根据。不能确定什么是偏差信息、非偏差信息，就无法进行调节和监督。没有偏差信息，就不知道管理活动进行的实际状况，就无法将管理的结果同质量标准等进行比较并发现产生偏差的原因，调节和监督活动都会因此陷入盲目性。没有调节和监督活动，不规定纠正偏差的措施，确定质量标准和获取偏差信息的步骤就没有了意义。第二，控制过程的各步骤在一定条件下可以相互转化，质量标准确定以后，便开始进行获取偏差信息的步骤，偏差信息及其产生的原因一经得到，调节和监督活动便可以展开，这时获取偏差信息的活动并没有停止。为了确保调节和监督活动有效、准确地进行，需要随时获得信息指示，以便随时消除由于调节不适当而造成的新偏差。另外，随着管理过程的逐步深入发展，质量标准会发生变化，监督的内容和手段也会发生变化。因此，几个步骤是对立统一的辩证关系。

（二）稳定与不稳定的关系

管理中需要利用控制作用来改变系统的稳定状态，使整个系统得到正常的发展。系统状态不随时间变化发生显著变化时，是稳定的；反之，是不稳定的。在实际工作中，常常需要促使新的合理的系统趋向稳定状态。稳定和不稳定是相互转化的，管理者可以利用这种转化，消除正常系统中的不稳定因素。

（三）目标与手段的关系

目标离不开手段，管理过程控制规律告诉我们：任何目标的实现都必须借助一定的手段，而手段服务于目标，任何手段都必须围绕一定的目标来使用，手段的价值如何，要通过目标实现的情况确定。目标制约手段，限定了所采取手段的内容。目标的性质也决定了手段的性质。

三、管理控制过程的意义

首先，控制过程为管理目标的实现提供了保证。任何管理都是为了实现特定的目标，但如果没有必要的控制手段、控制方法和控制原则，就不能正确地实现管理目标。可以想象，失去控制的组织和行业，不可能实现预期的目标。正如马克思说："凡是有许多个人进行协作的劳动，过程的联系和统一都必然要表现在一个指挥的意志上，表现在各种与局部劳动无关而与工场全部活动有关的职能上，就像一个乐队要有一个指挥一样。"[1]

其次，控制过程有利于加强人们的信息意识。控制过程实际上是信息的输入和输出过程，对信息的处理是控制的重要前提。因此，现代管理必须树立信息意识，重视收集大量信息，找出有用信息，并反馈到控制系统中去，使管理系统不致失控。

最后，控制过程为管理自动化提供了理论指导。随着电子计算机进入社会生活的各个领域，管理本身也发生了革命。在管理工作中，逐步以机器来代替人进行观察、分析和操作，使管理逐步自动化。人-机系统的增多和创新，提出了很多有关控制方面的问题，管理控制过程为解决这些问题提供了理论指导。

四、管理过程中的激励原理

激励是激发人的动机的心理过程，即在某种内部和外部刺激下，维持某种兴奋的心理状态，引起某种行为的发生。管理者要做好控制工作，必须运用激励原理。在面临困难和挫折时，不仅需要正面激励，有时还需要反面激励，如激将法。

管理过程的激励原理是指在管理活动中，必须根据人们的不同方面、不同

---

[1] 《马克思恩格斯全集》第25卷，人民出版社1974年版，第431页。

层次的需要，采取各种各样的激励手段去刺激人们为满足这些需要而努力工作，从而充分调动人们的积极性和创造性，顺利达到管理目标。因此既要采取有形的物质激励，又要采取精神激励。人们的需要是多种多样的，因而激励手段也是种类繁多的。

激励原理不仅可用于被管理者，对管理者本身也同样起作用。管理者只有懂得自我激励，才能调动被管理者的积极性。

管理过程中的激励原理揭示了下列关系：

（1）需求与激励的关系。需求是激励的基础和前提，激励离不开需求，没有需求，就不需要激励。而激励又可刺激需求，人们受到激励后，会产生积极的反应，从而为满足其需求做出努力。原有的需求被满足之后，人们便会产生更新更高的需求。

（2）需求层次与激励手段要相适应。不同的人或同一个人在不同的时期，往往会有不同层次的需求，因此要有不同激励手段与此相适应。如果激励手段与需求层次不适应，就不会产生积极的效果。

（3）外在激励和内在激励的关系。人们在社会生活中，有许多不同层次的需求，需要外界的物质的、精神的不同因素的激励，因此需要外在激励。同时，人又是具有自我意识、高度自觉的，需要自我激励。现实生活中，二者缺一不可。随着人们自觉程度的日益提高，自我激励对现代人来说更为重要。

管理中的激励原理有其重要的哲学依据。马克思主义认为，人不仅有自然属性，而且有社会属性，决定人本质的是社会属性。人具有社会性，具有意识的能动性，这是人区别于其他事物的本质特点。基于人有两种属性，在管理过程中，要想调动人的积极性，应该从物质和精神的结合上进行激励，强调一方而忽视另一方都不会产生良好的客观效果。

第六章　管理协调中的哲学问题

在管理活动中，协调有着重要的作用。没有协调的组织是没有秩序的，当然也就没有效率。古人早就教导我们"和为贵"。"上下不和，令乃不行。""上下不和，虽安必危。"（《管子·形势》）协调不仅是一种手段，也是这种手段本身所要达到的目标。理想状态的全社会协调，是人类的彻底自由和完全解放的圆融状态。我们这里界定的协调是在管理活动中所体现、所追求的协调。

第一节　协调在管理中的含义和类型

一、协调的含义

协调，从词性来讲，可以是动词，表达一种动态的过程；也可以是形容词，表达这种动态过程所要达到的目标。《现代汉语词典（第7版）》对"协调"的定义是："配合得适当"[①]；在企业管理中，协调是指符合企业性质的和谐状态。对于一个团体或组织来说，这种协调还应该分为两个方面，即组织内与组织外的人际关系的协调。组织内外的协调是同等重要的，企业的管理必须能够使二者达到和谐的状态。协调的主要内容包括物物关系、物人关系、人际关系三个方面。因而定义协调也应该从这三个方面分析。现代企业管理的一个

---

① 中国社会学院语言研究所词典编辑室编：《现代汉语词典（第7版）》，商务印书馆2016年版，第1449页。

重要理念就是强调以人为中心，以人本主义为依托，把人的理想信念、价值取向、行为准则都塑造好，管理客体的其他内容就易于解决。因此这里论述的主要是人际关系的协调。

从企业管理的角度来说，协调就是通过建立相互的制度契约、道德契约、心理契约以达到各种关系特别是人际关系的和谐，进而为达到组织目标而努力的一个动态博弈过程。它以合作求竞争，是从整体上把握事物的本质。从广义上说协调就是管理，追求的最高境界就是"人尽其才，物尽其用，地尽其利，货畅其流"的和谐。协调的提出，有三个方面的客观依据：第一，管理主体和管理客体有共同的目标；第二，有一个或几个组织的存在；第三，相互间有冲突或误解的可能。组织中的每个人都有不同的生活背景、能力、性格、气质、知识构成、价值观等，而且未必和组织的目标、价值观相一致。协调力求建立共同奋斗的心理基础，但又不可能使每个人都完全一致，由于矛盾具有特殊性，每个人都有自己的个性，因此协调追求的是求同存异的和谐。

二、协调的哲学依据

（一）矛盾的同一性

唯物辩证法认为，任何事物都存在着矛盾，而任何一个矛盾都具有同时存在且不可分割的两种属性，即矛盾斗争性和矛盾同一性。矛盾斗争性是指矛盾双方相互对立、相互排斥、相互否定的性质和趋势。矛盾同一性是指矛盾双方在一定条件下互相联结、互相依赖、互相渗透、互相贯通的性质。矛盾斗争性和同一性对事物的发展均起着重要作用。

矛盾斗争性在事物发展中的作用表现在：在事物发展的量变阶段，矛盾双方的相互排斥、相互斗争，促使矛盾双方的力量对比发生变化，为事物的质变进行量变的积累；在事物发展的质变阶段，矛盾双方的相互排斥、相互斗争，造成矛盾双方力量对比发生根本性质的变化，从而引起矛盾的主要方面和非主要方面相互转化，旧的矛盾统一体破裂，新的矛盾统一体产生。

矛盾同一性的作用主要表现在：通过矛盾同一性把对立双方联结为一个统一体，提供了矛盾双方存在和发展的条件，没有矛盾同一性的相互依存，矛盾双方以及由矛盾双方构成的事物就不可能存在；矛盾同一性使事物处于相对稳定状态，为促进矛盾的发展和转化提供条件；矛盾双方在互相依存中汲取有利于自身的因素而得到发展，规定着双方相互转化的趋势。

正因为矛盾具有同一性，管理过程中物和物的关系、人和物的关系、人和人的关系不仅有对立的一面，而且有统一的一面，所以要重视对管理中人和物协调的研究，做到人尽其才，物尽其用，人和物合理结合。由于人是管理的核心，因此，尤其要注意发挥在管理过程中人与人之间相互依赖、相互帮助、相互促进、和谐统一的协调作用。

(二) 人们对人性的认识

人性即人的本性，每个人都具有自然属性和社会属性。人性既有共性，也有个性，即每个人具有不同特点。

管理理论的发展是与人类对人性认识的进步和深化相对应的。如何做到良好的协调，也和对人性的认识有关。就中国传统哲学来讲，有三种基本的看法：第一，认为人性本恶，代表人物有荀子和韩非子。荀子既重视用法治来控制和消灭人性之恶，同时也重视通过教化的作用使人由恶变善。韩非子则坚决主张以严刑峻法、重赏厚罚控制人的行为，肯定、促进和强化人的正确行为。韩非子将刑（刑罚）和德（庆赏）称为君王管理臣下的二柄。第二，认为人性本善，代表人物是孟子。强调仁爱德治，礼仪教化。性善论实质是弘扬人的善性，形成健康的价值观，使个体通过价值观的内控作用促进正确行为，抑制错误行为。第三，认为人性本无善恶，代表人物是告子。告子提出人性"无善无恶论"，认为人之所以有时表现为善，有时表现为恶，完全是生存环境、生存需要和生存能力综合作用的结果。

从现代管理理论发展道路来看，西方管理学者的认识也基本如此，经济人假设和X理论是性恶论的反映。Y理论及自我实现的人性假设是性善论的反映。复杂人假设和超Y理论是人性无善恶论的反映。

马克思主义哲学认为，人是自然属性和社会属性的统一。人作为有机体首先具有自然属性，自然属性是指作为自然的人的形态、体质、生理结构、本能等，它是由人的肉体组织决定的。人的这些自然属性服从自然界的规律和法则。马克思和恩格斯指出："人来源于动物界这一事实已经决定人永远不能完全摆脱兽性，所以问题永远只能在于摆脱得多些或少些，在于兽性或人性的程度上的差异。"① 但是，人同时又是社会存在物，具有社会的属性而与一般的动物相区别。人能劳动，能制造工具，会说话，用语言进行交流。人在劳动过程中，不仅与自然界发生关系，同时也与他人发生关系，形成一定的社会关系。人不仅意识到自身的存在，而且能意识到自己与自然和他人关系的存在。马克思和恩格斯指出：人开始"意识到必须和周围的个人来往，也就是开始意识到人总是生活在社会中的"②。而动物没有意识，不能把自己当作主体从自然界中划分出来，它只是自然界的一部分，是纯粹自然的生命实体，因而它不能意识到自身的存在。正如马克思所指出的："动物不对什么东西发生'关系'，而且根本没有'关系'；对于动物来说，它对他物的关系不是作为关系存在的。"③ 总之，人的本性就在于它的社会性。正如马克思说："'特殊的人格'的本质不是它的胡子、它的血液、它的抽象的肉体，而是社会特质"④，"人的本质不是单个人所固有的抽象物，在其现实性上，它是一切社会关系的总和"⑤。也就是说，人的本质是由人在生产关系中所处的地位决定的，是自然和社会发展的产物，是自然属性和社会属性的统一体。因此，要协调人们之间的社会关系和人与自然的关系。

（三）道德契约

从伦理学的角度来看，道德实际也是建立在对人性的认识基础上的，道德是调整人与人、人与社会、人与自然之间的关系的价值观念和行为规范的总和，是人们追求"善"的结果。道德文化对协调的影响是显而易见的。

（四）整体与局部

协调还与整体和局部的关系原理有关，如果处理不好整体和局部的关系，那么整体的作用会小于局部之和；如果处理得好，则大于局部之和。这个原理也构成协调的哲学依据。协调还要求看到矛盾的普遍性和特殊性，在抓住事物

---

① 《马克思恩格斯全集》第 20 卷，人民出版社 1971 年版，第 110 页。
② 《马克思恩格斯选集》第 1 卷，人民出版社 1995 年版，第 82 页。
③ 同上书，第 81 页。
④ 《马克思恩格斯全集》第 3 卷，人民出版社 2002 年版，第 29 页。
⑤ 《马克思恩格斯选集》第 1 卷，人民出版社 1995 年版，第 60 页。

的主要矛盾和矛盾的主要方面的同时,也不忽视对事物的次要矛盾和矛盾的次要方面的解决。

三、协调的类型

协调可分为制度性协调、沟通性协调、利益性协调等类型。制度性协调是指通过确立合理的组织机构和职能,制定科学的规章制度,实现组织的协调。组织设计对于做好协调的工作至关重要,合理的制度设计可以为管理协调工作提供保证,各项职能只有符合管理客体的需要,才能发挥作用。因此,管理者要做到任务目标明确,权责相符,实用高效,企业规章制度健全。沟通性协调则是指通过控制、激励、情感表达和信息交流达到协调。沟通可以控制行为,通过沟通渠道,管理者可以传达指令,员工绩效可以反馈给管理者。通过沟通渠道,可以使管理者进行各种宣传鼓动和表扬员工,说明工作的具体内容和绩效进展。情感表达和信息流通是沟通性协调的常见形式。沟通性协调还包括通过教育使员工沟通能力、个人素质等方面得到提高。利益性协调分内部和外部两种情况:对内要做到员工工资奖金的酬劳一致,落实物质激励措施;对外,在垂直方向上包括与上级部门和下级部门各种利益的协调,在水平方向上包括企业和用户、协作单位、竞争对手、公众等关系的协调。

四、协调的作用

协调对于组织来讲就像润滑剂之于机器,不可或缺。协调主要是对各种人际关系的协调,对企业管理来说,也就是工作关系的协调。《庄子·说剑》中说:"中和民意以安四乡。"一个企业内外各种关系的协调状态,体现出领导者的工作水平,一个善于协调的管理者总能使自己的工作顺利进行,形成上级乐于支持、同级乐于配合、下级积极拥护的局面。

由于组织是一个开放系统,它和周围环境处于互动之中,系统的发展状况离不开与环境之间的交互作用,因此协调可以促使组织内外各部分相互合作,从而顺利实现组织目标。比如,无论生产部门效率多高,如果营销部门没有预测到顾客需求的变化,缺少和产品开发部门的密切合作,必然会损害生产部门的整体绩效。在解决当前人们普遍关注的环境问题时,也要协调好整体利益和社区利益、企业利益等局部利益的关系。在变革和创新的过程中，也要通过协调处理好来自组织的惯性和多方面的阻力，可以通过教育、沟通、让员工参与决策等方式，达到协调的目的。

第二节 管理协调的基本原则

一、管理协调的原则

有效协调的原则主要有以下几点：

（一）及时性原则

一旦出现问题，若不及时协调，会积少成多、积小变大，造成积重难返，在现代管理中，时间价值是个很重要的观念，时间就是金钱，时间就是效率。对于企业来说，建立高效的管理机制是实现企业目标的根本保证。及时性原则还包括进行预防性的工作。预防工作是及时性原则的组成部分，管理者应该具有战略眼光，善于分析和推测未来，对可能发生的问题，采取预防措施，尽可能避免不利于组织发展的事情发生，为了应对某些不利事情的发生，应事先准备好补救措施，把问题消灭于萌芽状态。

（二）关键性原则

协调要求管理者在管理实践中看到事物的主要矛盾和矛盾的主要方面，要有对关键性原则的清醒认识。关键性原则有两层含义：一是要抓住重大和根本的问题。这些问题包括影响长远的问题、影响全局的问题、薄弱环节、有代表性的典型问题、带动性（根源性）问题、员工意见大且反映强烈的问题等。二是解决问题要标本兼治。不仅要解决问题本身，还要解决引发问题的原因，只要原因存在，问题就会不断重复出现。对一个企业来说，一般引起问题的根本原因主要有：第一，企业方向上的问题。如果选择了错误的市场、错误的产品，无论怎么强化销售，都不会有好的效果。第二，制度上的问题。例如没有规范的财务制度，违规就不可避免。第三，人员素质问题。提高员工的素质可以预防发生问题。第四，管理基础工作问题。基础工作不好，也会导致经营上的诸多不畅。这些问题都需要协调，理顺这些关系，使之达到最和谐的状态是十分重要的。

（三）激励性原则

合理使用激励手段，不仅可以预防问题的发生，而且在问题发生以后，还能调动各方协作的力量，及时将问题解决。激励是协调中重要的部分。激励性原则要求物质激励和精神激励相结合，集体激励和个体激励相结合，激励理论和激励艺术相结合。

（四）沟通情况和信息传递原则

及时沟通情况和传递信息，可以保证管理者之间配合顺畅，反应迅速，也能达成相互的支持和理解，减少误会。发生问题后，沟通和信息传递又是解决问题的主要方法之一。要确保信息安全可靠并高效且灵敏地反映客观事实，建立科学的信息管理体系和实现组织结构的网络化。

（五）全局性原则

企业是个系统，牵一发而动全身，因此不能在解决问题时挖肉补疮、拆东墙补西墙。在局部利益和全局利益相冲突的时候，更应该自觉服从全局利益。

（六）长远性原则

在管理协调工作中，要高瞻远瞩，不能鼠目寸光，不要因为眼前利益而牺牲长远利益，也不要因为是刚出现的小问题而不重视解决，任其发展，成为不易解决的重大问题。要明确持续经营假设是企业的一个重要假设，企业的目标是和企业的长远利益相一致的，因此，要坚持长远性原则。

（七）原则的坚定性和策略的灵活性

管理是科学，也是艺术。作为科学的管理，要求对原则的坚定性；作为艺术的管理，要求策略的灵活性。人是最活跃的因素，也是管理中最关键的因素，在管理实践中，以人为本是很重要的理念。在经营管理的全部过程中，必须始终以人为出发点和目的，始终贯彻尊重人、关心人、理解人、培育人的理念。在对具体人和事的处理上要具体问题具体分析。这就要求我们坚持原则的坚定性和策略灵活性的统一。

二、协调与发展

协调与发展的关系，是相辅相成的关系。只有协调才可能得到最优的发展，也只有发展才是协调的真正意义和目标。没有协调的发展是短暂的，放弃稳定去片面强调经济的发展，放弃社会道德去追求经济的一时发展，都是短视的行为，最后必将导致经济的衰退。没有发展的协调是没有活力的死水，只有发展才能提供满足人们需要的物质文明和精神文明。在管理工作中要想处理好协调和发展的关系，管理者就要在发展中保证协调，在协调中求发展，这样才能达到完美的境界。在协调中求发展是每个管理者都必须牢记的原则，只有在协调中的发展才是真正的发展。比如，在利益的分配中，如果片面强调资方或劳方或管理层某一方面的利益，导致蛋糕分割得不合理，那么整个企业就不可能有发展，只会在内耗中丧失发展的良机，甚至导致整个企业的不复存在。

协调还是公平和效率的统一。在协调中求发展，不可避免地要解决公平和效率的对立统一关系。在现实生活中，公平是发展中协调的因子，效率是协调中发展的因子，不能脱离公平和效率来空泛地讨论协调与发展。

第三节　协调的手段

协调的手段基本上有两种方式：一为"儒家方式"，主张"仁"，用温和的方法来消除矛盾，协调关系，表现为渐进式；二为"法家方式"，主张用强制手段，以法律或上级命令来解决矛盾以达到暂时稳定，表现为突进式。另外还有把这两种综合起来的方式，即"外儒内法"（用"儒家方式"和"法家方式"来象征道德契约、心理契约和制度契约的对立性，用"外儒内法"象征其统一性）。综合来看，协调的手段有法律法规政策协调及组织结构协调，优化组合协调，会议协调及现场协调，激励协调，感情沟通协调，道德、舆论、教育、启发等协调方法。

一、法律法规政策协调及组织结构协调

企业的法律法规政策等制度性协调有两个方面的内容，即对外的制度性协调和对内的制度性协调。协调的目的在企业内是使员工、管理者满意，对外是使顾客、投资者、社会诸方面满意。一个企业遵守法律法规政策，也是一种协调方式。"礼之用，和为贵。"（《论语·学而》）在对各方利益的协调中，运用法律法规政策是最适合的。当企业和竞争对手、顾客等有了严重的冲突时，也会倾向用法律来解决问题。法律法规是一个社会正常运行的行为准则，是经过实践检验的。一个法治社会是有秩序的，而有秩序则至少表明某种程度的协调。

组织结构协调就是通过调整组织机构、完善职责分工等办法，来进行协调。针对那些处于部门与部门之间、单位与单位之间的"结合部"的问题，以及诸如由于分工不清、职责不明所造成的问题，应当采取结构协调的措施。"结合部"的问题可以分为两种：一种是"协同型"，这是一种"三不管"的问题，有关部门都有责任，又都无全部责任，需要有关部门明确分工和协作关系共同努力解决。另一种是"传递型"，它需要协调的是上下工序和管理业务流程中的业务衔接问题，可以通过把问题划给联系最密切的部门去解决，并相应扩大其职权范围。

二、优化组合协调

在优化组合协调方法中，要注意以下决策原则：经济效益和社会效益、环境效益相结合，可能性和现实性相结合，定性分析和定量分析相结合，领导者和专家相结合，局部和全局相结合，近期利益和长期利益相结合，决策的规范性和灵活性相结合。

优化组合要在一系列的可能决策方案中选择出最佳的决策组合。在保证经济效益和社会效益、环境效益相结合的前提下提出决策方案。一个企业的生存和发展与整个社会的发展是相互联系的，我们做经营决策时必须兼顾社会的整体利益，要考虑决策的可能性和现实性，从中选出现实性较强的方案。通过定性分析和定量分析的方法以及其他的方法选出最佳的决策方案。现代决策的一

个鲜明特点是尽可能应用数学方法进行定量分析,使决策尽可能精确可信,便于操作。优化组合协调也要运用数学方法。比如,针对产品最优组合的选择,选择最优产品组合的决策是关于如何最有效地利用现有的生产能力问题的决策,其决策过程通常要运用运筹学中的线性规划的方法。线性规划是用来求解具有线性联系的极大值或极小值问题的专门数学方法。它所研究的问题主要分为两类:一是确定一项任务后,研究如何用最少的人力、物力来完成它;二是有一定量的人力、物力,研究如何合理安排使用这些人力、物力,使其发挥最大的效益。这两类问题都是寻求通过某个经济指标实现整体的最优化。从数学上对这两类问题进行量的分析,就表现为求函数的极值(极大值或极小值)。线性规划模型包括两个组成部分:约束条件和目标函数。约束条件是用一定的数学关系式把经济问题中有关变量之间相互依存、相互制约的关系反映出来。目标函数是把实际经济问题中要求达到的一定目标(在一定条件下要求达到的最优结果)通过一定的函数形式表现出来。约束条件和目标函数是密不可分的,目标函数的极值计算要受约束条件的制约,约束条件变了,目标函数的可能取值也随之改变。因而它们形成了相互联系、不可分割的整体。进行产品最优组合的选择,就是根据产品的成本、利润、产量等写出目标函数和约束条件,求出极大值或极小值。

三、会议协调及现场协调

会议协调是为了保证企业内外各不相同的部门之间,在技术力量、财政力量、贸易力量等方面达到平衡,保证企业的统一领导和力量的集中,为了使各部门在统一目标下自觉合作,必须经常开好各类协调会议,这也是发挥集体力量、鼓舞士气的一种重要方法。

会议类型有以下几种:

(1)信息交流会议。这是一种专业人员参加的会议,各个不同部门通过交流了解彼此的工作状况和业务信息,尽量减少会后大家在工作中可能发生的问题。在当今社会,信息就意味着商机,意味着金钱,因而企业要特别重视此类信息交流会。

(2)表明态度会议。这是一种商讨、决定问题的会议。与会者对上级决定的政策、方案、规划和下达的任务，表明态度和意见，总结以往类似问题执行中的经验、教训，这种会议对于沟通上下级之间的感情、密切关系起重要作用。

（3）解决问题会议。这是会同有关人员共同讨论解决某项专题的会议。目的是使与会人员能够统一思想，协商解决问题。

（4）培训会议。旨在传达指令，增进了解，从事训练，并对即将执行的政策、计划、方案、程序进行解释，这是动员发动和统一行动的会议。

在利用开会这种协调方法时，开会的艺术应该得到应有的注意：

（1）充分认识会议的重要作用。会议是传递信息、沟通情况、协调关系、布置任务、总结交流决策计划等的重要渠道，应珍惜开会的机遇和时间。

（2）开好非开不可的会。如决策性的研究会、执行性的协调会、情况上情下达的信息交流会等。

（3）会议的准备要充分。对议题的确定、出席人员的安排与通知、报告内容及时间、会场布置等，均应做好准备。

（4）树立良好的会风。牢记会议十戒：不开无主题的会；不开多中心的会；不开无准备的会；可开可不开的会不开；开会不离题；不请无关人员参会；不必要的言不发；发言不重复；不要议而不决或搞"一言堂"个人决定；不开以开会为名而用公款享乐的假会。

现场协调是一种快速有效的协调方式。把有关人员带到问题的现场，请当事人讲述产生问题的原因和解决问题的办法，同时允许有关部门提要求。这样会使当事人有一种"压力"，感到自己部门确实没有做好工作，也使其他部门愿意"帮一把"或出些点子，从而有利于统一认识，使问题尽快解决。对于一些"扯皮太久"、群众意见大的问题，就可以采取现场协调方式来迅速有效地予以解决，这是因为现场协调中信息反馈速度比较快，而且减少了信息传递失真的现象，容易达到交流的目的。

四、激励协调

激励含有激发、鼓励的意思。在管理工作中，绝大多数学者都认为激励的目的是提高员工的积极性,从而提高组织绩效和效率,这也是协调的目的。由此,可以认为奖励和惩罚都是激励因素。激励机制包括以下五个方面的制度:诱导因素集合制度、行为导向制度、行为幅度制度、行为时空制度、行为归化制度。诱导因素是指能满足一个人的某种需要,激发一个人的某种行为,诱导他去做出一定绩效的东西。行为导向制度是指对激励对象所希望的努力方向和所倡导的价值观的规定。由于个人的工作动机和个性不同,由诱导因素所激发的个人行为可能会朝向不同的方向,不一定和期望的目标行为模式同向,并且个人的价值判断也不一定与组织的价值观相容。这就要求在制定激励制度时明确所期望的行为方式和应秉承的价值观,使组织成员的行为朝向明确的目标和方向。行为幅度制度是指对由诱导因素所激发的行为强度的量的控制措施,这种量的规定通过一定奖酬与一定绩效的关联性起作用。期望理论告诉我们,激励力量取决于激励客体对奖酬的效价与期望值的乘积,因此,在制定激励制度时,可以通过不同的关联度和奖酬效价将员工的努力程度调整在一定范围内,以防止激励依赖性和抗激励性的产生。行为时空制度是指诱导因素作用于激励对象在时间和空间上的规定。行为归化是对激励客体违反行为规范的事前预防和事后处理。一个健全的激励机制应该同时包括上述五个方面制度的内容。①

　　激励理论和动机联系紧密。根据斯蒂芬·罗宾斯(Stephen P. Robbins)的《管理学》,可将动机定义为个体通过高水平的努力而实现组织目标的愿望,而这种努力又能满足个体的某种需要。动机可以看作是需要获得满足的过程,即未满足的需要—紧张—驱力—寻求行为—需要满足—紧张消除这样一个过程。早期的激励理论主要有马斯洛的需要层次理论、麦格雷戈的 X 理论和 Y 理论以及弗雷德里克·赫茨伯格(Frederick Herzberg)的双因素理论(亦称激励-保健理论)。赫茨伯格认为,影响人们工作积极性的因素有激励因素和保健因素。激励因素主要指人们工作的成就、工作本身对人们的吸引力、人们对工作成就的认可、人们所体会到的在工作中应尽的责任等。保健因素主要指工资水平、改善工作条件、更新管理方法、改善人际关系等。上述两种因素密切

---

① 刘正周、凌亚:《管理激励与激励机制》,《昆明理工大学学报》1996 年第 5 期。

联系但不能互相代替。基于调查结果,他指出,人们对工作满意的对立面并不是不满意,消除了工作中的不满意并不一定能使工作结果令人满意。赫茨伯格提出,这其中存在着双重的连续体:满意的对立面是没有满意,而不是不满意;同样,不满意的对立面是没有不满意,而不是满意。

随着实证研究的发展,又出现了诸如三重需要理论、目标设定理论、强化理论、公平理论、期望理论等当代激励理论。三重需要理论是戴维·麦克利兰提出的,他认为人有三种重要的需要:(1)成就需要:追求优越感的驱动力,或者在某种标准下追求成就感、寻求成功的需要。(2)权力需要:促使别人顺从自己意志的欲望。(3)亲和需要:寻求与别人建立友善且亲近的人际关系的需要。目标设定理论则认为明确的目标就具有激励作用,这是因为人有了解自己行为的结果和目的的认知倾向,这种了解能减少盲动的行为,提高自我控制行为的能力。同样的道理,如果在工作中及时给予被激励者反馈,使人了解进展,了解行为的效率,也具有激励作用,可以提高工作绩效。强化理论认为,行为的结果对行为本身具有强化作用,是行为的主要驱动因素。公平理论认为,人们不仅关心自己的绝对报酬,而且关心自己和他人在工作及报酬上的相对关系。当人们根据自己的能力、努力、经验、教育背景,来衡量自己的报酬、职位、晋升速度等方面时,若感到不公平,就会产生不平衡的心理紧张感,就会采取措施恢复平衡、实现公平,如改变自己的努力程度。另一个被人们广为接受的理论,是著名心理学家维克托·弗鲁姆(Victor H. Vroom)提出的期望理论,该理论认为动机激励水平取决于人们在多大程度上可以达到预计的结果,以及人们判断自己的努力对于个人需要的满足是否有意义。用公式表示为:动机激励水平=效价(效果的可能性)×期望(效果的价值)。期望理论的另一个特色是强调情境性,员工的工作绩效 P 是能力 A、动机 M、机遇 O 三者的函数,即 $P=f(A, M, O)$。

激励的具体方式有物质激励、参与激励、领导激励、尚贤激励等。物质激励是从泰罗的科学管理以来就很重视的激励方式;参与激励则是让员工参与决策等;领导激励是要领导或管理者以身作则,给员工做出表率;尚贤激励就是要任人唯贤,使职位和人的才能相匹配,给人才晋升和发挥才能的机会。

五、感情沟通协调

管理要以人为本，这是协调在管理中的地位和作用的深刻体现。感情沟通的协调方法，可以使企业富有人情味，提高员工的归属感、向心力和凝聚力。讲人情不是说不要制度，而是在制度框架下讲人情。适当地加入人情意识，对于企业的管理过程能够起到良好的润滑作用。中国的文化特点是：以人为本，积极进取；崇尚群体的合作；强调人与人、人与自然的和谐；主张从整体上把握事物；重义轻利。对应的中国管理特点为：向心，求同，有强大的集团力；强调个人对社会等的责任感；强调意识形态力量，如企业文化建设；重视组织内部家庭气氛的形成；重视总体控制。从中可以看出感情沟通在中国文化和管理中的地位，可以说这是一种情感管理，即通常所说的软管理。中国过去的儒商就特别重视感情沟通，对店员都以亲友看待，在店中大家以叔伯兄弟相称，还给店员分红等。儒家思想是把人放在社会中研究，要求人们欲求做事，先求做人。儒商强调人的素质，在对外感情沟通中，要求店员服务热情周到。

感情沟通的一个重要方面是管理者所具有的魅力。管理者的品格影响力能极大地强化感情沟通，使整个企业的员工团结一致。一个企业家的品格因素在他的成长过程和他的企业中都显得非常重要，这不仅是他企业生涯的一部分，而且是他企业的一部分。同时，良好的企业文化建设也有利于企业成员之间的协调。

六、道德、舆论、教育、启发等协调方法

市场经济是竞争经济，也是道德经济。道德作为意识形态，主要是依靠社会舆论、人们的信念习惯、传统和教育来起作用的。但是，只有人们接受了作为道德的原则，才可能以道德的行为规范和准则来协调人们之间的关系，失去了规范性约束力的道德，就失去了存在的意义。道德主要是个人自我约束的协调方式，是社会长期以来形成的生活规范等外在的约束力量的内化。企业管理中企业精神一旦形成，就成为企业发展的巨大精神动力。舆论协调表现为通过媒体来保证自身正当利益的行为，通过舆论的监督作用促使矛盾的双方协调。

教育则是提高双方或一方的素质，从而达到协调的共同文化基础。人们的素质高低常常是协调工作所必须考虑的重要因素，很多矛盾都是个人素质不高导致的。因此，企业往往要投入巨资进行员工的培训工作。启发是引导人们发现问题的症结，并对症解决问题，它是教育的一种重要手段。

以上种种协调手段，在企业管理中应用最多的是激励，关于激励的学术研究也较多，但其他协调手段也是企业不可缺少的。应用这些手段时，应该和企业文化结合起来，管理以文化为前提，管理本身就是文化。文化是长期形成的相对固定的价值观，因此对不同价值体系的协调工作应做到因地制宜。

第七章　管理伦理论

马克思在《1844年经济学哲学手稿》中说:"甚至当我从事科学之类的活动,即从事一种我只在很少情况下才能同别人进行直接联系的活动的时候,我也是社会的,因为我是作为人活动的。"① 这说明任何实践活动都是人的活动,都是为了满足人的需要,进行改造自然和改造社会的活动,而这种实践活动在人类社会的发展史上,一开始就带有社会性。在实践活动中,人们需要相互配合、相互协作。为了实现共同的目标,需要结成一定的组织,因而必然产生一种行为去协调和控制组织内人与人、人与物以及组织与外部环境的关系,这就是管理。现代科学管理认为,为了充分发挥人的积极性和创造性,挖掘人的潜在能力,提高劳动生产率,就必须研究在管理过程中与管理有关的人际关系、人的心理活动、人的行为模式,特别是人的道德关系,从中概括有关管理道德的各种原则、规范和范畴,这就是管理伦理问题。

第一节　伦理道德的内容和作用

一、伦理道德的含义

伦理道德是我们很熟悉的名词,通常我们把伦理与道德放在一起说,但是二者还是有所不同的,对这二者做一定的区分有利于我们更深刻地理解它们。

---

① 《马克思恩格斯全集》第3卷,人民出版社2002年版,第301页。

伦指人伦，有人必有伦，伦本身就是指关系，人伦就是人们之间的关系，有人必有人们之间的关系；理指道理，是事物的条理规范秩序，理是道的体现，这些条理规范秩序使得事物能够继续存在并向好的方面发展。因此，伦理二字就是指人伦道理，也就是人与人之间关系中的道理秩序。伦理学就是对人与人之间关系的条理秩序的合乎情理的解说，也就是阐述人们应当如何处理他们之间的相互关系的科学。这种人伦关系可从两方面来分析，从个体的人与人的关系来看，人伦包括家庭内的关系、朋友关系、社区共同体成员之间的关系、公民之间的关系以及同事之间的关系；从个人与作为对立面的团体来看，有公民与国家的关系、员工与公司的关系等。如何正确处理这些问题，就是伦理学的研究对象。

与伦理一词侧重人际关系相呼应，道德是调理人与人之间、个人和社会之间关系的行为规范。在汉语中，德者得也，所得者即是道。这个道也就是所有的理的总体，即理的全体，伦理也是道理之一，道德所得之中也包括伦理。因此道德一词就是道德主体所得到并拥有的"道"，道德与伦理本身是相互密切关联着的。道德通常由道德行为来体现，也就是说，道德行为标志着一个人的道德水平。所以道德是表现出来的行为者的主动行为，而伦理是指人与人相处的各种道德准则，只有当个人的行为符合了伦理的规定时，我们才说这是有道德的行为。因此，伦理与道德之间存在一个张力或一条需要跨越的鸿沟。

二、伦理道德与社会的存在和发展

有人必有伦，没有人伦关系，不可能构成社会。荀子就充分注意到人们结成相互关系的重要性，他说："（人）力不若牛，走不若马，而牛马为用，何也？曰：人能群，彼不能群也。人何以能群？曰：分。分何以能行？曰：义。"（《荀子·王制》）荀子在这里所说的"义"，是中国伦理学中重要的概念之一，它的含义是：人与人之间的关系如何相宜。一般都认为中国古代社会是宗法社会，一切社会制度都是建立在"君君臣臣父父子子"的人伦关系之上，黄宗羲对此也有清醒的认识，说："……君臣之义无所逃于天地之间。"辛亥革命推翻了帝制，也推翻了几千年来专制统治的伦理基础，整个社会结构因此而发生变化。在西方，伦理学一词的本义是个人和群体在生活中表现出来的集体气质和共同倾向，类似于习俗的意思。按照社会的构成这个词的原意，它就在存于大家共同拥有并遵守的社会习俗和行为习惯之中。因此，西方伦理的本义一开始就包含了道德因素，但是当时还没有做出明确的区分。后来的智者指出当时的习俗不符合人性，他们要追求更加符合自然人性的社会伦理规范，这就是智者运动。这时作为社会构成基础的固有的伦理规范受到冲击和挑战，人们开始寻求新的伦理规范，而道德生活因为伦理的变革也要开始适应新的境遇，所以才有苏格拉底提出的"美德就是知识"，开创了伦理与道德生活乃至整个哲学的新纪元。可见，从大的方面来说，伦理是国家、社会、文明的基础。从作为社会文明组织基础看伦理，它包括正义、公正、平等、权力与责任的关系等方面。

从一个组织和一个团体来说，伦理同样是必不可少的维持团体正常运行的纽带。如果把一个中国古代的国家或希腊城邦作为一个巨型组织，现代的企业、公司或团体就是一些小型组织，它们同样是一些自由人的联合体。作为自由人的联合体，它们同样要处理其内部成员间的分工合作关系以及成员对组织的关系、权利和责任的关系等。

构成社会有形因素中最重要的因素是社会成员，伦理之所以重要是因为它处理了社会成员之间的关系。伦理的意义就在于给人的生活以秩序和价值，这也是个人的生命和生活之意义。在这个意义上，伦理要求道德并显现为道德。但是，如果伦理脱离了社会成员，成为空洞的条目，就不可能有效地把社会联结成一个整体。相应地，一个组织团体或公司，如果不能使成员有效地团结在一起，就不能有效地达到自己的目的。然而伦理不能脱离道德起作用，道德首先是个人的道德。

三、伦理道德与人性理论

无论多好的伦理条目，如果不被个人认可，不能实现，也只是空洞的言辞。研究伦理学，即使没有确定可取的结论，也能启迪人深思。但伦理制度若脱离生活，则会变得有害无益，因为它会造成假象和欺骗，它不仅不能促进道德的进步，甚至会导致道德的堕落。

对于人的行为模式，西方很早就做过研究。亚里士多德进行过动物行为的研究。他认为，动物的一切行为都是由两个心理作用过程导致的结果：首先是它本身的欲望，其次是它的表象，二者结合就产生了驱动力。例如，一条狗饿了，它看到一块骨头，于是扑上去。这里隐含了一个三段论，狗虽然没有进行推理，说这块骨头确实合乎欲望，但是直接代之以行动。后来的斯多亚学派认为人的行为也可以这样分析。不同点在于人是理性的动物，人不仅有欲望、表象，还有理性。理性使得人把三段论的推理清晰化了。理性的作用有两层：一是把动物式的表象上升到人的表象；二是对表象做最后的断定，决定是否使之成为行动的直接动因，这就是斯多亚派所说的"同意"。按照斯多亚派的观点，人首先有欲望，然后对欲望之物产生表象，理性对这表象做出判断，结果就是"同意"，这样才能有最后的实践行动。现代心理学家马斯洛著名的需要层次论，把人的需要分为五种，由低到高，从追求生理需要、安全需要到追求归属和爱的需要、尊重需要和自我实现的需要。他指明这是人性的本来面目，人的行为动力就是产生于这个基础之上。这些观点是纯粹理性主义的行为伦理学，他们的特点是认为个人的道德行为的根本动力是做那些他认为是对自己有益的事，如斯多亚主义。一个有道德的人、热心助人的人产生这样的行为是因为他认为只有这样做才能实现个人的尊严；一个损人利己的人产生这样的行为是因为他把那些具体的利益当作追求目标。另一种重要的行为心理学强调了个人的意志，认为人的行为是由生命冲动完成的，没有一定的规则。这种伦理学强调个人的情感是人的真正的生命过程，强调人的经验的独一性和真实性。根据这两种行为心理学，可以推出一个重要的结论：人性理论也就是人究竟是由何处而来往何处去，以及人的本质是什么，这些问题对人的行为有巨大影响。上述两种伦理学的基础都是人性论，所以人究竟是什么样的生物，这是伦理道德的首要基础。从这个角度出发，得知人的行为在很大程度上是经过深层的比较和考虑的，人如果在进行伦理行为前确实有判断，这个判断应该是以行为者自身的人性论为基础的，有什么样的人性论就有什么样的利益观。利益观影响了人的行为。

由上可见，普通伦理学对管理伦理的启发体现为以下两方面：

（1）就企业而言。首先，一个优秀的企业应该是一个组织得很好的企业，要有好的组织，要使组织达到预定的目标，应该有合理的伦理规范。其次，企业是由员工组成的，这些伦理规范应该提供给成员心理上的满足和物质上的利益,这样才能使得员工认同组织,并按照这些伦理原则行事,达到组织要求的道德标准,从而更好地为之服务。最后,企业不是孤零零独自存在于社会中的,一个企业周围还有许多企业和各种机构,企业必须和它们有良好的关系,当企业和它们的关系由社会成员的心理状态表现出来时,就与企业伦理有关了,也就是企业应该负有教育符合社会伦理需要的人的使命。当一切企业、机构、团体都达到这个目标时,每一个企业、机构、团体也就存在于一个良好的社会环境之中了。

(2) 就作为企业成员的个人而言。首先,人是活生生的有自己情感意志的人,是有自己的追求和利益的人,他受到周围环境的刺激,这些刺激影响他的情绪、情感和意志,并由此会影响他的行为。其次,人是社会性的人,他不仅属于一个企业,他还有家庭,也属于社会,所以也会有关于这方面的追求和激情。最后,一个人追求什么,认为什么对他是最重要的,对于他的实践内容有重大影响,均受其对行为结果判断的影响。

第二节 管理伦理的基本内容和重要作用

一、管理伦理的含义

要了解管理伦理的含义,需要了解什么是管理学。管理学家彼得·德鲁克认为,管理学的主旨在于研究如何把人组织起来成为一个完成某项事业的整体系统,这个系统应该有效地达到它的目的。管理学中本身就包含了伦理的内容,并且是把伦理的内容与整个企业的其他要素合成为一个整体来考虑的。管理伦理研究的是管理学中的一个分支,也就是在组织管理中的人际关系和道德问题的规律以及什么样的伦理道德能促进企业顺利达到它的目的。所以管理伦理应该包括管理者和被管理者的职业道德问题、企业内部的组织规范、企业和职员的关系、企业的凝聚力、员工间的协作关系、企业对员工的激励措施等问题。

企业在良好运行时需要注意的问题有:如何产生强大的凝聚力?如何提高生产率?如何能调动员工的积极性与创造性?如何合理地使用人才、引进人才并挽留人才?这些问题可以归结为人的问题,就是如何让员工对企业产生归属感。首先，应该让员工觉得企业是关心自己的。我们可以借用孟子的话："君视臣如土芥，则臣视君如寇仇。"(《孟子·离娄下》)如果企业对员工采取冷漠的不关心的态度，很难想象员工会把企业当作自己的家。所以成功的企业管理者都相信，员工的生活和生产率是由他们的工作环境创造的，而管理者的使命是在公司中创造一种环境，使企业员工获得安全保障。其次，企业应该给员工提供一种正确的价值观和世界观，即一种企业理念。这样就会让员工觉得工作是自己作为企业成员应尽的义务，不仅是为了报酬，更是为了展现自己的能力，为了自己的成就感得到满足而工作。即使企业处于困难时期，员工也会与企业管理者同舟共济，因为员工和企业管理者首先是为了同一个理想和目标走到一起的，员工不是如同过客借宿旅店一样来到一家企业，而是来到一个给他提供完成某项事业的地方。再次，企业应该给员工提供一个良好的工作环境，这种工作环境不是指高楼大厦和宽敞的写字间，而是指良好的人文环境，包括同事之间的协作关系，领导和下属之间的协商和相互尊重的关系，企业管理者和员工的友谊等。有一个良好的工作环境是管理工作非常重要的一环。要避免员工之间的明争暗斗，内耗是企业的大忌。为了防止产生这种情况，管理者应该尽量做到公平，有一份贡献给一份报酬；要能人尽其才，把每一个人安排在合适的位置上；职位和荣誉的给予要避免"二桃杀三士"的隐患。另外，对员工要有必要的奖惩措施。作为管理者应创造一切良好的外部环境，但同时也要考虑到被管理者有可能不适应企业要求的现象。良好的管理伦理观应注重同时从管理者和被管理者两方面为管理者制订合理的企业管理计划提供指导。

综上所述，管理伦理就是管理者制订宏观管理计划前的指导思想，它是具体管理方案的理论基础，它预先提出了在管理中可能存在的人力资源问题和解决的方案。

二、管理伦理与一般伦理学、管理心理学的联系和区别

管理伦理与一般哲学上讲的伦理哲学有着密切联系，它们是一般和个别的关系，它们都研究社会道德现象，研究目的都是提高人的道德素质、促进人的全面发展，两者都属于社会意识，但两者又有差别，它们的研究对象和研究范围是不同的。一般哲学上讲的伦理学以社会的一般道德现象为其研究对象，是

从总体上考察社会道德现象。管理伦理则以管理活动中所独有的道德现象为其研究对象，它虽然要以一般伦理学为基础，但并不研究一般的社会道德现象，因此一般哲学上讲的伦理学的研究范围要比管理伦理广泛得多。伦理学当然也研究职业道德，但是一般来讲，它并不研究某一种具体的职业道德，它只是研究职业道德的某些共有的属性，概括地指出各种职业道德的共性。管理伦理是以一般道德理论为基础，对管理过程中的实际问题进行研究。对于管理者来说，管理道德是一种职业道德，它对管理者提出的各种道德原则、道德规范和道德要求都是具体的，它是管理伦理的主要研究对象。它与实践的联系较之一般伦理学更直接。伦理学的研究目的是广泛地提高社会道德风气，提高全民的道德品质和道德修养，为社会的进步奠定基础。管理伦理的研究目的则是提高管理者的道德素质，推动管理过程顺利进行，提高劳动生产率。两者虽有区别，但密切联系。

管理伦理和管理心理学也是既有区别又有联系的。两者的区别在于，管理伦理研究道德问题，而管理心理学研究心理问题，两者的研究对象不同。两者的理论来源也不同，管理伦理讲具体的职业伦理，来源于一般哲学上的伦理学，而管理心理学的理论基础是心理学。管理伦理和管理心理学又有共同之处，它们都关注对管理过程中人的心理过程的研究。管理心理学作为心理学的一个分支，要研究在管理过程中管理者的心理平衡问题，研究管理活动中人与人之间相互关系的心理特点。而管理伦理虽然不把心理研究作为主要内容，但是为了正确地把握人的行为、动机和人的激励问题，必须研究这种行为动机产生的外部原因和心理机制，研究人的精神需求、主观愿望、价值取向等一系列心理活动。两者都研究管理者的道德素质。管理心理学从社会心理方面研究人的道德心理、道德素质；而管理伦理则从更广泛的意义上研究管理者的信念、道德情感、道德品质状况，然后再以规范化的形式对管理者提出道德要求。

管理伦理研究的是管理中的道德现象以及组织中全体人员的价值观、道德规范、行为方式、目标和理想追求、工作态度等。由此可见，管理伦理不但与组织内的相互关系有关，而且是组织活动内在深层的东西，是组织的核心。

正如管理伦理是管理方案和计划的基础一样，管理伦理有自己的基础，这就是普通伦理学对伦理道德和人性的认识。所有的管理伦理都有自己的伦理学基础或者人性论基础。重视人力资源的管理伦理观的理论基础，是把人作为一个有生命的社会的个体，人的生命冲动已经不仅是生存需要的冲动，而且有自我实现需要的冲动。早期的管理模式并不重视人力资源的管理计划，它们隐含的管理伦理观是假设人性只受一种需求的支配，它们把人视作没有自己追求的机器。这些早期的管理模式被后来的"以人为中心"的管理模式所取代，这本身就说明了它们的不合理性，也表明作为其基础的那种管理伦理观是不恰当的。现代的管理伦理一般都强调以人为中心，人不再是纯粹的"经济人"，人是有血有肉的"社会人"。把人看成丰富的人，便于深入对人的本性的探讨，这样管理理念与伦理观念的联系就能看得更加清楚了。

为了探究管理伦理的理论基础，为了表明这看似空洞的理论基础对管理伦理有什么作用，需要了解：为什么企业为员工提供一种企业理念会吸引员工？为什么良好的人文环境会促进员工的积极性和创造性？为什么要有激励措施和奖惩办法？为什么要引进公平与平等机制？

首先，平等、公正对组织的重要性很早就表现出来了。封建社会与奴隶社会是典型的没有平等和公平的社会，这种社会已被倡导民主、平等和公正的现代社会所取代。平等、公正有深厚的历史和人文传统以及人性论基础，每个人作为人是平等的，应该得到同等的尊重和权利。

其次，企业理念的重要性在于，它触及人之为人的根源是什么，人如何才能成为一个人的问题。这个问题的深刻根源在很早以前就被哲学家所关注。从柏拉图强调灵魂不朽，到基督教追求天国生活，这些影响深远的古代传统都为一个人之为人的根本在于何处这一问题提供了解答。而且，一般而言，他们的伦理学都是建立在他们尝试着给予的答案基础之上。比如柏拉图就反对身体的享乐，支持纯粹的精神生活。基督教在这个尘世之外塑造了一个上帝之城，而且还建成了很多修道院。在中国，伦理学同样建立在对人之为人的根本是什么这一问题的回答之上。按照韦伯对新教伦理与资本主义的关系的分析，新教提供的以劳动为义务，以履行个人的职业责任为天职的精神状态，是资本主义产生的重要原因之一。然而，这种天职观念和敬业精神本身却是由强烈的宗教精神来维持的，这种宗教精神的产生和发展及产生的巨大影响，都源于它对人的本性的论述，即新教的拯救"预定说"。

最后，良好的人文环境对员工的积极性与创造性的影响，显然在于对员工的心理方面产生的积极作用。另外，奖惩措施的使用是建立在人性的复杂性的基础之上，既不能只有激励没有压力，也不能没有激励只有打击。行为心理学已经表明，人的行为是在经过选择之后的理性结果，激励促使员工选择企业希望他们选择的行为方式。

实际上，可以根据普通伦理学的内容和成果来分析管理伦理。管理伦理要处理的问题是企业和员工之间的关系以及员工和员工之间的关系。从员工的角度说，作为一个独立的人，有自己的追求，要求满足自己的各种欲望和需求。从企业本身来说：一方面，作为有自己目标的组织，它应该是有系统和组织的，有自己的规章制度和企业理念，有自己的追求目标。另一方面，因为企业是由人组成的，企业的目标要靠员工来完成，员工是企业最重要的资源，所以企业在制定各种章程和行动指南时，应该考虑如何把员工团结成一个紧密的团体。企业应关心员工，让他们有归属感，让他们相互协作，激发他们的创造力。为此，必须了解员工的欲望和需求，了解员工行为的深层原因，以便做出管理决策。因此，真正的企业管理必须考虑到企业的目标和员工的工作效率这两方面，这是管理伦理观的基本视角。这就说明了为什么管理伦理总是扎根于哲学、伦理学、心理学等学科的最新研究成果，而这些学科的研究成果又是对现实生活中实践的总结和归纳。

三、管理伦理的重要作用

（一）弥补规章制度的局限性

任何一个管理系统要实现确定的管理目标，进行有效的管理，不可避免地要制定相应的规章制度，使之成为人们活动的规范。但再好的规章制度也不会是十全十美的，总有遗漏和不完善之处，必然对实现管理目标带来不利影响。而且，规章制度虽然是一个单位或部门制定的，但和法律相比，缺乏强制性、权威性。规章制度是在一定条件下制定的，它要随着客观条件的变化而变化，不仅不够合理的规章制度需要变，而且原来合理的但由于客观条件变化而变得不合理的规章制度也要变。规章制度作为一种社会意识往往落后于社会存在，一般具有滞后性。规章制度的一些局限性单靠规章制度本身很难克服，只有靠管理伦理道德来弥补。因为伦理道德是靠人的自觉的信念和传统来维持的，具有自觉的正确的伦理道德的人，可以发现规章制度的种种局限性，用自己的行动克服这些局限，从而弥补规章制度的不足之处。

（二）激励人的主观能动性

人的需要及其实现是人的主观能动性不断得到发挥的重要动因之一，人们除了物质的需要外，还有精神的需要。随着人类社会文明的不断进步，人们这种精神需要越来越丰富，越来越强烈。伦理道德的需要就是其中一个重要方面，规章制度只能使人循规蹈矩，而伦理道德能使人的潜能得到充分发挥，产生无穷的创造力。一个有理想、有道德的人是绝对不会仅仅满足于遵守规章制度的，他们必然有一种立志为国家、为社会贡献自己的聪明才智的高尚情操，将满腔热情投入到自己喜爱的事业中去，这同时也满足了他们的精神需要。在某些时候，这种精神需要甚至会比物质发挥更大的作用。许多老一辈中国共产党革命家宁愿抛弃大城市优裕的生活条件，而投身到艰苦卓绝的斗争中去，有的甚至为此献出了宝贵的生命；美国不少亿万富翁的子女宁肯放弃家族的大笔遗产，白手起家从事自己喜爱的工作，并取得成功。由此可见，社会伦理道德能够激发人的主观能动性。

（三）推动管理理论和管理实践的发展

生产力的发展是人类社会发展的最根本动力，生产力的发展必然推动生产实践的发展。实践是认识的基础、源泉和目的，也是认识发展的根本动力。管理伦理属于社会意识，对社会存在有反作用。正确的社会意识能够促进社会存在的发展，错误的社会意识会阻碍社会存在的发展。正确的管理伦理道德必然推动管理实践的发展，从而推动管理哲学理论和管理科学的发展。这是因为：

第一，进步的伦理道德能够为管理的变革做舆论准备，论证管理改革的合理性、科学性，批判腐朽落后的伦理道德观念，从思想理论上阐明改革的重要意义，澄清人们的模糊认识，在同错误伦理道德观念的斗争中，不断完善自己的理论体系，提高管理实践水平。

第二，伦理道德作为理论化、系统化的世界观的组成部分，作为制定政策法规的指导思想，影响着管理法规的制定，政策法规的制定者由于有不同的道德观念，对管理者和被管理者的看法截然不同，会制定出完全不同的管理法规。正确的管理法规，从制定的形式到内容都应该发扬民主精神，注意听取被管理者的意见，贯彻实践—认识—实践的认识路线，使管理法规有良好的群众基础，以利于其顺利执行。

（四）管理伦理对组织的改革发展有重要作用

组织的发展壮大，不断要求管理方式的进步，或者说，管理方式的进步促进了组织的发展。管理者先进管理作用的根源在于管理思想和管理理念都发生了变化，而不是外在形式上的组织规章制度的改变。理论和实践都证明，只有管理伦理的变革才是管理方法变革的根本因素，想要有更先进的管理方法，首先应该确定一种管理理念，这种管理理念应该建立在一种管理伦理观的基础之上。所以，只有有比较优秀的管理伦理观，才能有比较好的管理方法。过去那种把人简单地当成追求经济利益的人的管理伦理观早已不适合现代化的管理要求，现代化的管理模式是建立在现代各种学术研究对人的新的看法的基础之上的，人是社会的人，是有自己独特追求和欲望的人。在这种新的管理伦理观的视野之中，强有力的组织文化被认为是组织取得成功的重要法宝。

（五）协调组织与社会、组织与员工的关系，有利于社会的发展

现代优秀的管理伦理建立在以人为本的基础上，管理者应该尊重人、爱护人、理解人，重视人的价值，在正确的管理伦理的指导下，建立一个竞争有度、互助合作、积极进取的工作环境，使个人的生活、工作、事业、理想等和整个组织统一起来。任何组织都是社会的组成部分，为了避免组织的发展受社会伦理的制约，管理者往往使组织内部的管理伦理和社会的伦理相适应，在组织内部和外部建立一致的伦理关系以保持和社会的协调，这样有利于社会的全面发展。同时，当组织的管理伦理与社会伦理相一致时，也有利于组织塑造自己良好的社会形象。因为组织的行为符合社会伦理的要求，也一定符合管理伦理的要求。比如，符合组织管理伦理的"善"的行为也是社会伦理所认同和倡导的"善"的行为，这种"善"的行为越多，对社会的感召力越大，自然在人们的心目中树立起美好的组织形象，这将大大有利于组织的兴盛发展。因此，良好的管理伦理是促成个人、组织、社会相互促进及共同发展的强有力的纽带和桥梁。

（六）管理伦理对伦理学自身的发展有重大帮助

管理伦理虽然是以普通伦理学、心理学和哲学为基础的，但作为这些理论学科的具体应用，它也不断地向这些学科提出一些需要解决的问题，要求获得理论的指导，这就促进了这些理论学科的发展。例如，管理模式要求在个人的利益与追求和企业团体的利益与追求之间获得平衡，这就要求管理伦理为如何看待人的集体性与个体性提供具体的指导，这又进一步要求普通伦理学、心理学和哲学提供分析的模式和出发点。又如，企业和个人如何在追求自身的最大利益时，能够兼顾社会的、其他组织机构的、其他个人的利益，这二者通过什么样的企业理念和什么样的个人价值观得到统一，企业伦理与企业文化对此有何贡献，这些都是管理伦理在应对具体现实时所遇到的问题，它们期待着理论上的科学解答。

为了更清楚地表明管理方式和管理理念与管理伦理的关系，以及管理伦理对企业的影响，下面以先进的"以人为中心"的管理模式为典型，进行具体的分析。

第三节 管理模式向"以人为中心"的转化

一、管理模式的变化

管理伦理的变革和管理学的发展是同步的。通过比较不同时期的管理思想，可以发现管理思想变革的伦理基础，以及管理伦理思想如何给管理理论提供依据。

最先进的管理模式可称为"以人为中心"的管理模式。"以人为中心"的管理模式不同于以企业的生产组织为中心的管理模式。以生产组织为中心的管理模式的理论基础是把人当作"经济人"的管理伦理观。把人当作"经济人"，实际上是把经济当作人的唯一动机。这种管理伦理观的典型代表是泰罗的"科学管理"，其基本出发点是，工厂主的目的是最大限度地获取高额利润，工人的目的则是得到尽可能多的工资收入，建立在这种人性论之上的管理方法就是用金钱作为刺激工人积极性的唯一方法。这种管理模式认为，生产效率单纯受工作条件的制约，所以在管理上只考虑工作方法的科学化、劳动组织的专业化、作业程序的标准化。它把主要关注点放在机构的组织、职权的划分、规章制度的建立等事务上。这种管理模式被人们称为"物本管理"。

之后对管理和生产效率的研究逐渐纠正了经济人的观念。管理者开始以对人的认识为中心制定管理模式。首先针对"经济人"的观点提出异议的是人群关系学派，他们认为人是"社会人"。人群关系学派的理论强调人在生产中的作用。在生产与组织管理的看法上，他们指出，影响人的积极性的因素除了工作条件、工资待遇以外，还有社会和心理因素，不能把员工当作没有感情和追求的机器。他们强调，员工的工作情绪或士气对生产效率的高低有很大影响，而员工的工作情绪和士气又与家庭、社会生活及企业的人群关系密切联系着。他们要求关心人、尊重人，要求重视社会因素，尤其是道德因素的作用，通过不断调整人与人之间的关系，在满足员工的经济需要的同时，也满足员工的精神文化需要，激励他们的道德自觉性，从而提高劳动生产率。所以他们的观点又被称为"工业人道主义"。在人群关系理论之后，紧接着出现了综合心理学、社会学、人类学和行为科学的观点。行为科学在管理上强调人的需求，从人的需求方面来探索影响人的劳动态度和工作效率的因素。在此之后的重要管理理论是威廉·大内提出的Z理论。他认为：信任、微妙性和人与人之间的亲密性是企业成功的重要因素。根据这个看法，Z理论有三个要点。第一个要点是信任。这是指良好的管理制度应该使员工之间保持互相信任，包括同事之间的信任和上下级之间的信任，以及企业主和员工之间的信任等。信任使得人与人之间诚恳相待，肝胆相照，领导处事坦率、公正、平等，结果是员工的心情愉快，情绪稳定，会使企业的工作效率提高，所以信任就是效率。第二个要点是微妙性。这是指人与人之间相互熟悉和理解而产生的良好的协作关系。这种微妙性直接反对官僚主义的硬性管理和强制性分派工作，要求在分配工作时注意到分工者的合作关系，良好的合作关系可以提高生产率。第三个要点是人与人之间的关系的亲密性。这是指一种知心朋友式的友谊关系，员工像朋友一样构成一个团体，在这个团体中，大家彼此尊重彼此关心，亲密无间，处事公正，形成一个良好的工作氛围。威廉·大内的理论又被称作"管理人道化"。他对自己的理论做过一个总结：在任何企业中，生产率都是一个社会组织问题，而使员工关心企业是提高生产率的关键，良好的人际道德关系可以提高劳动生产率。这种管理模式被人们形象地称为"人本管理"。

管理模式的转变本身就是管理思想史的发展演变过程。从泰罗建立"科学管理"从而开创现代管理学以来，管理思想的变化发展都是随着对人的认识的深化而深化的，这与近代哲学思想不断重新发现人、重新重视人的价值、要求研究人的本性是一致的。管理模式由直接的单纯的以生产组织到强调组织中人的积极性的变化——走向"以人为中心"的人本管理。以人为中心和以生产为中心的目的相同，都是为了提高企业的生产效率，但由于采取了不同的伦理观和管理模式，结果却不同，"以人为中心"的人本管理模式已成为主导性的管理模式。

当今信息和知识经济时代，突显出人的智力、知识、技能、实践创新能力等在现实社会发展中有举足轻重的作用。在一定条件下，人力资源比物质资源有优先重要性。社会的发展，需要人成为智力、技能、创新能力等融为一体的"能力人"。以此为基础，形成了"能本管理"模式，是"人本管理"的新形式。

二、管理模式转化的伦理学依据

管理模式的转化背后有管理伦理观的哲学背景，外在的规章制度的变化实际上根源于内在的精神倾向的改变。根据泰罗的"科学管理"的假设，人是"经济人"，它的推论是：大多数人天生懒惰，都尽量逃避工作；多数人没有雄心大志，不愿负任何责任而且心甘情愿地受别人的指挥；由于人们厌恶工作，因此必须采取强迫、控制、诱惑支配的办法，才能使他们去完成生产任务；多数人只是为了满足自己的生理和安全需要才工作的，因而只有金钱和其他物质利益才能激励他们努力工作。这种对人的看法是产生机械式的科学管理模式的根本原因。

当人力资源被视为重要的资源以后，管理模式的中心转移到如何发挥人的主动性上。各种以人为中心的管理模式都以自己对人和人性的看法为基础。人群关系理论作为最先反对"经济人"观点的管理伦理观，开始强调人的社会性和人的精神文化生活，提出了要重视人、关心人，认识到人不是机器。在人群关系理论基础上发展起来的行为科学，具体研究了人的需要。马斯洛提出了人的需要层次理论，对行为科学有很大影响。赫茨伯格的双因素理论，也是建立在对人内心需要之上的。麦格雷戈的Y理论的伦理学基础是"自我实现的人",这个词是从马斯洛那里借用过来的,麦格雷戈把它作为人的本质,以此为基础建立了Y理论。所以Y理论的根本出发点就是人的本质是"自我实现的人",即一般人都是勤奋的。如果环境条件有利,人们工作起来就像游戏和休息一样自然,并从中得到快乐和自我实现的成就感及满足。他认为,在正常情况下,人不仅会乐于接受任务,而且会主动寻求责任。因此,控制和惩罚不是实现组织目标的唯一方法,人在执行任务时能够自我控制和自我指导。管理者的最大责任在于改进组织条件和工作方法,使人们在为组织的目标而努力的同时,也获得个人自我实现需要的满足。以"管理人道化"著称的Z理论,自认为是最理想、最人道的管理模式,也是从人出发的。威廉·大内自己就认为,要理解Z理论,首先应该对"社会的人"有一个正确的认识。正因为人是社会的人,所以在人际关系中至关重要的信任、微妙性和亲密性才对人有重大影响,才能被应用于管理措施中。人际关系就是人伦关系,企业中的人际关系就是企业伦理关系。Z理论特别重视人际关系,强调要形成集体主义的价值观,强调员工之间的合作;在人际关系中,Z理论强调平等是核心,平等是建立信任与微妙性和亲密性的关键,也是使伦理道德起作用的关键。

我们看到以人为中心的管理模式都是从对人性的某一方面的强调来建立自己的管理观的。伦理学中的伦理,处理的是人际关系,道德处理的是行为主体的行动冲动,伦理学就是二者的结合。管理伦理学史,或者说管理思想史、管理模式转化史,正是普通伦理学中道德和伦理二者关系的发展史。以人为中心的管理模式,一般而言,都可以看作是通过建立一种比较好的人际关系,来培育优秀的企业道德。这些企业管理模式实际上是实践的企业伦理学,因为它们考虑到了人的各个方面。因此,整个管理模式的发展以及管理伦理观的发展,都建立在对人性的认识上。

三、"以人为中心"管理模式的启示

管理模式向"以人为中心"转化,是历史的潮流,它既是实践经验的总结,又是理论发展的必然趋势,对此理论的研究和运用,使我们得到诸多启示。

对企业而言：首先，人力资源是最宝贵的财富。《史记·商君列传》有云："得人者兴，失人者崩。"企业是一个团队，是由一群具有共同目标的相互依赖的决策者组成的团体。这个团体的每一个目标都要依靠其中的每一个成员去完成。所以，企业应该认识到每一个人都是重要的成员，要尊重员工，发挥他们的主动性和积极性。其次，成员的行动是出自自己的需要，每个人都有生存需要、社会性的需要和自我实现的需要，企业的管理者必须考虑到这三个方面，从物质利益、人群关系、精神生活三个方面为员工提供服务。

"以人为中心"的管理模式要求能够给员工提供一个正确的世界观和价值观，这样能够让企业中的员工有一个更广阔的社会视角，个人可以由企业走向社会。由于个人首先是在一个组织中感到社会的存在，因此个人心里对社会认同的需要，就通过对企业的认同而达到。这是企业提供的集体主义和协作主义价值观所培育的。正确的价值观不仅培育了企业的优秀员工，也培育了优秀的社会公民，促成一个良好的社会环境的形成，反过来又使企业有一个良好的外部环境。

第八章　管理价值观

　　严格地说，管理有广义和狭义之分。在社会学家看来，管理往往是广义的，它指的是组织管理，其中包括对营利组织和非营利组织的管理。因此，广义的管理被认为是一个合作的群体将各种行动引向共同目标的过程。从这个角度来看，管理作为人类社会的一种协调集体行动的行为，自古就有了。具体而言，管理具有四个特点：一是管理是面向集体的；二是管理的主要任务是创造和保持一种环境，并使集体中的人在这种环境中共同从事生产劳动或者从事别的活动；三是管理的主要目的在于完成预定的使命和目标；四是管理的核心在于决策。管理的最终目的在于获得社会经济绩效。

　　看似简单的管理过程其实包含一系列极其复杂的系统工程。管理学作为一门科学，实际上是20世纪前后的产物。在一般人的印象中，一提起管理，首先会想到公司等营利性商业组织的经济管理。美国管理学者哈罗德·孔茨（Harold Koontz）认为，从非常实际的意义来看，所有管理的目标必定是追求经济盈余。管理的任务就是创立一个供集体努力生产的环境，并以最少数量的财力、时间、劳动和物力的投入，使每个人为实现集体目标做出贡献。这基本上可以说已经把现代西方管理科学的精髓表露无遗。对于工商业组织而言，管理的目标是利润，即工商业经营收入超过成本的盈余。西方古典的经济学对"经济"的定义就是，如何以最小的投入来获得产出的最大化。这个假设同样适用于现代企业管理理论假设。可以说，西方管理科学基本是把探讨如何追求利润的最大化作为本学科的出发点。

　　实际上，管理的话题并不限于工商业营利领域，在一些非营利组织的管理中也同样重要，如政府行政管理、社会公益组织管理等。对于这些部门来说，虽然管理的目的也有追求利益的一面，但更多的意义在于如何提高效率，或者说实现效用的最大化。

由此就容易给人造成一种错觉：不管是营利组织的管理，还是非营利组织的管理，似乎管理的目的就是使一个个组织变为"经济人"，它们都在千篇一律地追求利益或者效率最大化。这个看似正确的见解实际上忽视了一个非常重要的因素，即管理价值观和管理道德问题。可以说，管理首先涉及的就是价值观和价值评价的问题，而价值观和价值评价又与特定时期的社会文化密切相关。实际上，管理的内容并非绝对一成不变，而是由一定的社会和文化所决定的。纵观所有的社会和文化，凡是人们集合到一起采取某种集体行动时，总会遇到确定方向、协调、激励因素等共同问题。一个民族的文化总是会对如何认识和解决这些问题产生影响。因此，从最广的意义上说，管理是文化的一部分，也是价值观的一部分，管理不能脱离文化和价值观而存在。

第一节 价值和管理价值

在管理过程中，管理主体和管理客体之间存在两方面的关系：一方面，是管理主体对管理客体的能动反映是否正确，即管理的真理性问题；另一方面，是管理客体对管理主体的功利作用是否有益，这就涉及管理的价值性问题。管理价值是管理活动的目的和意义所在，也是管理哲学全部原理的最后归宿。谈到管理价值观，就不能不涉及民族文化心理问题。管理的目的是引导集体朝共同的目标努力。在这个过程中，必须注意到不同的价值观念对不同的群体或个人的影响。作为人类的一种无时不在的活动，管理从来就不是孤立自存的社会现象，而是受到一定的社会文化制约。这是因为任何人都生活在某个特定的群体中，也就是生活在一个特定的文化氛围之内。管理的主体和客体，即管理者和被管理者，他们都是生存在本民族、本社会的文化环境中。由于不同国家的人有各自的民族文化传统生活方式，包括价值观念、道德准则、生活信念、思维方式和风俗习惯（如东方人和西方人的文化差异就非常大），即使是在同一个文化背景下，不同的个体也有不同的行为方式，故其所崇尚的管理价值也各有差异。所有这些因素都深刻地影响着管理的原则和方法,并进一步影响到管理价值观的内容与形式。

一、价值与管理价值的区别和联系

究竟什么是管理价值?要弄清这个问题,首先要把价值和管理价值做一番对比分析。而要理解管理价值,就要知道什么是"价值"。对于"价值"的理解,不同的学科,包括伦理学、哲学、美学、政治经济学等,虽然各有不同的定义,但这些学科对"价值"的理解也有共同之处,都包含着一种价值判断,即有"好坏""善恶""美丑""爱恨"之间的对比含义。我们通常说某个事物"有价值",是指这个事物能够为我们所用,满足我们的某种需求。反之,如果没有价值,也就是指我们无法从中获得任何益处。因此,有的学者指出:如果为了便于理解而不用非常专业的术语来讲的话,不妨把"价值"作"好坏"来理解。世间凡是可以用"好坏"来评判的事物,就属于"价值"问题。所谓的"价值观念",某种程度上也可以是指"好坏观念"。

价值作为价值学和哲学的基本范畴,是人类生活中一种普遍现象和内容的本质概括,是各个领域中各种特殊的、具体的价值形态的总概括、总抽象。总的来说,在现实中,人们对价值有三种理解:第一种是政治经济学的价值,是特指劳动产品和商品的内在社会本质特征。第二种是日常生活和一些社会科学中所说的价值,它的特定含义是指"有用"或功利效用。其特点是对"价值"作狭义的理解和使用,表现在把"价值"和其他同质范畴看作同等的、并列的形态,比如与道德、审美等相区分和同等并提。第三种则是在哲学的最高抽象意义上所理解的"价值一般"。这里所说的价值是对包括功利、道德、审美等在内的所有具体价值的共同概括,即考察它们的共性。

日常生活中人们说到"价值",首先就会想到商品的价值,准确地说是商品价格。由此又会想到马克思在《资本论》中所阐述的资本主义商品的价值两重性,即商品具有使用价值和交换价值。商品的价值在于它的交换价值,而使用价值则是这种交换价值的物质承担者,其衡量的标准在于生产商品所需要的社会必要劳动时间。马克思正是通过剖析商品使用价值和交换价值的矛盾,然后再一步步地揭示出资本主义社会生产和剥削的全部奥秘。但是,一般人们所讨论的价值较商品的交换价值具有更广泛的意义。对于人类社会而言，除了物质产品的价值之外，还有精神产品的价值问题。精神产品既包括科学的发现发明、科学理论的建立和发展，也包括小说、戏曲、电影、音乐等文化方面的创造，还包括社会伦理规范、法律制度等，这些对于人类社会都是不可或缺的，因而也具有价值。

而在哲学界，不同的学者对"价值"的看法存在许多分歧。有的学者认为，哲学上所说的"价值"包括"价值观"，是经济学上的"价值"概念的引申扩展。如《哲学大辞典》把"价值"解释为："最初系经济学概念，指凝结在商品中的一般的、无差别的人类劳动。为商品的基本属性之一……后这一概念泛化到哲学、伦理学、社会学、美学等各学科。"[①] 对于这一看法，有的学者持不同见解，他们认为哲学的"价值"和经济学上的"价值"没有多大直接关联。此外，马克思也曾经提出过一个被广为引用的"价值"概念："'价值'这个普遍的概念是从人们对待满足他们需要的外界物的关系中产生的。"[②] 他的这个"价值"概念和经济学上的"价值"概念显然不同。

至于普通人，他们对"价值"的认识往往是感性直观的，基本上局限于伦理道德、审美、宗教等具体领域，不如哲学上的那么抽象。人们在提到"价值"时，常常和人生观、世界观联系在一起，而且往往同时综合了前面三种含义，即有用、有意义、有"好坏"之分。人们认为价值具有一个明显的也是最重要的特征，即它具有相对性和可变性。我们说某个事物有价值，是就在一个特定的文化背景中而言的，有时候离开这个背景，就不存在有没有价值这个问题。至于价值的可变性，则是指有的事物只有在某个时空背景下才有价值，一旦时过境迁，就没有价值了。

既然说到"价值"，就不得不对"价值观"也做一番必要的解释。有学者认为：价值观是人们关于生活中基本价值的信念、信仰、理想等思想观念的总和。而西方有的学者则指出：价值观是人们在做出抉择和解决争端时作为依据的一种规则体系，也就是个人所持的有关人应该希望什么（合意的东西）的规范性见解，并作为评价和衡量个人与社会选择是否适当的标准。由此可见，价

---

① 冯契主编：《哲学大辞典》，上海辞书出版社1992年版，第619页。
② 《马克思恩格斯全集》第19卷，人民出版社1963年版，第406页。

值观作为一种评判标准,国内外学界对它的理解基本上是一致的。

和价值相同,任何价值观也只有在人们所处的特定社会文化环境中才有意义。它使一定文化环境中的成员知道什么是好坏,什么是真假,什么是正确错误,什么是积极消极。对于价值观特点的理解,有学者认为可以从三个层面来进行:

(1)从价值观的形式来看,价值观念是由人们对那些基本价值的看法、信念、信仰、理想等所构成,它的思想形式是多种多样的。

(2)就其内容而言,价值观念反映了主体的根本地位、利益和需要,以及主体实现自己利益和需要的能力、活动方式等方面的主观特征。

(3)价值观具有评价标准的功能。换言之,价值观是人们心目中用以评估事物之轻重、好坏、权衡得失的"天平"和"尺子"。人们就是用价值观这把"尺子"的标准去衡量、评判生活中的每一个人和事。当人们对事物做出自己的评判的时候,就体现了自己的价值观。

知道了什么是"价值"和"价值观",再来理解"管理价值"就容易得多。实际上,价值是多方面的,有政治价值、伦理价值、审美价值、人生价值等,而管理价值就是其中的一种。究竟什么是管理价值?从管理哲学的角度来说,管理价值是客观对象或人们的行为对于提高或改善管理活动所具有的意义和作用。换句话说,管理价值是人们从管理学的角度,以提高和改善管理水平为尺度来衡量客观对象或人们行为的价值。凡是有益于提高或改善管理水平的对象或人的行为都具有管理价值。它和一般意义上的价值的区别在于,在某种程度上,它们之间是总体和个体的关系,管理价值是价值在管理领域中的具体表现,因此具有一般价值的特征。

换言之,管理价值实际上是管理行为中所体现或者隐含的价值,也就是整个管理活动的指导思想,它决定了管理者如何按照并遵循一个总体性原则来实施管理行为。如人们通常所说,日本企业注重培养员工的集体意识,强调实行终身雇佣制;而美国企业则鼓励员工发挥各自的创造性,崇尚个人主义。这就是两种不同的管理价值,也可以说是两种不同的"管理价值观"。这两种不同的"管理价值"是由两国不同的文化环境所决定的。每个管理者的管理价值实际上也总是受到其所处的民族、国家的价值观的规范。每个民族或者国家都有一套本民族、本国共有的管理价值观,它制约、规范或指导着每个成员的管理价值,并决定着人们的具体管理行为。不同文化背景中的人对"管理价值"的理解有很大差异。

在管理的过程中,人们也对其中的某些行为做出一些带有主观色彩的评判,其中就涉及管理价值的问题。一般人对"管理价值"也有主观"好坏""美丑""善恶"等评判。所不同的是,管理价值只有在管理中才能反映出来,离开了管理,就不能称之为管理价值。比如,某企业为了达到预定的产量和利润指标,就一直催促员工加班加点地工作,这种管理行为在一些人看来是可以理解的,而在另外一些人看来是不人道的,这是对人的尊严和自由的摧残,这就涉及管理价值的判断问题。

虽然管理价值本身也涉及评判的意义,但是管理作为一种客观存在,有时候却很难用"好坏""美丑""先进与落后"这类词来区分。比如,很难判断日本的管理价值和美国的管理价值究竟哪一个更先进,特别是从学术研究角度说更是如此。这就好比在现实生活中,人们习惯称某种文化是先进的,而另外一种文化则是落后的,其实文化是不存在所谓先进与落后之分的。我们常说:中国的管理经验落后于西方,因此要从国外引进一些"先进的管理技术和经验"。这其中就包含着一个价值判断:中国的管理是"落后"的,而发达国家的管理是"先进"的。其潜在的意思是说,发达国家的管理比中国的管理要更加有效。这种看法其实只适用于具体的管理技能和管理知识,而不能笼统地说中国的管理价值比西方的管理价值落后,因为决定管理技能的还有科技发达程度等客观因素。

二、管理价值的特点

管理本身是一个极其复杂的系统工程。如果简单地划分,它包括管理价值和管理实践两大部分,前者是管理中的思想准则,后者则是具体的管理行为,它们之间的关系就好比理论和实践的关系。前者是指导后者的行动准则,后者也可以反过来验证前者。管理实践是指具体的管理活动,以一个企业组织的管理来说,整个管理过程包括制订产品计划、组织生产、产品营销、财务核算、人事考核录用等各项具体的决策过程。管理价值是指整个管理过程中的主导思想,它是引导整个管理实践活动的指南,是在管理行为中所表现出来或蕴含的价值。所谓管理价值的特点，是相对于其他具体的价值形式而言的。概括来说，管理价值具有如下特点：

（一）管理价值受特定的社会文化环境约束

美国管理学者弗里蒙特·卡斯特（Fremont E. Kast）指出，管理思想与管理实践都是受更为广泛的社会意识形态的影响的。这里所指的"意识形态"不是我们一般所说的政治上的"意识形态"，而是强调民族、阶级、阶层、专业或职业、教派、政治团体之类的群体的观念、信仰与思想方式的综合体，是相对于个人的价值观而言的。这些意识形态是由各自群体的地理和气候环境、习惯活动、文化环境所制约和决定的。换言之，管理价值将受到价值系统的影响，而价值系统不仅由组织内部决定，而且还由广大的社会文化规范所决定。因此，人们有必要了解价值观的演变，以便理解影响管理思想发展的基本力量。而管理者的动机和行为都受到他们所处的社会价值系统的影响。不少学者认为，管理价值带有很强的政治倾向，不同的管理价值服务于不同的社会阶层。

管理价值的共性是使社会组织成为合法社会系统的基础。指导被管理者的管理思想是一种看不见的重要网络，它们把组织联合在一起，作为一个整体而行动。它们又是决定管理实践的主要因素。特别应强调指出：由于每个社会中的伦理观念都是多元的，因此现代的管理者并非以绝对的或一元论的管理价值来指导自己的行动，而是凭现在社会中存在的多元性的伦理来指导自己的行动。这种多元性的管理价值为决策提供总的指导原则，但不是具体的管理答案和管理实践。

（二）管理价值具有反馈性和两重性

管理价值是管理实践的思想指导准则，而管理作为社会实践活动，是管理主体即管理者的工作内容。管理的目的是为社会生产和人民服务，也就是说，是为满足国计民生的需要而求取效益的，否则就没有价值。这种满足了客体的需要，也就是对社会、对人民有价值。所以，管理的价值是以对国计民生有价值作为自己的价值的，这是价值的价值，没有第一个价值，就没有第二个价值。

(三)管理价值具有社会性

管理是主体和客体交互作用的过程，本身就是社会群体的活动。所以，管理的价值绝非某一个人所能创造的，需要全体员工乃至社会及顾客的支持、协助和参与，是整个组织系统和人民群众集体运作的结果，这就是管理价值的社会性。

(四)管理价值具有长期性

管理作为一项集体活动，绝非短时期之内能够见效的。以企业的管理来说，其管理活动必须经过相当长的周期，经过管理的全过程，贯彻落实计划决策，并最终生产出合格的产品，然后通过计划和市场的运转和交换，最后才能实现管理价值。有的管理价值，如一个国家的长期发展规划、一些跨国公司的扩张战略，更是需要长时期才能见效。

(五)管理价值具有创造性

管理价值是一种创新活动，它既不是现成的东西，也不能立即见效，而是必须通过管理过程中人的脑力劳动和体力劳动，对各种人力、物力、财力资源条件进行变革、调整、重新组合、群策群力，最后才能获得管理绩效，实现管理价值。只有经过这一系列的过程，管理才能创造出价值，满足社会的需求，为人民带来福利。因此，管理的最终目标是服务于创造管理价值。

由管理的价值联系到人的价值。人是指具体环境中从事具体实践的人，不存在抽象的人，除了人作为人的概念之外，不存在什么也不是、什么也不干的人。人总是在具体的历史条件下，作为自我的主体或作为他人的客体而存在。人处在社会关系中，通过社会关系表现出他的价值，即对他人、对社会的功用和意义。可见，人的价值就在于对他人、对社会有价值，这些价值反馈回来也证明了自身的价值。无论怎样，人始终是管理实践的主体，管理价值其实也是人追求自己人生价值的一个层面、一种方式。

(六)管理价值具有相对性

与管理价值的变动性相对应的是管理价值的相对性。有的管理价值在这个时期是有价值的，但是到了另一个时期，就可能变得过时甚至毫无价值了。如在中国的历史上，很多封建王朝都把商业视为"末业"，商人的社会地位低下，备受社会其他阶层的歧视，"无商不奸"——社会对商人充满了鄙视的色彩。但是时至今日，人们认识到商业在经济发展中的作用，自然对商人的管理价值观也发生了180°的转变。

管理价值和特定的文化氛围是紧密联系在一起的。任何一个管理者和被管理者都生活在某个特定的社会文化背景中，因此他们的行为总是带有本文化的烙印。现实生活中，每个人都很容易犯的一个错误是：时常把本民族或者本文化中的管理价值强加到别人、别的民族的管理价值上，好比把自己的价值观强加到别人的身上一样。这种做法在真正的管理活动中有很大的弊端。最好的处理办法是先弄清双方是否在管理价值上有差异，然后再寻求某些结合点，这样或许可以收到事半功倍的效果。

三、管理价值体系

管理实践活动中各方面的价值因素、价值关系及其意识所构成的相互联系的整体就是管理价值体系。从总体上看，任何的管理价值体系都包含两个相互联系的基本子系统，即客观的价值系统和主观的价值系统。具体到管理实践中，管理价值体系包括管理价值观念、管理价值行为、管理价值评判三个组成部分，其中管理价值观念可以视为管理价值的思想原则，而管理价值行为是指在管理价值观念的指导之下进行的实际管理行为，至于管理价值评判则是评价管理价值观念是否最终达到理想状态的标准。

所谓管理价值观念，是指管理主体对管理客体有无价值和价值大小及其相关内容的基本观点和看法。包括价值性质、构成、标准、评价等理论观点和观念形态。

所谓管理价值行为，是指管理的主体和客体以管理观念作为思想指导，来进行具体的管理工作或者管理实践，也就是实现管理价值的管理实践活动。管理价值评判是由管理效率、管理效能、管理效益三个方面组成的矛盾综合体，它们相互之间既对立又统一，紧密结合而不可分割。

管理作为一个投入—产出的过程，追求效率的提升是管理价值的首要标志。在经济管理中，追求效率首先就是如何实现产量的增加。管理的主体也就是管理者依据计划决策，将人力、物力、财力、时空环境等资源条件投入生产或服务运转中，经过管理主体和管理客体相互变革的创造，生产出产品。这种生产活动是否能对人类社会做出贡献，就涉及效能问题。如果一个企业生产的产品销售不出去，最终还是无法实现由效率到效能的转化。如果企业生产的产品最终销售出去了，那么这些产品究竟对社会的贡献有多大，这就关系到效益问题。在此，可以把效益理解为经济效益和社会效益的综合体。其中，就包含日常生活中人们所说的个人利益和群体利益、群体利益和国家民族利益、当前利益和长远利益等综合协调平衡关系问题。因此，在具体的管理活动中，每个管理者和被管理者都应该注意如何实现管理效率、管理效能、管理效益三者之间的辩证统一。

第二节　管理价值观在管理中的作用

一、管理价值观在管理过程中的地位

　　人们在认识世界和改造世界的实践活动中，对各种各样的理论不断进行着认识和评价。在这些评价过程中，人的价值意向包括感情意志、思想观念、行为取向等也在思想中内化和积淀为理性或非理性的观念。它们成了人们观察和评价周围事物的标准和尺度，也成了自己行为的准则和追求的目标。这种在思想内部形成了的主体所期望的目标、追求的方向，以及相应的一套衡量、判断、规范事物善恶及美丑的标尺，就是人类社会中通常所说的价值观。价值观同对某一事物的具体价值评价有所不同，它是对某一类事物乃至对世界、社会、他人与自己的关系的一种比较稳定的观点。它是一个人的世界观、人生观在价值问题上的表现。

　　价值观是多方面的，包括政治价值观、伦理价值观、人生价值观、审美价值观等，而管理价值观则只是其中的一种，它是一般价值观在管理领域中的具体表现。管理价值观在管理过程中具有非常重要的地位和作用。价值观与思想是密切联系的，它被认为是指导管理决策和其他管理活动的主要基础，从而为管理理论与管理实践的发展确立了基本的框架。从管理行为的观点看，价值观

的主要职能是可用作决策和行为的决定因素和指导方针。管理价值观指导着管理者的具体管理实践活动。所谓的管理价值观并不单纯指管理者所持有的价值观，同时也包括被管理者的价值观。

任何一个管理者和被管理者都生活在一定的社会文化背景中，每个管理者的思想理念都深深地受到他所生活的社会环境的影响。管理作为人的一种有意识、有目的的活动，从决策到组织、人员配备、计划、控制、信息沟通直至各个具体的管理环节的整个管理过程中的每一项职能、每一个环节，无不受到文化的影响。由于不同的国家、不同的民族之间的文化差异，建立在不同文化基础上的管理价值观也必然各具特色。例如，建立在东方文化基础上的中国管理价值观和建立在西方文化基础上的管理价值观就有非常明显的差异。

在一个民族国家的文化中形成的管理价值观，不能原封不动地移植到另一个民族国家的文化之中，否则很容易引起两种管理价值观的冲突，双方一时难以沟通。现在的跨国公司在不同的国家设厂，都必须要首先考虑到所在国的文化观念对公司原有的管理价值观的影响，然后对本公司的管理原则和方法做一些相应的调整。如同样一个跨国公司，在中国设厂和在中东国家设厂，所面临的社会文化环境就有很大的差异，两个国家的管理价值观自然也不同。

这里强调不同的民族、不同的国家之间的管理价值观是不同的，并不是说因为彼此的管理价值观不同，冲突就在所难免，而是说只有认识并找出彼此在管理价值观方面的差异，才能尽量设法消除这种差异、化解分歧，进而达到提高管理水平的目标，实现人类社会某些共同的管理价值。

二、管理价值观的转变及其意义

管理价值并不是一成不变的，它会随着时代的发展而发生变化。在不同的历史发展时期，社会所崇尚的管理价值也不同。如西方的传统文化对企业管理价值的看法和认识与现代的管理价值相比，显然有很大的不同。资本主义管理价值并非整个历史的规范或伦理。在古希腊和古罗马时期以及几乎整个中世纪时期，商业活动被看作可以容忍的必要之恶。韦伯的一个著名论点就是：西方资本主义伦理的兴起是与宗教改革和新教运动所引起的宗教伦理变革交织在一起的。他认为，西方民族在经过宗教改革以后所形成的新教，对于西方近代资本主义的发展起了非常重要的作用。实际上，包括理性主义在内的西方功利主义、追求利益最大化等价值观都是近代才出现的。

虽然管理思想和管理价值在管理实践中早已存在，但系统的管理理论和管理科学是在 19 世纪末 20 世纪初才出现的。20 世纪初美国人泰罗被现代西方管理学界公认为是管理科学的创立者，他首创了系统的管理理论，并付诸管理实践中。

就以西方的经济管理理论来说，由于历史的发展和现实的经济需要，形成了不同的学派。各个学派都有所信奉的管理价值，它们所倡导的一些具体的管理思想也有明显的差异。

进入 20 世纪 80 年代，西方管理学界对企业文化的研究成为热点，标志着管理价值出现了新的转向。很多管理学者发现，从 20 世纪 70 年代以来，本来西方各国在技术设备、经济实力、人员素质、管理水平等诸多方面均明显优于日本，而日本在第二次世界大战中战败后，经济却突飞猛进，其经济发展之迅猛，连美国也感受到了威胁。一向以管理学发明者自居的西方管理学界不得不对西方传统的管理价值观进行深刻的反思和多角度的研究，形成了一股研究企业管理文化的热潮。其中，有两点值得重视：

第一，他们的研究揭示、分析了西方传统文化与传统管理的不足之处。西方传统的管理价值观一直信奉的是理性主义，但是这时候他们意识到，理性主义的管理模式抽掉了现实情况中活生生的因素，贬低了价值观念的重要性，其不足之处在于管理者习惯于依靠组织机构和正规的带有强制性色彩的规章制度来实施管理，推崇独断专横、富有个人主义色彩的美国式的领导方式和迷恋于狭窄的、近期效果的分析技术等，这些都是导致西方企业缺乏竞争力和低效率的症结所在。

第二，肯定企业文化在企业生存、发展中的关键作用，指出企业文化建设是日本经济腾飞的主要原因。日本和欧美等国的管理方式有很大的区别，这点恰恰反映出它们之间管理价值观的差异。和西方的企业注重物质激励、强调个人主义的管理价值观相比，日本的企业管理模式最典型的特点是实行终身雇佣制，企业更加注意培养员工对企业的认同感和归属感，强调对企业的忠诚和团体集体意识，企业也非常重视和关怀员工，使员工感受到企业就像自己的家一样。日本企业的这种管理价值观被认为是得益于儒家文化的熏陶，整个管理过程也因此充满了温馨的亲情。日本式管理价值观在管理实践中的成功,引发了一场研究企业文化、塑造企业文化的热潮。管理价值观是企业文化的核心,是企业组织及其员工的基本信仰,它对员工具有重要的指导作用、激励作用和凝聚作用。

现代的管理者处在一个迅速变革的时代中,无论是管理者还是被管理者的价值观都一直处在演变的过程中,因此管理价值也处于变化的状态。在现代社会中,信息科学技术飞速发展,如网络技术的发展、新知识经济的发端等,都不断地冲击着已有的管理价值。很多传统的管理价值观正面临着前所未有的挑战。与当时的社会主流思潮相对应,传统的古典管理价值观片面强调利润最大化,它最主要的缺陷在于仅注意到人的最低层次的需要,把追求物质利益和利润最大化放在第一位,漠视人的尊严、自由等,把人看成"经济人",认为其一切活动均是出于经济利益的考虑。随着时代的发展,人们的价值观发生了改变,很多人不再把经济利益摆在首要位置,而开始注重精神、个人兴趣等方面的需要。

正如管理学者卡斯特所指出的,人们必须认识的是,组织理论和管理实践都受变动着的社会和演化着的思想意识的巨大影响。在过去,管理常常被简单地等同于经济组织的管理,这种管理只是与工商业等营利性组织联系在一起,因此管理的最终目标就是实现利润的最大化。但是,随着社会的发展,人们发现对非营利组织的管理同样重要,对政府、公共社团等非营利组织的管理同样值得引起人们的足够重视。这就要求我们要转变管理价值观,以适应社会形势的发展变化。

三、现代管理实践活动中要重视批判错误的价值观

在现代管理实践活动中,我们要重视批判错误的价值观。自我国推行改革开放政策以来,我国的社会已经发生了翻天覆地的变化。这种变化是全方位的,包括社会生活、思想观念、经济文化等各个方面。社会的变迁自然直接影响着人们价值观的变化。实际上,目前我国社会总体上正处于转型时期。在这个过程中,由于某些传统的价值观被摒弃了,而新的价值观尚未完全树立起来,就很容易出现价值观迷失的现象,各种错误的价值观自然也就乘机大行其

道，导致社会的失序和不安定，引发一系列的社会冲突。

在管理实践活动中，类似的管理价值观迷失的现象也普遍存在。造成这种现象的原因有两方面：一是我国过去各种工商业营利性组织都是属于国家所有，实行计划经济的管理体制。这种管理体制不仅显得过于僵化、政企不分，缺乏创新和竞争机制，而且企业的产出和员工的收入之间没有必然的联系，因此，严重抑制了人们的劳动积极性和创造性，导致普遍的低效率现象。事实上，当时的管理实践活动只是执行有关政府部门的指示即可，谈不上真正的市场经济管理。20 世纪 80 年代以来，国家实施改革，强调要引入市场竞争机制，原有的管理模式才开始慢慢松动，但是由于受习惯势力的影响，很多企业的管理实践活动总是摆脱不了原来计划经济管理体制的阴影，管理的水平一直偏低。时至今日，这种现象在不少国有大中型企业仍然不同程度地存在着。二是自从中国开放国门鼓励外资进入之后，不少国外的企业纷纷到中国投资办厂，其中不乏国际知名的大型跨国公司。这些国外企业凭借其先进的管理技术和管理经验，给国人造成强烈的震撼。不少思想比较开放的管理者纷纷尝试引进西方的管理技术和经验，但是开始的时候，他们发现这种做法往往达不到预期的效果。这方面的案例可以说屡见不鲜，原因何在？关键在于西方的管理实践是建立在西方的管理价值观基础之上的，这种价值观很显然和中国传统的管理价值观不同。因此开始的时候，两种不同的价值观很容易产生冲突。

自从改革开放以来，人们的思想观念和价值观发生了很大的变化，突出表现在人的价值观的多样化。在中国当前特定的社会背景下，影响我国的管理实践活动的管理价值观主要有三种：一是从计划经济时代遗留下来的价值观；二是由国外引介进来的所谓先进的管理技术和管理经验；三是由中西方管理价值观交织而形成的价值观。但是，在这个过程中，我国也出现了一些错误的管理价值观，突出表现在个人利益与集体利益、个人利益与国家民族利益、集体利益与国家民族利益之间的矛盾及冲突。

我国在发展社会主义市场经济的过程中，出现了一些令人担心的社会现象。市场的发展刺激人们对金钱的渴望、对享乐的追求和对个人利益的特别关注。不少人信奉的人生价值观是唯利是图、金钱至上。他们把经济利益摆在了第一位，追求经济利益成了社会的时尚。获得金钱的能力成了评价和衡量一个人是否成功的一个非常重要的标准。本来追求个人的经济利益无可厚非，但问题是，有的人为了谋一己之利，不惜损害集体或者国家、民族的利益。在这种物欲膨胀的价值观主导之下，引发了一系列的社会越轨和失范现象，如假冒伪劣产品充斥市场、拐卖人口等社会丑恶现象沉渣泛起，社会治安恶化，抢劫杀人等暴力犯罪行为时有发生等。在管理实践活动中也存在类似的问题。不少管理者为了获取经济利益，不惜利用手中的管理职权，侵吞公共资产，贪污受贿，大搞权钱交易。他们实际上是在借管理之名，谋个人之利益，这就是受到金钱至上的价值观的浸染而导致的。

因此，在现代管理实践活动中，要注意批判和纠正"拜金主义"价值观。如果管理者只注重眼前的利益，只注意个人或者自己的小团体利益，追名逐利，就变成了短期行为，变成实用主义至上。这种管理价值观显然是非常有害的。作为事业的管理，要有长远的战略考虑，要有全局观念，并同时兼顾到企业、个人、社会、国家甚至整个人类社会的利益。也就是说，要把效率、效能、效益等三者同时纳入管理价值观，这样才能实现真正的管理价值。

有些管理学者认为，管理似乎只是指近现代资本主义企业的管理，因此在某种程度上，管理似乎也就成了西方社会特有的产物。这种观点本身就体现了部分西方学者的一种管理价值观。在他们的心目中，管理成了西方文明的一个组成部分。如美国著名管理学家彼得·德鲁克就认为："管理层作为一种必要的、独特的和领导的机构出现于世是社会历史上一件举足轻重的事件……也许，只要西方文明本身继续存在，管理就将继续是一个基本的具有支配地位的机构。因为管理不仅是由现代工业体系的性质决定的，而且是由现代工商业企业的需要所决定的。现代工业体系必须将其生产力资源——人和物质——交托给现代工商业企业。管理还体现了现代西方社会的基本信念。它体现了通过系统地组织经济资源有可能控制人的生活的信念。它体现了经济的变革能够成为争取人类进步和社会正义的强大推动力的信念。"[①]

但是，这是否就等于说，其他非西方社会就没有自己的管理文化呢？答案显然是否定的。从广义的管理来说，每个民族、每个国家都有自己的传统管理思想，都有自己的管理价值观。我国 1992 年召开的党的十四大首次正式公开提出要建设社会主义市场经济体制。在很多人的心目中，市场经济一直是与私

---

① 〔美〕彼得·德鲁克：《管理实践》，毛忠明等译，上海译文出版社 1999 年版，第 4 页。

有制特别是与资本主义生产方式联系在一起的，因此它和社会主义价值观是格格不入的。实际上，这种看法明显是错误的，就像邓小平所说："社会主义也可以搞市场经济。"① 同样，管理作为人类社会的一种改造世界的客观活动，也不是资本主义所独有的现象。我们在引进西方的先进管理经验和管理技术的同时，也要把它和我国的历史文化传统结合起来，构建中国特色的管理价值观。

第三节　管理价值目标

人们常说，做人首先要树立正确的人生观、世界观、价值观。管理也一样，我们不能把管理行为仅仅看作单纯地追求经济利益的功利性实践活动，管理的更深层的目的在于追求"真""善""美"的完美统一，这是实现管理价值目标的最高境界。

一、"真""善""美"的科学含义

在伦理学、哲学、美学等学科中，"真""善""美"是一个最基本的概念范畴，是说明人的行为和关系的价值的道德标准。"真""善""美"的统一被视为人类社会追求的理想境界、人们最高的价值目标。从伦理学的角度来看，它们是表述各种不同层次的主体与客体之间达到统一的客观价值关系的概念。对于"真""善""美"的讨论，一直是古往今来人们研究的议题。

什么是"真""善""美"？对于这三个概念，学术界常常分开来定义。

什么是"真"？广义地讲，"真"有两种含义：一种是指认识、知识、思想内容的真实性及真理性，这层意思通常被认为不属于价值学研究中的"真"；另一种"真"的意思是指主体的思想和行为达到了同客体的本质和规律的高度统一、和谐，它是物质价值和精神价值的统一。简言之，"真"是指人们对现实社会关系及其客观必然性的正确认识。

什么是"善"？"善"与它的对立面"恶"都是社会进行道德评价的最概

---

① 《邓小平文选》第 2 卷，人民出版社 1994 年版，第 236 页。

括的标准。它属于一个历史范畴，不同社会历史时期的人，对"善"的理解和认识也不同。古希腊的苏格拉底和柏拉图等人，以知识和理念作为善恶标准，知识丰富便是善，反之，就是恶。柏拉图认为，善的范型是最高的知识。亚里士多德认为，人生的目的在于努力向上，成为完人，因此，人类的善就应该是以心灵合于道德的活动。而宗教伦理学认为至善就是认识上帝、热爱上帝。是否信仰上帝成为善恶的唯一标准。康德反对这种宗教伦理学的观点，他把"绝对命令"即先天的善良意志作为善恶的标准。西方的快乐正义者则相信善是指能够给人带来快乐的东西。如伊壁鸠鲁就认为，我们认为幸福生活是我们天生的最高的善，我们的一切取舍都从快乐出发；我们的最终目标是得到快乐，而以感触为标准来判断一切的善。斯宾诺莎也认为，所谓善是指一切的快乐和一切足以增进快乐的东西，特别是指能够满足愿望的任何东西。所谓恶是一切的痛苦，特别是就一切足以阻碍愿望实现的东西而言。这些不同的善恶标准其实都是一定历史时期的产物。某些宗教伦理把善解释为上帝意志的表现，把恶看成是人类社会存在的不可避免的东西。如佛教就一直宣称"善有善报，恶有恶报"，这是宣扬宿命论的因果报应。科学的无产阶级的善恶观认为："善"是指有利于社会进步或有益于他人幸福的行为。凡是对当时社会发展起促进作用的行为就是善的；凡是阻碍当时社会发展的行为都是恶的。这才是善恶的客观标准。作为一种价值标准，"善"是道德行为，通常与善行、美德、正义等联系在一起；"恶"则相反，它通常与恶行、恶德、非正义等联系在一起。"善"与"真""美"等相联系而存在，"真"是指客观事物的规律性，"善"以对"真"的认识和把握为前提，任何违反客观事物规律性的行为都不能称为"善"。"善"的科学定义是指人们基于对已被认识的必然性的承认而形成的，有益于社会整体或他人的意识和行为。广义的"善"包含了道德关系、经济关系、政治关系等社会关系的一种综合价值，它是指在社会生活中，人的言行达到了同人的社会关系和人的社会需要高度一致的结果，它表达的是人们社会关系的整体状况。

什么是科学的"美"？首先，和"真""善"一样，"美"也是一种价值评价标准。日常生活中，人们在众多的场合，常说某人、某物或者某种行为是"美"的，就包含了评价的意思。"美"是人类社会生活中有机的组成部分。一般来讲，"美"有两层含义：一是指与人的生理有关的美，如美食、美味等；

二是指伦理学和价值学的美，它是指人们同被认识的必然性相协调并引起他人或自己愉悦情感的道德生活和道德行为的具体形象。"美"满足了人的美感的需要，而人的美感的需要既是一种精神的、观念的需要，同时也包含了人的感觉、理智和生理、物质状态统一的感性状态。"美"是一种主体运用内在尺度在观念上和物质上同化、改造客体的成果，它既有物的价值，也直接或者间接地有精神价值在内，是物质与精神的综合境界。"美"的本质存在于各种具体的审美对象之中，具有丰富生动的个别形态。按照一般的见解，"美"存在于自然、人类社会和意识中，因此可以区分为自然美、社会美和艺术美三种形式。自然美是指客观存在于自然界的事物和现象的美；社会美产生于社会实践中，又称生活美；艺术美指存在于一切艺术作品中的美。这三种类型的美中，自然美和社会美是现实美，艺术美是观念形态的美。现实美是艺术美的根源，艺术美是现实美的反映。

二、"真"在管理价值目标中的地位

"真"即真实性、真理性，它所指的是一种不以人的意志为转移的客观存在，即主观对客观事物及其规律的正确反映。我们常说某事或者某物是真的，说的就是这个意思。"真"的对立面是"假"，它的反面意思是虚伪、不存在的东西。"真"对应到管理中，就是指管理的真理性。有的研究者认为：管理真理是一般真理在管理过程中的具体表现。所以，它既有一般真理的共性，又有自己的个性。管理真理同一般真理一样，是管理主体对管理客体及其规律的正确反映。管理真理是指管理主体的思想和行动符合客观实际及其规律。"真"作为一种价值标准，无疑在管理价值目标中具有非常重要的地位。

管理中的"真"价值是制订任何具体的管理计划的基础。我们知道，管理是用智谋进行决策和行动，以取得绩效的过程。它作为一种协调群体朝向共同目标的行动，首先必须以对社会、经济、文化等各个方面的具体实际情况的准确把握为基础，离开这点，任何的管理实践活动都是空谈。德鲁克认为，管理人员的绩效和表现，可以用"效率"和"效能"两个概念来衡量，其中"效率"是指"正确地做事"，而"效能"则是指"做正确的事"。由此可见，效率和效能是管理有效性的两个重要标志，而"正确地做事"和"做正确的事"则是管理真理性的两项内容,两者紧密联系在一起,缺一不可。

"真"同时也是实现管理价值的前提。只有正确地做事,尤其是做正确的事,才具备有效性,否则,就是无效管理,就会出现管理的负价值。如果管理中连最起码的事实情况都搞不清楚,所谓的管理价值目标中的"善"和"美"就根本无从谈起了。根据管理的有限理性原理,"真"在管理价值目标中就是寻求满意的程度。如果根据主客观条件的实际情况,管理者又做了足够的努力,那么这样的有效管理成果仍然具有满意的"真"的管理价值。可见,管理的有效性和有理性是密不可分的,而且有效性建立在有理性的基础上,并以合乎管理的真理性为前提。

任何管理行为都必须脚踏实地、认认真真,绝对来不得虚假。目前我国国内商品市场中,之所以存在假冒伪劣产品,首先一点就是制假厂商的管理价值目标出现了严重的定位错误。在国家行政管理中,也同样存在类似情况,不少地方欺上瞒下,虚报瞒报相关的国民经济统计数据,这种造假行为很容易造成国家决策的失误。所有这些负面社会现象,都应该加以杜绝。

三、管理道德与管理效益

管理道德是管理价值的一个层次,属于管理价值的一个评判标准。伦理学家认为:道德是人们在社会生活中形成的关于善与恶、公正与偏私、诚实与虚伪等观念、情感和行为习惯,以及与此相应的依靠社会舆论与内心信念来实现的调节人们相互关系的行为规范的总和。管理道德是人类社会管理实践活动中由经济关系所决定,用善恶标准去评价,依靠社会舆论、内心信念和传统习惯来维持的一种管理价值关系形式,它表现为调整参与管理活动者之间关系的行为规则、规范的总和。在管理中,管理道德同样具有调节、教育、认识、评价、命令、指导、激励、沟通、预测等功能,它包含了善与恶、正当与非正当、正义与非正义等的价值判断。管理道德依据道德标准,从现实利益关系角度出发,特别是从现实生活中个人对社会整体利益的角度,去调节人的管理行为,进而提高管理的价值。

管理道德受一定社会的经济基础所决定,并为一定社会的经济基础服务。一种管理道德观念的产生,归根到底是由当时的社会物质生活条件、社会一定的经济基础或生产关系所决定的。由于在不同的社会历史发展过程中，人们的物质生活条件在不断变化，因此管理道德观念也在不断发生变化。

管理道德与管理效益具有非常密切的关系。管理作为人类社会的一种实践活动，并不是所有的管理行为都具有管理道德价值，而是否具有管理效益是评判管理道德的重要指标之一。所谓的管理效益，在此是指经济盈余和社会效益的综合体，它既包括物质效益，也包括精神文化效益；既包括经济效益，也包括社会效益；同时还包括短期效益和长期效益。

我们提倡的管理道德是要把实现管理的综合效益作为目标。忽视管理道德的管理行为，其所获得的管理效益也是不可能持久的。在现实生活中，不少管理者只注重本集体的利益，为了达到这个目的，他们不惜通过违法手段，如生产假冒伪劣产品或搞投机倒把等来欺骗消费者、欺骗社会，这种行为虽然短时期内可以为自己的集体谋取到一些经济效益，但毫无管理道德可言，最终的后果也将丧失管理效益。

四、管理中"美"的价值

有人说，管理是一种艺术。的确，在某种程度上，管理不仅是一种艺术，而且是一种高超的艺术。既然管理是艺术，就存在"美"的管理价值。作为一种价值评判标准，"美"是指主体运用内在尺度在观念上去评判客体，它既有物的价值，也有精神价值。"美"的对立面是"丑"，而美的东西不仅是对的、正确的，而且是美好的，为人们所欣赏和赞美。

在管理活动中，具有"美"的价值非常重要。管理作为一种投入—产出活动，从来就不是一项单纯地追求绩效的活动，它是人类社会改造客观世界的一个最为重要的实践活动，具有多个层面的意义。无论是管理的主体，还是管理的客体，都受到特定社会环境的浸染和熏陶。人们会根据本民族的文化来评判管理是否符合本民族的主流价值观。管理活动首先是一种人类社会的行为，这种行为一样可以用"美"的价值观来衡量。人们在管理活动中既创造物质财富，也创造精神财富。更重要的是，管理本身也有助于提高人类的思想文化修养，陶冶人的情操。这点无论是对管理者，还是对被管理者而言，效果都是一样的。

每个民族或者国家在管理活动中，都有自己所崇尚的管理价值，而这点又深受每个民族国家的文化价值观念的影响。可以说，民族的文化心理是管理的灵魂。只有人才是管理活动的真正主体，因此决定管理效率和发展趋向的依然是各种各样的感情、欲望、思想所支配的无数个体的合力，规定现实管理模式的最深层因素是人自身所建构的传统文化的氛围。离开了人，管理将无从谈起。对人的管理，特别是激发和调动人的各种潜能，是影响管理效率最重要而且多变的因素，也是管理活动中最高难度的问题，是管理艺术精华中的精华。和西方国家的管理价值观相比，东方国家更加强调以人为本，重视伦理价值和人文价值，崇尚节俭，提倡集体主义，这种管理价值显然不同于西方国家一贯强调的个人主义和经济理性的管理价值。

正当东方国家经济蒸蒸日上之时，西方发达国家的管理价值却出现了危机，引发了一系列的社会问题。在科学技术和生产力高度发展、物质文明日益丰厚的情况下，西方发达国家科学的和功利的价值取向淹没了道德和人文的价值追求，社会出现过度的理性和极端个人主义的发展倾向，人与人之间的关系变得冷漠和功利，家庭和社会凝聚力弱化，使人感到不安、孤独，最终酿成精神的、道德的危机，并反过来直接影响到经济的发展。表现在经济管理上，就是企业组织内部的劳资关系紧张，员工人心涣散，工作效率下降，致使管理效能也跟着降低，企业管理经营陷入迷茫之中。正是在这种情况下，西方的一些管理学家开始意识到，必须改变原有的管理价值观，必须以人文价值来驾驭科学的成果，才能解决社会危机，造福人类。因此，这时候他们转而向东方国家寻求管理经验，并采纳了不少东方的管理价值。20世纪90年代以来，西方的管理水平之所以得到进一步提升，很重要的一个原因就是吸纳了不少东方的人文主义的管理价值。

如果我们把东西方原有的管理价值观做一番对比的话，可以发现，东方的管理价值更具有"美"的价值。西方国家的管理价值过于注重经济绩效，反而忽略了人的一些精神和文化方面的需求，结果把社会中的人都"强制性"地变成了一个个理性的"经济人"。而东方的管理价值却与此不同，人们在追求经济绩效的同时，也兼顾到人文因素，尽量营造出一种温馨的充满人情味的社会环境，使每个人在工作中感到身心舒畅，充满愉悦感，视工作如享受。因此，东方的管理价值显得更具有"美"的价值。

五、"真""善""美"的辩证统一是管理的价值目标

"真""善""美"的辩证统一一直是人类社会生活中追求的理想境界，是人们最高的价值目标。在古代，"真""善""美"是对一切美好事物的总称，三者之间联成一体，不加区分。随着人类社会的发展，"真""善""美"逐步被人们分开来使用。马克思主义伦理学认为，"真""善""美"在人们的行为实践领域中相互联系、相互贯通，也是辩证统一的，共同构成一个整体。"真"是"善"的基础，"美"是"善"的具体形象。"美"的东西必须"真"，它本身也是一种高水平的"真"；"美"本身也是一种"善"，至善的东西必然是"美"的。"真""善""美"的统一是一切理想境界的完整标志，也是人们在社会实践、社会进步中追求的高层次综合价值。人们是按照"真""善""美"统一的尺度来追求和创造自己的对象和自身的，人们只有深刻认识到现实社会关系的客观必然性，才有可能真正做出有益于社会或他人的道德行为，并使这种行为具有令人愉悦的具体形象。反过来说，"善"又是"真"的价值表现和"美"的社会内容。而"美"归根到底是符合或服从"善"的。因此，在人的行为和关系领域中，"真""善""美"和"假""恶""丑"的对立和斗争，往往也是错综复杂的。即使在个人行为关系的"真""善""美"之间，也可能由于客观和主观条件中的片面性而引起矛盾与冲突。

在管理中，达到"真""善""美"的完整辩证统一是管理价值的最高目标。现代的管理必须重视道德尺度和道德评价，正确处理个人和整体、物质利益和精神追求之间的关系。管理作为人类获取经济绩效的实践活动，必须兼顾到"真""善""美"等多个层面。"真"是"善""美"的前提和基础。譬如一个企业如果一味生产假冒伪劣产品来坑害社会大众，给社会带来的只能是危害，何谈管理的"善"与"美"？管理活动只有达到了"真"，才能产生效益。

但是，管理实践若仅仅注意到"真"的一面，而忽视了"善""美"的因素，显然也是不够的。如果仅是为了追求自身利益，而忽略了别人的利益，这种管理依然没有实现管理的全部价值，至多只能算是实现了管理的部分价值。过去西方的古典管理学派只强调追求利润的最大化，结果造成了社会物欲无限膨胀，导致唯利是图、拜金主义等社会现象。值得警惕的是，目前我国社会正

处于社会转型期，一定程度上存在类似的拜金主义、享乐主义，只看金钱不重精神，只重视物质文明建设而忽略精神文明建设的现象，结果导致社会的道德失落，人际关系疏离，丧失了传统社会中的亲情和人情味，影响到社会的稳定。这点与我们的管理价值忽视了"善""美"的一面是密切相关的。"善""美"是管理道德中更高的评判标准。凡是"善""美"的管理必然是"真"的管理，而管理中的"美"则是管理中"真""善"的具体表现。但是反过来，"真"的管理并不一定全是"善""美"的管理。"真"的管理，可以在某个特定的时空之内，为某个个人或者集体甚至国家带来经济效益，却可能无法为整个人类社会带来长远的社会效益，甚至可能造成危害。很显然，这样的管理就不能称为"善""美"的管理。当前我国一些地方存在一种现象，即片面追求一时的发展，短期之内确实提高了人们的生活水平，但是由于在发展过程中，忽略了对环境的保护，其结果是牺牲了可持续发展的基础，最终也失去了管理的"善""美"的价值。

由此可知，中国的传统文化显然更具有现代管理价值。相对西方的管理价值观而言，以中国传统文化为代表的东方管理价值比较注重"真""善""美"的统一，注重人与自然的和谐共存。不少成功的海外华人华侨和我国香港、台湾地区的商界人士也是运用我国的传统文化精神来从事企业经营管理，并取得了令世人注目的经济成绩。

总而言之，绝不能把管理视为一项单纯的经济活动，它实际上是一个包含一系列价值评估的系统工程。人们的管理实践活动不仅可以提高经济绩效，进而繁荣人们的经济生活，而且也应该提高人类社会的文化生活水平，陶冶人的情操，并创造出安稳、祥和的社会生存环境。因此，在任何管理活动中，"真""善""美"的完整统一都应该是人类社会共同追求的最高境界的管理价值。

第九章　管理哲学视野中的企业价值观

在管理哲学的诸多讨论中，企业价值观一直是一个十分重要但经常被忽略的话题。经济全球化的时代大潮，把企业推到了风口浪尖之上。如何应对那些越来越多、越来越强的竞争，已经成为决定企业生产经营成败的关键。一方面，有人认为企业是以经营为主要方式的经济组织，追求利润应该是企业的根本所在。另一方面，也有人发现，大凡在经济效益方面取得巨大成就的企业，都不约而同地把利润放在自己发展目标的相对次要的位置上，而把一些超越经济利益的因素作为企业发展的根本动力。例如，著名管理学大师吉姆·柯林斯（Jim Collins，也有人译为詹姆斯·柯林斯）就认为："高瞻远瞩公司（Visionary Companies）追求一组目标，赚钱只是其中之一，而且不见得是最重要的目标。不错，它们都追求利润，但是它们同样为一种核心理念指引，这种核心理念包括核心价值和超越只知赚钱的使命感。但有趣的是，高瞻远瞩公司要比纯粹以盈利为目标的对照公司赚更多钱。"① 如何看待企业的社会责任与企业的经济利益之间的关系，二者究竟怎样协调才能实现企业的长远发展目标，已经成为企业在生产经营实践中不可回避的重大现实问题。从管理哲学的角度对企业价值观进行深入思考，是回答这一问题不可或缺的理论参考，也是本章要解决的主要问题。

---

① 〔美〕詹姆斯·C. 柯林斯、杰里·I. 波拉斯：《基业长青》，真如译，中信出版社2002年版，第9页。

第一节　企业价值观概述

企业价值观的建设是一个现实的问题，这个现实问题的最终解决，离不开企业对企业文化特别是企业价值观的认识。随着企业的发展，企业价值观的重要性日益突出。从企业界的发展来看，企业文化建设是公认的增强企业实力的首要途径。重视企业文化建设，正在成为企业的共识，而企业文化的灵魂就是企业价值观。从这个意义上说，企业能否取得长久的发展，取决于企业的生产经营实践，更取决于一个企业如何进行企业价值观建设、以什么样的企业价值观作为自己发展的根本指导。正因为如此，探寻企业价值观的发展规律，寻求企业价值观建设的根本途径，以推动企业的发展，已经成为学术界和企业界共同关注的热点和焦点。

但是，如果仅仅停留在现象和经验的层面，这种分析和探寻仍然不能发现企业发展的根本动力。从企业的生产经营实践来看，很多企业虽然也在进行企业文化和企业价值观建设，但由于企业管理者对企业文化和企业价值观的重要性缺乏明确的认识，往往使这种建设流于形式，甚至仅仅成为一种广告手段，对企业的长期发展不能发挥其应有的作用。有的企业所宣称的企业价值观，与企业生产经营实践中实际奉行的企业价值观相去甚远。这些现象的出现，都对深化对企业价值观的认识提出了迫切的要求。

一、企业价值观的概念界定

从目前对这一概念使用的情况来看，虽然企业价值观这个词经常见诸报端，很多学者、企业经营者和管理者、企业活动参与者都对这个词耳熟能详，但是，不同的使用者对这一概念的理解存在很大差异。一般说来，对企业价值观涉及范围的理解，是与对企业文化范围的理解相适应的。

（一）对企业价值观的理解与界定

对企业价值观的理解，主要存在于对企业文化和企业价值观二者关系的理解中。从企业文化与企业价值观关系的角度来看，主要包括这样的观点，即企业价值观包含于企业文化之中、企业价值观等同于企业文化，以及对上述两种概念的综合。这些理解的差异主要是由对企业文化内涵的理解差异造成的。

1. 把企业价值观视为企业文化的一部分，认为二者存在包含关系

就这种观点来说，虽然在不同的学者那里，企业文化体系所包含的具体内容存在一定的差别，但是企业文化的范围都是大于企业价值观的。例如，美国学者威廉·大内在界定企业文化概念的时候就认为："一个公司的文化由其传统和风气构成。此外，文化还包含一个价值观，如进取性、守势、灵活性——即确定活动、意见和行动模式的价值观。"① 在这里，企业价值观就被理解为企业文化的一个要素，在范围上小于企业文化。有的学者提出企业文化就是"在组织的各个层次得到体现和传播，并被传递至下一代员工的组织运作方式，其中包括组织成员共同拥有的一整套信念、行为方式、价值观、目标、技术和实践"②。在这里，企业价值观被视为精神层面的东西，决定和制约着规范、礼仪和行为方式等制度层面的东西，是企业文化的核心内容。这种观点在国内学术界也得到了很多学者的支持。一些学者就明确地把企业文化和企业价值观的关系理解为这种包含关系。综合以上列举的几种观点，其共同点就在于把企业文化视为包括物质、制度和精神等多个层面的复杂体系，而企业价值观则是这个庞大体系中的核心内容之一。

2. 把企业价值观视为企业文化的全部内容，在同等意义上使用这两个概念，认为二者虽然侧重有所不同，但实质都是一样的

这种观点的核心内容就是仅把企业文化视为意识层面的东西，而企业价值观不过是这种意识形式的表现形态和存在方式。所以，企业文化和企业价值观虽然在具体内容和表现方式上存在一定差别，但是二者的实质和作用是相同的。例如，美国学者赫尔曼·西蒙认为："企业文化是指公司所有雇员都共同遵守和承担公司的整个奋斗目标和价值观……企业文化没有正式的文字条例和指令，但它必须是牢固树立在每个雇员头脑里的一种潜移默化的，并被企业现

---

① 〔美〕威廉·大内：《Z理论——美国企业界怎样迎接日本的挑战》，孙耀君、王祖融译校，中国社会科学出版社1984年版，第169页。

② 〔美〕迈克尔·茨威尔：《创造基于能力的企业文化》，王申英、唐伟、何卫译，华夏出版社2002年版，第51页。

有领导和接班人所尊重的一种理念。"① 这就是把企业文化和企业价值观在同等意义上使用。也有的学者在界定企业文化时提出："企业信奉和倡导，并在实践中真正实行的价值理念，就是企业文化。"② 这里所说的"价值理念"，就是价值观的表现形式和存在方式。这种观点把价值理念视为企业文化，实际上也是把企业价值观和企业文化等而论之，将二者在同等意义上使用。根据这种观点，企业文化和企业价值观的内涵是相同的，是从不同侧面对企业的核心精神力量的反映。

3. 明确区分企业文化的两种意义，并从含义上予以界定，在对企业文化的不同理解中，企业价值观的意义和作用也存在一定的差别

这种观点往往将企业文化的范围明确区分为广义和狭义两种，而企业价值观在两种不同含义的企业文化中发挥的作用有很大差别。从这个意义上说，这种观点实际上就是将前两种观点综合在一起。这种综合的基础，仍然是对企业文化的不同理解。例如有学者提出："我们把企业文化分为广义和狭义两种。广义的企业文化是指企业物质文化、行为文化、精神文化以及制度文化的总和；狭义的企业文化是指以企业价值观为核心的企业意识形态。"③ 在这里，广义的企业文化和狭义的企业文化的差别，就在于其包含内容的不同。而企业价值观与企业文化的关系，也随之发生相应的变化。在广义的企业文化中，企业价值观只是其中的"精神文化"组成部分的核心内容；而在狭义的企业文化中，企业价值观则成为全部企业文化的核心内容和精神实质。

上述几种观点实际上与一般意义的哲学对文化的理解直接相关。当前学界对文化有所谓大文化、中文化、小文化之分，而不管如何区分，价值观作为文化的核心与灵魂，应该是文化的精神层面中的核心内容。据此，笔者对企业价值观进行如下界定：所谓企业价值观，就是企业文化中精神要素的核心内容，是对企业发展具有长期深远影响的价值观念的总称。它是一个包括企业精神、企业价值理念等要素在内的复杂体系，对企业发展起着"灵魂"和"导向"

---

① 〔美〕赫尔曼·西蒙：《隐形冠军——谁是全球最优秀的公司》，阿丁、温新年译，新华出版社2001年版，第216页。
② 魏杰：《企业文化塑造：企业生命常青藤》，中国发展出版社2002年版，第12页。
③ 陈军、张亭楠编著：《现代企业文化：21世纪中国企业家的思考》，企业管理出版社2002年版，第16页。

的作用。企业价值观不是一成不变的，会随着时代发展和企业发展发生相应的变化。

(二) 企业价值观的主要特点

根据以上对企业价值观的界定，我们可以将企业价值观的主要特点概括如下：

第一，作为企业文化的组成部分，企业价值观应该是企业文化中精神层面的核心内容，"意识性"是企业价值观的首要特点。可以说，上述几种对于企业价值观与企业文化关系的理解，其差异在于对企业文化范畴理解的不同。这些理解的共同点就是将企业价值观视为与企业的存在和发展密切相关的精神因素。这种理解将企业价值观界定在思想意识的层面，明确了企业价值观的精神含义。可以说，在企业价值观的概念问题上形成的共识，就是企业价值观是企业文化的"灵魂"所在，是企业文化精神层面中核心的东西。这种"意识性"决定了企业价值观只能通过各种物质的、制度的和精神的企业文化形式得以表现自己的存在，而本身不能成为物质的或者制度的东西。正因为如此，企业价值观的建设不能仅仅靠一种外在的宣传或者仪式来最终完成。这对我们理解企业价值观是十分重要的。

第二，企业价值观作为企业文化的组成部分，与其他企业文化组成形式的根本区别就在于它对企业生存和发展所具有的重要性。这可以称为企业价值观的"指导性"。企业发展的关键在企业文化，而企业文化的核心就是企业价值观。在企业文化的建设过程中，各种企业文化形式的发展，最终都要以企业价值观为根本指导和依据。只有自觉地做到这一点，企业文化的建设才能真正对企业的长期发展发挥应有的作用。从企业的生产经营实践来看，重视企业价值观的确立和巩固，已经成为企业进行企业文化建设、寻求企业自身发展的必然选择。在当前企业文化建设的实践中，"要不要进行企业价值观建设"已经没有讨论的必要，"如何进行企业价值观建设""建设什么样的企业价值观"才是需要引起广泛关注的问题。

第三，企业价值观不是企业中存在的所有价值观形式的总和或者全部的内容，而是对企业的运作和发展产生重要影响的价值观形式。这可以称为企业价值观的"选择性"。价值观概念包含的内容十分宽泛。从企业的角度来说，在不同企业之间，由于组成形式、人员结构、企业文化等方面都存在很大的差别，其价值观在表现形式、具体内容上会存在很大差别。同一企业内部，不同生产经营环节、不同企业员工之间的价值观念也存在形形色色的差别。从参与企业生产经营活动的人的角度来说，企业生产经营者作为社会成员，其价值观念也包含方方面面的内容。社会成员的个体差异，决定了其价值观形式的复杂性和多样性。不同的价值观对企业发展所发挥的作用是不同的。而作为企业发展推动力的企业核心价值观，只能是那些对企业长远发展具有重要影响、可以发挥积极的推动作用的先进价值观形式。所以，如何从企业中存在的价值观形式当中选择符合企业发展要求的内容，是企业价值观建设的重要任务。从这个意义上说，企业价值观作为特定的概念，不是企业中的所有价值观形式的总和，而是指那些与企业的生产经营活动直接相关、对企业的生产经营活动具有直接影响的价值观形式。

第四，企业价值观作为企业文化的组成部分，其本身也是一个包含多种要素的复杂系统。这是企业价值观的"系统性"。企业价值观作为一种具有丰富内涵的价值观形式，包含了多种层次，具有复杂的结构形式。前面提到的"企业精神""价值理念"等，都是企业价值观的表现形式和组成要素。同样，企业员工在参与生产经营活动过程中的价值选择，也是企业价值观的重要内容。但这两种企业价值观形式之间存在很大的不同。所以，把企业价值观视为一个需要深入分析的系统，对企业价值观本身进行进一步细化的分析，是我们理解企业价值观、把握企业价值观发展的关键。只有这样，我们才能深入把握企业价值观的完整内容，为企业价值观建设的开展提供一个坚实的基础。

第五，企业价值观是在企业发展过程中不断成熟和完善的，也必将随着企业的发展程度发生相应的变化。这可以称为企业价值观的"过程性"。企业价值观不是一种确定不移的固定教条，也不是自然而然就能实现的。从企业的发展来看，企业文化有一个不断成熟与完善的过程，企业价值观本身也是不断发展变化的，其内容也需要在发展过程中不断协调和调整。对企业价值观的不同层次而言，这种变化的程度和方式会有所不同。例如，经过长期发展所形成的企业核心价值观，比起企业生产经营活动中的具体价值观选择来说，要稳定得多。但是，有一点是可以明确的，即没有一种企业价值观可以成为"万古不变"的恒久"金经"。每一种企业价值观形式，都要在企业发展过程中经受检验，都要在其发展变化中找到适合时代要求的新形式。可以说，保持核心企业价值观的相对稳定性和保持企业价值观的时代性，构成了企业价值观发展的辩证过程。

（三）企业价值观的基本内容

从其基本内容来说，企业价值观主要包括以下几个方面：

第一，利益观，即对企业获得利益的目的和方式的价值观念和价值判断。这一方面的内容主要涉及对企业生产经营的目的、企业的经济利益与社会责任的关系、企业的现实利益和长远利益等方面的价值认识。作为经济活动的基本单位，企业必须重视经济利益。这是企业保持发展的根本动力所在。所以，对经济利益的重视在企业价值观中占据重要的地位。但是，这并不等于说企业价值观只是重视经济利益，或者把经济利益放在最重要的位置。在很多时候，企业为了获得长远的经济利益，就不得不考虑很多超出经济利益本身的责任、义务、信誉、声望等因素。在经济利益和社会责任之间进行正确的价值选择，是企业价值观建设的核心内容。从获取利益的手段来看，企业价值观主要涉及对企业的生产经营活动方式的认识。如何实现企业的经济利益和企业的社会声誉等非经济利益的协调，是这种企业价值观的核心内容。例如：坚持诚信为本的经营观，正在成为越来越多的企业在企业价值观建设中的首选方式，成为保持企业发展的根本动力。

第二，劳动观，即企业生产经营者对参与生产经营活动的劳动的价值认识。劳动观念是价值观念的重要组成部分。对劳动的认识和态度，反映了一个社会的进步程度。同样，在企业中，企业生产经营活动的参与者对自己所从事的劳动的基本态度和价值认识，也充分反映了该企业的企业价值观建设的发展程度。企业的所有员工都以不同的方式参与企业的生产经营活动，参与企业的劳动创造活动。从这个意义上说，他们对劳动的态度，以及在此基础上形成的对报酬等因素重要程度的认识，都是劳动观应该包含的内容。在一个以先进的企业价值观为指导的企业中，企业员工的劳动不仅被视为一种谋生的方式，还成为其实现个人价值的重要表现形式。

第三，进取观，即对企业的进步与发展方式的价值认识。追求进步是企业发展的共同要求，而在如何实现企业的进步与发展方面，不同的企业价值观会形成完全不同的认识。先进的企业价值观，就是以效率和创新作为企业获得发展动力的根本方式，并运用现代的科学管理手段，积极促进企业提高效率和全面创新的企业价值观。在对企业价值观的进取观的认识中，还包含了对质量、品牌等内容的价值认识，因为只有以质量意识和品牌意识为基础的效率观念和创新观念，才能真正实现对企业发展的推动作用。

第四，市场观，即企业对生产经营活动场所和对象的价值观念。这一方面的内容主要涉及对企业的产品和服务市场、对企业的竞争对手的认识。企业以市场为导向进行自己的生产经营活动。企业对市场的认识程度，直接决定了企业的生产经营活动能否顺利进行，由此对企业的存在和发展产生重要影响。企业价值观中的市场观念，就是反映企业对市场的认识程度的价值判断。一个从全球视野来审视自己的产品和服务市场以及竞争对手的企业，其竞争力要明显强于一个只以某一地域作为自己的服务对象的企业。

第五，地位观，即对企业的生产经营活动的主体——人的相互关系的价值认识。随着企业管理理论的不断发展，"以人为本"的观念已经成为企业生产经营活动中必须遵循的重要标准。但应该如何理解"以人为本"的观念，以及这一观念应该以怎样的方式体现在企业价值观中，却存在多种多样的理解。一种先进的企业价值观要求企业充分尊重人才，让企业中的每个人都在自己的位置上得到充分的表现机会，真正实现"人尽其才"。只有企业家的作用得到充分发挥，企业普通生产经营者能够施展自己的能力和才华，形成"人才是财富，人人可以是人才"的价值认识，才能正确处理好企业中人与人的关系、人与物的关系，充分挖掘每个人的潜能。

第六，文化观，即在企业发展过程中对文化所发挥作用的基本价值认识。企业价值观中的文化观主要包含两个方面的内容：一个是对企业自身文化的自觉认识，另一个是对企业所处文化环境的价值判断。任何企业都有自己的企业文化，但是只有优秀企业才能充分认识到企业文化对企业发展的重要性，并自觉把企业文化建设作为推动企业发展的核心精神力量。同时，企业总是处于一定的社会文化环境之中。企业所处的地域文化特征，也必然在企业价值观中有所表现。如何认识企业发展与文化环境的互动关系，也成为企业价值观的重要内容。

需要指出的是，作为一个错综复杂的体系，上述几个方面的企业价值观内容不是相互隔绝的,其地位也不尽相同。一般说来利益观、劳动观和地位观构成了企业价值观的理论核心。对此,我们将在后文详细展开。在很多时候,各种企业价值观的内容之间交错与纠结,构成了企业价值观存在的独特表现方式。因此,对企业价值观的研究,必须把握这些主要内容的基本特点,在企业价值观形形色色的表现形式中发现其发展的内在规律性。

二、当前企业价值观研究的进展分析

企业价值观研究的进展,除了与马克思主义哲学中价值观理论的研究相关,还与对企业文化研究中的价值观问题和企业伦理学的发展的研究状况有关。

就企业文化研究中的价值观问题来说,对企业价值观的研究是随着企业文化理论的发展而发展起来的。最早出现企业时企业文化就已经存在,而系统的企业文化理论产生于20世纪七八十年代的西方企业界。从企业管理的理论发展来看,关于企业管理中"人的管理"的理论,最早可以追溯到20世纪初。以泰罗为代表的科学管理学派、以梅奥为代表的行为科学学派,为企业文化理论的提出开创了道路。泰罗提出的"精神革命论"、梅奥的"社会人假说"、麦格雷戈提出的X理论和Y理论以及马斯洛的需要层次理论等,都对如何发挥企业工人的作用进行了探讨,为企业文化理论关于人的价值的研究奠定了基础。这些研究虽然都没有明确地把企业文化和企业价值观作为专门的研究对象,但这些理论研究对企业管理、企业参与者的认识不断深化,为后来的研究奠定了重要基础。到了20世纪80年代,随着以美国和日本为代表的企业管理方面的巨大变化,企业文化理论迅速成为理论热点。特伦斯·迪尔(Terrence E. Deal)和艾伦·肯尼迪(Allan A. Kennedy)的《企业文化——企业生活中的礼仪与仪式》以及威廉·大内的《Z理论——美国企业界怎样迎接日本的挑战》,就是这一时期企业文化研究的重要著作。这些著作都明确地把企业价值观作为企业发展的重要因素进行研究。此后,企业文化研究在学术界和企业界迅速展开并形成热潮。日本松下公司创始人松下幸之助的《实践经营哲学》、索尼公司创始人盛田昭夫的《日本制造》、玛丽·凯·阿什(Mary Kay Ash)的《用人之道》,对"以人为本"的管理进行了深入细致的分析,成为企业管

理者和经营者必读的经典。这种趋势在经济全球化时代更加明显。特别是20世纪90年代以来，知识经济、网络经济、新经济等概念的出现，都使企业文化研究随之发生相应变化，文化创新、观念创新成为企业文化关注的主要内容。企业理念、企业伦理、企业精神等内容成为企业文化研究的重点。探讨未来企业文化发展中企业价值观、企业理念、企业伦理和企业精神的著作成为当前西方学术界关注的新热点。柯林斯的《基业长青》《从优秀到卓越》，托马斯·彼得斯（Thomas Peters）等人的《追求卓越》，杰弗瑞·克雷默（Jeffery Krames）的《杰克·韦尔奇领导艺术词典》，成为备受关注的经典之作。这些著作都把企业价值观作为推动企业发展的核心精神因素，展开了全面、细致的研究。这为我们的现实企业价值观建设提供了坚实的基础和重要的参考。

我国对企业文化的研究始于20世纪80年代。在经历了经济体制改革的洗礼之后，经济学、管理学的学者都开始注意到文化因素在企业发展中的重要作用，逐渐重视企业文化建设对企业发展的长远意义，把研究的焦点集中于中国企业的发展道路和未来走向，积极探索适合中国国情的企业文化发展道路。从企业文化研究的发展阶段来看，到目前为止，我国企业文化研究大体上经历了个案分析为主、体系构建为主、问题研究为主的不同阶段和层次。在不同的领域，不同的阶段和层次交错存在，共同构成我国企业文化研究的繁荣景观。具体来说，最初的企业文化研究，主要表现为对企业文化的个案分析，主要围绕首钢、联想、海尔、长虹等成功企业的经验总结展开，试图从中找到可以为大多数企业学习和借鉴的东西，进而确定中国企业发展的正确道路。体系构建阶段则在前述阶段的基础上有所提升，这主要表现为企业文化理论的学科化和系统化。这一阶段具有代表性的著作主要有贾春峰的《文化力》、罗长海的《企业文化学》、张铭远的《企业文化导论》、刘光明编著的《企业文化》等。问题研究阶段则是对前两个阶段的进一步升华。这一阶段在充分吸收前阶段成果的基础上，把研究的焦点集中于解决企业文化建设中面临的现实问题，研究主要围绕近年来随着社会主义市场经济建设的深化而出现的一些深层次的问题展开。从研究问题来说，现阶段的企业文化研究主要对企业发展与企业文化建设的关系、企业伦理、企业精神、企业家与企业的关系等问题进行探讨，以在更高层次上为企业发展寻求新的机会。这一阶段的研究成果主要有辛向阳的《谁能当中国的企业家》、欧阳润平的《义利共生论——中国企业伦理研究》、张福墀等的《企业家精神——现代企业家成长论》、魏杰的《企业文化塑造：企业生命常青藤》、张维迎的《企业的企业家——契约理论》等。这些著作对企业文化的探讨和研究，分别从不同的角度涉及了企业价值观的问题，探讨了企业价值观的主要问题，并对企业家精神进行了深入的研究。这些成果也是我们研究企业价值观的重要理论参考。

企业伦理学研究的迅速展开也为企业价值观研究提供了十分有益的参考。随着企业的不断发展，自20世纪70年代末开始，以探讨企业道德为主要研究对象的企业伦理学迅速兴起。随着经济全球化的不断加快，企业伦理学的研究也在不断深化。目前，企业伦理学已经成为企业价值观研究和伦理学研究的重要内容，成为具有发展前途的研究领域。我国学术界在企业伦理学方面的研究也在不断深化。

从国内外学者对企业价值观的有关讨论来看，学者对于企业文化的认识主要形成以下几点认识：企业文化对于企业发展至关重要，是维持企业长盛不衰的动力所在；企业价值观、企业精神、企业理念是企业文化的核心内容，是企业文化建设的"灵魂"；企业家精神对于企业文化发展具有十分重要的导向作用，是企业文化建设的中心环节，也是一个企业的价值观形成的重要因素；企业文化建设与企业经济目标密切联系，是企业实现经济效益和社会价值有机结合的重要内容等。以此为依据，有的学者还从不同的侧面探讨了企业文化建设的具体措施以及企业价值观建设的方式方法等问题。这些重要成果的取得，为企业文化建设提供了坚实的理论基础，使得企业文化研究在我国迅速形成热潮。这对于推动企业文化建设、促进企业发展起到了不可忽视的作用。对此，我们必须予以肯定。

但是，从目前关于企业文化特别是关于企业价值观的探讨来看，还存在以下问题，需要我们进一步改善和深化。

首先，对企业价值观的研究，开始涉及各个层次的问题，但总体的研究还需要深化。随着研究的不断深入，企业价值观研究已经开始涉及企业价值观发展的各个层面，从最抽象的企业精神到最具体的企业行为方式，都已经进入研究者的视野。但是，从对这一问题的总体研究来看，近年来对企业价值观的研究，主要以微观经济学、企业管理学层面为主，侧重于实用性和实践性的研究。学者多以现象为出发点，以实证性研究为主要方式，以个案分析为主要研究内容,以寻找具体措施为主要任务。这种研究固然可以解决企业当前面临的很多现实问题,也可以为企业发展提供许多可以操作的措施建议,但由于缺乏对其理论根据的深层探讨,很多研究往往流于表面而不能深入、流于平面而缺乏深度,理论研究沦为一种政策咨询和可行性分析,不能为企业价值观的建设提供一个强有力的理论支撑,也就不能解决企业价值观建设中的深层次问题。从企业价值观建设的长期发展来看,这种平面、局部的研究,还需要通过多学科从不同角度进一步深入发现,这样才能实现企业价值观建设的长远发展。从哲学的角度研究这一问题,就是要进行一种"深化"的尝试。

其次,对企业价值观的研究成为大多数研究者涉及的内容,但是对企业价值观的研究不很集中,需要进一步系统化。近年来在对企业价值观研究中存在的一个比较普遍的问题,就是仅把企业价值观作为企业文化的众多环节之一,并在此基础上对企业价值观的不同表现形式进行零散的研究。这种研究虽然看起来都涉及对企业价值观的认识,但是由于不能形成系统的认识,没有把企业价值观的重要地位突显出来,反而使得人们对企业价值观的认识分散零碎。很多研究者分别从各自的研究角度探讨企业价值观的问题,但是由于不能对企业价值观进行专门化、系统化的研究,因此对企业价值观的认识往往不够全面系统。这也是企业价值观研究需要加强的方面。这种"支离破碎"的研究方式,由于对企业价值观的研究比较分散,往往使得企业价值观在不同的研究者那里,具体内容存在很大的差异。这对企业价值观作用的发挥和企业的长期发展都是十分不利的。这种现象的存在,就使得对企业价值观进行专门化、系统化的研究,成为推动企业的生产经营实践中企业价值观建设的迫切需要。

最后,诸多学科都开始认识到企业价值观的重要性,对企业价值观进行了研究,但是不同学科、不同研究领域之间缺乏必要的协调和统一的基础,因而造成对企业价值观的杂乱认识。这就需要确立统一的理论基础,对企业价值观研究进行必要的整合。在当前对企业价值观的研究中,不同的研究者对企业价值观、企业精神、企业理念的认识差别很大,甚至相互矛盾。就企业价值观的内涵和外延来说,不同学者的认识也很不同。这就使得我国的企业文化研究和企业价值观研究呈现比较杂乱的局面。这种现象不能深化人们对企业价值观的正确认识,反而会使得这一概念更加模糊起来。很多企业的领导者也很想建设一种符合企业发展要求的先进的企业价值观,但由于认识问题上的诸多差异,往往无从下手。在实践层面，这种杂乱倾向的后果就是企业价值观建设缺乏科学的依据，很多企业因此事倍功半，不能推动正确的企业价值观的形成，更谈不上使企业价值观成为指导企业发展的核心力量。从这个意义上说，企业价值观研究需要进行一种统一的工作，为企业价值观的建设提供明确的指导。

近年来随着社会进步的加快和社会转型的加剧，价值观成为学术界研究的重点和热点。从研究的问题来看，近年来价值观研究主要集中于对"问题意识"的探索，关于当前价值观建设面临的现实问题成为学者首先关注的问题。无论是关于社会转型时期的价值观念的探索，还是关于中国社会价值观现状的调查与分析，都是价值观研究在更深层次展开的表现。随着经济全球化进程的加快特别是中国加入世界贸易组织，关注重大的现实问题成为价值观研究的主要表现形式。自20世纪90年代开始，哲学界围绕市场经济与道德建设问题、效率与公平问题、发展与代价问题、全球化与价值冲突问题、"亚洲价值观"问题、科学技术与生态价值问题、生命伦理问题、社会主义核心价值体系建设等问题，展开了深入的研究和激烈的讨论。同时，在学术界也出现了把对价值观的哲学研究与伦理学、美学、社会学、经济学、政治学、教育学等学科的研究结合起来的呼声。从不同角度研究具体的价值观形式，就是这种结合的有益尝试。青年价值观、校园价值观、企业价值观等研究的展开，就是其中比较典型的代表内容。这种研究在理论层面对深化价值观研究具有十分重要的意义，在实践层面对推动社会发展也发挥了十分重要的作用，是当前正在展开的研究热点。

第二节 企业价值观的作用与构成

把握企业价值观的作用与构成，是企业价值观研究的重要任务。只有从这两个方面对企业价值观进行深入分析，才能更准确地理解企业价值观的科学内涵。

一、企业价值观的作用

在企业的生产经营活动中，企业价值观的具体存在形式是多种多样的。其中，真正对企业发展起到促进和推动作用的，才是先进的企业价值观。在企业发展过程中，有多种因素发挥着十分重要的作用。其中，先进的企业价值观所发挥的作用是核心的、根本的。认识和分析企业价值观在企业发展过程中的重要作用，是我们认识企业价值观的基础。所以，对企业价值观的作用的探讨，主要是就先进的企业价值观对企业发展所发挥的积极作用而言的。本章也是从这个角度来研究企业价值观的作用。从这个意义上说，我们所说的企业价值观是企业发展的"核心"与"灵魂"，就是指先进的企业价值观对企业发展的积极推动作用。企业所追求的企业价值观建设，也是指这种先进的企业价值观的建设。具体来说，我们又可以把企业价值观的这种"灵魂"作用进一步细化为以下几种作用形式，即凝聚作用、导向和激励作用、指导与约束作用、塑造作用。

（一）企业价值观的凝聚作用

所谓企业价值观的凝聚作用，是指企业价值观是企业所有的管理者和参与者共同认可的价值认识，企业价值观的确定程度、理想目标可以使企业的全体组成人员团结一致，凝聚企业发展的各种力量，共同组成推动企业发展的合力。凝聚力产生竞争力。先进的企业价值观对企业内部各种因素的整合与凝聚，是形成企业核心竞争力的关键所在。不同企业具体的企业价值观表现形式存在很大差别，但是，每一个有活力的企业，都必须通过明确的企业价值观来凝聚自己企业的不同组成部分，从而形成企业发展的合力，形成推动企业发展的团队精神。"无论是一个国家还是一个企业，整体的最终健康取决于它的组成部分的活力。为使各方面达成共识，需要明确责任和义务。"[1] 这种"共识"的形成，主要依赖企业价值观的凝聚作用来实现。从这个意义上说，不同企业在企业价值观上的具体表现形式可能千差万别，但是每一个优秀的企业都必须将符合自身特点的先进的企业价值观作为保证企业团结一致的重要力量，以企业价值观来统一企业的全部力量，形成企业发展的根本动力。

需要说明的是，发挥先进的企业价值观的凝聚作用，最根本的就是要保证这种企业价值观形式得到企业全体员工的普遍认同和共同遵循。只有那些得到

---

[1] 〔美〕梅雷迪思·贝尔宾：《超越团队》，李丽林译，中信出版社2002年版，第181页。

了企业员工认可和遵循的企业价值观形式，才能真正发挥作用。从这个意义上说，一种企业价值观是否先进，不是取决于这种价值观形式具有怎样的高尚性，而是这种企业价值观形式是否适应企业发展要求、符合企业发展方向，以及这种企业价值观是否为企业参与者所认可。所以，对企业价值观形式先进性的判断，也不能只是根据其具体内容是否"高尚"来判断，必须结合企业发展实际，从企业发展与社会发展的相互作用中，从企业价值观在凝聚企业力量的程度方面进行判断。只有符合企业发展要求的企业价值观，才是先进的企业价值观。只有先进的企业价值观，才能成为凝聚企业力量的核心。这种核心作用的发挥程度，取决于一个企业从最高管理层到各个层次的参与者在价值观上的认同程度。

(二) 企业价值观的导向和激励作用

所谓企业价值观的导向和激励作用，是指先进的企业价值观对企业发展的长远目标具有指导意义，是引导和激励企业保持进取状态的核心因素。对于一个企业而言，其企业核心价值观的主要意义，就在于通过企业价值观的导向作用，实现对企业发展方向的引导。这种引导作用可以指引和激励企业员工为实现企业的发展目标而不断进取。"只有渴望同一目标并步调一致地向同一方向前进的组织，才能够敏锐地关注可以清晰地区分不同品牌的定性化的价值。而仅仅雇佣有技能的人员是远远不够的——他们的观念和价值观也必须与公司所倡导的相一致。"[①] 可以说，企业价值观的导向作用就是实现这种"一致性"的最好方法和根本保证。对于一个具有长远发展眼光的企业而言，企业价值观的导向作用可以为其确立长远的发展目标，产生为达到理想目标而不断进取的目标激励作用。

企业价值观的导向和激励作用，还可以为企业的发展提供摆脱困境的思想动力。企业的发展不可能是一帆风顺的。每一个企业在其成长历程中都不可避免地遇到各种挑战、障碍甚至困境。对一个面对困难挑战的企业来说，充分发挥企业核心价值观的导向作用，并以此激励企业员工积极投身企业的生产经营活动、和企业共渡难关，可以使企业更加自信地接受当前的竞争和挑战，并使

---

① 〔丹〕杰斯帕·昆德：《公司精神》，王珏译，云南人民出版社2002年版，第11页。

企业摆脱一时的困难。可以说，一个企业的核心价值观的明确程度、作用力程度，决定了该企业发展的基本方向。企业内不同的价值观形式只有适应这个方向，才能对企业发挥积极的促进作用。"公司能够奋勇前进，根本因素在于指引、激励公司上下的核心理念，亦即是核心价值和超越利润的目的感。这种理念在很长时间里一直相当固定。"① 这里所说的"核心价值"和"目的感"，都是企业价值观的重要表现形式。这种核心理念的作用，构成了企业发展的核心支柱，对企业发展具有决定性的影响。企业价值观的导向作用和激励作用，是企业保持良好精神状态进而实现"从优秀到卓越"乃至"基业长青"的根本因素。同时，企业价值观的这种导向和激励作用，还对激励企业员工的个人发展具有重要意义。一种先进的企业价值观可以使企业员工获得比自己的薪酬更为重要的精神激励，这也是其获得成就感的重要前提。

（三）企业价值观的指导与约束作用

所谓企业价值观的指导与约束作用，是指企业价值观通过渗透于企业的生产经营活动的所有环节，对各个环节以及各个环节的参与者的行为产生普遍的约束力。一般来说，企业价值观的指导作用强调的是企业价值观对企业生产经营活动的规范性，而约束作用则强调企业价值观对企业生产经营活动的制约性。二者是密不可分的。企业价值观作用的发挥主要体现在其普遍的约束性上。先进的企业价值观不是独立于企业经营活动之外的一种因素，而是渗透于企业全部活动之中的内在动力。因此，企业价值观作为企业保持发展活力的根本要素，必然对企业的各个方面产生重要的约束力。"企业文化作为企业制度和企业经营战略在人的价值理念上的反映，必然会从内在性上约束企业员工的行为，从而成为规范企业行为的内在约束力。"② 企业文化的这种"内在约束力"作用的实现，就是依靠企业价值观的指导与约束作用来完成的。大到确定企业长远发展战略，小到一次具体的企业生产经营行为，都必须以企业价值观为指导，在企业价值观的框架内进行。可以说，企业价值观在企业生产经营

---

① 〔美〕詹姆斯·C. 柯林斯、杰里·I. 波拉斯：《基业长青》，真如译，中信出版社2002年版，第61—62页。

② 魏杰：《企业文化塑造：企业生命常青藤》，中国发展出版社2002年版，第21页。

活动中无时不在的渗透与影响，决定了一个企业的基本运作方式和机制，对企业所有成员的行为都形成了一种内在的约束，从而促使每一个成员在参与企业活动时自觉按照企业价值观的要求调整自己的行为，使自己的行为可以与企业的整体发展要求保持一致。

企业价值观的指导与约束作用的发挥程度，是企业文化发展的重要标志。对于那些拥有先进企业文化的企业而言，企业价值观已经渗透到企业员工所有参与企业经营的活动中，甚至在企业员工的日常行为方式中也得到充分展现，使企业的员工成为企业文化和企业价值观的现实表现形式。一种先进的企业价值观甚至可以对企业员工在社会活动中的行为方式产生深刻的影响，使企业员工在生产经营活动以外也可以按照企业价值观的要求进行自己的价值认识和价值判断。很多成绩卓著的大企业，其员工的社会形象已经成为企业形象的表现方式，这与企业价值观的指导与约束作用是分不开的。而对于一个不能以先进的企业价值观为指导的企业来说，其价值观形式甚至在生产经营活动的主要环节都不能对企业员工产生积极影响，更不要说在其他方面了。从这个角度来说，只有自觉地渗透于企业生产经营活动的各个方面和环节，先进的企业价值观才能对企业的长期发展起到积极的促进作用。所以，对于一个致力于长期发展的企业而言，自觉地扩大其企业价值观的指导与约束作用，是企业保持发展的重要保证。

（四）企业价值观的塑造作用

所谓企业价值观的塑造作用，是指先进的企业价值观可以通过自身作用的发挥，对企业形象、企业特色、企业风格等与企业个性发展相关因素的形成具有塑造作用和深远影响，促使企业形成充分展现其企业价值观的个性特征，进而形成企业的个性特征。每一个知名企业，几乎都拥有一种独特的企业价值观。企业价值观作为企业文化的"核心"和"灵魂"，其根本的作用在于塑造企业的形象，形成企业独特的风格。不同企业的企业价值观的差别，是形成其风格和特色差异的重要原因。这种企业价值观塑造企业风格的现象，在优秀的企业中表现得更是淋漓尽致。例如，有人在研究华尔街最有名的投资银行高盛集团的特色时，就得出如下的结论："高盛的公司文化……要比其他任何东西更能将高盛和其竞争对手们区分开来。"① 这里所说的"公司文化"就包括那些通过企业价值观得以表现的企业风格和企业形象。每一种对企业发展具有深远影响的企业价值观，都塑造了与其相适应的企业形象。尽管不同的企业在具体的企业价值观的内容上存在差异，但是以企业核心价值观的根本要求来塑造企业形象和企业风格，却成为其共同的选择。也正是从这个意义上说，一个企业的企业形象往往成为其企业价值观最生动的表现形式。例如，现在的"迪士尼"已经不再仅仅是一个企业的名称，而是一种企业价值观的代名词。迪士尼公司也不仅仅是一家公司，而是一种文化的象征。这种"企业价值观"和"文化象征"是与全世界孩子们的欢乐密切联系在一起的。

先进的企业价值观对企业形象所具有的塑造作用的发挥，往往与企业所处的不同地域文化特色、社会文明程度、社会习俗等因素联系在一起，从而表现出更多的地域特色。例如，不同文化背景的国家中的企业，其企业价值观的表现就因其文化背景的不同而表现出明显的地域差异。当前在企业管理理论中正在兴起的跨文化管理研究，就是对这种地域差异影响企业形象和企业价值观的很好说明。有的学者在研究如何发展国际商务和促进国际贸易问题时，专门把不同地域和国家的价值观特点进行比较研究，并针对这种不同价值观念的差异提出不同的建议，来促进国际商务和国际贸易的更好实现。这种研究所涉及的地域价值观对国际商务和国际贸易的重要影响，对我们理解企业价值观对企业发展的塑造作用是一个很好的参考，也可以被视为对企业价值观塑造作用的一种证明。

二、企业价值观的构成

企业价值观是由多种要素相互作用和相互影响而形成的复杂体系。作为系统的企业价值观，可以从不同的方面进行不同的结构分析，即企业价值观的内容结构分析和企业价值观的主体结构分析。

(一) 企业价值观的内容结构

从内容结构来看，企业价值观的主要组成要素包括以下几部分内容：

---

① 〔美〕里莎·埃迪里奇：《高盛文化——华尔街最有名的投资银行》，王智洁、肖云、胡波译，华夏出版社 2001 年版，第 27 页。

(1) 处于企业价值观核心层的，是体现一个企业根本宗旨和长远目标的企业精神以及企业经营理念中包含的价值准则、价值判断等价值观形式。对于一个企业来说，有没有明确的企业经营理念和企业精神，是判断其企业价值观成熟程度的重要标准，也是衡量企业发展程度的尺度。这一层次可以称为企业价值观体系的"硬核"，是企业价值观最重要、最稳固的部分，也是一个企业得以维系自身存在，并以此为基础不断实现长期发展的根本所在。对于一个企业而言，这种核心层次的价值观是在其长期的发展过程中经过不断的积累形成的，因而也是其企业价值观中最不容易发生变动的部分。只有在企业所处的社会环境发生重大变化的时候，企业为适应发展要求而发生重大转型或者变故，才有可能对企业的核心价值观进行全面的、根本的变革。除此以外，这一层次的企业价值观形式总要保持自身的相对稳定。从企业的生产经营实践来看，很多取得长久发展业绩的企业，正是得益于其企业价值观核心层的相对稳定。在这些企业的成功经验中，"保存核心"都占据着十分重要的地位。这里的"核心"就是指企业价值观核心层的基本内容。

(2) 处于企业价值观中间层的，是企业制度和企业行为规范中所包含的价值准则、价值判断等价值观形式。企业制度和企业行为规范是企业为保证生产经营活动的顺利进行，对生产、经营、管理、服务等环节制定的具体制度形式和行为准则。这些制度规范作为企业精神、企业生产经营理念等精神要素与企业具体的生产经营活动之间的中间环节，是保证企业活动符合企业精神和企业理念的重要因素。这些具体的制度和规范形式中所体现出来的企业价值观，是以体现企业价值观核心层的根本要求为主要目标的，是企业精神和企业经营理念中包含的企业价值观内容的外化。处于这一层次的企业价值观形式，可以称为企业价值观核心内容的"保护带"，是企业价值观从"精神"和"理念"层面到"具体操作"层面的中间环节。这一层面的企业价值观具有明显的"中间性"和"过渡性"特征：一方面，相对于企业价值观的核心层来说，这个层次的企业价值观形式是具体化的形式，具有明显的变动性质，会随着企业生产经营活动的开展、企业环境的变化等因素发生相应的改变，并努力通过自身的变化，保证核心层次的企业价值观的相对稳定性；另一方面，相对于企业价值观的基础层和外围层的表现形式来说，这一层次的企业价值观形式又具有普适性和相对的稳定性，对企业价值观的基础层和外围层具有指导作用。这一层次的企业价值观是企业价值观的核心层得以"外显"和"实现"的必要环节，主要通过调整企业价值观的基础层和外围层来实现企业的核心价值观，保证企业核心价值观的稳定性。

（3）处于企业价值观外围层和基础层的，是在依据企业价值观进行具体的生产经营活动时，企业生产经营活动的参与者所认可和遵循的价值准则、价值判断等价值观形式。这是企业价值观最基本的表现方式，也是企业价值观最普遍的存在形式。从表现方式来看，这一层次的企业价值观形式与企业的日常生产经营活动密切相关，广泛存在于企业生产经营活动的各个环节中，表现在每一个企业生产经营活动的参与者的行为当中。可以说，这一层次的企业价值观在企业中表现最直接、最普遍，每个企业都要以这种方式表现出自己的企业价值观。应该指出的是，并不是参与企业生产经营活动的每一个人的所有价值观都会成为企业价值观的外围层和基础层。只有那些与企业的具体行为密切关联、对企业行为产生实际影响的价值观形式，才是这一层次的企业价值观。在企业的生产、经营和管理的各个环节，企业价值观都以不同的方式表现出来。对于企业活动的参与者而言，他们在参与企业生产和经营的具体活动时，必须把自己的价值观念与企业价值观的这些形式协调起来，体现企业价值观的核心层以及企业价值观的根本要求，并在此指导下从事自己的生产经营活动。

就上述三种企业价值观形式的关系而言，企业精神和企业经营理念对其他企业价值观形式的统摄、指导作用更强，而企业价值观的外围层是企业价值观最直接和最主要的表现形式。企业价值观的形成过程，就是两个过程的有机统一：一个是企业价值观的外围层不断内化和升华为企业价值观核心层的过程；另一个是企业价值观核心层不断对企业价值观的外围层施加影响，进而在企业生产经营活动中体现自身的过程。前一个过程的实现程度，决定了一个企业的价值观发展程度；后一个过程的实现程度，决定了企业价值观对企业发展发挥作用的程度。

（二）企业价值观的主体结构

从主体结构分析，我们可以把企业价值观分成企业家的价值观、企业管理者的价值观和企业参与者的价值观三个不同层次的内容。

1. 企业家的价值观

企业家的价值观是指企业家在参与企业生产经营活动中所持有的价值观念和价值认识,以及在这些观念和认识基础上形成的价值选择。企业家是具有突出的能力和优秀的素质、对企业的发展具有重要导向作用的卓越领导者和优秀管理者。企业家所具有的卓越的能力、广阔的视野、坚强的意志和完善的个人品格等精神要素,决定了企业家在企业价值观建设中的特殊地位。可以说,企业家的价值观构成了企业价值观的"核心"和"灵魂"。企业家的价值观在企业价值观的形成和塑造方面,发挥着主导的作用。企业价值观的形成,是与企业家的自觉努力密不可分的。正因为如此,一个优秀的企业家对企业发展的影响,比起企业其他组成人员来说,更加重要。所以,一个企业拥有自己的企业家,并把企业家的价值观贯彻到企业价值观中,是企业成功的重要保证。

2. 企业管理者的价值观

企业管理者的价值观是指包括企业家在内的企业管理者在参与企业的生产经营活动时所遵循的价值观念,以及在此基础上形成的价值判断和价值选择。企业管理者是对企业的生产经营活动进行管理的主要组织者,是企业价值观通过具体的企业行为得以实现的重要保证。他们在参与企业经营管理的过程中所持有的价值观念对企业价值观的实现具有十分重要的影响。不同的管理者对同一种观念理解存在的差异,可能会对企业的生产经营活动产生根本的影响。需要指出的是,这里所讲的"企业管理者"是一个比较宽泛的概念。在企业管理实践中,存在一种错误的理解,即把一个企业的创始人和最高领导者视为企业家,而把企业的中层干部视为企业管理者、"经理人"。这里所说的企业管理者不仅包括具体实施企业最高领导者意志的企业中层管理者,对于那些具有一定管理才能但不具备企业家基本素质的企业最高领导者来说,其价值观形式也属于这一层次的企业价值观。从这个意义上说,企业领导者在价值观方面的先进程度,对企业价值观的形成与发展具有至关重要的影响。从企业管理者的角度来说,尽管他们并不都是企业家,但是他们在企业价值观建设过程中的作用也是不可忽视的。企业管理者的价值观形式,决定了他们对企业的作用大小,决定了这些管理者对企业发展的影响程度。

3. 企业参与者的价值观

企业参与者的价值观是指企业所有组成人员在参与企业生产经营活动中所持有的、与企业的生产经营活动相关的价值观念和价值认识。如前所述，并不是每一个企业组成人员的价值观念都会成为企业价值观的组成部分。但每一个企业组成人员在其参与企业具体生产经营活动的过程中，都要根据企业价值观的基本精神确定自己相应的价值判断和价值准则。这些价值判断和价值准则，体现了企业员工在具体生产经营行为中的观念取向，从而成为企业价值观最基本的外在表现形式。同时，企业员工在参与企业生产经营活动的过程中，还会接触到社会方方面面的价值观形式，并通过自身对这些价值观形式的取舍对企业价值观的形成和变化产生影响。从表现形式来看，这种企业价值观形式是最易发生变动的，对企业价值观的影响力也最弱。随着企业所处的社会环境和时代发展的变化，这种价值观形式会不断调整自身的表现形式，使人们对企业价值观的认识更加复杂化和多样化。

从上述三种企业价值观形式的相互关系来看，企业家的价值观是企业发展过程中核心的价值观形式，这种价值观形式是最自觉的，对另外两种企业价值观形式具有较强的影响和制约作用。而企业管理者的价值观更多地体现为企业家价值观的实现，是企业价值观从管理理念到管理制度，再到具体实施过程的重要中间环节。普通企业活动参与者的价值观，则是企业价值观主体结构的基层，是企业价值观最活跃、最直接的表现形式，其表现形态往往是被动实现的，是企业家价值观和一般企业管理者价值观引导的结果。

（三）对企业价值观的两种结构层次的理解

应该指出的是，无论企业价值观的内容结构还是主体结构，都不仅仅是平面的包含与被包含、核心与外围的关系。不同的组成部分之间，都存在一种立体的层次关系。这是对企业价值观构成的认识中需要特别强调的。对此，我们可以用图 9-1 来表示。

从图 9-1 我们可以看出，企业价值观一方面存在平面层次的核心与外围的关系，另一方面也存在着立体层次的核心层、中间层和基础层的关系。其中，处于不同层次的企业价值观，其作用方式是不同的。但是，不同的层次之间并

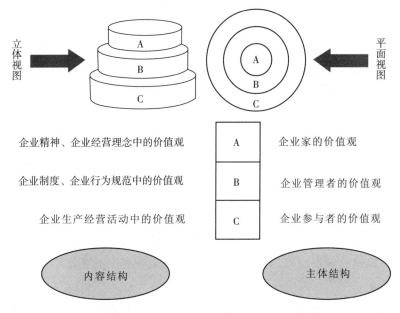

图 9-1　企业价值观的结构层次示意图

不是相互隔绝的。一方面，处于较高层次的企业价值观形式对处于较低层次的企业价值观形式具有指导和统摄的作用，而处于较低层次的企业价值观则通过自身体现较高层次企业价值观的内容。另一方面，较高层次的企业价值观形式，是对较低层次的企业价值观形式的抽象概括和升华，是以较低层次的企业价值观作为其存在的基础的。探究不同层次的企业价值观之间的互动关系，也可以为我们解释企业生产经营实践中的价值观问题提供参考。正是不同层次的企业价值观的这种互动关系，推动了企业价值观建设的不断发展，进而对企业的发展与进步产生重要影响。从企业发展的实际过程来说，企业价值观的不同层次之间的相互影响和相互作用，主要就是通过这种互动关系表现出来的。而这种相互的良性循环，是进行企业价值观建设所追求的重要目标。

　　除了以上两种结构体系，我们还可以根据其他标准对企业价值观进行划分。例如：根据企业价值观涉及的领域，可以将其划分为企业个性价值观、企业行业价值观和企业地域价值观等；根据企业价值观内容所涉及的不同生产经营活动环节，可以将其划分为企业经营价值观、企业管理价值观、企业体制价值观等。

三、企业价值观与几个相关概念的比较

在当前对企业价值观的认识之中，存在几个密切相关的概念。正确把握这些概念之间的关系，是全面科学认识企业价值观的重要方面。从目前我国学术界和企业界对这一问题的讨论来看，与企业价值观概念类似的概念主要包括以下几个，即企业文化、企业经营理念和企业精神。

（一）企业价值观与企业文化

如前所述，企业价值观是企业文化的"核心"和"灵魂"，是企业文化中精神要素的核心内容。因此，企业价值观和企业文化之间首先是包含与被包含的关系。从这一观点出发，我们可以对企业价值观和企业文化之间的关系进行如下的认识：

从区别的角度来看，企业价值观和企业文化的差异性主要表现在二者的范围、存在形式和对企业发挥作用的程度等几个方面。从范围来说，企业价值观仅指企业文化中精神要素的部分内容，而企业文化则包括与企业发展相关的一切文化要素。所以，企业价值观只是企业文化的部分内容。从存在形式来看，企业价值观作为一种精神要素，只能以意识的形式存在，内在于具体的企业生产经营活动之中，而企业文化除了表现为意识形式的东西，还可以通过企业的具体制度（如企业的纪律规范、企业员工的行为守则等）、企业的外在形象（如企业的精神风貌、企业的标志、企业员工的服装及礼仪等）、企业的产品等制度和物质的形式表现出来。从对企业发挥作用的程度来说，企业价值观强调的是对企业文化中作为"灵魂"和"核心"的意识形式的反映和概括，其主要作用在于提供一种精神层面的指导作用和影响力。所以，与企业文化的其他形式相比，企业价值观对企业发展的影响更间接，但这种影响力更持久、更有效。而企业文化作为存在于每一个企业之中的庞大体系，对企业发展发挥的作用与企业价值观发挥的作用也不尽相同。企业文化的作用力较之企业价值观要弱。

企业价值观和企业文化之间也存在密不可分的内在联系，主要包括以下两个方面：一方面，作为企业文化的重要组成部分，企业价值观是企业文化得以

实现的根本方式，对企业文化的形成和发展具有重要的指导和导向作用，是企业发展和企业文化建设不可或缺的核心因素。另一方面，企业文化对企业价值观的形成和建构也发挥着十分重要的作用，是企业价值观的作用得以发挥的重要载体。同时，企业价值观的任何变化，都是与企业文化的发展变化相一致的。虽然"信念和价值观，越是根深蒂固、越是接近于人们对自我的认识，就越难以改变，但是能够改变的。社会环境对信念和价值观有着重大的影响，企业文化对这一能力的影响也不可低估。"①也正是在这个意义上，很多学者和企业通常对企业文化和企业价值观不做区分，往往把企业价值观建设作为企业文化建设的一项根本任务来进行，或者把企业价值观建设视为企业文化建设，以"企业文化建设"的名义进行企业价值观的建构。这都说明了二者之间存在的密切联系。

（二）企业价值观与企业经营理念

企业经营理念，或者称为企业理念或者企业信念，是在企业的生产经营活动中所体现出来的价值观念。从这个意义上说，企业经营理念是企业价值观的一种表现形式。有的学者提出："企业理念是指导人们工作中的思维及行动的所有规范和信念体系。企业理念包括远景规划、使命、价值观和原则，以及指导组织如何运作的合约。"② 作为企业发展过程中的重要成果，企业经营理念是在对企业的生产经营活动的各个环节进行不断概括的基础上得以形成的。企业经营理念的突出特点在于，其与企业生产经营活动的密切联系。企业经营理念的形成，充分体现了企业价值观对企业发展的重要作用，是企业价值观的重要表现形式。对于二者的关系，我们可以从以下两个方面进行把握：

从区别的角度来讲，企业经营理念比企业价值观涉及的范围更小，内容更集中。企业经营理念所反映的企业价值观，只是企业价值观体系中的一个组成部分，是企业价值观中反映对企业生产经营活动的价值判断和价值原则的集中概括。从这个意义上说，企业经营理念是先进的企业价值观中核心的表现形式。企业经营理念是在企业生产经营过程中对企业价值观的自觉选择。例如，

---

① 〔美〕迈克尔·茨威尔：《创造基于能力的企业文化》，王申英、唐伟、何卫译，华夏出版社2002年版，第42页。

② 同上书，第119页。

著名管理大师、美国通用电气公司前首席执行官杰克·韦尔奇（Jack Welch）就把"无边界"（boundaryless）的理念视为自己经营活动中的一种重要成果。在选择了这一经营理念之后，他用了很长的时间使之成为通用公司企业价值观中的核心准则和根本价值标准。"无边界"的企业经营理念对通用电气的发展是革命性的。"无边界的行为帮助通用电气根除了已有百年历史的僵化的等级制度和臃肿的官僚体制。"[①] 这里所说的"无边界"的企业经营理念，就是对通用电气公司企业生产和经营活动的抽象概括，是其企业价值观的核心内容。在这一企业经营理念的形成过程中，企业价值观的其他形式发挥了不可忽视的作用。

从联系的角度来看，企业经营理念和企业价值观的相互联系使得二者共同成为企业文化建设中不可分割的有机整体。一方面，自觉地把先进的企业价值观的根本要求升华、凝结为企业经营理念，并把企业经营理念体现和贯彻到企业价值观建设及企业的生产经营实践的各个层面，是一个优秀的企业家和企业管理者实现有效管理、推动企业发展的根本手段，也是企业经营理念对企业价值观各个层面施加影响的根本途径。另一方面，企业经营理念也只有通过企业价值观的其他形式得到实现，才能成为企业的核心价值观，发挥对企业发展的作用。企业经营理念作为企业价值观的核心层，必须体现企业价值观各个层面的普遍要求，并把自身的发展同其通过企业价值观参与企业活动结合在一起。从这个意义上说，企业经营理念必须以企业价值观的各种表现形式为基础，并适应企业价值观的变化。所以，仅仅具有一种优秀的理念，是不能实现企业发展的。这就是企业经营理念对企业价值观的依赖性。

（三）企业价值观与企业精神

在企业发展的过程中，企业精神往往被认为是内在于企业文化的深层、对促进企业实现其长远发展目标具有决定性作用的要素。有学者曾经对企业精神进行了如下的概括："作为一种优秀的公司文化，不论一个公司具体的精神特质和文化倾向如何，都会或多或少地涉及这样四个方面的内容：（1）主人翁精

[①]〔美〕杰弗瑞·克雷默：《杰克·韦尔奇领导艺术词典》，罗晓军、丁春海译，中国财政经济出版社 2001 年版，第 52 页。

神;(2)公司进取精神;(3)永葆企业青春精神;(4)取得成就精神。"① 实际上,这里所概括的企业精神,就是企业价值观的最高表现形式。从企业精神和企业价值观的比较来看,二者主要存在以下关系:

从区别的角度来说,企业精神是比企业价值观范围更集中、表现更抽象的概念。企业精神是表现一个企业在生产经营过程中精神状态的概念。如前所述,企业精神只是先进的企业价值观中处于核心层次的精神要素,是对企业价值观的最高概括和抽象。因此,从区别的角度来说,企业精神的范围比企业价值观小,属于企业价值观的一部分。例如,创新精神作为一种企业精神,就是对企业价值观中的进取观进行概括的结果。从企业价值观的角度来说,创新观念是表现在各种不同的企业价值观形式中的。但是,这种无所不在的创新绝不仅仅作为一种观念存在。随着企业的发展和人们认识水平的提高,其必然内化为一种企业精神。而从企业精神的角度来看,创新精神则成为企业发展的一种深层要素,成为一种"下意识"的东西;从这个角度来说,创新精神比创新观念更抽象,但比创新观念更深刻,这也正是企业精神与企业价值观的区别。

从联系的角度来说,企业价值观与企业精神也是不可分割的。对此,可以从以下几个方面理解:首先是二者表现形式的一致性和相互之间的依赖性。企业精神作为企业价值观的最高表现形式,和其他企业价值观形式一样,都要最终通过具体的企业生产经营行为得到表现。所以,企业精神总是要通过一定的企业价值观形式表现出来。其次,二者的相互作用。企业精神来自企业价值观的其他形式的抽象与概括,并对企业价值观的其他形式具有根本的指导意义;企业价值观以企业精神为最高追求,以最终实现企业精神对企业发展的推动作用为根本目标。此外,企业价值观和企业精神在形成方式上也具有一致性,二者都是有意识的自觉建构与无意识的自然"生成"相结合的结果。可以说,努力实现由企业价值观到企业精神的升华,正是企业价值观建设的主要任务。

综上所述,我们可以对企业价值观与企业文化、企业经营理念和企业精神进行如下的概括:企业文化作为最宽泛的概念,是以企业价值观为核心和"灵魂"的企业发展动力;企业经营理念是企业价值观形成过程中的自觉选择,是先进的企业价值观的核心内容;企业精神作为自觉选择和自然"生成"

---

① 谭伟东:《公司文化》,经济日报出版社1997年版,第262页。

的统一，是与企业经营理念处于同一层次的概念，也是先进的企业价值观的核心内容。自觉选择符合先进的企业价值观要求的企业经营理念，努力塑造体现先进的企业价值观的企业精神，是企业价值观建设的重要内容，也是企业文化建设的核心所在。

第三节 企业价值观建设的理论基础

关于企业价值观建设对于企业发展的重要性，当前已经基本形成共识。特别是近年来我国对这一问题的重视程度明显增强，很多学者和企业家也都在积极探寻"如何建构符合企业长远发展需要的企业价值观"。这是一个可喜的现象，对于我国企业的发展，具有十分重要的意义。但是，仅仅停留在这个层面的探索，并不能得到令人满意的结果。在目前的探索中，有一个对企业价值观建设至关重要的问题常常被忽视，即"为什么企业价值观对于企业发展如此重要"。对这一问题的正确解答，关系到企业价值观建设的自觉性，是我们深入研究企业价值观的理论基础。本节就试图对这一问题进行解答，进而确立企业价值观研究的理论基础。

一、价值概念

对企业价值观的研究分析涉及的最深层的问题，就是应该如何理解价值概念。要分析企业价值观对于企业发展的重要性，对企业价值观进行深入研究，必须对价值的意义进行深入分析和正确理解。

（一）对价值概念的两种理解

从当前的研究现状来看，对于"价值"这一概念，在不同的学科领域存在不同的理解。这些不同的理解对价值观念的形成产生了十分重要的影响。从马克思主义的视角来看，对价值概念的理解主要包括以下两个角度，即经济学意义上的价值概念和哲学意义上的价值概念。下面分别对这两种意义上的价值概念进行说明。

1. 经济学意义上的价值

根据马克思主义的根本观点，经济学意义上的价值就是指商品的价值，即凝结在商品中的无差别的人类劳动。这种价值概念是与"使用价值"相对使用的，体现的是商品的本质特性。在马克思看来，作为商品的人类劳动产品，"只是表示，在它们的生产上耗费了人类劳动力，积累了人类劳动。这些物，作为它们共有的这个社会实体的结晶，就是价值——商品价值"①。这种"价值"不是从来就有的。只是在劳动产品成为商品之后，价值才成为商品的属性。"价值没有在额上写明它是什么。不仅如此，价值还把每个劳动产品变成社会的象形文字。后来，人们竭力要猜出这种象形文字的涵义，要了解他们自己的社会产品的秘密，因为使用物品当作价值，正象语言一样，是人们的社会产物。"② 从劳动最普遍的性质来看，不同商品之间以价值为基础的可比性，是商品交换得以实现的前提和基础："商品价值体现的是人类劳动本身，是一般人类劳动的耗费。"③ 所以，商品所包含的价值，是以劳动的"量"为尺度的。从这个观点出发，社会必要劳动时间成为衡量商品价值的主要标准和根本因素。"劳动的尺度，劳动时间——在劳动强度相同的前提下——就是价值的尺度。"④ 马克思主义的劳动价值论，就是在此基础上提出的关于劳动创造价值的根本理解。根据马克思在《资本论》中对劳动价值论的研究，劳动者的具体劳动生产出商品的使用价值，而其抽象劳动则形成了商品的价值。"一切劳动，一方面是人类劳动力在生理学意义上的耗费；就相同的或抽象的人类劳动这个属性来说，它形成商品价值。一切劳动，另一方面是人类劳动力在特殊的有一定目的的形式上的耗费；就具体的有用的劳动这个属性来说，它生产使用价值。"⑤

但是，在商品经济社会里，商品交换并不是以劳动的交换为主要方式，而主要是通过劳动的产品——物的交换来实现的，这就容易使人们对商品的价值形成错误的认识，把"物的价值"凌驾于"人的价值"之上，将其作为一种

---

① 《马克思恩格斯全集》第23卷，人民出版社1972年版，第51页。
② 同上书，第91页。
③ 同上书，第57页。
④ 《马克思恩格斯全集》第46卷下册，人民出版社1980年版，第114页。
⑤ 《马克思恩格斯选集》第2卷，人民出版社1995年版，第123页。

超越于"人的价值"的东西:"商品形式的奥秘不过在于:商品形式在人们面前把人们本身劳动的社会性质反映成劳动产品本身的物的性质,反映成这些物的天然的社会属性,从而把生产者同总劳动的社会关系反映成存在于生产者之外的物与物之间的社会关系。"① "商品拜物教"由此产生。在资本主义生产方式下,这种"商品拜物教"的表现达到了一种极端的形式——异化,即把劳动者从价值的创造者变为"物的价值"的依赖者,劳动也从创造价值的手段沦为维持生存的手段。在这种价值的实现过程中,劳动变成了一种外在的、强制的东西,成为外在力量对人本身的束缚。这种劳动的最终结果就是造成人本身的异化:"异化既表现为我的生活资料属于别人,我所希望的东西是我不能得到的、别人的占有物;也表现为每个事物本身都是不同于它本身的另一个东西,我的活动是另一个东西,而最后,——这也适用于资本家,——则表现为一种非人的力量统治一切。"② 在这种情况下,作为劳动主体的人的价值,也就根本无从谈起。在这种情况下,在人的劳动观念中,劳动就成为一种压制"人的价值"实现的手段。

从经济学的意义上所理解的价值概念,体现了劳动对创造价值的重要的意义。而且,劳动者与劳动产品的不同关系,决定了劳动者对劳动的不同态度,也就必然影响价值观的变化。在劳动仅仅作为一种谋生手段存在的时候,在劳动者的价值观念中,必然把劳动理解为一种压迫或者强制力量,对人本身的全面发展产生消极作用。所以,这种意义的价值概念是与重视经济利益原则的价值观念联系在一起的。

2. 哲学意义上的价值

从哲学的角度来说,价值不是客观事物本身具有的属性,而是作为实践活动主体的人与外在于人的客体之间,所存在的需要与满足的价值关系或者意义关系。这一意义上的价值概念,是与"事实"相对而言的。这种价值是以主体的需要与满足为标准进行价值判断和价值选择,体现的是一种意义关系和作用关系。这种价值的判断标准就是作为实践活动主体的人。从这个意义上来说,价值概念强调的是社会主体本身的价值实现,是人本身的发展。在这个意

---

① 《马克思恩格斯全集》第 23 卷,人民出版社 1972 年版,第 88—89 页。
② 《马克思恩格斯全集》第 42 卷,人民出版社 1979 年版,第 141 页。

义上，物的价值主要体现在其对人的需要的满足程度上，因而"人的价值"具有超越"物的价值"的属性。根据这种对价值的理解，价值的最高理想就是实现"每个人的自由发展是一切人的自由发展的条件"①的理想社会，使人的价值得到完美的体现。这种意义上的价值的最终实现，也只能通过人的劳动来完成。

恩格斯曾经提出："自然界为劳动提供材料，劳动把材料转变为财富。但是劳动的作用还远远不止于此。它是一切人类生活的第一个基本条件，而且达到这样的程度，以致我们在某种意义上不得不说：劳动创造了人本身。"②这里所说的"人本身"，既包括人的生理要素的变化发展，也包括人的文化要素的不断提升。作为人类对自身需要的满足，哲学意义上的价值就是通过劳动这种价值创造活动来不断得到实现的。在马克思看来，这种意义上的价值的真正全面实现，是在共产主义社会中完成的。在共产主义的理想社会没有实现之前，这种价值的实现程度，主要取决于人类社会发展的各个不同阶段对"人本身"的自觉意识程度和重视程度。

这种意义的价值的实现，也就使得劳动具有了全新的意义。只有在这个时候，劳动才可能成为"真正自由的劳动"，成为"个人的自我实现"③的手段，成为人的存在方式。以此为基础所形成的价值观念，也具有了全新的意义。在这种观念中，劳动不再仅仅是谋生的手段，而成为人体现本身存在价值的重要手段。因此，对劳动的观念也随之发生变化，劳动不再是一种外在的强制，而成为一种内在于人本身的要求。这种对劳动新观念的形成，是人类社会进步的必然要求，也是价值观念进步的理想目标。

（二）两种意义的价值概念之间的关系

马克思主义对两种意义的价值概念的理解，并不是互不相干的。两种意义的价值概念之间的区别与联系，构成了我们全面理解价值概念的基础。

首先，两种意义的价值概念的区分，为我们进行价值观研究提供了有益的参考。有的学者把价值的上述两种意义分别称为商品价值和文化价值，并认

---

① 《马克思恩格斯选集》第1卷，人民出版社1995年版，第294页。
② 《马克思恩格斯选集》第4卷，人民出版社1995年版，第373—374页。
③ 参见《马克思恩格斯全集》第46卷下册，人民出版社1980年版，第113页。

为:"创造商品价值的抽象劳动是受外在强制的劳动,异化劳动;而创造文化价值的一般劳动是扬弃外在强制的自由劳动。"① 根据这种理解,马克思所说的"工人生产得越多,他能够消费的越少;他创造价值越多,他自己越没有价值、越低贱"②,也是从区别的意义上使用上述两种价值概念的。这些对价值的理解和认识对我们理解价值观的形成和发展具有根本的指导意义。两种价值概念的区分,可以使我们在价值观念上明确地把"物的价值"和"人的价值"区别开来,摆脱对物的崇拜,恢复人本身的尊严;两种价值的区分,可以使我们在"以物为本"和"以人为本"之间进行正确的判断,做出符合人的发展要求的价值选择。从这个意义上说,马克思主义对价值两种意义进行区分的观点,在当前仍然具有合理性,对我们的经济活动和社会生活具有根本的指导意义。

其次,两种意义的价值概念,除了相互区别,还存在相互联系,这是以往的研究经常忽视的。一方面,从经济学意义的价值来说,它的实现是与人本身的存在密不可分的。没有人的自然存在,没有作为劳动主体的人,人类劳动就无从谈起,也就不会有商品价值的存在;没有人的需要与满足,社会生产的所有环节就失去了全部意义。资本主义的生产,只是使"物"成为凌驾于人之上的东西,而不是也不可能使之成为取代人的东西。从这个意义上说,"物的价值"最终必须以"人的需要"为落脚点。另一方面,哲学意义上的价值的实现,必然建立在现实的社会发展和物质水平的基础之上。人的需要是多种多样的,但是,物质方面的需要构成了人类社会存在的基础。正因为如此,人的价值观念和价值实现必须建立在物质活动的基础之上。正如马克思发现的那样,"思想、观念、意识的生产最初是直接与人们的物质活动,与人们的物质交往,与现实生活的语言交织在一起的。人们的想象、思维、精神交往在这里还是人们物质行动的直接产物。表现在某一民族的政治、法律、道德、宗教、形而上学等的语言中的精神生产也是这样"③。这里所说的"直接产物",就明确表明了物质活动、物质交往对于人类社会和人的价值实现的重要性。从这个意义上说,以经济利益为基础的价值,是人本身的价值得以实现的基础。人类

---

① 陈筠泉、刘奔主编:《哲学与文化》,中国社会科学出版社1996年版,第229页。
② 《马克思恩格斯选集》第1卷,人民出版社1995年版,第42页。
③ 同上书,第72页。

社会的进步归根到底是通过人类劳动的成果不断推动人的发展的过程。

二者之间的这种密切关系，要求我们将二者放在统一的视角之下进行把握。只有这样，才能找到异化劳动向自由劳动转化的根本途径，促成经济利益和人的价值二者的共同实现。也只有根据这种统一的把握，我们才能深化对价值的认识，形成正确和全面的价值观。价值观念的发展变化就是这种"实现自身"的重要形式。可以说，只有在两种意义的价值的结合和统一中，价值观才能真正完整地通过生产经营活动表现出来。这正是企业价值观建设所要实现的根本任务，也是我们深入研究企业价值观的理论基础。

二、企业价值观：两种意义的价值概念统一的契合点

从上述价值的两种意义来考虑，企业价值观是体现这两种价值意义的最佳契合点，是体现"物的价值"和"人的价值"（或者称为经济价值和哲学价值、商品价值和文化价值）有机统一的重要方式。企业价值观对于企业发展的重要作用，也正是源于二者的统一。所以，只有在这种统一不断实现的过程中，企业价值观才能不断得到发展。这是和价值观念本身的发展规律相一致的。可以说，企业价值观对两种意义的价值概念的体现，就是这种"合目的性与合规律性在方向上达到一致"的最好说明。对此，我们可以从以下几个方面进行分析：

（1）企业价值观必须以体现经济学意义上的价值为核心原则。企业作为进行生产经营的社会组织，经济活动是其参与社会发展进程的主要方式。通过为社会发展提供产品和服务，企业获得自己的经济利益，这是企业发展的根本动力所在。对利润的追求，是企业得以维系自身的存在和对社会发展产生影响力的关键因素。从这一点来说，经济学意义的价值的实现，对企业的发展是至关重要的。正因为如此，在企业价值观中，经济利益的原则始终是其重要的组成部分。"必须将企业看成是一个具有强烈的利润动机的经济组织，而不能期望企业可以在没有财务刺激的条件下，去完成非经济的目标。"[①] 所以，企业价值观首先必须以经济利益作为自己的重要着眼点，以实现经济利益作为企业发

---

① 〔美〕乔治·斯蒂纳、约翰·斯蒂纳：《企业、政府与社会》，张志强、王春香译，华夏出版社2002年版，第149页。

展的重要指标。但这并不等于说经济利益是企业生存和发展的首要目的甚至是唯一目的。以下观点对我们理解这一点很有启发:"利润是生存的必要条件,而且是达成更重要目的的手段,但是对很多高瞻远瞩的公司而言,利润不是目的,利润就像人体需要的氧气、食物、水和血液一样,这些东西不是生命的目的。但是,没有它们,就没有生命。"① 企业价值观的存在和发展,不是独立于企业的物质生产经营之外的"纯粹"的观念变化,不可能抛开经济利益因素的根本作用。因此,企业价值观的发展与变化,是随着企业发展对利益追求的变化而不断发生变化的。其根本就在于企业对经济利益的追求,以及适应这种追求的时代发展。

(2) 企业价值观也必须以体现哲学意义上的价值为重要内容。价值观念作为人的一种存在特质,与人本身的存在密不可分,企业价值观也是如此。这主要表现为两个方面:

一方面,从企业内部的发展来说,企业价值观只有充分体现出"以人为本"的基本原则,把人的价值实现作为企业发展的重要因素,才能真正实现对企业发展的有效推动。"优秀企业给员工提供了充分实现自己价值的机会(变得非常突出的机会),然后把它与企业的宗旨和信念结合起来(例如达纳公司的'有生产能力的人')——这是一个完美的结合!"② 这里所说的"实现自己价值",就是指哲学意义上的人的价值实现。这种企业价值观的形成,对企业的发展所发挥的作用是十分深远的。

另一方面,从企业与企业外部环境的相互关系来说,企业必须在考虑经济利益的同时,充分考虑到社会责任的存在,在必要的时候,企业甚至需要以牺牲部分经济利益为代价去承担相应的社会责任。另外,这种超越经济利益的企业价值观,不仅是企业对社会做出贡献的主要形式,也是企业获得自身发展活力的重要源泉。正是从这个意义上说,一个优秀的企业以及这个企业所信奉和坚持的价值观对社会发展的贡献,往往超越其创造的利润等经济因素。企业价值观对价值的这种意义的体现,是企业价值观的根本意义所在。

---

① 〔美〕詹姆斯·C.柯林斯、杰里·I.波拉斯:《基业长青》,真如译,中信出版社 2002 年版,第 71 页。

② 〔美〕托马斯·彼得斯、罗伯特·沃特曼:《追求卓越:美国优秀企业的管理圣经》,戴春平等译,中央编译出版社 2001 年版,第 83 页。

（3）价值的两种意义的区别是企业价值观建设难题的根源所在。在企业发展的过程中，经济利益和社会责任作为一对矛盾，时刻存在于生产经营活动的每一个环节之中。对每一个处于发展中的企业来说，在企业价值观的形成和发展过程中，都不可避免地面临一个十分棘手的难题，即如何在"以物为本"的商品价值（经济价值）和"以人为本"的文化价值（哲学价值）之间进行选择的问题。有些企业在面临"义"与"利"的选择时，往往要以一种利益的牺牲为代价来实现另一种利益。虽然在二者之间并不总是"非此即彼"的排斥性选择，但很多时候二者的不一致性是很多企业不得不面对的现实问题。可以说，究竟应该如何把握二者的尺度，始终是每一个企业进行企业价值观建设无法回避的问题。

这一难题产生的最根本原因就是两种意义的价值之间存在的区别，以及建立在这一区别基础之上的经济利益和社会责任之间、商品价值和文化价值之间的冲突。一个企业的经济利益和社会责任之间、企业的利润和企业员工的个性与价值的实现之间相互对立的方面是企业发展过程中长期存在的问题。"企业社会责任的观念是在与传统经济观念相对抗的过程中缓慢发展起来的。这两种观念之间的紧张状态并没有停止，它还会继续下去。"[①] 如何处理二者的这种"对抗"，是企业价值观建设必须面对的重大问题。在企业价值观的建设中，对这个问题的解答是一个贯穿始终的长期探索过程。所以，问题的关键不是是否存在这个难题，而是应该如何面对和解决这个问题。这正是企业价值观建设要做的工作。

（4）努力实现价值两种意义的统一，是企业价值观建设的前进方向。如前所述，两种意义的价值之间存在一种内在的联系。这种内在的联系，在作为经济活动基本单元的企业中得到了集中的体现。作为经济实体，企业必须以重视经济利益为原则；而作为伦理实体，企业必须把社会责任作为自己应该承担的义务。企业价值观作为一种具有内在统一性的严密体系，只有在对这二者进行统一理解的前提下，才能更好地实现对企业发展的推动作用。把握这种内在的统一性，是企业价值观建设取得良好发展的根本途径。从这个意义上说，实现

[①] 〔美〕乔治·斯蒂纳、约翰·斯蒂纳：《企业、政府与社会》，张志强、王春香译，华夏出版社2002年版，第131页。

价值的两种意义统一的过程，就是企业价值观的形成与发展过程，是企业价值观对企业作用的实现过程。实现价值的经济学意义和哲学意义的统一，就是在企业价值观建设中把"物的价值"和"人的价值"有机统一起来，使企业的经济利益与企业员工的个人价值的实现、企业所处的社会的进步与发展结合在一起，为企业保持"基业长青"奠定坚实的基础。

第四节　企业价值观的理想建构及其意义

作为一种理论探究，我们对企业价值观建设的认识和理解，不能仅仅停留在实践和操作的层面上。通过对企业价值观发展规律的认识，发现一般意义上的价值观的内在规律性，以此加深我们对一般意义的价值观的理解，推动价值观理论的深化，是对企业价值观进行研究的应有之义。

一、企业价值观的理想建构

从前述企业价值观的建设过程来看，企业价值观的建设主要围绕三个核心概念展开。这三个核心观念就是利益观念、劳动观念和地位观念。从理论层面把握这三个核心观念在企业价值观体系中的地位及其相互关系，是深入理解企业价值观建设的关键。

（一）企业价值观建设中的三个核心观念

作为一种经济活动的单元，利益观念的重要性对企业来说是不言而喻的。所以，在企业价值观的建设过程中，首先必须重视利益观念。需要指出的是，作为企业价值观建设的重要内容，利益观念的含义不仅仅局限于对企业经济利益的追求和理解。在很多时候，它还包括企业的社会责任、社会声誉等超越经济利益的东西。这些因素虽然不能立即给企业带来现实的经济利益，但这些因素对企业的长远发展和利益实现是必不可少的。这一点对以经济利益为重要目标的企业来说也不例外。如前所述，那些具有远见卓识的企业，可以更清楚地认识到社会责任对企业长远利益实现的突出重要性，进而把企业的发展目标和企业的社会责任紧密联系在一起。在这些企业的价值观体系中，企业的经济利益和社会责任总是密切结合在一起的。这种对利益的观念，还表现在企业对长远利益的考虑及对现实利益的重视上。所以，就企业发展而言，企业价值观中的利益观念，应该是经济利益和社会利益的统一、短期利益和长期利益的统一。

劳动观念与企业的生产经营实践密切相关。从企业价值观的发展来看，劳动观念的发展变化，就是企业的生产经营实践发展变化过程在企业价值观中的表现形式。随着企业价值观建设的不断展开，企业生产经营活动的参与者对劳动的认识和态度也发生了相应的变化。从当前企业价值观建设的实践来看，自愿劳动观念的培养，正是企业价值观建设的重要内容。只有将正确的劳动观念作为企业价值观建设的根本，企业员工才能积极主动地参与到企业的生产经营活动中，充分发挥自己的聪明才智，为企业发展发挥自己最大的作用。为员工确立一种积极参与的氛围，对其产生的激励作用远远大于经济因素的激励。只有通过正确的劳动观念的培养，把企业员工对薪酬的热情转化为对劳动过程的热情，企业才能充分调动企业员工的劳动积极性，发挥企业员工的创造性，并以此作为企业保持发展和迎接挑战的根本。从这个意义上说，劳动观念是决定企业生产经营活动的核心要素。

地位观念作为一种企业价值观的表现方式，主要表现为企业参与者对自身地位的认识，以及在此基础上对企业内部人与人之间相互关系的理解和认识。从企业价值观的角度来说，地位观念的主要表现形式，就是企业对组成企业的人的认识。这种认识包括企业对企业家地位和作用的尊重，也包括企业领导者和管理者对企业普通员工及企业人才的认识。基于对地位观念的不同理解，在不同的企业价值观中对企业家、企业管理者和企业普通员工的地位和作用的认识存在很大的差异。而企业价值观建设的重要内容之一，就是充分调动企业所有参与者的积极性，尽可能使每一个人都可以在自己的位置上"人尽其才"。

（二）三个核心观念的地位和联系分析

从企业价值观的三个核心观念之间的关系，我们可以分析出企业价值观建设的理想建构方式。企业价值观建设的重要内容，就是正确处理三者之间的关系，并通过三者的协调实现企业价值观建设的理想建构。

利益观念是全部企业价值观的基础。作为社会经济活动的基本单元，企业的生产经营活动是与实现企业的经济和社会利益紧密联系在一起的。从企业价值观的角度来说，突出利益的重要性是企业维系自身存在价值的根本。所以，对利益的全面认识，就构成了企业价值观的理论核心。

劳动观念是企业价值观中体现过程性的核心观念。从企业发展的实际来看，无论是生产还是服务，企业的发展最终都要体现为不间断的劳动过程。只有通过企业参与者在企业的生产经营活动中的劳动创造，企业才能为社会提供产品和服务，才能实现自己的利益和价值。所以，劳动是企业得以存在和发展的根本动力。对这一关系的认识反映到企业价值观中，就形成了对劳动观念的重视。而对企业发展过程的认识和理解，也就表现为劳动观念对劳动过程的理解和把握。作为体现企业发展过程的价值观念，劳动观念体现的是人与生产的关系，是劳动者与劳动成果（包括劳动产品、工资薪酬和劳动者的价值实现等方面的成果）之间的关系。

地位观念是企业价值观中体现系统性的核心观念。企业作为一个整体，是一个包含多种要素的系统。这个系统的不同组成要素之间的关系，以及对这种关系的理解，成为企业价值观的核心内容。从企业价值观发展的角度来看，地位观念的核心意义，就在于通过这一观念的确立，将企业的不同参与主体统一在一种企业价值观的指导之下。这种对文化和价值观的认同构成企业发展的现实基础。例如，信任就是这种"道德价值观的群体"的重要组成部分。企业家和企业普通员工之间的相互信任，企业家和企业员工对企业文化的认同，都可以使他们在企业中找到自己合适的位置，并在自己的位置上为企业发展发挥作用。

上述三个核心观念在企业价值观体系中是紧密联系在一起的。这种联系是和企业的发展相一致的。从企业的发展过程来看，企业的发展就是以利益为基础的系统性与过程性的统一。与此相适应，企业价值观就是以利益观念为基础的劳动观念和地位观念的统一。劳动观念和地位观念是企业价值观体系的两个核心，二者之间的张力是决定企业价值观完善程度的重要尺度。而利益观念则是这两个核心观念得以维持其相互影响和相互作用的根本要素和基础。企业价值观的建设，就是要以企业的经济利益和社会责任为主要着眼点，通过劳动观念的培养推动企业发展的过程，通过地位观念的培养协调企业的组成要素，这是企业价值观对企业发挥"核心"和"灵魂"作用的主要表现形式。企业价值观中的劳动观念和地位观念，以利益为基础的统一和平等，正是企业价值观建设的理想目标。从这个意义上说，企业价值观建设的理想模式，就是实现以正确利益观为基础的劳动观和地位观的统一。企业价值观的其他形式都是围绕这个建构展开的，并受到三个核心观念的制约。

二、从企业价值观理解一般价值观

作为价值观的一种重要表现形式，企业价值观的表现和发展也反映了一般意义上的价值观的表现方式和发展规律。因此，通过对企业价值观的分析，理解一般意义上的价值观的发展，是我们加深对一般意义的价值观的认识的重要途径。从企业价值观建设的过程，我们可以形成对三个核心观念及其关系的完整理解。如果将这种理解与一般意义上的价值观发展联系起来，就可以发现一般价值观发展的建构形式。

（一）三个核心观念的普遍意义

从一般意义的价值观发展来看，价值观的产生是人对自身所处的环境的一种意识形式。"价值观是情绪和理智共同的产物。"[1] 作为一种意识形式，价值观是通过各种观念形式对人们的行为进行指导，从而引导社会的发展。在各种观念组成的价值体系中，也存在几个核心的价值观。在企业价值观的发展中，我们把利益观、劳动观和地位观之间的关系和互动作为实现企业价值观建设的理想建构的核心。而在将其拓展到一般意义的价值观之后，我们也不难发现：对于一般意义的价值体系来说，上述三个核心观念也是该体系的核心内容，对社会范围内的生产实践和社会关系发展具有十分重要的指导作用。因此，我们可以从对企业价值观的三个核心观念的理解出发，分析三个核心观念在一般意义的价值观中的地位和相互关系，并通过这种分析加深我们对一般意义的价值观的理解。

从一般意义的价值观发展来看，利益观念是全部价值体系的基础。这种地位的取得主要是源于利益在社会的生产实践中所占据的重要地位。利益观念正是与社会生活中对利益的追求密切联系在一起的。正如马克思所说的那样：

---

[1] 〔英〕保罗·格里斯利：《管理价值观——企业经营理念的变革》，徐海鸥译，经济管理出版社2002年版，第12页。

"人们奋斗所争取的一切，都同他们的利益有关。"① 从这个角度来说，利益是推动社会生产经营实践的重要力量，也是决定社会关系构成和变化的基础。从人类社会的发展历程来看，"利益是激励和支配人的活动的能动因素和主要动力"②。可以说，人类社会的全部活动都是围绕各种利益展开的。这种现实性在价值观念中的表现，就是对利益的价值选择，以及建立在这种选择的基础之上的价值判断。只有把全部的价值体系建立在利益观念的基础之上，才能真正理解利益对于社会发展的重要性，才能实现价值观对于社会发展的"核心"和"灵魂"作用。从价值观发展的实际来看，价值观念对社会生活所发挥的推动和促进作用，最终也表现为一种群体利益的实现。

劳动观念是推动社会发展的价值保证。在一般的意义上，劳动观念是劳动者与劳动对象、劳动成果之间的关系的价值反映。从企业价值观的发展我们可以看出，作为劳动者对劳动活动和劳动过程的认识，劳动观念对企业的生产经营活动起着"核心"和"灵魂"作用，主要表现在其对劳动过程和生产过程的推动。如果把这一观念拓展到价值观的一般意义上，我们可以发现，劳动观念的发展和变化，也是社会发展变化的根本动因。社会成员对劳动关系的态度、理解和判断，反映了社会物质生产的客观进程，也推动着社会物质生产过程的继续发展。从这个意义上说，确立正确的劳动观念是激励社会成员劳动热情的根本因素。而劳动观念从"强制劳动"到"自愿劳动"再到"自由自觉的劳动"的变化过程，也是人类社会逐步摆脱"物对人的奴役"、实现人的全面发展的客观过程的反映。从这个意义上说，作为价值观的核心观念，劳动观念体现的正是对社会发展进程的价值认识。只有通过人类的现实劳动，社会才能实现发展；只有以正确的劳动观为指导，我们才能在价值观的意义上理解和把握社会的发展；只有通过对劳动观念的把握，我们才能更加自觉地认识到劳动对社会和对劳动者自身的价值，并以一种积极主动的态度投入社会生产，推动社会发展。这就是劳动观念对整个价值观体系的重要性，也是其核心地位的表现形式。

地位观念是维系社会系统的重要内容。地位观念的主要内容就是对社会关

---

① 《马克思恩格斯全集》第1卷，人民出版社1956年版，第82页。
② 袁贵仁：《教育-哲学片论》，北京师范大学出版社2002年版，第111页。

系的价值认识,也就是对处于社会群体中的人与人的关系的理解与把握。从一般意义上说,地位观念的主要表现,就是作为个体的人对自我与他人、个人与社会的价值认识和价值判断。以此为基础所形成的对人的认识,也是地位观念的重要表现形式。从现实的发展来看,地位观念作为对客观社会关系的反映,其主要作用就在于将一定社会群体内部的各种关系协调到最佳的程度,从而发挥群体组织的最大作用,以整体的发展推动和促进全部个体的发展。从这个意义上说,地位观念对维持社会系统内部的各个组成要素之间的相对稳定性具有十分重要的作用。可以说,一个群体的主要成员对自身地位的价值判断,以及在此基础上形成的对社会关系的态度,是决定这个群体的凝聚程度的重要标准。企业价值观中的地位观念,是形成"共同价值观"的重要保证。一般价值观念中的地位观念,也是价值观对社会群体的"团队精神"形成发挥作用的重要保证。从这个意义上说,价值观和社会关系的客观发展之间的互动关系,是我们理解价值观对社会发展的重要作用的根本条件。

上述三个核心观念在价值观的构成体系中的相互影响和相互作用,构成了当前价值观建设的核心内容。通过对企业价值观的研究,我们可以看出,劳动观念和地位观念的作用发挥,正是建立在正确把握利益观念的基础之上的。根据三个核心观念在价值观体系中的地位和作用,本书将一般意义的价值体系的三个核心观念的关系表述为:从一般意义上来说,价值体系的核心内容就是建立在利益观念基础上的劳动观念和地位观念的互动。以此为基础,我们进行新价值观的建构,就必须围绕这三个核心观念组成的核心内容展开。

(二) 三个核心观念对新价值观建构的意义

时代发展的大潮要求我们对建构一种面向未来的价值观体系进行更多的思考。以前述对三个核心观念的认识为基础,通过对我国新价值观建构的理解,我们可以加深对一般意义上的价值观的更深理解。这对我们在社会实践中自觉接受正确价值观的指导,在参与社会生产的过程中,自觉推动社会发展,正确处理社会关系,都具有十分重要的意义。

从近年的价值观研究来看,面向 21 世纪的价值观建构问题已经引起学术界的广泛重视。有的学者将这一过程理解为"新价值观的建设",提出:"我们必须立足于中国本土的实际,经济的、政治的、文化的、心理精神的,各个方面的实际，历史的和现实的实际，全面吸取全人类的一切文化成果，来建设我们的新价值观。"这种新价值观"是具有现时代特征的、以人为本的""是具有民族特色的、以人类和平发展为指归的""是综合的、多元一体的、以协调为主的""是动态发展的、相对合理的，而非绝对的"①。也有的学者将这一过程理解为"重建新世纪的价值观"，认为新的价值观的建构"要同探索新的社会发展模式结合起来""应以人类理性精神的重建为基础""最为重要也最难以处理的是本民族文化与异质文化的关系问题"②。还有学者将这一过程归结为先进价值观的确立："先进价值观就是面向现代化、面向世界、面向未来的，民族的、科学的、大众的社会主义价值观。""要始终代表先进文化的前进方向，不断形成和确立先进的正确的价值观，在世界各种思想文化相互激荡的形势下，在错综复杂的意识形态领域的斗争中，始终保持清醒头脑，坚持正确的方向，充分体现时代精神和创造精神，大力倡导和发展文化建设、价值观建设中的主旋律，也就是大力倡导和发展一切有利于发扬爱国主义、集体主义、社会主义的思想和精神，一切有利于改革开放和现代化建设的思想和精神，一切有利于民族团结、社会进步、人民幸福的思想和精神，一切有利于用诚实劳动争取美好生活的思想和精神。"③尽管在表述方式上存在一定的差别，但这些观点中所包含的共同点，就是对面向未来的价值观建设的深入思考。这种新价值观的建构必须以当前面临的时代条件为前提，把社会的进步和社会的协调有机统一在一起，建设一种符合时代精神的新价值观。对此，我们可以从前述三个核心观念互动的角度，进行更加深入的领会。

从价值观的三个核心观念来看，新价值观的建设必须以保持三者之间的平衡和促进三者之间的协调为重要内容。从前面对三个核心观念的理解中我们可以看出，三个核心观念之间的平衡与协调是进行价值观建设必须重点解决的问题。就劳动观念和地位观念的关系来说，二者的一致性正是价值观建设的理想目标。"理想价值体系的两个核心价值观念应该是完全一致的，对劳动价值的尊重并不妨碍对地位的追求，对地位的重视也可以促进劳动的热情。"④ 只有

---

① 马俊峰：《21世纪中国新价值观的建设与展望》，《天津社会科学》2001年第1期。
② 陈晏清：《重建新世纪的价值观》，《天津社会科学》2001年第1期。
③ 袁贵仁：《教育-哲学片论》，北京师范大学出版社2002年版，第451页。
④ 兰久富：《社会转型时期的价值观念》，北京师范大学出版社1999年版，第75页。

以这种方式在价值观层面处理好了劳动和社会关系之间的矛盾，才能充分发挥每一个劳动者的积极性和主动性，使之可以在现实的生活实践中自己的位置上对社会进步发挥最大的作用。劳动观念和地位观念之间的不一致性，决定了我们必须以利益观念为基础对二者进行平衡和协调，使之保持在合理的限度之内。从利益观念对劳动观念和地位观念的作用来看，作为二者的基础，利益观念的确立也作用和影响着劳动观念和地位观念。所以，只有在价值观建设的过程中，自觉坚持正确的利益观念，才能形成对劳动、地位等的合理选择。我们要建设或者"重建"的新价值观、先进的价值观，就是以正确的利益观念为基础，劳动观念和地位观念协调一致的价值体系。在这个体系中，三个核心观念之间的相互影响和相互作用，构成了价值观建设的重要实现方式。

从三个核心观念错综复杂的相互关系中，我们还必须深刻理解价值观建设的复杂性，这是我们理解新价值观必须面对的问题。从价值观建设的角度来看，这种复杂性主要表现在两个方面：一个方面是价值观构成本身所具有的复杂性，即价值观内容构成的复杂性。上述三个核心观念的存在及其在价值观体系中的不一致性，决定了价值观建设过程的复杂性。从社会总体的价值观发展来说，先进与落后、主导与主流的差异，都对价值观的建设产生不同程度的影响。另一个方面是价值观评价的复杂性。不同社会个体和社会群体在价值观上存在的差异性，决定了"我们无法以一个纯粹中立的态度来解释人们的价值取向——我们自己的信念和价值体系使得我们在看待事物时，会产生这样那样的成见或偏见"[1]。所以，充分认识到价值观建设问题的复杂性，是我们进行新价值观建构必须首先重视的东西。从价值观的理想建构来说，把握住三个核心观念的相互影响和相互作用，正是价值观建构的"大局"，是我们进行价值观建设必须牢牢抓住的核心。这种理想建构的实现过程，就是企业价值观对企业发展发挥"核心"和"灵魂"作用的过程。

---

[1] 〔英〕保罗·格里斯利：《管理价值观——企业经营理念的变革》，徐海鸥译，经济管理出版社2002年版，第8页。

第十章　哲学与诚信管理

诚信是中华民族的传统美德，是社会主义核心价值观的重要内容。诚信是执政之基、立人之本、事业成功之律。人们非常关注现实社会中至今仍存在的诚信缺失问题，并期待能够得到解决。诚信管理是管理哲学研究的重要课题。

第一节　诚信的含义

一、内诚于心

"诚信"指诚实，守信用。诚信要求人们诚实行事、不欺不诈、真实无妄、守诺践约、讲究信用。在我国历史上，有些思想家把"诚"和"信"单独使用。"诚"意指内诚于心，是人的内在德性，表现为诚心、真实、诚恳、真诚、实在、表里如一。"信"意指外信于人，体现人的责任感、使命感，表现为讲信义、守信用、重然诺、言行一致。"诚"是人的内心世界、本质特性，是信的思想根源和由此产生道德规范的精神动力。内诚于心，方能外信于人。

虽然我国古代有些思想家把"诚"和"信"单独使用，但两者含义相通、相辅相成的关系显而易见。他们对于"诚""信"作为道德规范所发挥的教化功能、调节功能、导向功能，以及在治人、治兵、治国、治世等管理实践中所发挥的重要作用都给予高度重视和充分肯定。

我国历史上关于"诚""信"的记载和诠释有许多。例如，《尚书·太甲下》中写道:"鬼神无常享,享于克诚。"意思是说,因为鬼神不止一两个,所以人们供奉的祭品,他们不能经常享受到,只能享受到那些对他们虔诚的信徒的供奉,只有这些信徒会常来祭祀。《周易》中讲:"修辞立其诚,所以居业也。"意思是说,君子要想使事业成功,首先要有诚心,说话、立论,所用词语应该诚实可靠、真诚无妄,不能口是心非。《孟子·离娄上》中写道:"诚者,天之道也;思诚者,人之道也。至诚而不动者,未之有也;不诚,未有能动者也。"意思是说,诚心善性是天所赋予人的优良本性,人们要常常思考并培养发扬这种诚心善性。一个人做到了至诚无伪,肯定会感动别人的。孟子认为:"诚"既是天的根本法则,也是做人的根本法则,人只有通过克己自律的思"诚",才能达到具有诚心的道德境界。天定的法则是"诚",人应遵天,人心要诚。孟子从哲学本体论和道德论角度说明诚的重要性,认为:诚是天的本性,也是人道德生活的准则。《大学》中写道:"所谓诚其意者,毋自欺也。"意思是说"诚"是不要自欺,要真心实意进行自身道德修养,存善去恶,表里如一,不掩饰自己的缺点,对别人也不存诈伪之心。《中庸》中写道:"唯天下至诚,为能尽其性。"意思是说,只有具备真实无欺理念的人,才能使自己善良的本性发扬光大。

二、外信于人

我国古代思想家关于"信"也有许多论述。例如,孔子在《论语·为政》中说:"人而无信,不知其可也。大车无輗,小车无軏,其何以行之哉?"(輗是用来固定大车车辕和横木的销子,軏是用来固定小车车辕和横木的销子。)这段话的意思是说,一个人不讲信用,真不知道他怎么在社会上生活。就好像大车没有輗,小车没有軏一样,靠什么行走呢?孔子在《论语·学而》中写道:"道千乘之国,敬事而信,节用而爱人,使民以时。"意思是说,要治理好一个拥有千辆兵车的国家,必须勤勤恳恳,取信于民。要节约用财,多关爱人民。征用劳力时,要不误农时,不要损害老百姓的利益。孔子在《论语·子路》中说:"上好信,则民莫敢不用情。"意思是说,领导者信而无欺,老百姓也不敢不守信。孔子在《论语·卫灵公》中指出:"言忠信,行笃敬,虽蛮貊之邦,行矣。言不忠信,行不笃敬,虽州里,行乎哉?立则见其参于前也,在舆则见其倚于衡也,夫然后行。"意思是说,说话忠诚守信,行为敦厚恭敬,即使到了人烟稀少、文明程度较低的偏远地区,也行得通。说话不忠信,行为不笃敬,即使在本乡本土,能行得通吗?要时刻记着忠信笃敬。站着就仿佛看见忠信笃敬几个字就在眼前,坐车就仿佛看见忠信笃敬几个字刻在车前的横木上,这样走到哪里都能行得通。《韩非子·外储说左上》中写道:"小信成则大信立,故明主积于信。"意思是说,明智的君主要想治理好国家,必须从小事就守信做起,才能建立起大的信誉,以取信于民。明智的领导者执政的成功,建立在诚实守信的基础上。墨子把信作为评价忠信之士的道德标准,《墨子·修身》中写道:"志不强者智不达,言不信者行不果。""志强智达,言信行果"是仁人志士都应做到的。《孙子兵法》中提出将备五德——"智、信、仁、勇、严",把诚实守信作为军事将领必备的道德修养。总之,在我国悠久的历史上,先秦儒、法、道、墨、兵等各家都充分肯定了信用伦理在社会发展中的重要作用。

我国古代思想家还指出了不讲诚信所造成的多方面的危害。例如,《吕氏春秋》中讲:"君臣不信,则百姓诽谤,社稷不宁。处官不信,则少不畏长,贵贱相轻。赏罚不信,则民易犯法,不可使令。交友不信,则离散郁怨,不能相亲。百工不信,则器械苦伪,丹漆染色不贞。"意思是说,如果君臣之间没有诚信,老百姓中就会出现诽谤毁誉无中生有之事,江山社稷就不得安宁;如果做官的对老百姓不诚信,就会出现年少的不尊重年老的,地位不同的人中尊贵者与卑贱者相互轻视;如果执法者不讲诚信,老百姓就容易违法,使规章法令得不到实行;交朋友若不讲诚信,别人就会远离你且互生怨恨;做工的若不讲诚信,所做的产品就会偷工减料,质量低劣。《群书治要》中指出:"天地有纪矣,不诚则不能化育;君臣有义矣,不诚则不能相临;父子有礼矣,不诚则疏;夫妇有恩矣,不诚则离;交接有分矣,不诚则绝。"意思是说,天地是有纲纪的,不诚信就不能化育万物;君臣之间是有道义的,不诚信就不能彼此相处共事;父子之间是有礼节的,不诚信就会失礼而疏远;夫妻之间是有恩爱情义的,如果彼此不诚信就会离异分手;结交朋友是有情分的,若不诚信就会绝交。《河南程氏遗书》中指出:"修学不以诚,则学杂;为事不以诚,则事败。"意思是说,学习不讲诚信,就学不到真正的、系统的专业知识;做事不讲诚信,就会导致失败。

由于"诚"和"信"两者存在着含义相通、相辅相成的内在本质联系,所以我国古代思想家也有把两者合起来使用的。例如,《河南程氏遗书》中指出:"诚则信矣,信则诚矣。"东汉许慎所著的《说文解字》中指出:"诚,信也。""信,诚也。"《管子·枢言》中写道:"先王贵诚信。诚信者,天下之结也。"即认为诚信是团结人心,使天下人团结一致的保证,这是先王的信仰。

由以上对诚信含义的分析可以看出,中国传统的诚信观念大多反映和调整君臣、父子、夫妻、朋友间的道德关系,成为人们完善人格的道德标准。儒家文化是中国传统文化的主体,儒家思想把人具有"诚"的理念和其所倡导的"格物""致知""正心""修身""齐家""治国""平天下"相联系,形成一套系统的管理思想,认为:一个合格的管理者必须具有诚信理念,要从自我修养出发,通过对事物的观察和学习,获得多方面的知识和经验。注重加强自身诚信、正心等方面的精神修养,使自己在道德行为规范等方面达到崇高的境界,才有可能具有治理好国家的能力,才有可能建立并治理好以道德为凝聚力的社会,而"诚"是促进人的道德内养、外成的关键。"诚"具有促进家庭和睦、事业成功、国家兴旺、天下安宁等多种功能。

诚信是一个包含伦理道德观、价值观、人生观的哲学范畴,在管理活动中发挥着不容忽视的重要作用。

第二节 社会交往与诚信

一、社会交往与原始诚信意识

交往是指在一定历史条件下,人们在经济、政治、文化、社会生产、生活等领域相互作用、相互影响的交互性活动,以及在此基础上所形成的联系和关系。交往是由于人们的共同活动需要建立和形成的联系。人们为了生存,必须要进行物质资料的生产。马克思说:"……生产本身又是以个人彼此间的交往为前提的。这种交往的形式又是由生产决定的。"[①] 人们在物质资料的生产过程中,一方面形成人和自然的关系,另一方面形成人与人之间的关系,生产力

---

① 《马克思恩格斯选集》第 1 卷,人民出版社 1995 年版,第 68 页。

的不断发展也会引起人们交往关系的变化。

在人类的发展历史上，早期猿人由于生产力低下，"只有以一定的方式共同活动和互相交换其活动，才能进行生产"①。为了防御敌人、获取生活资料，必须结成联合行动。这就需要互通信息，需要一定的声音作为彼此交流的工具。早期猿人在开始的时候只是依靠手势或叫声要求别人和自己配合，并表示自己对别人的配合。在长期的联合行动中，一定的声音逐渐和一定的动作联系起来，使一定的声音获得一定的意义，这样，作为交往工具的语言就产生了。正如恩格斯所说："这些正在生成的人，已经达到彼此间不得不说些什么的地步了……逐渐学会发出一个接一个的清晰的音节。"② 在社会交往中，语言是最重要的媒介。有了语言，使人不仅有了第一信号系统，而且有了第二信号系统。第一信号系统是指直接接受现实刺激物的刺激而引起条件反射的一套神经活动机制，它是对外部环境具体对象、具体现象的反应，是以具体事物作为信号的。第二信号系统是指接受语言刺激而引起的条件反射的一套神经活动机制，是在第一信号的基础上建立的信号。有了语言，大大提高了人们的交往能力，扩大了人们交往的广度和深度，使人们在交往过程中通过许多确定的科学概念、词汇进行逻辑思维，认识交往对象的本质和内在联系；有了语言，人们可以进行深入的思想交流，传递知识，获得对事物认识的直接经验和间接经验，大大拓展人们的交往领域和内容；有了语言，也有利于人们形成和表达自己的诚信理念。由于原始人的生产劳动和社会生活均以氏族为单位进行，个人若离开氏族其他成员很难生存，既不能抵御动物的袭击，也不能抵御大自然带来的其他不利于生存的环境的压力，因此，原始人在社会实践中逐步形成了原始的团结互助、同心协力、个人服从集体、言行一致的诚信意识。这种简单质朴的诚信意识保证了人们协调一致的行动，维护了群体的团结，使个人和群体能够生存和发展。

二、精神交往和诚信理念

人们在生产实践过程中形成了物质交往和精神交往两种基本交往形式。物

---

① 《马克思恩格斯选集》第1卷，人民出版社1995年版，第344页。
② 《马克思恩格斯选集》第4卷，人民出版社1995年版，第376页。

质交往是指人们在物质生产中的交往，精神交往包括思想交往和心理交往。两种交往在社会生活中相互作用，影响着社会的发展变化。诚信理念属于精神交往的内容。在人类早期的生产过程中，为了使生产活动正常、有序、有效的进行，大家都希望营造一个良好的活动环境和相对稳定的秩序，都希望在彼此的精神交往中守诺践约、诚实守信。在这个过程中，在人们质朴的思维方式中，不可能有假、恶、丑、虚伪、欺诈、奸猾等不诚信的思想意识。在精神交往中，大家的思想、情感、愿望、言行会如实地表现出来。正如德国社会学家阿克塞尔·霍耐特（Axel Honneth）所说："人类主体，就其结构而言，在生产过程中，不仅渐渐将自己的能力对象化而自我实现，同时还在情感上承认全体互为伙伴，因为他把他们当作是有所需要的共在主体。"①

第三节　诚信与现代管理

一、社会意识反作用原理和诚信管理

诚信理念属于社会意识范畴。马克思主义哲学认为，社会意识是对社会存在的反映。社会意识的形成具有相对独立性。社会意识又能反作用于社会存在，包括经济关系、利益关系和其他社会关系。这是因为社会意识是为了适应人们的生产、生活等社会活动的需要而产生的。人类创造历史的活动是能动的、有意识、有目的的活动，因此，有利于社会进步的社会意识必然会被人民大众所利用，反作用于社会存在的各个领域。

本节重点说明诚信对市场经济、企业发展和管理者的重要作用。

二、诚信是市场经济的基本要求

市场经济是以市场活动为基础进行资源配置的经济组织形式。市场经济是法治经济、契约经济，同时也是道德经济。因为契约和法律的建立和执行都以道德为基础，严格遵守法律和契约合同是市场经济参与者的行为规范。商品交易中的分期付款、企业的借贷等都以诚信为基础。一切市场参与者订约时都应

---

① 〔德〕阿克塞尔·霍耐特：《为承认而斗争》，胡继华译，上海人民出版社2005年版，第153页。

诚实不欺，订约后都应自觉履行。契约分有形和无形两种：有形契约是登有文本的契约，无形契约存在于约定俗成的内容中。两种形式的契约都建立在诚信的基础上。在现代经济交往中，契约的科学性和严肃性体现了交往关系的平等性、公正性，成为保证契约双方获得正当利益的基本条件。市场经济以等价交换为原则，通过市场交易行为来实现自己的利益。要实现自己的利益，必须以尊重契约另一方的利益为前提。只有双方都坚持诚实守信这一基本准则，双方的利益才能都得到保证。双方的契约关系既是市场交易正常进行的桥梁，也是捍卫个人财产利益的有效措施。正如英国经济学家亚当·斯密（Adam Smith）在《道德情操论》一书中指出的，自爱、自律、劳动习惯、诚实、公平、正义感、勇气、谦逊、公共精神以及公共道德规范等，所有这些都是人们在前往市场之前就必须拥有的。

诚信作为一项道德规范和行为准则，是建立行业之间、单位之间以及人与人之间互信、互利良性互动关系的精神动力。在经济管理过程中，管理主体系统的管理者的主要职能是计划、组织、人员配备等，要对管理客体系统的人、财、物等进行管理。管理者要带领所属人员去实现既定的经济目标，必须要处理好各方面的人际关系。为此，诚实守信就成为所有从业人员必须遵循的行为准则。大家牢固树立诚信意识，可以使组织内部的实力和生存能力得到增强和提升，可以使组织内部和外部的关系得到优化和完善。这就要求管理者不仅要重视对管理主体系统中的人进行诚信培养、教育和管理，也要对管理客体系统中的人进行诚信培养、教育和管理。管理者要在管理客体系统中人员的招聘、选拔、晋升等环节进行诚信识别，对所用人员的诚实性、可靠性、责任感、人品素质等诚信度采用面试、笔试、口试、现场操作、实践试用等多种形式进行考察、测试、评价，并建立相应的诚信管理规章制度、制定人力资源政策和实施计划，以及建立长效教育培训制度。管理者也必须持诚信态度，只有诚信招聘才有可能招到诚信之人。

市场经济中的法律、法规和诚信道德规范的联系十分密切。市场经济是有法可依的法治经济，交易双方不仅要诚实守信，而且要遵守有关法律规定。法律、法规和诚信共同规范着交易者的行为和价值取向，两者相互支持、共同作用，构成科学化、规范化、制度化、民主化的社会主义市场经济的制约机制。在市场经济运行过程中，要使法治作用得到全面的发挥，必须以交易者的诚信态度为基础。要建立和维持正常健康的市场秩序，必须依靠法治的强有力的作用，使诚信者的利益得到保证。因此，在道德规范的基础上坚持诚信原则和严格遵守国家法律法规的完美结合，是保证商品交换活动、市场经济秩序稳定发展的重要条件。

三、诚信是企业生存发展的根本

诚信是塑造企业形象和赢得信誉的根本。业无信不兴，信用是企业不可缺少的无形资产。诚信虽然不属于创造经济效益的物质条件，但是可以成为创造经济效益的精神力量。在市场经济条件下，企业经营者要想在经营中立于不败之地，保持强劲的竞争力，追求效益最大化，产品的销售情况是否保持最佳状态起到决定性的作用。要在销售领域保持优势，必须使产品在消费者心目中有良好的信誉。信誉是人内在的诚与外在的行的统一，誉从信中来。如果企业经营者能不断提高知名度、诚信度、美誉度，就一定能产生诚信效应。这要求企业经营者站得高、看得远，坚持诚实守信经营，坚持对顾客、用户负责到底的宗旨；在与同行的竞争中，以义为先、义利相兼，信守承诺，把竞争与合作统一起来；不断改进生产，提高产品数量和质量，满足消费者的需要。正如恩格斯所说："现代政治经济学的规律之一（虽然通行的教科书里没有明确提出）就是：资本主义生产愈发展，它就愈不能采用作为它早期阶段的特征的那些琐细的哄骗和欺诈手段。……的确，这些狡猾手腕在大市场上已经不合算了，那里时间就是金钱，那里商业道德必然发展到一定的水平，其所以如此，并不是出于伦理的狂热，而纯粹是为了不白费时间和劳动。"[1]

四、诚信是管理者必备的素质

诚信管理理念对于管理主体系统中的各级管理者都十分重要。在管理主体系统中，管理者是矛盾统一体的主要方面，规定和影响着事物的性质和发展方向。各级管理部门要执行中央的路线、方针、政策，还要制定适合本部门、本单位的政策规定，对所在组织有很大影响力。比如，为了社会的稳定、健康、

---

[1]《马克思恩格斯全集》第 22 卷，人民出版社 1965 年版，第 368 页。

持续发展，各级政府要进行经济调节，要引导并监督企业建立企业信誉档案，对企业的财务管理、守法状况、纳税情况等进行严格登记。各级政府要对市场经济中出现的不守信现象进行监督管理，建立信用制度，搞好信用建设，从而降低经济运行成本、提高经济效益。这些都需要管理者做好工作。管理者加强自身诚信建设，以身示范、言行一致、诚实守信，才能带领下属实现目标。古人对管理者讲诚信的重要性有许多论述。《贞观政要·诚信》中写道："上不信则无以使下，下不信则无以事上，信之为道大矣。""诚信立则无二心。"《资治通鉴》中指出："国保于民，民保于信；非信无以使民，非民无以守国。是故古之王者不欺四海，霸者不欺四邻，善为国者不欺其民，善为家者不欺其亲。不善者反之，欺其邻国，欺其百姓，甚者欺其兄弟，欺其父子。上不信下，下不信上，上下离心，以至于败。"《论语·颜渊》中记载："子贡问政。子曰：'足食，足兵，民信之矣。'子贡曰：'必不得已而去，于斯三者何先？'曰：'去兵。'子贡曰：'必不得已而去，于斯二者何先？'曰：'去食。自古皆有死，民无信不立。'"在孔子看来，在充足的粮食、充足的军备和人民的信任这三个治国为政的重要因素中，取信于民是最重要的因素。在三者中，不得已要暂时舍去的情况下，军备和粮食可以裁减或暂时去掉，但在任何情况下，都不能失信于民。只要坚守取信于民，失去的东西，人民会帮助你找回来。真可谓："人之忠也，犹鱼之有渊。"① 虽然古人所讲大多是针对上层领导者，但其贵德崇义、诚信为政的基本精神和积极意义，对现代领导者仍有重要的借鉴意义。历史和实践都证明，诚实守信是事业成功的关键。诚信是立国之本、立业之本。

各级管理者要做到诚实守信，首先要自觉认识到自己所处的重要社会地位，要有自知之明，修身养德。在社会生活中，要认清自己的角色，摆正自己在人民群众面前的位置，要清楚地认识到对人民群众讲诚信的重要意义。诚实守信是对管理者的基本道德要求，管理者要通过多种形式学习诚信理论及其实践意义，提高知信、守信水平，并付诸行动，使自己成为率先履行诚信义务的表率。管理者要不断增强美誉追求，坚持诚实守信、操守为重的工作作风，不仅自己要做到诚实守信，而且要注意教育并要求自己的下属和家属诚实守信，

---

① 人民日报评论部：《习近平用典》第一辑，人民日报出版社 2018 年版，第 65 页。

把诚实守信的美德传播并实践到社会各行各业。管理者和被管理者之间要以诚心换真心，以诚意通诚意，以诚信换信任。

第四节　诚信教育

一、诚信教育的主要内容

教育是传递社会生活经验并培养人的社会活动，是增进受教育者的知识、技能、身心健康，促进人的思想品德的形成和发展，培养一定社会需要的人的活动。培养人是教育的出发点。正如德国哲学家康德所说："人只有通过教育才能成为人。"[①] 习近平总书记在 2018 年 9 月 10 日全国教育大会上强调："坚持中国特色社会主义教育发展道路，坚持社会主义办学方向，立足基本国情，遵循教育规律，坚持改革创新，以凝聚人心、完善人格、开发人力、培养人才、造福人民为工作目标，培养德智体美劳全面发展的社会主义建设者和接班人，加快推进教育现代化、建设教育强国、办好人民满意的教育。"教育既要面向未来，又要服务于现实，要把我国的优秀文化和当代的科学文化结合起来，立德树人。通过良好的教育所形成的文化环境，可以熔铸出人们的文化心理态势，形成正确的价值观、审美观、道德观和科学的思维方式。

诚信教育属于道德教育的内容，道德是调整人们之间及个人和社会之间关系的行为规范，道德规范是以道德为评价形式，依靠社会舆论、人们的信念习惯传统和教育示范等力量来维持的。诚信作为道德观念，常常依赖于社会舆论、传统习惯和人自身的信念来维持，并通过人的内心信念发生作用。人的内心对诚信的认同程度是诚信道德观念保持稳定坚守并不断变成行动的心理基础。诚信教育要培养人高尚的道德情操，以诚立身，做到公平、正义、不贪不恋、守法、守约、守信，正确处理人与人、人与社会的关系。诚信教育主要涉及两方面的内容：一是教育工作者如何树立诚信理念，忠于教书育人事业；二是受教育者如何认真接受诚信教育，成为具有高尚道德修养、诚实守信之人。本节重点讨论第二方面的内容。

---

① 〔德〕伊曼努尔·康德：《论教育学》，赵鹏、何兆武译，上海人民出版社 2005 年版，第 5 页。

我国古代思想家非常重视诚信教育。例如，《论语·述而》中记载："子以四教：文、行、忠、信。"孔子在《论语·子路》中讲道："言必信，行必果。"宋代哲学家朱熹认为："圣贤教人，只是要诚意、正心、修身、齐家、治国、平天下。所谓学者，学此而已。"（《朱子语类》卷第一百一十八）这些论述充分说明了教育对于培养人具有诚实守信等优秀道德品质的重要性。诚信教育作为中华民族传统美德教育，历经千古而薪火相传。习近平总书记指出："要继承和弘扬我国人民在长期实践中培育和形成的传统美德，坚持马克思主义道德观、坚持社会主义道德观，在去粗取精、去伪存真的基础上，坚持古为今用、推陈出新，努力实现中华传统美德的创造性转化、创新性发展，引导人们向往和追求讲道德、尊道德、守道德的生活，让13亿人的每一分子都成为传播中华美德、中华文化的主体。"[①]

二、"曾子杀猪"的启示

我国古代思想家还认为，树立诚信理念应该从家庭教育开始。《韩非子·外储说左上》中记载了孔子的学生曾子杀猪的故事："曾子之妻之市，其子随之而泣。其母曰：'女还，顾反为女杀彘。'妻适市来，曾子欲捕彘杀之，妻止之曰：'特与婴儿戏耳。'曾子曰：'婴儿非与戏也。婴儿非有知也，待父母而学者也，听父母之教。今子欺之，是教子欺也。母欺子，子而不信其母，非以成教也。'遂烹彘也。"意思是说，一天曾子的妻子要到街上去，儿子拉住她的衣襟又哭又闹，说要跟着妈妈一起上街。曾子的妻子不想让他去，就对孩子说："你留在家里吧，等妈妈回来杀猪给你吃！"孩子于是不哭闹了。等曾子的妻子从街上回来，只见曾子用绳子把猪捆在地上，旁边还放着一把刀，正准备杀猪，她急忙去阻止说："刚才我是和孩子说着玩的，你怎么真的要杀猪呢？"曾子认真地对妻子说："孩子是不能欺骗的。孩子还小不懂事，只会模仿父母的行为，听从父母的教育。今天你骗了孩子，实质上就是教孩子说假话。再说，当妈妈的骗了孩子，孩子就会觉得妈妈话不可靠，以后再对他进行教育，他就不会相信了。这样做不是成功的教子方法。"曾子说服妻子后，就把猪杀了。孩子高兴地吃到了猪肉。曾子杀猪取信于子的教子故事，在我国广为流传。

---

① 习近平：《习近平谈治国理政》，外文出版社2014年版，第160—161页。

《论语·学而》中记载了曾子经常以诚信为标准来检查自己的言行。曾子曰:"吾日三省吾身:为人谋而不忠乎?与朋友交而不信乎?传不习乎?"意思是说:"我每天多次反省自己:替别人做事有没有尽心竭力?与朋友交往合作做到诚信了吗?老师所传授的学业经常温习了吗?"曾子深深懂得,诚实守信是人立身之本、处世之宝,缺失诚信,就会自欺,也会欺人。曾子不但以诚信的思想严于律己,而且还重视对下一代进行诚信教育。他深谙家庭是人生的第一所学校,家长是人生的第一任老师的道理,其诚信教育的言行至今对我们仍有深刻的启发意义。

三、完善人格的诚信道德修养要做到真、善、美的高度统一

诚信教育是中华民族优秀传统道德教育的主要内容。德育教育在我国教育工作中居于重要地位。要塑造中华民族以诚信为道德底蕴,以勤劳勇敢、自强不息为主要特征的民族精神,必须重视诚信教育。在 2001 年 9 月 20 日中共中央印发实施的《公民道德建设实施纲要》中,首次把公民基本道德规范概括为"爱国守法、明礼诚信、团结友善、勤俭自强、敬业奉献"。把诚信作为市场经济活动的道德规范,要求人们在社会交往和市场经济活动中,讲究信用,诚实不欺,在不损害他人利益和社会利益的前提下追求自己的利益,从而保证了市场经济的健康发展。中国特色社会主义进入新时代,党中央把诚信作为社会主义核心价值观的重要内容,促进了社会的进步和发展。诚信作为完善人格的道德体现,其内容集中表现在真、善、美的完美统一,也是人们所向往的理想境界。《增韵·清韵》中指出:"诚,无伪也,真也,实也。"具有诚信道德修养的人,对人处事要真诚,要实事求是,要从实际出发,按照世界的本来面目认识世界,尊重客观规律,按照事物发展的规律办事。善是诚信的价值内涵,是社会道德评价的标准,是从诚出发所形成的有利于社会进步和有益于他人幸福的行为。美是诚信的外在表现形式,是能带给人们喜悦和美感的事物的属性。在诚信道德的修养和教育过程中,真、善、美是相互联系、相互渗透的,它们的统一基础是真,没有真诚和诚心,则不会产生善和美的客观效果。

四、加强自身修养,使诚信理念内化于心

要具有诚信的道德品质,除了从小有良好的诚信教育和训练外,离不开个

人自身进行道德修养。人无德不立，国无德不兴，育人之本在于立德铸魂。诚实守信是提高个人修养、完善人格灵魂的必备元素。在社会生活中，要做一个被他人信任的人，就要进行自我道德修养。《孟子·离娄下》中指出：道德修养要"自反""自强"。《荀子·劝学》中指出："君子博学而日参省乎己，则知明而行无过矣。"意思是，君子广博地学习并且每天检查反省自己，就可以做到智慧明达，其行为就不会出现过失了。我国古代思想家很重视通过自身的修养来提高个人的道德品质，主张人们要自觉地进行自我修养、自我完善、自我监督，培养理想人格，达到至诚、至善、至仁的理想境界。

受教育者接受诚信理念的过程，是一个社会道德内化为个体道德的过程。社会道德要求社会成员认真恪守的行为准则不是一个人与生俱来的，需要通过个人心理过程接纳、内化为自己的思想意识。一个人要做到诚信，离不开自己的道德自律。这种道德修养和约束力主要来自内在的理想信念、人生观、价值观等精神力量。这种精神力量主要来自社会生活中的道德教育和社会实践。通过道德教育，能形成人带有自觉理性特质的心理调节机制。受教育者在接受良好的道德教育过程中，也不是被动的。马克思主义哲学认为：在影响和决定事物发展的因素中，内因是事物发展变化的根据，外因是事物发展变化的条件，外因通过内因起作用。受教育者是一个个具体的现实的人，都有意识的能动性，一般都具有学习各种知识、提高自身生存能力和发展的需要。受教育者追求生存和发展的需要会变成求知的欲望，从而使他自觉接受教育。进行道德教育，可以采取家庭、学校、社会等多种形式，但都离不开自身修养。

提高道德自律能力是诚信教育过程中的关键环节。一个人要做到诚信，要靠道德自律来支撑。一个人的道德自律能力主要表现在两个方面：一方面是自我约束能力，另一方面是自我纠错能力。"与人不求备，检身若不及。"[①] 律己宜带秋风，处事宜带春风。以责人之心责己，以恕己之心恕人。自律过程就是一个加强个人道德修养的过程，是一个学习正确处理个人与国家、社会、他人关系的过程。只有不断提高自己的自律能力，在理想信念、道德品质、情感意志、行为习惯等方面，接受高尚正确理论的教育，才能使自己成为一个具有诚实可信、崇义友善、孝老爱亲、爱岗敬业等优秀品质的人。

---

① 人民日报评论部：《习近平用典》第一辑，人民日报出版社2018年版，第79页。

五、勇于参加社会实践，使诚信理念得到检验、完善、巩固和发展

进行诚信道德修养并不是脱离社会实际的闭门思过。完善个人道德修养，不仅是实现自己人生美好愿望的精神需要，也是社会发展的实际需要。要使自己成为社会主义建设者和接班人，为民族、为国家、为人民、为社会做出新的更大的贡献，必须具有良好的道德修养。因此，加强诚信道德修养要和社会实践紧密结合起来，要积极参加社会实践，近距离触摸社会的脉搏，了解社会需要，让自己所具有的道德修养认识在实践中得到检验、完善和发展。正如中国古代儒家经典《中庸》中所指出的君子修养之道："博学之、审问之、慎思之、明辨之、笃行之。"意思是说，修养先要广博地学习，再详细地向别人请教，接着自己进行全面深入地思考，然后清晰明辨事物的善恶是非，最后还必须身体力行，亲自实践。在诚信教育过程中，作为受教育者在具体行动上要做到守时、守约、守法、不自欺欺人。要表里如一、言行一致，在勤业、精业、创业等多种实践活动中积极主动地磨炼自己。

六、正确认识"善意的谎言"和诚信的条件性

在复杂的人类社会交往中，讲诚信都是在一定条件下和一定环境中进行的。我们观察问题、处理问题、解决问题，应该"一切以条件、地点和时间为转移"①，应该根据不断变化的客观情况具体问题具体分析，确定对什么人和事、对什么性质的问题讲诚信，不能简单、机械地盲目搬用。比如，革命先烈们面对敌人的威逼利诱、严刑拷打，宁可流血牺牲，也不能让敌人得到他们想要的东西。他们不同敌人讲诚信，却表现出对祖国、对人民、对革命事业的赤胆忠心。在现实社会中，人民群众面对那些欺诈行为，要保持警惕，避免上当受骗。

马克思主义哲学认为，在内容和形式的关系中，表现内容的方式可以有多种多样。因此，表现诚信的方式也可以是多种多样的：有用语言表达的，有行为表达的；有直接表达的，有间接表达的；等等。比如，在日常生活中，常有

---

① 《斯大林选集》下卷，人民出版社 1979 年版，第 430 页。

讲"善意的谎言"的情况，善意的谎言和迂回的策略不等于不诚信，而是在不违背大义原则前提下的通权达变。一个诚信的人为人处世均应以正义为原则，对待为国为民为人类有益的正义事业，要诚实守信，敢于作为、善于作为、义所当为。

第五节　营造诚信环境，建设诚信社会

诚信是中华民族的传统美德。人与人之间诚实守信、协作配合是社会正常运转的精神力量，对社会的稳定发展起着重要的保障作用。但是现实社会中，却存在着欺诈、虚伪等现象。一些领域和地方道德失范，拜金主义、享乐主义、极端个人主义、见利忘义、损公肥私、以权谋私、腐化堕落等现象严重。从轻工业制类的日常用品到食品药品领域的各种假冒伪劣产品，从经济领域的制假售假、偷税漏税、逃债骗贷、商业欺诈、电信诈骗到政治领域的假公安、假政绩等不诚信现象屡禁不止，严重影响我国经济社会的发展，搅乱了社会秩序。诚信缺失的原因是什么？有哪些危害？如何治理这些不良现象？这些都是本节所要讨论的。

一、私有制的产生是诚信缺失的重要历史原因

恩格斯说："历史从哪里开始，思想进程也应当从哪里开始。"[①] 在人类社会早期，由于生产力低下、自然条件恶劣、生活资料贫乏，全体社会成员只能结成休戚与共的集体，共同占有生产资料。全社会成员都要为种族的生存和繁衍共同劳动。人的需要既是个体人的需要，也是全体社会成员的共同需要。根据生存需要，平均分配简单的生活资料。为了交流彼此的思想，互相配合行动，保持群体内的正常秩序，在共同协作的劳动中，形成了简单的诚实守信意识。可以想象，如果没有这种简单质朴的诚信意识，就不可能有互助协作从自然界获取生活资料的劳动，社会成员均不能生存。因此，在人类社会早期，不可能有欺诈、虚伪等诚信缺失现象。

---

① 《马克思恩格斯选集》第 2 卷，人民出版社 1995 年版，第 43 页。

到了原始社会末期,由于生产力的发展、生产工具的改进,有了剩余的生产资料。氏族部落的首领及其亲族凭借所处的地位占有生活资料,剥削贫困的氏族成员,使原始社会成员相互平等的状况被打破,人类社会过渡到以私有制为基础的阶级社会。统治阶级为了维护自己的利益,制造各种理论,宣传"剥削有理""剥削有功"等,采用各种欺诈、虚伪的手段,来掩盖其剥削的实质。为了使自己的思想占统治地位,统治阶级利用各种形式,灌输和强迫被统治阶级接受他们所宣扬的剥削阶级思想。正如马克思和恩格斯所指出的:"统治阶级的思想在每一时代都是占统治地位的思想。这就是说,一个阶级是社会上占统治地位的物质力量,同时也是社会上占统治地位的精神力量。支配着物质生产资料的阶级,同时也支配着精神生产资料,因此,那些没有精神生产资料的人的思想,一般地是隶属于这个阶级的。"[①] 剥削阶级的欺诈、虚伪的理论和行为能长期存在,其重要原因也在于此。当然,由于社会生活的复杂性,在阶级社会里,存在着对抗性矛盾的社会关系,也存在着非对抗性矛盾的社会关系。比如,存在于社会公共生活领域的社会关系,往往存在着对社会成员都有利的内容,欺诈和虚伪相对较少。即使在剥削阶级群体里,也有人由于接受了优秀传统伦理道德,在社会生活实践中认识到诚信是"立身之本""为政之道""交友之基""从商之律"等道理,而背弃本阶级的意识,在为人处世上持诚实守信态度。广大劳动人民则把诚信等美德通过言传身教、文学记载、艺术表现等形式一代一代传承下来,并不断使其丰富、完善和发扬光大。

二、诚信缺失的多方面现实原因

在市场经济条件下,出现诚信缺失现象的原因是多方面的。在市场经济运行过程中,体现着竞争规则和合作精神既利己又利他的辩证统一。但是,有的参与者只考虑自己利益,言只讲利,行只求利、锱铢必较,把追求个人利益作为唯一目标。在利益驱动下,他们不顾他人利益,产生了许多破坏市场经济秩序、违背诚信规则的行为。我国经济迅速发展,但与之相适应的社会主义经济伦理、经济信用制度的健全和完善相对滞后。一些市场经济参与者不仅没有牢固树立起社会主义的价值观和诚信观,反而接受了资本主义社会一些不健康的

---

① 《马克思恩格斯选集》第 1 卷,人民出版社 1995 年版,第 98 页。

文化思潮和生活方式，如拜金主义、享乐主义、利益至上、唯利是图、见利忘义等。在商业领域，有些人采用商业贿赂、商业欺骗、商业投机、商业偷窃和掠夺性开发经营等不诚信手段，掠取社会资源，聚集财富，损害他人的经济利益。在企业生产经营中，出现了制造销售假冒伪劣产品、牟取暴利、贪污受贿等失德失信现象。改革开放以来，我国经济体制由长期的计划经济向市场经济体制转变，与现代市场经济相适应的信用制度的建立和完善需逐步进行，不可能在短时间内完成。因此，那些靠背弃优良传统美德而发家致富的背德获利行为在一个时期里不但没有受到谴责，反而引人羡慕、敬佩，道德导向严重偏离正确方向。社会主义的道德导向没有充分发挥其强有力的约束力，成为诚信缺失现象产生和滋长的原因之一。此外，买卖双方在交易过程中对商品信息的掌握不对称，也是造成一些人诚信缺失的原因。信息经济学认为，在市场经济条件下，参与市场交易的卖方和买方对商品信息的拥有量不同，一些销售者凭借对商品拥有比较多的物流信息、价格浮动趋势信息和运营空间等优势，抬高市价，为自己谋利，成为诚信缺失者。在立法方面，守信激励、失信惩罚机制的建设还不完善，还没有形成有效的保障诚信的法律体系。在执法方面，对于不遵守诚信规范的人打击不力。司法中存在某些不公现象，使法律在民众心中的尊严和公信度受到损害，降低了对失信缺德者的震慑力度等。

诚信缺失带来的危害是多方面的。诚信缺失会引发社会信任危机，使社会信任度下降，人与人之间互不信任、相互提防，给人们之间的沟通交流造成障碍，使人际关系紧张，严重影响社会的和谐稳定，对社会发展产生消极影响。诚信缺失会直接破坏正常的社会经济秩序，使市场交易主体和客体间交易不能正常进行，产生无效交易成本，使市场经济规则遭到破坏。诚信缺失也会影响对外贸易和对外关系等。

三、加强诚信宣传教育，塑造诚信道德环境

在社会主义市场经济条件下，诚信包含着人的品德、责任、道义、声誉、资源、形象等多方面的文化内涵和社会环境。良好的诚信道德环境能促使人们形成富有理想的积极向上的进取精神，树立科学的价值观和人生观，正确指导人们的实践活动。为了保证和促进我国社会主义经济和社会主义文化的发展，

必须要加强诚信建设和诚信管理，塑造诚信道德环境。"人创造环境，同样，环境也创造人。"① 唯物辩证法认为，世界上的任何事物和现象都是在一定联系中产生、存在和发展的。每一事物的内部和外部各个要素也不能孤立存在，都同其他要素联系着。事物的相互联系构成了事物存在和发展的内部环境和外部环境。良好的社会环境会影响和造就有道德的人。在我国新时期的社会主义建设中，党中央非常重视社会主义社会诚信道德建设。党的十八大报告提出："倡导富强、民主、文明、和谐，倡导自由、平等、公正、法治，倡导爱国、敬业、诚信、友善，积极培育和践行社会主义核心价值观。"把诚信作为社会主义核心价值观的主要内容。习近平总书记在中共中央政治局就我国历史上的法治和德治进行第三十七次集体学习时指出："对突出的诚信缺失问题，既要抓紧建立覆盖全社会的征信系统，又要完善守法诚信褒奖机制和违法失信惩戒机制，使人不敢失信、不能失信。"

诚实守信属于社会意识中的伦理道德内容，而道德是靠社会舆论和内心信念的力量来维持的。教育是民族振兴、社会进步的德政工程。根据社会意识的特点，要建设诚信社会，首先要在全社会加强诚信宣传教育，塑造诚信道德环境，使广大人民群众从思想上认识到诚信是德治、法治的重要组成部分，是发展社会主义市场经济的道德支撑，让人们在思想深处牢固树立诚信有益、失信有害的信用意识和道德理念。通过诚信教育，坚定人们的诚信信念，使诚信成为人们理性、主动、自觉的心理状态，使诚信成为人们高尚的人生追求、优良的行为品德、立足处世的根本准则。通过诚信教育，普及信用文化知识，让人们认识信用的深刻内涵，不仅知信，还要用信，更要守信，让信用成为全社会的行为自觉。在诚信教育过程中，要大力弘扬守法、守约、守信者，批评失信者。

四、法德并用，建设诚信社会

要建设诚信社会，在市场经济条件下，还必须建立奖惩机制。要运用法律和经济手段保护守信者，严惩失信者。因为道德是调整人们之间以及个人和社会之间关系的行为规范。我国社会主义法律的作用表现为确立和维护社会主义

---

① 《马克思恩格斯选集》第1卷，人民出版社1995年版，第92页。

的政治制度、经济制度、社会秩序,以及推动社会改革和进步。法律是由国家制定或认可的,由国家强制力保证实施的,对全体社会成员具有普遍约束力的行为规则。在社会生活中,道德比法律要管得宽、管得深。法律管不到的地方,道德可以管。道德舆论和自我良心评价起着法律惩治和行政处罚所起不到的作用。道德是以道德评价形式,依靠社会舆论、人们的信念、习惯、传统等来维持的。但是在社会生活中,调整人们的社会关系,单靠道德是不行的,对于那些不接受教育,违犯道德,发展到违犯法律,破坏社会秩序的人,必须依法惩办,要做到有法必依,执法必严,违法必究。道德和法律在社会生活中的作用是互相补充的。道德所提供的是判断善与恶的标准,法律所提供的是合法与非法的标准,在社会生活中,这两种标准缺一不可。法律要保护道德的合理合法性,道德要维护法律的尊严。道德具有一定的社会导向性,指导着人们的行为朝着实现理想的社会状态发展,一个时期的道德规范也能转化为未来社会一定时期的法律内容。法律规范对构成犯罪的行为进行限制和惩罚,道德规范使社会风尚潜移默化,使人们心灵美、行为美,而不去违法犯罪。在市场经济条件下,要运用法律手段保护经济活动中的守信者的应得利益;同时,加大对失信者的法律惩治力度和经济处罚幅度,增加失信行为的违法成本,使失信者不仅在道德上受到社会舆论的谴责,而且经济上受到损失,甚至其长远利益也将受到损害,让失信者的失信成本远远大于收益。要强化法律对社会诚信的引导、规范、保障作用,从立法、司法、执法、普法等各个环节各个方面加强诚信管理。把法和德有机结合起来,推动诚信建设的发展。

五、建立社会信用体系,是建设诚信社会的必要条件

信用是指由于履行与别人的约定而获得的信任。信用与现代市场经济实践活动密切联系。从商品市场的买卖到资本市场的借贷,从各类市场的交易到证券市场的支付等,都涉及信用。社会信用体系从不同角度分析由不同要素构成。从主体角度分析,社会信用分为国家信用、政府信用、政党信用、社会组织信用、企业信用、公民个人信用等,涉及多领域多方面的内容。其中,个人信用、企业信用及政府信用的地位尤为突出。建立健全完善的社会信用体系和规范的信用制度是建设诚信社会的重要内容和必备条件,党中央非常重视此项工作。2003年中共十六届三中全会通过的《中共中央关于完善社会主义市场经济体制若干问题的决定》中指出：要建立健全社会信用体系，形成以道德为支撑，产权为基础，法律为保障的社会信用制度。建立社会信用体系，可以对人们的信用行为进行制约和规范。人们按照信用规则办事，营造各种经济活动的诚信环境，保证人们在经济活动中获得等价的商品和等值的服务，有利于调节人与人之间的利益关系。建立社会信用体系，是一个国家的市场伦理和道德文化建设的必备条件，有利于提高个人的信用意识，规范市场经济秩序。因为在社会经济生活中，个人是最基础的行为主体，组织的各种计划、目标都是通过个人的活动来实现的。个人的信用状况不仅表征着自己的素质和品格，而且在一定程度上反映所在组织的信用情况。随着市场经济的发展，个人的经济活动会在各个层面以多种方式表现出来，对市场经济产生影响。建立个人信用制度，可以通过严格的法律制度、社会准则和道德规范，对每个人形成外部约束力，使诚实守信成为全社会共同遵守的信用准则。建立个人信用制度，需要建立个人信用信息数据库。个人信用信息库中存储了个人信用状况的信息，如个人基本资料、经济信用资料以及家庭和社会生活过程中的诚信情况等资料。通过对信用信息的查询、评估，可以促使个人诚实守信、遵纪守法，使失信者得到应有的惩罚，营造守信者受益、失信者受制的信用环境。个人信用信息制度的建立和个人信息的使用等，均要受到法律的保护。在信用立法中，要处理好政府政务信息公开与保护国家经济安全的关系，处理好保护商业秘密与公开信用信息的关系，处理好保护消费者个人隐私与公开信用信息的关系等。

建立健全企业信用制度，是建设诚信社会必不可少的内容。因为企业是国民经济的细胞，是市场经济重要的参与主体。企业信用度的高低，大大影响着市场经济的秩序。为医治企业"诚信缺失症"，建设诚信社会，必须建立企业信用管理体系。要让企业经营者明确，企业逐利有底线，不能违法、违规、失信、缺德。要建立企业信用档案和企业信用管理网络，完善企业信用数据库，建立专门的管理组织和管理制度。通过专门的管理组织执行管理制度，使企业信用得到保证。企业信用体系的建立健全同样离不开相关法律制度的建立和健全。因为企业及其活动的各方面、各环节都需要法律加以规范，才能得到保障。

六、各级政府在建设诚信社会中的重要作用

在建设诚信社会中,各级政府在社会诚信建设中具有重要的示范带头作用。因为各级政府既是规则、政策的制定者、实施者,又是社会生活的参与者,规则政策的遵守者、执行者,各级政府是具有公共权力的部门组织,是社会经济运行的管理者,并直接参与和引导经济运行过程,对我国社会主义市场经济产生重要影响。政府的每一行政行为,政府工作人员的一举一动,都展示着政府的诚信,政府诚信是社会诚信的基石。在全面建设政务诚信、商务诚信、社会诚信等社会信用体系中,各级政府的行为具有特殊的示范效应。这要求各级政府诚实守信、身体力行、率先垂范,做到领导求真、为民求诚、交往求信、用人求贤、为政求廉、管理求严。习近平总书记指出:"各级领导干部都要树立和发扬好的作风,既严以修身、严以用权、严以律己,又谋事要实、创业要实、做人要实。"①

各级政府的诚信度通过在人民群众心目中的可信度和公信力表现出来。可信度指对人对事可以信赖的程度,是根据经验对人或事是否真实的相信程度。各级政府的可信度来自各级政府及其工作人员是否能严格兑现自己的承诺并付诸实践。公信力是社会组织和人民群众对政府行政能力和行政信誉的价值判断,是政府行政行为在公众中所形成的心理反应,包括对政府形象的情感、态度、期待、信任等。公信力来自政府制定、贯彻执行路线方针政策的能力,来自政府职能的发挥、行为的规范和效能的提高能力。政府可信度和公信力的提高,离不开政府诚信执政。政府只有诚诚恳恳、兢兢业业地为民众办好事、实事,才能赢得民众的信任和爱戴。正如《尚书·皋陶谟》中指出的:"安民则惠,黎民怀之。"

要建立诚信政府,提高政府的可信度和公信力,管理者应该学习马克思主义哲学。习近平总书记说:"领导干部特别是高级干部要把系统掌握马克思主义基本理论作为看家本领,老老实实、原原本本学习马克思列宁主义、毛泽东思想特别是邓小平理论、'三个代表'重要思想、科学发展观。""通过坚持不

---

① 习近平:《习近平谈治国理政》,外文出版社2014年版,第381页。

懈学习，学会运用马克思主义立场、观点、方法观察和解决问题，坚定理想信念。"① 理论正确是实践成功的先导。有了正确的思想理论作指导，可避免在复杂的社会环境中迷失方向，误入歧途。马克思主义哲学是我们党制定各项方针政策的哲学基础。学习马克思主义哲学，能够在理论上深入理解党的路线方针政策的科学性、正确性，增强执行这些路线、方针、政策的信心和自觉性，提高分析问题和解决问题的能力。学习马克思主义哲学的唯物论，可以帮助管理者树立实事求是、从实际出发的思想路线和工作作风，确立诚实守信的道德观。学习马克思主义哲学的唯物辩证法，可以帮助管理者掌握和运用矛盾分析方法，正确认识和处理在管理实践过程中所遇到的各种矛盾关系。学习马克思主义哲学的认识论，有利于管理者重视实践在认识中的作用，勤于实践，善于实践，在实践中增长才干。学习马克思主义哲学的历史唯物论，可以帮助管理者运用社会存在决定社会意识原理和社会意识反作用原理，认识不同社会、不同社会时期的本质，深刻认识我们党现阶段提出和实施的理论路线方针政策的科学性和必要性；使管理者掌握社会基本矛盾原理，深刻认识作为社会基本矛盾，生产力和生产关系的矛盾运动同经济基础和上层建筑的矛盾运动密切相连，只有把两对矛盾有机统一起来观察社会，才能全面把握整个社会的现状和发展趋势。只有相信群众、依靠群众、发动群众，走群众路线的领导方法和工作方法，才能做好各项管理工作，才能建设好诚信政府。

建设诚信政府，要做到政务公开，扩大公众参与度，让人民群众勇于参政议政。在管理决策过程中，要坚持决策的科学化和民主化，提高决策的透明度。制定决策方案，要建立在对决策对象作全面、深入、细微的调查研究基础上。管理者要以诚信态度，虚心听取下属的意见和建议。管理者要尊重下属的人格，做到真诚相待，真心交流沟通，激发下属的参与意识，保护下属的工作积极性，使下属感受到管理者的亲切感、亲和力、向心力和凝聚力，心悦诚服地接受管理者的管理，为实现管理目标努力做出贡献。管理者要始终坚持人性化的管理模式，立言、立德、立信，以政务诚信引导和推动政府其他方面的诚信建设。

由于各级政府在社会诚信建设中所处的重要地位，各级政府管理者要牢牢

---

① 习近平：《习近平谈治国理政》，外文出版社 2014 年版，第 153、154 页。

树立诚实守信的自觉意识,并不断从各方面强化这种意识。孔子在《论语·子路》中说:"苟正其身矣,于从政乎何有?"意思是说,正人先正己,端正了自身的行为,管理政事还有什么困难呢?在诚信建设中,不仅要强化自觉意识,而且要建立适应各级政府诚信建设的制度和法律约束规范。各级政府管理者要做守法执法的模范,坚持依法行政、守信行政,做到有法可依、有据可循、上下景肃、井井有条。要德法并用,把道德的软约束和法的硬约束结合起来。要建立勤政务实、公正公开、反腐倡廉、廉洁高效的政府,必须要有政府权力的法律约束机制和人民群众的监督机制。毛泽东说:"只有让人民来监督政府,政府才不敢松懈。只有人人起来负责,才不会人亡政息。"① 只有把加强人民群众监督和制度约束、自我约束结合起来,才有可能避免有些地方出现的各种欺上瞒下、弄虚作假的失信现象。

建设诚信社会,进行诚信管理,是一个涉及多方面、多领域且触及人们道德灵魂的系统工程。要塑造出遵纪守法、天下无诈、和合向善、政通人和、奋发向上的社会环境,需要全社会成员同心协力、长期奋斗才能形成。

建设诚信社会,是我国人民向往的正义事业,正义的事业是必胜的。

---

① 金冲及:《毛泽东传(1893—1949)》,中共中央文献出版社2004年版,第746页。

第十一章 美学与管理实践

第一节 美学在实践中产生

一、美学的含义

美学是研究人类审美实践活动的科学。审美活动是人类的一种精神文化活动。在审美活动中,既有感性认识,又有理性认识。美学是从人对现实的审美关系出发,研究美、丑、优美、崇高等审美范畴和人的审美意识、美感经验、美的产生发展规律的。美学是人类审美实践研究的理论成果。人的审美活动是社会生活的一部分,是在社会实践中产生和发展的。马克思在《1844年经济学哲学手稿》中指出:"诚然,动物也生产。它为自己营造巢穴或住所,如蜜蜂、海狸、蚂蚁等。但是,动物只生产它自己或它的幼仔所直接需要的东西;动物的生产是片面的,而人的生产是全面的;……动物只是按照它所属的那个种的尺度和需要来建造,而人懂得按照任何一个种的尺度来进行生产,并且懂得处处都把内在的尺度运用于对象;因此,人也按照美的规律来构造。"[①] 这里,马克思以生产实践为前提,说明了审美主客体的形成及二者之间相互作用、相互影响的关系,指出了人的生产和动物生产的区别,说明了人在社会实践中,在认识了美的规律基础上,有意识地按照美的规律来塑造物体,并且使其塑造物的属性、素质、外观、形态等适用于人们的需要。人希望自己的产品

---

① 《马克思恩格斯选集》第1卷,人民出版社1995年版,第46—47页。

不仅满足其物质性需求，而且满足其精神性需求。反过来，当人们直观到用自己的智慧和才能、按照美的规律生产出的产品在物质和精神方面都满意，会自然产生自豪感和喜悦感，这就是美感。所以，马克思说"劳动生产了美"①。人们通过劳动不仅得到物质利益，而且得到美的精神享受，获得了美的价值。

人的美感是在社会实践中对具有美的价值的审美对象的认识过程中形成的。在实践中，人接触了审美对象，形成了对审美对象的感觉、知觉、表象、概念、判断、推理的认识过程，这是一个由感性到理性、由浅入深的不同阶段的认识过程。在审美对象的作用下，在认识的不同阶段均可以认识到审美对象的不同程度的美的价值，产生美感。这种美感有感性的，有理性的，也有既含感性又含理性。美感属于精神意识现象，是人在实践基础上，通过人脑的生理活动对客观存在的反映，是在人的生理活动基础上形成的心理活动。由于人的意识具有社会性，受个人社会经历、社会环境、社会需要、社会物质生活条件的影响，如受社会政治、经济、信仰以及审美评价主体的世界观、人生观、价值观的影响，所以对同一事物会有不同的审美评价。美在社会实践中形成和发展，也会随着社会实践的发展变化而变化，和一定时代的生产力水平、生产关系性质相联系。

二、美学和哲学的关系

美学所研究的审美活动是人类社会生活的一部分，涉及社会、自然、思维等领域。审美活动包括审美主体、审美客体、审美环境等要素和审美创造、审美传播、审美鉴赏、审美教育等环节。这些环节是相互联系、相互作用的。美学和哲学的关系十分密切，是哲学的重要组成部分。哲学是理论化系统化的世界观，是自然知识、社会知识、思维知识的概括和总结。美学以哲学提供的世界观和方法论为基础，所研究的内容均与哲学有关。例如：审美主体的审美观是世界观的一部分；审美意识、审美感受、审美心理与哲学研究的意识论、认识论、社会意识密切联系；审美对象、审美客体是哲学研究的社会存在的一部分；等等。人们在研究美学、确立美学思想体系时也离不开哲学世界观、价值观、道德观、人生观的指导，都要站在一定的哲学理论高度来分析认识美的本

---

① 《马克思恩格斯选集》第1卷，人民出版社1995年版，第43页。

质、美的根源、审美心理结构中各要素间的联系和区别。美学范畴的确定、美学的社会作用、美学实践问题等均离不开哲学理论的指导。马克思主义哲学把美学问题与人类的社会实践联系起来,从而解决了审美主体、审美客体、审美活动的本质问题。把美的本质和人的本质结合起来,构建了科学的美学体系。同样,美学理论和实践活动的发展,也为哲学理论提供新论据、新思想、新观点,促进哲学内容的丰富和发展。

哲学中的伦理学和美学的关系尤为密切。伦理学研究人们的行为准则、道德规范,让人们明辨善恶美丑。美学研究人的审美实践,美善相乐,尽善尽美。美以善为前提,善是美的基础。没有善的统领,也不可能产生美的形式。美学和伦理学虽然研究对象不完全相同,但共同目的都在于培养人的美好情操、美化人的心灵,构建美的人类社会。

第二节 心灵美是人的本质美

一、心灵美是人的美的核心

美学和人们的社会生活密切联系。"爱美之心,人皆有之",人们每天都要接触美、欣赏美、创造美,如欣赏自然风景、文艺作品等。审美活动存在于自然领域、社会领域、思维领域等,因此有自然美、社会美、艺术美等形式。在社会美中,人的美是核心。人有内在美和外在美,内在美即心灵美,是人的美的核心。心灵美是人的内在精神美,是通过人的言论行为所表现出来的内心世界美。人们常说:"花美在颜色,人美在心灵。"一个心灵美的人具有高尚的道德情操、坚定的科学信仰和崇高的理想追求,以及对人民、对同志诚实守信、善良正直、乐于助人、爱岗敬业等精神内涵。黑格尔认为心灵美才是人的本质美。他说:"只有心灵才是真实的,只有心灵才涵盖一切,所以一切美只有在涉及这较高境界而且由这较高境界产生出来时,才真正是美的。"① 1981年2月25日由共青团中央、全国妇联、中国文联、中华全国美学学会等九个团体联合发出的"五讲四美"倡议,至今已家喻户晓、深入人心,在执行中

---

① 〔德〕黑格尔:《美学》第 1 卷,朱光潜译,北京大学出版社 2017 年版,第 5 页。

产生了良好的社会效益。"五讲"即讲文明、讲礼貌、讲卫生、讲秩序、讲道德。"四美"是心灵美、语言美、行为美、环境美。其中,心灵美不仅是"四美"的核心,而且是"五讲"的内在动力。因为只有心灵美才可能产生语言美、行为美、环境美,也只有心灵美才能外化为"五讲"的实际行动。

二、心灵美以真诚为基础

"内诚于心",心灵美要以真诚为基础。诚实守信是心灵美的重要内容。一个人只有具有对祖国对人民的诚心,才可能产生对祖国对人民的拳拳爱心、赤胆忠心,才可能在逆境中做到霜重色愈浓,时难志更坚。例如:流放异国十五年、坚守民族节操的苏武;"人生自古谁无死,留取丹心照汗青"的文天祥;"为中华之崛起而读书",为党和人民的事业鞠躬尽瘁死而后已的周恩来;"活着就是为了中国的社会主义建设"的人民科学家钱学森;甘当螺丝钉,愿为共产主义事业奋斗终身的雷锋;等等。他们的心灵像水晶那样明亮,像永不凋谢的鲜花那样美丽。正如马克思所指出的,"历史承认那些为共同目标劳动因而自己变得高尚的人是伟大人物;经验赞美那些为大多数人带来幸福的人是最幸福的人"①。一个人要做到心灵美,需要有诚信的道德修养支撑,具有诚信的道德修养,才能在为学、为人、为政等方面提出崇高的理想目标,才能脚踏实地、持之以恒、矢志不渝地去实现奋斗目标。

三、管理者应成为心灵美的人

在管理活动中,管理主体的言行直接关系到所在地区、单位、部门工作的成败得失,规范着单位的风貌,影响着社会的风气。管理主体所处的重要地位和承担的主要职责要求管理者成为一个心灵美的人。要正确认识自己所承担的社会角色和社会责任、历史使命,提高自身修养和自身美育的自觉性,积极主动地净化自己的心灵。"修其心治其身,而后可以为政于天下。"②"一心可以丧邦,一心可以兴邦,只在公私之间尔。"③ 管理者先有修心治身的道德修养,

---

① 《马克思恩格斯全集》第40卷,人民出版社1982年版,第7页。
② 人民日报评论部:《习近平用典》第一辑,人民日报出版社2018年版,第61页。
③ 同上书,第59页。

后有经世治国的政德。只有一心为公，才可能有正确的是非观、义利观、权力观、事业观、美丑观。管理者只有心灵美才能确立做人民公仆的自我意识，才能取信于民，才能得到人民群众的爱戴和支持。心灵美是管理者做好各项管理工作的必备条件。

第三节 技术美学和管理实践

一、技术美学的含义

技术美学作为一门独立的现代美学应用学科，诞生于20世纪30年代。20世纪50年代，捷克斯洛伐克艺术家和设计师佩特尔·图奇内建议用"技术美学"这一名称并为国际组织所承认。1957年，在瑞士成立国际技术美学协会。技术美学是技术与美的结合，是人的美意识的客观化、物化。技术美学的中心是"美学设计"，强调美学价值和实用价值的统一，强调美的合规律性与合目的性的统一。技术美学把美学理论与生产实践结合起来，要求生产的产品不仅具有实用价值，而且具有美学价值。技术美学能够解决宏观方面带有普遍意义的设计观念、方法等问题，也关注设计实践中出现的具体问题，把技术美学的基本观点具体化和微观化，帮助解决物质生产和生活领域审美创造中出现的许多复杂问题。[1]

技术美学的产生和发展不仅具有理论意义，而且具有重要的实践意义。在生产实践中，产品设计是生产过程的首要环节。设计是一种对未来的规划构思，随着人们生活追求的不断提高，设计领域从实体产品设计扩大到文化生活、精神生活等社会生活的各个方面。这要求所设计的产品在实用性和审美性方面具有更高的前瞻性和创造性。设计艺术涉及对产品、环境等方面的全方位设计和生产制作，把现代科学技术和艺术技巧融为一体。设计工作是一个涉及多因素的系统工程，技术美学为产品设计提供了重要的理论指导。在技术美学指导下所生产的产品把人们的物质需要和精神需要统一起来，凝结了人的智慧和创造力，体现了人的理想追求。

---

[1] 李凯华：《设计美学与展陈设计》，吉林美术出版社2018年版，第82页。

二、技术美学和企业管理

企业的生产对市场经济的发展有重要作用。企业要立于不败之地，必须建立自己的审美形象。企业管理者应该坚持诚信管理理念，要把自己诚实守信心灵美的内心世界通过各种美的传播方式落实到企业的方方面面，塑造企业美的形象。"产品如人品。"企业所生产的产品要货真价实，在消费者心中有很高的可信度。同时，生产的产品要美观实用，具有审美魅力和吸引力。为了激发和提高企业员工的生产热情和积极性，适应员工生理和心理的需要，企业领导者应重视企业环境的美化，形成良好的审美文化氛围，从而提高劳动生产率。企业的建设和发展，需要管理者以诚实守信的态度，把审美建设贯穿到企业管理者自身的修养和企业人员的生产、经营、教育、生活等各个方面，使企业的物质文明和精神文明建设都得到健康的发展。

第十二章　管理认识论[①]

　　认识论主要研究认识的起源、范围及其客观有效性等。自古希腊起，对认识论的探讨就被纳入哲学的核心领域。哲学家们围绕着"我们能够知道什么？我们如何获得知识？我们如何能够确定我们认识了某一事物？"等问题展开了研究。[②] 管理领域因其自身的特殊性，应在认识论的研究基础上，对管理知识的认识进行更进一步的探讨。因此，管理认识论不仅是管理哲学的中心内容，也与认识论构成个别与一般的关系。本章内容主要围绕管理认识论的划分展开，阐述了为何要进行这种划分，划分的依据和标准是什么，对划分的结果——管理理性主义和管理经验主义进行厘清，分析它们各自的合理性和局限性，并对如何克服其局限性提出建议。

第一节　管理认识论的划分

　　管理哲学作为对管理学及管理实践中所存在的普遍问题做出批判性反思和建构性总结的应用哲学，还要考察管理理论的认识问题：是否存在普遍必然的管理理论？换句话说，管理理论是来源于理性认识还是感觉经验？管理理论的

　　[①] 本章内容主要参考黄小晏：《西方管理思想的认识论划分及意义》，《玉溪师范学院学报》2009年第1期；黄小晏、滕淑珍、王汉礼：《论西方管理理性主义和管理经验主义的分歧与融通》，《北京行政学院学报》2009年第4期。

　　[②] 需要说明的是，随着对认识论探讨的深入，当代学者更为关注知识本身之所以为真的条件，也即从认识的发生学研究转为对知识的条件与确证问题之研究，故认识论又被称为知识论。

研究对象是管理中的整体问题还是个别管理实例？以上构成了划分管理理性主义和管理经验主义的标准。

一、为何要进行管理认识论的划分

认识论是哲学的核心领域之一，"认识论特别关注得到证实的信念问题，而不是知识本身。认识论的另一个主要问题是关心知识的起源，即评价感觉和理性在知识获得中的作用。在这个问题上，哲学家们被分为理性主义者和经验主义者"①。从哲学史上看，作为两种思潮，理性主义和经验主义在西方哲学史上的存在，早已是不争的事实。那么，这样两种对立且关联的思潮是否也同样存在于其他领域？例如，西方管理思想史②是否也存在理性主义和经验主义的划分呢？如果存在，在管理思想史上划分这两种派别的依据是什么？理性主义与经验主义的划分对当今的管理理论构建产生了怎样的影响？以上问题都是阐发西方管理思想乃至反思西方管理哲学的人们不能回避的重大问题。

我们认为，理性主义和经验主义作为两种典型的思想形式，从一定意义上讲，无论古今中外都有不同程度的表现，管理思想史上也不例外。为全面认识现代西方管理理论的思想资源并为管理理论的未来发展提供借鉴，通过梳理西方管理理性主义和管理经验主义的各自特点及相互关系，揭示上述两种思想倾向的局限性，并进一步提出可能的解决设想。

（一）哲学史上的理性与经验

我们先考察一下理性、经验这两个概念。"理性"③ 范畴是典型的欧洲文明产物。从古希腊起，"理性"基本指人的心智探求真理（其特征表现为必然性、客观性、普遍性等）的能力。这种心智能力包含两个方面：其一是心智辨识能力。也就是说，具有心智能力的人具有认知和辨别的能力，不仅能认识对象世界，还能透过纷繁的表象，把握其背后规律性之内容。正如赫伯特·西蒙

---

① 〔英〕尼古拉斯·布宁、余纪元编著：《西方哲学英汉对照辞典》，王柯平等译，人民出版社2001年版，第315页。

② 现代意义上的管理学学科在西方较早出现，相比而言，其发展也更为成熟，因此我们对管理认识论的考察也以西方为主。

③ 此处的"理性"概念，主要参考了高兆明所著的《伦理学理论与方法》一书中的观点。

所认为的:"理性就是根据评价行为结果的某些价值系统来选择偏好的行动方案。……数学发明过程大概算是最需要运用理性的了。"① 其二是从某一明确前提中演绎并据此构建行动规则的能力。如洛克所说,这个意义上的理性"是指那种构成了思想之链以及推论证据的领悟能力"②。可见,"理性"的能力是对普遍必然性的把握,它引领人通往真理之路。

与此相对,"经验"在直观的意义上就是借助人的感官所获得的、关于作为认识对象的事物的感觉和知觉。在西方哲学史中,它大致被分为感知、内省③和直觉三种形式。感知是指通过人的感官所获得的关于外部对象的经验。我们关于外部世界的经验认识,大多是通过我们的感知获得的,离开了感知,我们的认识将成为无源之水、无本之木。直觉是一种即时的、直接的知觉,它以感知和内省为基础,但又突破了感知和内省限制后所形成的关于认识对象的知觉。在认识论中,直觉不过是人在经验基础上形成的对事物的一种把握方式,或者说是对熟悉的事物的经验"再认"。缺乏感知(熟悉事物的经验)就不可能"再认",而没有"再认",直觉就成了"无源之水"。直觉最典型的形式表现为人对他所面对的事物或面临的情况具有的一种洞察力和反应能力,即人们通常所说的直觉或预感。

(二)管理理性主义与管理经验主义的划分意义

众所周知,作为管理主体的人是具有理性能力的,这就使管理过程离不开理性的指导。同时,管理活动也立足于现实生活,其实践特点决定了它与经验(更多时候意指日常经验以及管理经验)的密切关系。不难看出,管理与理性和经验都存在着密切的关联。需要指出的是,管理意义中的"理性"与"经验"并不能简单等同于哲学式的"理性"和"经验"。尽管如此,从认识论的维度来对西方管理思想进行理性主义与经验主义的划分仍有必要。

首先,对西方管理理性主义与经验主义的划分是正确认识管理的本质和规

---

① 〔美〕赫伯特·西蒙:《管理行为》,詹正茂译,机械工业出版社2004年版,第77页。
② J. Locke, *Essays on the Law of Nature*, ed. by W. von Leydon, Oxford, 1954. 转引自高兆明:《伦理学理论与方法》,人民出版社2005年版,第177页。
③ "经验"意义上的内省是指人们在某一时刻、某一场合或某一情境下的内在经验体验(包括所思、所想、所感等)。内省与感知的最大区别在于,感知是对外部对象的体验,而内省是人内部的心理活动过程。

律的需要。管理哲学主要研究管理中普遍的、本质的问题，这就必然涉及管理知识的本性、来源和怎样形成等管理认识论问题。所以管理认识论是我们每一个研究管理哲学的人都必须注意学习和研究的。在认识过程中，因为求知的认识方法各不相同，所以管理学家们认识的出发点和解决这些问题的方式和观点也各不相同，在此情况下，从认识论的维度来划分管理理性主义与管理经验主义并在此基础上对之加以研究就成为一种必要。

其次，划分管理理性主义与管理经验主义有助于深化管理认识论的研究。管理认识是一个不断发展、永无终结的过程，对管理现象和内在本质的认识不能一次完成，而是需要逐步深化。管理理性主义和管理经验主义所提出的问题或暴露出来的矛盾，为管理哲学提供了进一步研究的课题，也将对今后管理哲学的发展起到促进作用。

最后，这种划分方式给我们提供了一种观察视角，有助于我们简约化管理认识过程，并据此将不断出现的新的管理理论进行深刻剖析，进而以一种高效的方式，批判性地吸收其合理价值。

总之，要正确地认识管理，必须对管理认识本身的理论和方法有所把握。换句话说，从认识论上对管理理性主义和管理经验主义进行划分，是为了充分把握管理的外在表现性（经验认识方面）和本质性内涵（理性认识方面），承认感官所感知的认识结果，并在此基础上加以理性的慎思，正确处理管理经验和管理理性、管理观察和管理理论之间的关系，从中把握管理认识的真理。因此，从认识论维度上，对西方管理思想进行管理理性主义与管理经验主义的划分具有重要的理论价值和实践意义。

二、管理认识论划分的依据和标准

既然从管理认识论的维度对西方管理思想进行管理理性主义与管理经验主义的划分很有必要，那么如何划分就成为一个问题。我们不妨借助对西方哲学史上的理性主义和经验主义的考察，来窥探西方管理思想认识论划分的依据和标准。至于划分两派的标准，本书采纳了目前学界主流的看法，即基于认识论的维度来做出，也就是通过考察认识途径来辨析流派之别。具体来说，人的正确认识是从理性直观、抽象思维和逻辑推理而来，还是由感觉、经验而来的。

在认识论中，正是对这一基本问题的不同回答，把理性主义与经验主义两大流派区分开来。①

(一) 管理认识论划分的依据

理性主义的产生可以追溯到古希腊。当毕达哥拉斯学派把数作为万物的始基时就揭开了理性主义的肇始。毕达哥拉斯学派最早开始了这样的努力，即不是从感性经验"上升"到理性的概括，而是直接从某种理性的抽象原则"下降"到经验世界。以后的埃利亚派也承继了这一立场，例如巴门尼德认为，到感性自然中去寻找万物的始基充其量只是一种关于"意见"的哲学。为此他提出了"存在"的思辨性学说，从而与毕达哥拉斯学派一道成为西方理性主义倾向的开创者。柏拉图在其师苏格拉底"天赋观念论"的基础上，全面研究了认识的途径问题，认为只有对理念的认识才是知识，否认感觉在理念认识中的作用。近代典型的唯理论者如笛卡尔、斯宾诺莎、莱布尼茨等人都极力弘扬理性。以康德、费希特、谢林和黑格尔为代表的德国古典哲学家更是将理性主义推向顶峰，他们主张理性有至高无上的地位和权威，如黑格尔这样说道："理性是世界的灵魂，理性居住在世界中，理性构成世界的内在的、固有的、深邃的本性，或者说，理性是世界的共性。"② 现代历史主义学派也是理性主义的继承者，他们提出了"观察渗透理论"，认为理论不是经验事实的概括和归纳，相反，经验事实是被理论决定的，理论不仅在观察活动之中或观察结束之后发挥作用，而且从一开始就决定着观察活动的程序设计并在观察过程中左右一切有关因素。由上可知，西方理性主义强调的是理性的独立作用，理论是一个主动选择经验的有机整体，它无须依靠经验，相反，经验要依靠理性才能获得意义。

西方经验主义同样源远流长。古希腊时期，以泰勒斯及其门徒为代表的米利都学派抛弃了远古神话关于天地生成的传说，提出"气"等概念作为统一自然万物的基础，他们（包括赫拉克利特等人）立足于对客观世界感性直观的把握，力图整体性地把握世界。伊壁鸠鲁作为德谟克利特的原子论的继承者，清晰地发展了经验主义倾向，他把认识的来源和真理性的标准都归于感觉经

---

① 此处主要采用陈修斋主编的《欧洲哲学史上的经验主义和理性主义》一书中的观点。
② 〔德〕黑格尔：《小逻辑》，贺麟译，商务印书馆1980年版，第80页。

验。近代英国不仅是市场经济和工业文明的肇始者，与此相应，也成为经验主义哲学的大本营。英国经验主义哲学家们大都认为，人的一切认识（知识）最初都来自经验。人所知道的东西，至少就其作为常识的部分来说，绝大部分是来自人的感觉经验的，经验是知识的唯一根据或来源。现代以后的实证主义和实用主义等成为经验主义的最新表现形式。

（二）管理认识论划分的标准

理性主义与经验主义的关系形态在西方思想史上始终存在，考虑到人类思想的传继性和学理的穿透性，以及整个西方管理思想的发展历程，笔者认为完全可以借鉴西方哲学史的分析立场，从认识论意义上考察西方管理思想史，由此，将管理实践的认识成果——西方管理思想大致分成理性主义和经验主义两个类型。划分西方管理理性主义和管理经验主义的标准也类似于西方哲学史，即以是否承认存在具有普遍指导意义的管理理论为尺度，断定管理理论是来源于理性认识以及认识的对象是管理中的整体问题的就可以看作是管理理性主义，断定管理理论来自感觉经验以及认识的对象是管理中的个别管理实例的则可以看作是管理经验主义。

第二节　管理理性主义和管理经验主义

一、管理理性主义和管理经验主义的提出

（一）管理理性主义

首先根据认识途径的来源对管理理性主义和管理经验主义做一个粗略的历史考察。在西方管理理性主义[①]看来，管理现象本身是多变的、不可靠的，感觉和经验归根结底是个别的、相对的和偶然的，不足以充当普遍必然的科学知识的坚实基础，管理理论必须是对管理的普遍本质和一般规律的真理性认识，因而它推崇管理绝对主义倾向。管理理性主义的基点是对人的理性思维的认

[①] 除了泰罗和法约尔，韦伯的科层组织理论、古利克的管理"七职能论"和厄威克的"组织的科学原则"等都体现了理性主义的基本倾向。

可，坚信只有经过理性思维审视后的知识方能获得合理性。这就意味着管理理性主义的实质是通过合乎逻辑的推理推演出"理当如此"的结论，也就是说，要获得真理不能靠对经验事物或例证的归纳，而需运用理性和演绎推理。同思想史上的理性主义一样，西方管理理性主义注重对整体的研究，时间取向上是面对未来，方法论主要采用演绎法，高扬主体在管理过程中的主观能动作用。

泰罗是西方管理理性主义的首倡者，法约尔则因提出 14 项管理原则而宣告了西方管理理性主义的确立，孔茨可以说是理性主义的集大成者，后来出现的管理科学学派又将管理理性主义推到了顶峰。泰罗第一次以理性的方法来探讨管理问题。他主张用理性审视过的科学管理原则来代替过去单靠工人经验和实践得来的知识。因为科学就是"任何一种经过分类和组织了的知识"①。进一步来说，"科学管理包括某种广泛的一般原则和可以应用于众多方面上的某种哲理，并且是一种使任何个人都能信得过的论断，被认为是应用于一般原则的最佳途径"②。如果说泰罗将管理从经验管理提升到科学层次，是管理理性主义的萌芽，那么法约尔则借助对企业管理做出抽象的理论性研究，使管理具有一般性的意义。法约尔持有可认知主义的立场，断定管理作为一种普遍适用的理论可以在大学里被讲授。他强调管理认识的整体性，注重的是企业的管理集团，特别是以大企业的整体作为研究对象，这就使管理理论超脱出具体的、局部的操作活动。法约尔也同样认为，管理的依据来自理性审视过的普遍必然性知识，"要管理，人们就需要依据一些原则，也就是说，依据一些被接受、被论证过的道理"③。这样的普遍必然性知识能够指导未来，也即"管理应当预见未来"④。以上显然说明，法约尔作为西方管理思想史上第一个概括和阐述一般管理理论的管理学家，已经充分认识到了管理的普遍性，从而奠定了他作为西方管理理性主义确立者的地位。孔茨发展了法约尔关于管理普遍性的思想，认为管理所探求的是一种人们普遍同意的知识整体，它能被提炼成为一些基本道理或规律，这些就是管理原理。他所理解的管理学是指研究如何为以团

---

① 〔美〕F. W. 泰罗：《科学管理原理》，胡隆昶等译，中国社会科学出版社 1984 年版，第 246 页。
② 同上书，第 165 页。
③ 〔法〕H. 法约尔：《工业管理与一般管理》，周安华等译，中国社会科学出版社 1982 年版，第 45 页。
④ 同上书，第 46 页。

队方式工作的个体设计和保持某种特定的环境，从而使其能够高效实现企业既定目标的过程，这一管理过程可以通过分析管理的职能予以理论剖析，从而对认识和改进管理工作起到一种说明和启示的作用。

　　管理科学学派也被称为管理中的数量学派，是对泰罗科学管理理论的继续和发展。作为极端化的管理理性主义，该理论认为，管理的目的是将科学的原理、方法和工具应用于管理的各种活动，为管理决策制定出适当的数学和统计模型，并通过电子计算机应用于管理；该理论强调对管理领域的各个要素和环节进行系统的定量分析，以此来弥补管理的不确定性，进而做出最优规划和决策，以便得到最大的经济效果。管理科学学派力图制定用于管理决策的数学和统计模型，完全排除经验在管理过程中的作用，将管理过程显现为纯逻辑的过程，强调对管理的各个要素和环节进行定量分析。他们"所遵奉的信念是，如果管理、组织、计划或决策是一个合乎逻辑的过程，那么它就能用数学符号和关系来表示。这个学派的主要手段就是模型。因为正是通过这种工具，把问题用它的基本关系并按照所选定的目标或目的表示出来。毫无疑问，在任何一个研究领域中，数学方法都是极为有用的"[①]。管理科学学派的理论建立在系统的层面上，并非单个的经验事实，运用了运筹学、系统分析、决策科学、数学模型等高度理性化的分析工具，依据科学的数学模型将相关问题的基本关系揭示出来，从而确定得出问题的解以及求出最优结果。这些都要求管理者有严密的逻辑思维和对数学知识的运用能力，而这显然离不开人的理性。

（二）管理经验主义

　　与管理理性主义相对，管理经验主义则表现出不同的倾向。管理经验主义者从实证科学出发，以事实、经验、感觉作为管理理论的合理性根据，以直接经验作为检验认识真理的标准，以经验观察作为证实理论合理性的最终依据。他们相信，管理理论只能来自经验世界，不能超出经验范围，管理理论只能是对经验现象的描述，知识的检验也必须依赖于经验，在经验范围内进行；他们主张，一切管理知识都来源于管理中的感性经验并且以经验为基础，任何脱离

[①] 孙耀君主编：《管理学名著选读》，中国对外翻译出版公司1988年版，第385页。

经验事实的管理理论和概念都是不能被验证的。由此，经验被他们塑造为一个独立、可靠和客观的形象，唯有经验才可以保证管理知识的客观性和真理性。这就意味着管理经验主义的出发点是单个的经验事实，注重的是对部分的研究，强调的是对具体经验生活的肯定，表现出面向过去的时间取向，主要采用归纳法。

经理角色学派也被称为案例学派，是典型的管理经验主义学派。它强调从企业管理的实际出发，特别是应以大企业的管理经验（管理案例）为主要研究对象，借此向其他企业的经理们提供类似情况下的管理的成功经验和方法。该学派的代表人物主要有彼得·德鲁克、欧内斯特·戴尔（Ernest Dale）和亨利·明茨伯格（Henry Mintzberg）。

戴尔认为，迄今为止还没有人掌握企业管理的"通用准则"，至多只能讲各种不同组织的"基本相同点"[1]，他相信这样的通用准则不可能存在于管理学家们的头脑中，管理结论必须从有参照意义的大企业的现实管理经验中得出。他在1962年加州大学洛杉矶分校召开的学术讨论会上公开否定管理普遍性的论点，反对逻辑推演，强调管理知识必须被限制在经验观察之内，认为只有这样的知识才是可靠的。他明确指出："不同类型的组织有着不同的目标和任务，不能期望有一套放之四海而皆准的理论。更有效的可能是比较的方法，即组织者所能采用的一种良好方法是，考察那些取得最好成果（所谓'最好'是就所考察的目标来说的）的人的工作，并在情况可以比较时，将其经验应用于自己的需要。"[2] 也就是说，他将经验主义的归纳法具体化为比较法，并身体力行用这种方法来研究美国杜邦公司、通用汽车公司、国民钢铁公司和威斯汀豪斯电气公司的一些"伟大的组织者"成功的管理经验。总之，戴尔的研究重点是单个企业家的实际管理经验，是个别事例的具体解决办法。

与戴尔一样，德鲁克也注重对个别案例的研究，否认存在着普遍必然性的管理原则。他干脆将管理视为经验科学，认为古典管理理论和行为科学理论都不能充分适应企业发展的实际需要，管理知识的真正源泉只能是大公司中成功的管理者的经验。他明确指出，他的思想是以他本人的经验，特别是作为一个

---

[1] 〔美〕欧内斯特·戴尔：《伟大的组织者》，孙耀君等译，中国社会科学出版社1991年版，第17页。

[2] 同上书，第2页。

管理顾问的经验为依据的。在他看来,"管理是一种实践,其本质不在于'知'而在于'行';其验证不在于逻辑,而在于成果;其唯一权威就是成就"①。他指出,我们应该从人类自身的经验而非旁观者的立场来解释世界,管理的出发点是单个的经验事实而非一般原则,以单个的大企业成功者的管理经验为认识对象,注重的是对个案的研究,强调的是对具体管理经验生活的肯定。

明茨伯格批判了传统管理学将决策建立在理性分析之上(或理性指导下)的做法。他指出,在日常管理实践中,经理们总是很少基于理性分析进行决策,而是主要依赖于对需要决策的情境的直觉性判断。为此,明茨伯格提出了直觉决策论。他所谓的直觉显然是属于"经验"的范畴之内。例如,他曾经这样说道:"企业家角色的直觉色彩远多于分析色彩。……分析是在决策之前和决策之后的阶段亮相,而直觉则出现在实际的决策瞬间。……直觉就是一种下意识的过程。"② 这样能为经理们提供灵活性的当下直觉的判断显然是来源于经验,明茨伯格也因此成为极端的管理经验主义者。

综上所述,西方管理理性主义认为管理理论的普遍必然性知识来源于理性认识,并将研究对象设定为管理中的整体问题,而管理经验主义则认为经验观察是管理理论的来源,从而注重对个案的研究,两派在认识论维度的观点不同造成了它们的分歧。

二、对管理理性主义和管理经验主义的评价

(一)管理理性主义和管理经验主义的合理性

从以上对管理理性主义和管理经验主义的历史考察中不难看出,二者虽然存在分歧,但也各有其合理性。例如,西方管理理性主义认为,知识只有经过管理主体的理性审视后才能获得普遍必然性,不经严密的逻辑推理得到的不是真知识。它弘扬了人的理性,不仅确定了人的主体地位,也推动了现代管理学注重理性管理、发挥主体作用的倾向。它的贡献不仅在于将科学方法引入管

---

① 〔美〕彼得·F. 德鲁克:《管理:任务、责任、实践》,孙耀君等译,中国社会科学出版社 1987 年版,第 7 页。

② 参见彭新武、李汉东编著:《颠覆 MBA:异端管理大师明茨伯格和 IMPM》,广东经济出版社 2005 年版,第 18 页。

理，更为重要的是由此强调了理性管理可以复制，具有普遍必然性。总之，理性主义强调科学理性精神，讲求合理分工，注重规则和制度化，其管理模式是以分工、等级、权威为基础的，它所提出的管理原则直接明了。而西方管理经验主义通过分析经验（各种实际案例）来研究管理，暗含着任何管理原则都必须以经验为前提才能成立。进一步从根源上来看，管理经验主义强调，逻辑推理的对象不过是经验的某种结果形式，知识的确定性是在认识过程中逐步建立起来的，数学或逻辑的演绎推理的前提实际上是由人类以往和今日的实践及其经验过程所凝聚、积淀而来的，其可靠性最终取决于外部经验的证据。总之，作为管理学内部的分支，管理理性主义和管理经验主义都不否认适度的经验价值和理论提炼的意义，只是在管理知识的起源和评价等问题方面存在差异，但这样的差异是方法论上的，而非学科属性方面的。另外，它们在追求直接明了的管理原则、讲求合理分工、注重管理等级或权威等方面都有共同之处。

（二）管理理性主义和管理经验主义的局限性

上述只是抽象而论，结合管理的客观环境就会发现，由于管理的外部因素千变万化，复杂、多变的情况层出不穷，管理的过程必然呈现出一定的动态性和复杂性，因此单纯依据管理理性主义或管理经验主义都无法有效地把握全部管理环境因素。人既是管理的主体，也是管理的客体，任何对人性的忽略都会导致管理学研究的偏差。过于强调管理理性主义和管理经验主义的分歧的做法很难体现管理者集主体与客体于一身的特点，从而无法从整体层面上把握管理的本质，结果不可避免地导致各自理论的狭隘性和片面性。

一方面，在管理实践的复杂状态下，管理理性主义的原则是否总是万能的，就十分令人怀疑。例如，管理理性主义对于数学和逻辑所具有的普遍必然性的信念本质上是一种独断。热衷数学模型的管理科学学派难以解决很多无法量化的管理问题，数学只是一种有用的工具，但绝不是管理理论本身，它无法完全说明个体行为和态度。管理理性主义过于注重运用科学的手段与方法来描述管理，使管理理论向着绝对科学化的方向发展，从而使广大管理实践工作者与管理理论产生了隔阂。彼得斯认为："理性主义管理方法充斥着各商学院。它告诉人们，经过很好培训的经理能管理一切事情。它为各个决策寻找孤立的、分析的理由。说它是一个危险的错误，一点都不冤枉它，它把我们引向歧途。"① 另外，管理理性主义的理论可能因忽略管理的动态性而渐渐蜕变成空疏的内容与说教式的条条框框，从而陷入教条主义的泥潭，进而在某种程度上造成管理理论与管理实践的脱离。过分强调数学又使得管理理性主义派别给出的各种分析或决策太过复杂且不够灵活，从而滞后于千变万化的管理过程而变得一无所用。另外，数学模型依赖的假设是不现实的或无法实现的，很难充分解释或预测组织中人们的行为。尤其是管理理性主义强调精细分工、专业分化和分级管理，个体在牺牲独立自主性来成全整体的协调一致性的同时，也失去了灵活性和创造性。在某种程度上，管理理性主义所倡导的管理原则、管理模式成为管理活动的主宰，由此可能导致的一个严重后果就是对人的忽视，最终也必然与现代理性管理追求效率最大化的初衷相背离。赫伯特·西蒙认为，理性主义传统导致了西方现代管理理论的僵局，因为理性主义考虑的主要问题是如何才能更有效率。但如何实现"效率最大化"，理性本身无法完全解决，因为除了信息的搜集外，人的技能、知识和价值观等因素对"效率最大化"有着重要的影响甚至是决定性作用，为此他提出了"有限理性"的概念。所以，盲目推崇理性主义容易把西方现代管理引向歧途。

另一方面，尽管经验是知识的可靠来源，但这并不意味着它就是认识的唯一来源。因为经验主义不能解决管理科学实践所提出的深层问题，例如，感性认识如何上升到理性认识，以及理性认识对感性认识的超越之合理性，等等。所以，孔茨评论经验学者"把管理学看成是对经验的研究，有时他们也想从中得出一般性的结论，但通常只不过是把它作为对实际管理人员和管理研究人员讲授或传播经验的一种手段。……这个学派所依据的前提似乎是，如果我们对成功的管理人员的经验或管理中的失误进行研究，或者我们尝试着解决管理中的问题，我们就能理解和学习如何应用最有效的管理方法。……但是，管理学不同于法学，不是一门以前例为依据的科学，而未来的情境能同过去确切相比是极为罕见的。的确，过分依赖过去的经验和未经提炼的解决管理问题的历史是很危险的。这是由于，过去'正确的'技术或方法在未来的情况下可能

---

① 〔美〕托马斯·彼得斯、罗伯特·沃特曼：《追求卓越：美国优秀企业的管理圣经》，戴春平等译，中央编译出版社2001年版，第23页。

不适用"①。另外，经验主义的知识体系是建立在常识信念的基础上，其认知模式是现象论的，经验自身只是事物的表象这一局限性，就使经验不可能达到事物本质。而在达不到事物本质的情况下，经验就不能提供普遍必然的知识。由于经验还具有私人性和个别性，特定的经验常常是"我的"而非"我们的"，所以要获得普遍的经验不但不可能，反而有可能导致怀疑主义，这样面对复杂多变的管理环境，管理经验主义势必陷入困境之中。

彼得斯曾深刻地指出："理性模型贬低了价值观的作用。我们很少看到（如果有的话）这样的公司，它们以精确的目标和分析技术，而不是价值观指导公司的行动。"② 就管理经验主义而言，仅仅强调经验，特别总是以大企业的"伟大的组织者"、大公司管理者或主要决策者的管理经验为主要研究对象，容易在某种程度上忽略被管理者在管理过程中的作用。在管理过程中，虽然管理者是发生影响作用的主体，被管理者是被影响的客体，但没有被影响的客体，发生影响作用的主体也就失去了存在的依据。若忽略对被管理者的研究，极易走上片面强调管理主体、无视作为管理客体的员工的人性需求的误途。如此一来，管理经验主义在如何将组织的目标与员工的个人目标及自身发展的统一方面就会出现偏差，最终必将影响组织目标的实现。

三、调和管理理性主义和管理经验主义

（一）调和管理理性主义和管理经验主义何以可能

由上文的分析可知，管理理性主义与管理经验主义各有其合理性与局限性。产生各自局限的原因就在于二者的分离，偏执一端导致过犹不及。笔者认为，目前我们能够做也应该积极去做的工作就是将管理理性主义和管理经验主义加以融通，以兼顾管理的普遍性和特殊性、规范性和事实性。管理理性主义和管理经验主义各自的合理性提供了融通何以可能的依据，本章所要解决的问题就是在回归到管理学的学科属性（必然性）并在把握历史趋势（现实性）的

---

① 孙耀君主编：《管理学名著选读》，中国对外翻译出版公司1988年版，第373页。
② 〔美〕托马斯·彼得斯、罗伯特·沃特曼：《追求卓越：美国优秀企业的管理圣经》，戴春平等译，中央编译出版社2001年版，第44页。

基础上，论证管理理性主义与管理经验主义融通的必然。

两派相互融通的条件已经具备。首先，在理论源头上有着相统一的基础。两派所要解决问题的对象是共同的，无论管理理性主义还是管理经验主义，都是以管理组织的利益目标和经验效果来检验知识的真理性，都注重管理实践。而实践特点决定了管理与经验（更多时候的含义是日常经验以及管理经验）的密切关系。同时，作为管理主体的人又是具有理性能力的，这就使管理过程离不开理性的指导。由此可以说，管理与经验和理性存在不可分割的关联。这种一开始就存在于管理学中的实践导向的学理属性，召唤着管理理性主义与管理经验主义"回到管理学的家园"，正是管理学的这种学科属性使得管理理性主义与经验主义难以完全排斥对方而独立存在，必然从分离走向融通。

其次，在西方思想史上始终存在正反合的理论演进逻辑。从整个西方思想发展的历程来看，无论是古希腊，还是近代，理性主义和经验主义并非只是对立或排斥的关系，同时也在相互争鸣和驳斥中存在着相互吸收的关系。因此，管理理性主义与管理经验主义之间也有着折中调和、相融互摄、通贯统摄的表现，这一方面是对西方哲学传统的传承，另一方面也反映了当代理论的多元化、消融的倾向。这不仅充分展示了西方管理思想的发展是一个逐渐演变、不断进化的过程，也说明了人类思想的传承性。在这种情况下，管理理性主义和管理经验主义很难摆脱历史趋势的影响而继续分离，融通也就成为一种现实的可能。

需要指出的是，虽然管理理性主义和管理经验主义已经表现出了一定程度的调和或交叉渗透倾向，但这只是它们在相互斗争中回应对方的批评而在各自学说范围内做出的部分修正。这种调和只是一种不自觉的、萌芽状态中的调和，并没有超出各自学派的眼界，它们在各自框架中的捉襟见肘处处可见。所以它们都分别受到了激烈的批评。权变管理学派则对管理理性与经验都加以质疑。它强调，管理者的实际工作取决于所处的环境条件，因此管理者应根据不同情境及其变量决定应采取何种行动，也就是应该随机应变。管理理性主义与管理经验主义这两种理论在21世纪急速变化的环境下都出现了不适应性，即在现代迅速变化的市场经济体系中，管理理性主义和管理经验主义在应对管理中的实际问题时，逐渐失去了当初的解释和预言能力，陷入困境。

（二）如何调和管理理性主义和管理经验主义

笔者认为要以马克思主义唯物辩证法的观点为指导，在借鉴各学科理论研究最新成果的基础上，超越管理理性主义与经验主义之间的对立，建立起多元化的融通，从而将管理理论提升到一个新的高度。马克思主义唯物辩证法在认识管理理性主义与管理经验主义的问题上可以给出指导，它告诉我们：既要重视理论，又要反对教条主义以及单纯从概念出发的抽象推理；既要重视实际经验，又要反对轻视理论的狭隘经验主义。在管理中，要坚持实事求是，以开放性的思维、灵活的适应性和创造力，来应对商务环境和战略行为的不连续性、复杂性和不确定性。

理论生物学家贝塔朗菲的系统论观点也可以提供有益的借鉴，即以整体和全面的视角，把所研究和处理的对象当作一个系统来分析。我们应该把管理的各个部分及其相互关系等视为一个"整体"来进行把握和研究。管理中的各要素不是孤立地存在着，每个要素在系统中都起着特定的作用。管理的理性和经验等要素之间相互关联，构成了一个不可分割的整体。我们还必须认识到管理的动态性。这样，我们通过运用系统分析方法来研究系统、要素、环境三者的相互关系和变动的规律性，就能高屋建瓴，综观全局，别开生面地为现代日趋复杂的管理问题提供有效的思维方式，从而起到"整体大于部分之和"的作用。

现代非线性科学和非平衡态热力学的自组织原理也可以转化为融通管理理性主义与管理经验主义的重要理念。所谓自组织，即一个有机系统在一定范围内具有自由的自我完善力，组织系统的协调和统一是一个相互调整的过程。我们应将管理组织看作是一个有生命力的自我组织的系统。要认识到管理这个系统的理性与经验等各序参量之间的竞争和协同作用是管理系统产生新结构的直接根源，虽然冲突不可避免，但也有助于新观念的产生，有助于变革和创新。管理系统本身就具备能够按照当时的实际情况，根据其所采集到的周围的信息，自主地采取正确的对策与行动的潜质。在这一基础上，管理理性主义与管理经验主义主动对话和沟通，观念互启、方法互启，积极展开普遍合作、共同进化，在相互影响、不断融通中发展，从而使管理系统在持续地自我完善中不断提高自身的优化力。

总之，我们研究管理理性主义和经验主义，是为了充分把握管理的外在表现性（经验认识方面）和本质性内涵（理性认识方面），承认感官所感知的认识结果，并在此基础上加以理性的慎思，正确处理管理经验和管理理性、管理观察和管理理论之间的冲突和融合，拆除学术对立之墙，从中把握管理认识的真理。也就是说，不能放任管理理性主义与经验主义的对立或简单地去融合它们，而要实事求是，充分借鉴当代各学科的最新理论成果，以特殊性、多元性、差异性和变异性取代单纯的普遍性、一元性、同一性和确定性，并在相互交流的基础上进行扬弃和超越，促使管理理论朝着一个多元化和各种方法相互融合的趋势发展，从而赋予当今管理研究以新的内涵，使我们的管理理论具备更强的适应环境的能力、更强的驾驭复杂性的能力、更强的自行趋优的能力，在新时期实行新的转型。

第十三章　经济管理中的哲学问题

经济活动离不开哲学。20世纪80年代中后期以来，人们的经济活动特别是经济管理行为越来越多地向哲学寻求其更深层次的本质和规律。这是人们在经历了短暂的狂热躁动后回归理性的必然选择，同时也有力地证明了经济管理作为经济实践中永久性、普遍性和控制性的活动必然离不开哲学的指导。而哲学要想成为"世界的哲学"①，也必须通过指导、促进社会实践尤其是经济实践来实现。

第一节　经济管理与哲学

一、管理与经济管理

管理活动是人类的一项基本实践活动。随着社会化大生产的建立、发展和信息化时代的来临，有效的管理已经成为人类社会得以顺利发展的首要因素，人们把管理和科技、教育称为"现代文明社会的三大支柱"②。而在管理活动中最广泛、最典型的就是经济管理。

所谓经济管理，是指"人们为了达到一定的目标而从事的对生产力和生产关系系统的调节活动"③，它既要调节人与自然之间的关系，也要协调人与

---

① 《马克思恩格斯全集》第1卷，人民出版社1956年版，第121页。
② 成一丰编著：《管理哲学概要》，陕西师范大学出版社1991年版，第36页。
③ 王进主编：《现代经济哲学》，中国青年出版社1993年版，第298页。

人之间的社会关系。简言之,经济管理就是对人们经济活动(包括生产、交换、分配、消费)的管理,它的成败很大程度上影响和制约着人类社会的其他管理形式。

经济管理是最古老而又最具生命力的管理。它伴随着人类经济活动亦即人类社会的产生而出现,随着经济活动的发展而发展,并将延续下去。经济管理既先于政治管理、军事管理、意识形态管理等管理形式而出现,又将在阶级社会消亡、其他管理形式消失之后继续发展下去,是贯穿人类社会始终的实践活动。

经济管理也是最基本、最重要的管理。既然生产力与生产关系之间的矛盾是人类社会的基本矛盾,而经济管理是对生产力和生产关系系统的调节活动,经济管理自然就是社会生活中最基本的管理。哪里有经济实践哪里就有经济管理,离开了经济管理,社会经济秩序就失去了保障。

经济管理还是经济主体对经济活动的运筹和控制,这一关系可用图13-1来形象地描述。

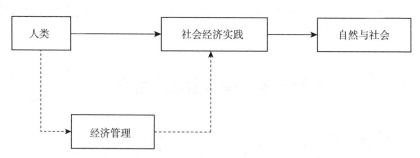

图 13-1　经济管理与人类改造自然和社会的关系示意图

图13-1说明了人类通过社会经济实践改造自然和社会,而人们对社会经济实践的控制则是借助经济管理来实现的。

经济活动是人类改造自然和社会的重要实践活动,为了保障经济活动的顺利展开,经济主体必须进行有意识的运筹和控制,即进行管理。经济管理一方面要把各种人力、物力因素有机结合以充分发挥其效能,另一方面要控制活动中人与自然、人与人之间的矛盾冲突以避免或尽可能降低内耗。因此,从某种意义上说,经济管理也是生产力。经济管理的上述特征决定其在整个人类社会实践系统中有着特殊重要的作用。

二、哲学和经济管理

加拿大著名管理学家克里斯托弗·霍金森（Christopher Hodgkinson）说过："倘若哲学家不会成为管理者，那么管理者必须成为哲学家。"① 西方经济学开山之作《国富论》的哲学色彩似乎从一开始就宣告经济学必将研究其哲学层次的基本问题和逻辑前提。经济学-哲学联盟也是马克思主义的应有之义，从《1844 年经济学哲学手稿》到后来的《资本论》就鲜明地体现了这一点。由此可见，哲学与管理、哲学与经济，进而哲学与经济管理有着密不可分的天然联系。

（一）经济管理需要哲学

首先，经济管理实践总体上要求管理哲学的指导。当代新技术革命把人类推向一个新的科学时代，经济管理的重要性日益凸显，已经有人断言：今天，决定命运的是管理。事实证明，在其他条件基本相同的情况下，不同的管理者以不同的管理观为指导，运用不同的管理方法，会产生截然不同的管理效果。所以，研究科学的经济管理观和方法论已经成为当代经济管理领域的新课题，这也是一个深刻的哲学命题。树立正确的经济管理观，把握正确的管理方法论，首先必须深入认识经济管理的内在本质和规律。经济管理的一般规律深藏于经济管理活动之中，不能通过感官直接把握，而必须借助理性思维的加工与抽象。从这个意义上说，没有管理哲学的指导，就没有对经济管理中固有本质必然联系的认识，就不可能有科学的管理观和方法论，就建立不起来高效有序的现代经济管理。管理哲学要研究和解决的正是经济管理中这一最高层次上的基本观点、基本方法和基本规律。

其次，当前经济管理实践面临的困境和管理本身的局限性要求人们进行哲学的思考。康德哲学中的二律背反在现代社会中表现得淋漓尽致，由于历史的和现实的、主观的和客观的种种原因，经济管理中骑虎难下、进退维谷的问题层出不穷。约翰·阿拉姆（John D. Aram）就曾在《管理行为的困境》一书中

---

① 〔加拿大〕克里斯托弗·霍金森：《领导哲学》，刘林平等译，云南人民出版社 1987 年版，第 16 页。

指出过几种典型的两难困境：第一，个人利益与组织利益的协调；第二，控制与调动积极性的权衡；第三，路径依赖与创新动机的并存。① 其实，令经济管理者大伤脑筋的问题远不止这些，各个层次各个方面凸现出来的问题错综复杂，只从经济学、管理学的角度出发已无法提出科学完善的解决方案，而哲学以其理论的思辨开阔了人们的视野和思路。

除了经济管理在实践中的困境需要哲学的指导，管理尤其是经济管理也有其自身的局限性，它主要表现为：人们在实际管理特别是经济管理中往往只注重组织的效率，强调管理的技术方面，而忽视了组织领导中的人文因素，有的管理者甚至把经济管理归结为"成本最小化，利润最大化"的最小最大原则，"把效率和效用作为组织的元价值，而使组织的本身失去了社会价值意义"②，进而压抑了组织中的个人解放。基于管理的这一最大缺陷，霍金森认为："为了对管理领导问题进行价值分析，只有哲学是一种补偿力量。"③

最后，管理理论中很多是关于经济管理理论的升华，迫切需要哲学的引导。自20世纪初美国管理学家泰罗的"科学管理"问世以来，管理科学蓬勃发展，管理理论也随之繁荣，到第二次世界大战以后已经形成了众多的管理学派，学派林立一方面显示出管理学界百家争鸣的活跃，另一方面难免使人们在主张各异的众多管理理论面前无所适从，管理理论对实际管理工作特别是经济管理的指导作用大大削弱。这种"丛林现象"客观上要求人们把管理理论上升到哲学高度，运用抽象思维把握各种管理理论和方法中的内在联系，把握一般管理原理和原则后面更基本的观点、方法和规律，从而使经济管理处在一个统一的理论体系的引导下。

社会化大生产以来，企业管理对企业整体发展的重要性与日俱增，"三分技术，七分管理"正是对管理在企业运作中的地位的生动概括。而许多问题又往往是具有哲学性质的。因此，企业管理哲学也已经受到众多企业经营管理者的普遍关注。松下幸之助就曾说过："在企业经营中有些因素是重要的：技术、行销、资金和人事必须彼此依赖，公司才能顺利运营。经营的最重要因素有时会被忽略：没有一个适当的经营哲学，人事、技术和资金便不能发挥其最

---

① 参见余长根：《管理的灵魂》，复旦大学出版社1993年版，第17页。
② 转引自上书，第18页。
③ 同上。

大潜能。"① 美国著名管理学家小托马斯·沃森（Thomas J. Watson Jr.）也说："一个企业的基本哲学对成就起的作用是远远超过其技术或经济资源、组织结构、发明创造和时机选择等因素所能起的作用。"②

（二）哲学要在经济管理中实现自我

唯物史观告诉我们，整个社会结构最深层的基础是经济，因而真正的哲学作为时代精神之精华不能远离孕育思想精神于其中的经济领域。远离社会经济活动的哲学就是远离现实的哲学，这样的哲学是书斋哲学，是与社会需要脱节的哲学，是没有生命力的哲学。

马克思曾发出过在现实中实现哲学的伟大号召，而社会经济实践是构成各个时代"现实"的核心内容。将哲学与经济管理紧密结合，在经济管理中实现哲学，既是经济管理的迫切要求，也必将为在现实世界中实现哲学开辟广阔的道路。

这种实现绝不仅仅是将哲学的原理、方法简单地移植到经济管理中，或从具体的经济管理中引申出某种哲学原理或精神，这种实现是要用哲学的思维对人类经济生活主要是经济管理行为及其理论进行哲理性的深刻反思，探求顺乎人性、崇尚价值、高效有序、卓越和谐的经济管理观和方法论。

三、经济管理者应该具有哲学素养

作为经济管理主体，经济管理者在经济管理活动中起主导作用，是"全部经济管理活动的领导者、组织者、指挥者、参谋者和监督者"③，在经济管理中发挥着统筹性、权威性、创造性的能动作用。

经济管理者的统筹性作用要求其对经济管理在空间上考虑全局，在时间上着眼长远，也就是坚持系统的观点和发展的观点。一方面，经济管理系统都是由事先处于彼此分离状态的各种因素（如人、财、物、观念等）构成的。因而

---

① 转引自余长根：《管理的灵魂》，复旦大学出版社1993年版，第34页。
② 〔美〕托马斯·J. 彼得斯、小罗伯特·H. 沃特曼等：《成功之路——美国最佳管理企业的经验》，余凯成等译，中国对外翻译出版公司1985年版，第30页。
③ 顾源达主编：《现代管理哲学》，辽宁人民出版社1989年版，第142页。

管理者必须首先运用系统的观点把各种有关因素有机地优化组织起来，使其成为一个有血有肉的整体；其次，高层经济管理者还应同时顾及几个相互联系的管理系统，协调、控制其相互关系，以实现总体上的高效管理。另一方面，经济管理系统处在运动发展中，因此经济管理者必须坚持发展的观点，在运动变化中把握经济管理的客体系统，不能用一成不变的眼光和方法进行管理。

经济管理者权威性的作用要求其对权威有辩证的认识，善于处理权威与服从的矛盾关系。在经济管理活动中领导者的权力同其威信是分不开的，权力和威信的结合就是权威。权威的对立面是服从：一方面，权威的存在是必要的，没有权威，经济管理就会陷入混乱。但仅仅来自职位的权威是站不住脚的，服从表面上是对权威的服从，实质上是对真理的服从，经济管理者要树立权威必须具有领导才能，掌握领导艺术。另一方面，如果滥用权威，会导致员工不服从或盲从、屈从，这对经济管理同样是有害的。

经济管理者创造性的作用要求其善于创新，重视学习，并且善于启发创造。人们进行创造活动必须具有相应的主客观条件，而经济管理者创造性发挥得如何则主要依赖于主观条件。要创新首先要重视学习，积累知识和经验。正如朱熹诗中所说："问渠那得清如许？为有源头活水来。"其次，作为经济管理者，不仅自己要创新，更重要的是要依靠、鼓励、推动下属、顾客等群体的创造，这样一方面能集思广益，促进管理创新，另一方面还能使经济管理系统中的人际关系更为和谐。

经济管理者既要掌握哲学理论知识和思维方法，又要具备哲学的科学精神和理性态度，成为具有深厚的哲学底蕴和内涵并能自觉运用于实践中的人才。

第二节　宏观经济管理中的哲学问题

宏观经济管理区别于经济单位如企业的管理，在本节中侧重指对社会经济整体及相关系统的管理，涉及的问题具有总体性或普遍性的特点。这里主要结合若干宏观经济管理中的重大问题来分析哲学在宏观经济管理中的重要作用。

矛盾是指事物内部或事物之间既对立又统一的关系。同一性和斗争性是矛盾所固有的相反相成的本质属性。矛盾同一性是指矛盾着的对立面之间相互联结、相互依存、相互贯通的属性和趋势;斗争性是指矛盾着的对立面之间相互排斥、相互对立、相互否定的属性和趋势。"矛盾着的对立面又统一,又斗争,由此推动事物的运动和变化。"①

世界上任何事物都是矛盾的统一体,极少数简单事物内部只包含一对矛盾,绝大多数复杂事物内部包含多对矛盾甚至包含多个矛盾体系。它们随时间的推移而不断演变。宏观经济管理系统是一个高度复杂的矛盾集合体,在任何时候都包含着纷繁复杂的矛盾关系,如集权与分权的矛盾问题,封闭与开放的矛盾问题,经济社会国家干预与市场调节的矛盾问题等。

一、"看得见的手"和"看不见的手"的对立统一

所谓"看得见的手"是指政府干预社会经济生活,干预资源配置。而"看不见的手"是指经济生活由市场来调节,资源配置在市场中自发进行。长期以来,西方经济学家乃至哲学家都对这两种手段提出过自己的观点。早期的重商主义者崇尚国家对经济生活的控制。1776年西方经济学的鼻祖亚当·斯密则首次明确提出"看不见的手"的原理,主张实行自由放任的经济政策。19世纪30年代,法国实证主义哲学家奥古斯特·孔德主张国家要干预个人生活,这自然包括了国家干预经济生活的思想。而19世纪中叶英国哲学家赫伯特·斯宾塞则以主张极端自由放任而著称,他坚决反对国家调节,认为"市场会自动地实现生产和消费的均衡"②。1936年,在西方国家经历了空前的大萧条以后,约翰·梅纳德·凯恩斯(John Maynard Keynes)在他的《就业、利息和货币通论》中指出,资本主义市场的自发作用并不能保证资源的使用达到充分就业的水平,这为资本主义国家干预经济生活提供了理论根据。

而在中国,尽管古代经济思想家也曾分别提出过主张国家干预的"轻重论"和主张自由放任的"善因论",但到了现代,新中国成立初期,受教条主义的错误观念的影响,计划与市场被看成完全对立的,社会主义和市场经济被看成是无法相容的。

事实上,无论东方还是西方,无论是主张完全依靠"看不见的手"还是

---

① 《毛泽东文集》第7卷,人民出版社1999年版,第213页。
② 孙昌育编著:《现代西方主要哲学流派述评》,华南理工大学出版社2001年版,第35页。

完全依靠"看得见的手"都是违反辩证法的，因而是片面的。市场调节与国家干预是经济生活中进行资源配置的两种既对立又统一的方式。两者的对立显而易见，长期以来，自由主义者与国家干预主义者的论战正是其对立性的生动体现。而分析两者的利弊，也不难发现其统一的一面。市场调节、自由竞争有利于资源的优化配置，可以提高经济效率，但是具有一定的盲目性。国家干预会使经济缺乏活力，牺牲部分效率，但是有利于在短期内集中力量办大事。两者的统一表现在自发性和自觉性的互补以及事后调节和事前调节的互补等。

市场调节与国家干预作为资源配置的两种方式构成经济机制中矛盾对立统一的两个方面。我们习惯上所说的市场经济就是以"看不见的手"为主，市场调节成为矛盾的主要方面；而习惯上所说的计划经济则是以"看得见的手"为主，国家干预成为这对矛盾的主要方面。邓小平全面正确地认识和解决了这一矛盾。他认识到计划和市场的区别不是社会制度的根本对立，而是方法的差别，这是二者的同一性所在。他深刻地指明了计划与市场之间既对立又统一的辩证关系，并从二者的同一性出发，创造性地提出了社会主义也可以以市场为基础进行资源配置，搞市场经济的论断。他明确指出："计划经济不等于社会主义，资本主义也有计划；市场经济不等于资本主义，社会主义也有市场。计划和市场都是经济手段。"① 这极大地促进了人们的思想解放，使二者的辩证关系日益深入人心，进而使我们党在十四大上提出了以建立社会主义市场经济体制为经济改革目标的方针，使我国经济社会发展找到了前进的正确方向。

二、开放与封闭的对立统一

任何管理系统都是相对封闭的，系统内各种管理要素都具有内在的、有机的联系。同时，任何管理系统又都是开放的，离不开其内部各子系统之间及其与外界的广泛联系。

在这里，"封闭"并不等于闭关自守、保守、落后，而是指"管理的基本矛盾内部自我运行，不受外因干扰而正常运转和良性循环的性能"②。开放也

---

① 《邓小平文选》第3卷，人民出版社1999年版，第373页。
② 余长根：《管理的灵魂》，复旦大学出版社1993年版，第90—93页。

不是"打开国门、放眼全球"的同义词，而是"包括管理主体系统为单元系统的对内对外各种系统之间的相互联系、相互影响、相互作用"①，具有多层次性。

任何管理都兼有封闭和开放的二重性，宏观经济管理也不例外。

宏观经济管理的封闭性是指在宏观经济管理中，各种要素相互联系又相互制约，形成一个封闭的回路，也就是说，既要有决策机构、执行机构，又要有监督机构和反馈机构，从而形成一套有效运行的管理系统。而宏观经济管理的开放性是指国家的、地区的宏观经济管理系统作为一个大系统，还必须与其他有关系统建立各种输入、输出的互动关系，进行信息、技术、资金、人才等各方面的交流。

封闭与开放是宏观经济发展中同时起作用的一对矛盾范畴。

一方面，决策系统根据宏观经济的运行情况做出相应的正确决策，执行机构准确地贯彻决策机构做出的经济决策，监督机构对宏观经济进行监测并督促执行机构的工作，以保证决策的恰当实施，反馈机构广泛收集来自各方面的信息，并及时反馈给决策机构，从而保证决策机构根据客观经济形势和相关社会环境的变化及时调整其策略和方案。只有这样，各个经济机构形成有机联系的统一体，才能促使宏观经济管理实现程序化，从而提高经济管理的科学性和有效性。

另一方面，开放性是使宏观经济管理从无序状态走向有序状态的先决条件。比利时普里戈金（又译普利高津）教授的耗散结构理论为此提供了理论依据。该理论认为生物体和社会组织都是耗散结构，而具有耗散结构的系统达到有序的前提是熵②值不为正。具体到经济管理组织这一社会组织来看，系统中一定程度的内耗、混乱等"熵产生"是客观存在的，熵不会为负值，因而要使经济管理系统稳定有序就要给系统输入"负熵流"，"负熵流"正是来自系统对内、对外的开放性。内部的"负熵流"来自系统的本位开放，即在宏观经济管理主体所辖的范围内，上下之间、各子系统之间相互作用的管理活动，如分权、竞争、民主、沟通、创新等。外部的"负熵流"来自系统的横向开

---

① 余长根：《管理的灵魂》，复旦大学出版社1993年版，第90—93页。
② 所谓熵，是表示系统混乱程度的物理量。

放乃至国际开放,包括不同地区的宏观经济管理系统之间的横向交流,如宏观经济管理系统与政治、文化等相关管理系统之间的相互影响和作用,一国的宏观经济管理系统对他国的宏观经济管理系统和其他相关管理系统的开放等。宏观经济管理系统通过本位开放、横向开放、国际开放实现熵减,进而实现系统向有序的转化。

宏观经济管理系统的封闭有利于其更好地开放,开放反过来又能促进其内部的封闭管理,宏观经济管理系统是封闭与开放的统一。宏观经济管理者应该深入认识这一矛盾并在实际工作中把二者正确地结合起来,只有这样才能建立高效有序的宏观经济管理系统。

三、宏观经济管理的地位及其变化

如前所述,宏观经济管理中有着极为复杂的矛盾群,其中各种矛盾的力量对比是不同的,在宏观经济管理中居于主导地位、起决定作用的矛盾是主要矛盾,在一定范围和一段时期内只有一个主要矛盾,其他居于非主导地位不起决定作用的矛盾是非主要矛盾。这就相应地要求经济管理工作上"在任何一个地区内,不能同时有许多中心工作,在一定时间只能有一个中心工作,辅以别的第二位、第三位的工作"①。

抓主要矛盾的原理被经济管理学者形象地用"木桶理论"(也叫"短板理论")来加以说明:一个沿口不齐的木桶,其盛水量的多少不取决于最长的那块木板,而取决于最短的那块木板。假如有一个 10 块木板组成的水桶,其中 9 块木板都是长于 1 米的,但有一块木板只有 0.2 米,那能装下的水最多只有 0.2 米深,其他 9 块木板再长也没有用。在这种情况下,如果我们想增大木桶的容量,显然应该集中精力对付只有 0.2 米长的那块木板,消除制约木桶容积增大的因素。

然而,在实际经济生活中,各个矛盾的地位作用不是一成不变的。客观经济形势的改变、旧的主要矛盾的解决都有可能使原来的主要矛盾退居次要地位,而原来的某个非主要矛盾上升为主要矛盾,甚至出现新的矛盾并成为主要

---

① 北京大学马克思主义学院哲学教研室编著:《辩证唯物主义和历史唯物主义纲要》,北京大学出版社 1996 年版,第 204 页。

矛盾。以我国的宏观经济管理为例，在改革开放初期，基础设施建设曾一度是制约我国经济建设尤其是工商业经济发展的瓶颈，故在那段时间内搞好基础设施建设就是我国宏观经济管理在经济建设管理方面的中心工作。20 世纪 90 年代前期开始，我国出现了全国范围内国有企业大面积亏损的严峻现象，这引起了各方面的高度关注，国有企业改革也因而成为我国经济改革的攻坚战。任何时期宏观经济中都会存在某个最突出的制约因素妨碍经济发展，这个因素就是经济管理工作应集中精力处理的主要矛盾。

这里仍借用木桶理论来说明主次矛盾地位的变化。可以考虑三种情况：（1）原来最短的那块木板被加长了，超过了其他 9 块木板中若干块的长度，那么原先皆长于 1 米的 9 块木块中最短的一块就成了新的"短板"，即主要矛盾。（2）原来较长的木板中某一块或几块被锯短了，已经短于 0.2 米，那么，原先的短板也就不再是短板了。（3）在木桶中再加入一块木板，它只有 5 厘米长，那么这块新加入的木板将取代原来的短板成为新的短板。

四、在宏观经济管理中坚持正确的发展观

在传统发展模式给人类带来巨大收益同时又使人类付出重大代价的情况下，扬弃传统发展模式、实现可持续发展正在成为越来越多人的普遍共识。传统发展模式与可持续发展模式最根本的区别就在于其发展观不同。

（一）传统发展观的产生及其得失

传统发展模式兴起于 20 世纪 50 年代初，持续作用到 20 世纪末。尽管在不同时期和不同地区传统发展模式的内容不尽相同，但其内含的发展观却不乏共性，即"以经济发展为中心，以物质财富的迅速增长为根本目标"。"社会发展和文化进步趋向于成为一种经济活动的辅助行为和伴生现象。"①

传统发展观的形成并得以推广有深刻的历史背景和认识根源。

首先，过去一些管理者忽视了社会各个领域内在的必然联系，没有看到社会经济、政治、文化、教育、人民生活、价值观念等因素之间相互制约、相互促进的关系，从而片面主张社会发展的经济决定论。

---

① 高静文、李钢主编：《经济哲学论纲》，中共中央党校出版社 1999 年版，第 247 页。

其次，第二次世界大战结束后，新兴民族独立国家面临着加快发展、消除贫困落后状态的迫切任务。在尚未找到合适的发展模式的情况下，已经实现现代化的西方国家自然就成为新兴发展中国家学习的榜样。而且当时的发展理论也鼓吹西方先发国家所经历的社会发展道路对全球具有典型的和普遍的意义，其他后发国家都将步其后尘。

以经济增长为核心的传统发展观在指导后发国家的发展实践时，起到了一定的重要作用。这主要表现在传统发展方式确实促进了经济的增长，使许多后发国家解决了最为紧迫的人民生存问题，同时启动了后发国家的工业化、现代化进程。然而，传统发展观的实践也导致后发国家一系列复杂的社会问题，使这些国家付出了惨重的代价。有所得就会有所失，传统发展模式最大的悲剧性就在于人类对经济发展的渴望导致后发国家重蹈先发国家的覆辙。

（二）对传统发展观的哲学反思

传统发展观最深刻的局限性在于"将'发展''现代化'这样的基本范畴当作某种自明的和先验的前提来加以确认并广泛运用，却忘了对这些范畴本身的逻辑预设及其合法性问题，因而导致对'发展'本身缺乏辩证的批判的态度"[①]。这就使人们在发展模式上不可避免地陷入了种种误区：

其一，认为"发展是一个自在的无矛盾的过程，误把实现发展的某些手段和阶段性目标当作发展的终极价值"[②]。由此导致人们在追求所谓的"发展"时，对"经济-自然""经济-社会""经济-人文"等客观存在的对立统一关系的忽略和漠视。

其二，在社会发展和进步的内涵及外延的界定上采取了客观主义、实证主义的立场，主要从客体的角度出发，将经济增长速度、工业化程度、GDP等物化指标作为发展的参照系，从而忽视了人类自身发展的一些问题。

因此，要树立正确的发展观就必然要突破传统发展观的局限性，首先科学地回答"发展的标志是什么"这一哲学问题。发展的标志问题就是判断何为高级、何为低级的问题。如前所述，传统的发展观从客观世界本身去寻找这一

---

① 高静文、李钢主编：《经济哲学论纲》，中共中央党校出版社1999年版，第244页。
② 同上书，第245页。

问题的答案。实际上，低级与高级显然涉及主体，只有从主客体统一的角度才能认识发展的全部意义。英国学者达德利·西尔斯（Dudley Seers）就曾指出："'发展'必然是个规范性的概念。"① 也就是说，发展应不仅仅以事实，更以包含着事实基础的价值判断来衡量。这种价值判断就是人本的、重视发展的人文价值和人的本质需求的。

（三）全面认识可持续发展观

可持续发展观作为一种全新的发展观念，主要包含以下四方面的原则：一是生态持续，二是经济持续，三是社会持续，四是文化持续。② 之所以强调要全面认识可持续发展观是因为目前人们日益接受和认可可持续发展观时，往往只看到生态持续和经济持续，而忽视了社会持续和文化持续。

生态持续是可持续发展观最基本也是最为人们熟知的内涵。可持续发展观把生态环境的质量和效益提高到前所未有的高度，主张要在人与自然的关系上实现根本性转变，由简单征服、一味索取向和谐共处过渡，主张要在保护生态环境、不威胁后代生存需要的前提下追求发展，并在发展的基础上积极改善生态环境。

经济持续也是可持续发展观的重要内容。可持续发展观强调，经济持续发展要靠经济增长方式的转变和对资源的合理开发与利用。它主张把传统的粗放的外延式再生产方式转变为集约的内涵式再生产方式，在资源与经济增长的关系上，既肯定开发利用的必要性和可能性，又充分注意开发利用的合理性和可持续性。

如果说生态持续、经济持续是新发展观对传统发展观中突出缺陷的弥补，那么社会持续、文化持续则可以被称为对传统发展观的突破与创新。

可持续发展观的社会持续原则从关心人的温饱上升到注重人的生存质量的高度，鼓励人们追求平等、自由、健康和谐的生活，把物质财富的分配原则提升到更加重要的地位，呼吁国际社会进行社会改革，以实现公平分配和广泛的社会平等。③

---

① 高静文、李钢主编：《经济哲学论纲》，中共中央党校出版社1999年版，第258页。
② 同上书，第259页。
③ 同上书，第260页。

可持续发展观的文化持续原则反映了人们对发展问题认识的多角度化。这一原则"倡导精神价值,鼓励人们摆脱和消除工业文明给人们的压抑、迷茫、痛苦的不良影响,强调文化进步和价值系统在社会全面进步和人的全面发展中的重要地位"①。

总之,可持续发展观意味着人类对人与自然的关系和人与人、人与社会的关系有了全新的认识和要求,体现了眼前利益和长远利益的统一,"工具理性与价值理性的统一"②,必将推动人类社会发展方式的转变,并继续促进人类在发展观上的认识和创新。

第三节 企业管理中的哲学问题

一、企业管理中的管理主体与管理客体的对立统一关系

企业管理中的管理主体与管理客体的关系从哲学的角度来说也是对立统一的,当然,这种对立统一关系形成于具体的管理活动中及主客体双方的协调中。管理的作用可以用一个乐队需要指挥来比喻。指挥与乐队的关系正如管理主体与管理客体的关系。管理大师德鲁克认为:"他们的关系与其说属于上下级关系,不如说就是交响乐团指挥与乐器演奏者之间的关系。"③ 管理人员作为管理主体要明确自己好比是一个乐队指挥,要通过自己对音乐的理解和指挥,使音乐演出的整体有生命力。因此要在每一项决定和行动中协调当前和长远的要求,完成一些共同的、必须执行的职能。在这个过程中,他们必须达到管理的目标,进行自我控制,做出成就,才能成为有效的管理人员。管理客体的基本形式是企业的人、财、物。其中人是最主要的。管理说到底是对人的管理。德鲁克最有价值的思想就是把人当作企业最大的资源,人既是管理的主体,又是管理的客体。他认为,企业通过富有活力的人力资源完成任务,员工通过完成工作来取得成就。根据需要和机会的变化,确保企业和每个成员的不断成长与提高,也是管理的重要工作。把以工作为中心与以人为中心的管理方

---

① 高静文、李钢主编:《经济哲学论纲》,中共中央党校出版社1999年版,第260页。
② 同上书,第244页。
③ 〔美〕彼得·德鲁克:《21世纪的管理挑战》,朱雁斌译,机械工业出版社2009年版,第18页。

式结合起来,就是要说明,管理活动的有效性不是体现在管理主体或管理客体单方面的活动中,而是体现在管理主体与管理客体相互作用的统一过程中。

二、企业的利益与责任的辩证关系

利益与责任是一对矛盾。利益就是人们在一定的社会条件下生存和发展的主要表现,体现着个人、组织同物质产品和精神产品的关系。责任就是人们对自己采取的行为以及行为的社会意义的自觉意识和实践。之所以说二者是一对矛盾,是因为在各自的方向上它们相互排斥,在内容上它们相互包含,而且在某种条件下,它们还能够相互转化。

企业是为了取得经济上的成就而存在的,获取最大的经济利益显然是一个企业存在的首要任务。但是取得经济利益并不是一个企业存在的所有意义,因为企业的目的不仅仅在于获取利润,从终极目的上说在于服务顾客。顾客是企业存在的基础,它使企业得以存在。因此,企业在取得经济利益的同时,要兼顾对顾客的责任、对社会的责任与贡献。

三、《孙子兵法》和营销管理

市场营销是个人和组织创造产品和价值并与他人交换,以满足市场需求和实现其自身目标的过程。市场营销的起点是市场需求,目的是通过满足市场需求来实现个人和组织的目标。如何科学地借鉴各类古籍(如诸子百家的著作),将诸如《孙子兵法》等古代科学思想经过提炼,与从国内外企业的经营中提炼出的现代生产经营管理经验结合起来,运用辩证唯物主义观点联系企业实际,贯通到企业管理实践中去,是目前提高企业经济效益的有效途径之一,也是企业管理现代化的重要课题。

(一)《孙子兵法》与营销策略和战术

《孙子兵法》与其说是兵家"圣经",还不如说是战略管理理论方面的经典之作。更令人称道的是,这种战略管理理论与西方的营销战略管理理论相比有其独到之处。《孙子兵法》得以世代流传和被广泛推崇的原因在于其对战略战术的精辟论断,在于其胜敌的谋略。这样,《孙子兵法》就突破了兵书的限制,而在当今被广泛地应用在许多领域,尤其是在企业的市场竞争中,孙子的竞争思想为众多的企业家所认识和运用。

《孙子兵法》很注重策略、战术,作为一个有远见的企业经营者,首先要考虑并着手解决的问题就是"先定必胜之计",把企业经营的主要精力放在企业带有全局性的战略问题上,进行整体的战略思考和谋划,在此基础上确立明确的战略目标,并制定战略规划予以实施。这就是说,企业的高层决策者应根据企业的特点和对内、外部环境的分析,确定企业的总体目标和发展方向,制定和实施企业发展总体谋划的动态过程。这一过程基本应该涵盖企业产生和发展的全过程,包括企业总体战略和产品组合、商场竞争、技术创新以及企业文化、企业形象和人力、财务等战略。

认识进行战略管理的地位和作用,不断地重视企业的战略管理,有助于决策者从琐碎的日常事务中解脱出来,及时发现和解决那些有关企业生死存亡、前途命运的重大战略问题,有助于用战略眼光将企业经营活动的视野放在全方位的未来发展和广阔的市场竞争中,使企业获得更大的发展。

(二)《孙子兵法》与营销环境分析

现代营销战略管理理论中营销环境分析是最基础的一步,历来备受重视。营销环境分析就是运用科学的方法和合适的手段,判断决策的信息需求和成本,系统地收集、整理、分析和报告有关信息,以帮助企业正确制订、实施、评估和调整市场营销策略和计划。企业的营销过程像其他事物一样,会受到周围环境这样或那样的影响。仅就营销环境分析的内容来说,企业的营销环境由微观环境和宏观环境组成。微观环境影响着企业服务于各种顾客的能力,包括供应者、营销中介人、竞争者、一般顾客、社会公众、高层管理者等。宏观环境影响着微观环境,主要包括政治法律、经济、人口、技术、社会、文化等。《孙子兵法》中所强调的环境分析的五个方面即五事:道、天、地、将、法。可以把《孙子兵法》里的"道"看作企业所有者或企业所有者代表及其与公众的关系,"天"指天时,"地"指地利,"将"指将领的才能,"法"表示企业制定的各项规章制度和行为道德规范,它们均可以构成企业的宏观环境和微观环境因素。不仅如此,《孙子兵法》还主张将环境要素进行对比分析,找出自己的优势和劣势。孙子认为战争的胜负受客观条件的限制,不以人们的意志为转移，因此必须在尊重客观规律的基础上充分发挥人的主观能动性，寻求取胜之道。战胜敌人的关键在于已有的客观条件，在于敌人是否有隙可乘。一般的营销战略管理理论中关于营销环境的分析，只注意到了如何寻找营销机会和避开环境威胁，而忽视了企业在营销中要采取什么样的竞争对策。因此，在实际的营销环境分析中，可以按照《孙子兵法》中所考虑的环境要素进行全面的对比分析，从而做到更全面、更透彻。

(三)《孙子兵法》与确定企业营销的战略目标和方案

《孙子兵法》中涉及两种战略方案：进攻性战略和防御性战略。那么这两种方案和一般的营销战略理论中的方案是什么关系呢？按照传统的营销理论，经营者在营销环境分析的基础上，即可根据企业营销的目标制订营销战略方案，并在此基础上获得利润。营销战略方案主要可以分成三种：无差异战略、差异战略和集中战略。因此可以将它们的区别看成是两种不同的划分方法所致，完全可以将它们结合起来甚至互为补充，使战略方案的划分更完整。结合的结果，形成了六种营销战略方案：无差异进攻战略、差异化进攻战略、集中进攻战略、无差异防御战略、差异化防御战略、集中防御战略。这样结合的意义在于纠正了传统营销战略管理理论上的似是而非。传统的战略管理理论一直把无差异战略看成是一种竞争激烈的战略，以为采用这种战略时的利润会较少。事实上，根据上述划分，无差异战略也可能是一种竞争并不激烈的战略，差异战略和集中战略也可能竞争不激烈，这取决于目标市场上的相对企业数量、产品定位方向和对风险的态度。

《孙子兵法》中倡导以慎战为本，不能恋战，只有在不得已的情况下，才能付诸武力解决问题。实际上，在许多情形下，取胜并非一定是通过武力的方式达到目的。孙子主张不但要看到战争给国家带来的好处，更要知道用兵的害处：“故不尽知用兵之害者，则不能尽知用兵之利也。”(《孙子兵法·作战篇》)"故军争为利，军争为危。"(《孙子兵法·军争篇》)虽然通过作战，可以获得诸多的益处，但它的危险一面不能忽视。因此，企业要尽量避免与竞争对手的正面对抗，避免过度的竞争，力求胜于无形。虽然企业间的竞争是不可避免的，然而过度的竞争往往给企业带来两败俱伤的结局，不到万不得已绝不可在市场上盲目拼杀。实际上，"胜"可以有多种表现形式。例如，利用设置行业准入障碍的办法，将竞争对手拒于门外，使其不战自破。甚至还可以采取兼并与联合的方式产生规模效应，避免内耗，达到发展的目的。

除了"慎战"原则外，《孙子兵法》还提出了许多其他原则，如速胜原则等。

（四）《孙子兵法》与营销战略方案的实施

营销战略的实施是将营销计划转化为具体的营销活动的过程，是营销战略管理中最困难的一环，涉及设置营销机构、配备营销管理人员等各种问题，要求管理者具有组织机构，建立控制制度、工作制度、决策制度和报酬制度，以做到将各种营销资源进行有效的配置。在《孙子兵法》中，对战略方案实施的论述内容很多，甚至对在实施中如何把握作战时机也做了论述，如"避其锐气，击其惰归"（《孙子兵法·军争篇》），以及如何对待士兵，如"令之以文，齐之以武"（《孙子兵法·行军篇》）；而现在的营销战略管理理论的可操作性还需要进一步加强，特别是各种情况下的行为反应模式方面欠缺较多，使得管理者在具体实施中，心中无数，仓促应变，因而很难保证营销目标的实现。在营销战略的实施中，应始终贯彻全胜的思想求得利益的最大化，不着眼于一次利润的大小，不过分计较一时一地的得失，而要在满足顾客需求的基础上，力求长期利润的最大化。在这一点上，现代市场营销观念与孙子的全胜、利益最大化思想不谋而合。以这一思想为指导，相关企业在市场竞争中，有时为了开发市场、争取潜在的顾客，可能会投入巨额的资金而不能立即见到效果。企业要善于从战略的高度来认识问题，才能获得长久的持续发展。

第四节　经济管理中的伦理道德问题

在我国现代化建设的进程中，经济领域的深刻转型和重大变化导致国民意识的深层次基础——伦理道德的震荡，从而使其成为包括哲学、经济学、管理学在内的诸多学科共同关注的热点话题。经济管理作为由人进行的又主要针对人的社会活动与伦理道德息息相关。

一、伦理道德与经济伦理道德、管理道德

伦理道德是社会生活中形成的能自觉引导人的行为，调整人与人之间及个人与社会之间关系的观念、行为规范的总和。伦理道德是社会关系尤其是社会经济关系的产物。恩格斯曾明确指出："人们自觉地或不自觉地，归根到底总是从他们阶级地位所依据的实际关系中——从他们进行生产和交换的经济关系中，获得自己的伦理观念。""一切以往的道德论归根到底都是当时的社会经济状况的产物。"①

然而，我们不能把所有伦理道德都归结为经济伦理道德，只是说一切道德都与经济有关系，这一关系是从其产生的根源即从根本的意义上说的。只有那些直接从经济活动中产生出来又直接为调整规范经济关系服务的伦理道德，才属于经济伦理道德的范畴。

经济伦理道德本质上是一个用来描述经济行为与伦理道德关系的边际概念，它主要包括两方面的内容：其一是指直接产生于人们的经济生活和经济行为中的伦理道德，如"克勤克俭"的观念；其二是人们对这种伦理道德的认知和评价系统，如人们对经济利益的种种情感、判断和选择。

管理道德则是一种中观层次的道德，是管理者在管理实践中应当遵循的道德原则和道德规范，换个角度看，是一定社会、一定集团从自己的利益出发对管理者的道德要求。管理道德与社会道德是个别与一般的关系，是以社会道德的原则为指导，结合管理实践的特点产生的调节各种管理行为的道德范畴。

二、经济管理与伦理道德

经济管理中的伦理道德是从属于社会道德这一宏观道德系统的，但它既不等于管理道德，又不局限于经济伦理道德，这是由经济管理活动本身的性质决定的。

经济管理主要是对人们经济活动的管理，但又不可避免地涉及非经济因素。传统经济管理是以效率为唯一追求目标的管理，社会的进步要求现代经济

---

① 《马克思恩格斯选集》第 3 卷，人民出版社 1995 年版，第 434、435 页。

管理更注重人的价值、人的解放。经济管理尤其是现代经济管理的复杂性使它涉及的伦理道德问题错综复杂。

事实上，经济管理中的伦理道德已不是单纯的概念问题，我们完全可以通过分析经济管理与伦理道德的关系来认识它。

首先，很多经济管理活动都蕴含着伦理道德因素，要求管理者不仅从实际经济利益出发，也须从伦理道德的角度出发来进行管理活动，否则就会引起被管理者的不满或社会公众的不认同，甚至遭到社会舆论的谴责。如宏观经济管理中的经济效益与社会效益的问题，整体利益与个人价值的问题，效率与公平的问题，企业管理中的经济效益与环境效益的问题，企业的社会责任问题等就是如此。具体地看，假如进行某项经济活动可以提高经济效益，给人民带来好处，但同时又会引起环境污染，危害人民利益，则相关经济管理者就必须充分考虑到该活动潜在的不道德因素，审慎地做出决策，确保自身的管理行为是对人民负责的道德的行为。

其次，伦理道德一方面规范制约着经济管理，另一方面又促成了经济管理目标的实现。这看似矛盾的两方面是如何统一起来的呢？伦理道德对经济管理活动的制约、协调是显而易见的，它要求经济管理行为必须遵循而不能僭越社会的伦理道德规范，使道德的经济管理行为得到发扬，不道德的经济管理行为受到抑制，促使人们的经济管理行为朝正义的方向发展。而伦理道德对实现经济管理目标的促进作用也不难理解，这在商业管理中显得尤为重要。商家在进行管理时若不讲道德，或没有信誉，或以次充好，或强买强卖，或态度恶劣，都有可能使交易过程中断，其经济利益也就无法实现。如2001年，南京冠生园用陈馅做新月饼的丑闻被曝光后，上海冠生园月饼也遭到了市场的冷遇，甚至一些厂家被迫停产，"冠生园"这个家喻户晓的老字号受到了重创。南京冠生园惹的祸使广大消费者对目前市场上月饼的质量普遍产生了疑虑，殃及整个月饼市场。南京冠生园这种行为不仅对消费者是不道德的，以致搬起石头砸了自己的脚，对于其他月饼生产商而言也是不道德的。

由此可知，经济管理和伦理道德是有其内在一致性的，有效的经济管理本身必须具有伦理性，伦理道德是融入、渗透在经济管理中的。

三、经济管理的道德评价问题

既然伦理道德对经济管理如此重要,那么在经济管理中应如何发挥伦理道德的作用呢?一个基本的途径就是对经济管理进行道德评价。

对经济管理进行道德评价,指的是人们依据一定的伦理道德准则对经济管理者(自己或其他经济管理者)的经济管理行为所做的善恶判断。其具体途径有:

(1)社会舆论。社会舆论是"一定阶级、阶层和社会集团的人们通过某种政治或道德的观点和原则而表现出来的对社会生活的事件、现象,对人们的思想和行为所持的态度"①。道德评价中的社会舆论一般指道德舆论。与经济管理相联系的伦理道德观念一旦为多数人接受,就能形成强大的道德舆论,它能激励符合这种道德观念的经济管理行为,而谴责违背这种道德观念的经济管理行为,促使经济管理道德性的增强。道德舆论对经济管理行为的评价是一种外在的道德评价。

(2)内心信念。道德评价中的内心信念是指人们的道德信念,即人们发自内心地对某种伦理道德、道德准则的真诚信服和强烈的责任感。内心信念对经济管理行为进行道德评价实际上就是经济管理者对自身经济管理行为的道德评价。经济管理者的内心信念首先对其管理行为的动机有检查和净化的作用。道德观念强的经济管理者会恪守自己的道德义务从而放弃不良动机引导下的经济管理行为。经济管理者的内心信念还对经济管理的过程起监控作用。道德信念促使他们随时随地将自己的行为与道德规范对照,一旦经济管理行为僭越了道德规范就终止该行为。经济管理者的内心信念对其行为后果有评价作用。通过内心的评价和感受,可以促使其扬善抑恶,使今后的经济管理活动更加符合道德规范的要求。

对现代经济管理进行道德评价的标准至少有以下几点:

其一,是否尽职尽责。有的管理者采取认真负责的态度,兢兢业业,勤勤恳恳,力求把工作做好;而有的则相反,身在其位而不谋其政,对工作采取不负责的官僚主义态度。显然,后一种经济管理者违背了起码的道德标准。

---

① 王进主编:《现代经济哲学》,中国青年出版社1993年版,第349页。

其二，是否有利于实现管理者与被管理者共同的目标。作为经济组织，应是一个命运共同体，管理者与被管理者有某种共同的目标。管理者的经济管理行为必须首先有助于这些共同目标的实现，否则必然是彻头彻尾的无效管理，也就是不合理、非正义性的管理，因而是不道德的管理。

其三，是否符合被管理者的需要。经济管理行为不仅应直接服务于组织的目标，还应部分直接地服务于被管理者的利益和需要，既要有利于他们的物质生活、工作环境的改善，也要有助于其精神需要的满足，如归属感的需要、自我实现需要的满足。这也会间接地促进组织目标的实现。

其四，是否与社会公众的整体利益相一致。这一点主要涉及经济管理行为的社会效应和经济组织的社会责任问题。一个经济组织在追求自身目标的同时必须对社会公众负责，承担相应的社会义务，如不危害社会安定、不扰乱社会秩序、不破坏生态环境、不妨碍社会文明等。

四、经济管理中几个重要的伦理道德问题

（一）公平与效率

公平与效率问题是经济管理特别是市场经济条件下的经济管理中经常面临的现实问题。其中，公平是衡量社会发展和社会关系状况的政治、法律和伦理道德尺度，可以从条件公平、手段公平、结果公平等多个角度来定义。效率是指物质资料生产或资源配置等经济效率。公平与效率的关系要按照对公平的不同定义来具体分析。

条件公平主要指人们在政治地位、法律上和人格上的公平，这一层次的公平与效率没有直接的联系。

手段公平，亦即机会均等，主要指竞争规则和社会参与规则对所有人具有同等效力，使每个社会成员都有机会、有可能利用社会资源发挥个人的潜能和创造力。这一层次的公平不是排斥效率的，反而是促进合理竞争、提高经济效率的必要条件。没有这种公平，意味着竞争规则对不同参与者是不同的，机会是不平等的，这会严重妨碍资源的有效配置，打击参与者的积极性，进而损害效率。

结果公平指的是人们在收入、经济水平和权威上维持完全的平等，这也是

目前人们普遍最接受的平等概念。结果公平与效率之间存在尖锐矛盾。奥肯说过:"任何坚持把馅饼等分成小块的主张,都会导致整个馅饼的缩小。"① 也就是说,通过竞争以外的手段干预分配结果以实现所谓的"均贫富",必然导致低效率,从而损害多数人的福利水平。但是,我们也应该看到,严重的贫富差距、两极分化必然导致社会不稳定,引发一系列犯罪和暴力事件,这样的社会是不能称为进步的、健康的社会的。

由此可见,市场经济条件下公平与效率的矛盾难以回避。就此,西方一些学者早已提出过各自的主张。边沁的功利主义主张只要社会财富增加了,即使个人之间不平等,对整个社会来说也必然是公平的,应当加以维护。这种思想反映了资本主义发展早期以追逐财富增长为主要目的的社会需要,随着历史条件的变化,已为多数人所不齿。后来有学者提出了提高社会中最弱势的人的福利的目标,还有人提出"给强者以不利条件"的原则,这都包含了一种结果公平的思想。更具有代表性的思想是,贡献大的人有理由比贡献小的人获得更多的财富,但是这个原则必须附加两个条件:其一,所有人必须有平等的、由足够满足人类生存所需的最低限度的财富决定的经济基础线;其二,哪怕他的贡献再多,也没有谁应该赚取过多的财富以至于剩下的部分不足以满足其他人获得最低限度财富的需要。② 这种思想无疑已经认识到一定程度的最起码的公平对整个社会的重要意义,而且已经认定这种公平的实现应该建立在平等竞争的高效率基础之上。这就基本上找到了解决公平与效率矛盾的办法,协调了人类社会追求效率与追求公平的双重目标,为社会主义经济管理中处理公平与效率的关系提供了极好的借鉴。

在经济管理中,我们固然应该坚持效率优先、兼顾公平的原则,同时在不直接损害效率的情况下,组织有义务也有责任采取一定措施保证每个人的最基本权利,对在竞争中受到损害的公平予以适度的补偿。只有这样才能实现以公平促效率、以效率带公平的良性循环。

(二) 个人与组织

任何经济管理单位均表现为一个组织或组织的集合体;而任何经济管理单

---

① 〔美〕阿瑟·奥肯主编:《平等与效率》,王奔洲、叶南奇译,华夏出版社 1987 年版,第 42 页。
② 参见高静文、李钢主编:《经济哲学论纲》,中共中央党校出版社 1999 年版,第 6 章。

位的主体又必然是由个人组成的，是个人的集合体。因而，处理个人与组织的关系，主要是处理利益的关系，这是经济管理中又一重要的伦理道德问题。

个人是反映人的个体存在的范畴，是指有意识、有能力、有目的并能参加社会实践活动的人。经济管理中的个人既可能是管理者也可能是被管理者，但都是有情感、有个人利益的独立个体。组织是按照一定目的建立起来的有层次、结构和秩序的运行系统；经济管理中的组织则是由有共同目的和协作关系的个人组成的管理系统。

社会主义市场经济条件下，在经济管理中必须摆正个人的位置，正确处理个人与组织的关系。

一方面，允许个人在不违背法理的情况下充分获取自身利益，鼓励人们追求独立人格，成为独立的个人。这就要从平等观念、自主地位、自信能力等方面培养起人的独立性，使之认识自我的存在，确定自身存在的价值，相信自身的力量，成为有主动性、创造性、敢冒风险、勇担责任的个体。

另一方面，仍要坚持集体主义原则。在倡导个人利益的同时仍要坚持集体利益高于个人利益，个人应以在组织中施展自身才华、实现自我价值为最大幸福，反对个人高于组织的"自我中心主义"，防止从一个极端走向另一个极端，实现个人与组织的和谐发展。

（三）义与利

义是指人们应遵循的符合一定道德规范要求的思想原则，以及符合这些思想原则的行为。利就是人们所追求的物质利益及其活动。简单地说，义就是道德原则，利就是物质利益。

关于义和利的问题，在中国伦理思想史上历来是有争议的。有片面强调义、否定利的观点，如"君子喻于义，小人喻于利"（《论语·里仁》），"王，何必曰利？亦有仁义而已矣"（《孟子·梁惠王上》），"正其谊不谋其利"（《汉书·董仲舒传》），"革尽人欲，复尽天理"（《朱子语类》卷十三）；有承认义利联系但强调义先于利的主张，如"义以生利""废义则利不立"（《国语·晋语》）；还有片面强调利而蔑视义的思想，主要是法家代表韩非子的思想；当然也曾有过将义与利统一起来的较为科学的思想，如"义与利者，人之所两有也"（《荀子·大略》），"义公天下之利"（《正蒙·大易》）。不过从总体上看，前两种观点尤其是第一种观点曾长期占统治地位，已经成了一种思想传统。

义利问题同样也是经济管理中不可回避的一个涉及伦理道德的问题。具体到经济管理中，义利问题就是在经济管理中如何处理道德原则与物质利益的关系问题。利与义的矛盾在经济管理中有广泛的体现，如进行宏观经济管理时要处理物质文明和精神文明建设的关系，在企业管理中要处理经济利益与社会责任的关系。在现代经济管理中正确处理义利关系，要批判分析历史上各家各派的义利主张，全面认识现代经济管理中义与利的关系，树立新的社会主义义利观。

在现代经济管理中，义和利是相互依存、相互制约的辩证关系。

其一，在现代经济管理中，义和利相互依存。一方面，利是产生义的物质基础。经济管理中的义，即道德准则产生于主要以利为目的的经济管理活动中，从某种程度上是利的产物，并且为规范人们求利的经济管理服务。另一方面，一切利的取得都离不开义。经济管理中要获得更多的利，必须遵循一定的义，经济组织的维系也离不开义的支持作用。

其二，在现代经济管理中，义和利相互制约。一方面，义制约利。经济管理道德的作用发挥得好，组织内部就能团结协作，利得以实现；反之则会妨碍经济管理目标的实现。另一方面，利也制约着义。经济管理主体和客体必须从正义的活动中获得利，经济管理的道德原则才能得以自觉贯彻。

综合以上各个方面，我们可得出在现代经济管理中义利同等重要的结论。既要重视利，又要重视义，以义促利，以利促义，才是在经济管理中应坚持的科学的义利观。

第五节　东西方文化与经济管理思想

经济管理的主体和客体都生活在一定的文化氛围中，受到传统的价值观念、道德准则、理想信念、思维方式和风俗习惯等文化因素的影响，因而经济管理的原则和思想方法也都受到文化的深刻影响。

一、文化大背景与经济管理思想

文化是人类的生存环境，人类生活的任何一方面都或多或少要受到文化的影响，正如美国著名人类学家阿尔弗雷德·克罗伯（Alfred L. Kroeber）、莱斯利·怀特（Leslie A. White）等人所认为的那样，文化体系不仅是一种形态，而且是一套价值系统和行为模式。文化不仅具有外显的构架，而且具有无形的和隐形的构架，从根本上制约和指导着人类的思考、行为以至情感形成和表现方式。①

经济管理思想正是在一定的文化大背景中形成并发展的，不同文化环境会造就不同的甚至迥异的经济管理思想，如中国式、西方式、日本式经济管理思想各具特色。

文化背景与经济管理思想的关系主要体现在以下几个方面：

首先，文化因素通过潜移默化的影响制约着经济管理思想的特点和水平。一旦某种文化因素渗入人们的意识中便会产生具有高度稳定性的影响，从而形成一种社会风气，产生一定的行为方式，进而在深层结构上为管理思想的形式定好基调，限定了其特点和发展方向。

其次，经济管理思想的飞跃来自文化的变迁与转换。文化有鲜明的时代性，会随着时代的推移而沿袭、转化和发展，文化的变迁必然伴随着人们思维方式的转换、价值判断的转换、视角与出发点的流变等一系列文化因素的发展变化。

再次，经济管理思想在文化大背景下具有相对独立性。文化对人们思想观念和行为方式的影响一旦形成就会逐渐变成大多数人视为理所当然的传统，而文化一旦成为传统就会在相当长的阶段内保持一定的稳定性，并最终演化为带有局部保守性和落后性的传统文化。经济管理思想尽管受文化因素的制约，其直接来源却是人的经济管理实践。经济管理实践的变化发展不断提出了新的问题，要求经济管理者进行管理思想的创新以适应实践的需要。这样在一定时代的经济管理思想体系中必然包含某些冲破旧文化传统的新内容。

最后，一定的经济管理思想一旦形成就将成为文化的一部分而作用于既有

---

① 参见顾源达主编：《现代管理哲学》，辽宁人民出版社1989年版，第33页。

的文化，先进的、创新性的经济管理思想在这方面的作用尤为明显。这是由于新的有生命力的经济管理思想往往要从新的视角，以新的思维方式去探寻经济管理的规律，因此，其形成和推广常常或多或少地受到传统文化的阻碍，这就产生了冲破传统文化下旧有模式的要求，对文化整体的革新进步有积极的推动作用。

总之，经济管理思想与文化背景有密切联系，对经济管理思想的全面认识必须建立在对文化的深层机制进行剖析的基础上。积极主动地进行文化变革与创新、营造适宜的文化环境，对构建新的经济管理思想、推进经济管理活动有重要意义。

二、东西方文化背景下经济管理思想的比较

纵观东西方传统文化，我们可以发现二者总体上的核心区别在于以下两点：

第一，东方文化注重人文精神和跨度思维、顿悟思维，而西方文化注重科学精神和严密的逻辑思维方式。

第二，东方文化注重整体，强调群体意识，而西方文化注重个体，主张个人主义。这种文化风格、思维方式、价值观念上的显著差异使东西方的经济管理思想曾沿着不同道路发展。东方的经济管理活动和思想注重和谐，包含了艺术和哲学的色彩，西方的经济管理思想则一开始就注重效率、强调理性，并在近代成为管理科学的主要内容。

中华文化是东方传统文化的主体，追溯中国几千年的文化演进脉络，我们不难发现中国文化是人本的文化。首先，中国早期文化的发生发展与统治者治理天下的需要是分不开的，而统治者要想坐稳江山最重要的就是使人民服从自己的统治，这就需要研究管人的学问，从人的本性、人的需要、人的弱点等各方面出发，研究治人的策略。这是中国传统文化有其人本主义风格的基本原因。比如长期在中国文化中占统治地位的儒家学说，以及其他构成中国传统文化重要组成部分的学说如道家、法家思想，都是为统治者服务的。其次，中国文化中也不乏反映下层劳动人民生活的成分，尤其是传统文化中的文学、艺术，其重要组成部分就产生于普通百姓的劳动、生活、娱乐或斗争中。这些群

众智慧的结晶必然具有人本色彩。最后，中国传统文化中有关自然科学的内容也主要是为适应人们生存、生产的需要而产生的，其本质上也是人本的。

作为人本的文化，中国文化更注重结果而非过程，因而中国传统文化有浓重的哲学思辨色彩，很大程度上产生于跨度思维和顿悟思维。中国文化的人文主义又是整体的、宏观的，重群体而轻个人。人们习惯于从人与人的关系中去体认一切，把人看成是群体的分子，是有伦理道德自觉的互动的个体，个体的命运与群体息息相关。中国古代统治者、上层人士中长盛不衰的"乐群思想"，正是中国人群体意识的集中体现。

适应于中国独特的文化传统，中国传统管理思想也具有特殊的性格。其一，很强的韬略意识。它往往是概括的而不是具体的，同一思想既可用于军事管理、政治管理，又可用于经济管理；它是宏观的而不是微观的，各朝各代研究最多的、成效最显著的无不是关于宏观管理的思想。其二，丰富的辩证意识。从老子的"弱之胜强，柔之胜刚"到孔子的中庸思想，从"知己知彼，百战不殆"到"水能载舟，亦能覆舟"，无不闪烁着辩证法的光辉。其三，追求和谐。《论语》有言"和为贵"，《孟子》中有"天时不如地利，地利不如人和"，讲的都是统治者要重视人际关系的和谐。

西方文化主要起源于古希腊。黑格尔曾感慨道："一想到希腊这个名字，在有教养的欧洲人心中，尤其在我们德国人心中，自然会引起一种家园之感。"① 古希腊文化的突出特点就是科学精神。古希腊人非常重视对自然的起源、自然规律的探索。赫拉克利特明确主张思想的任务就是认识自然，认为思想是最大的优点，智慧就在于说明真理，并按真理办事。古希腊科学家通过探索自然培养了科学精神和科学的逻辑思维方式，对西方文化中后来长盛不衰的科学精神即理性主义精神产生了深远影响。他们在科学研究中重视理性，强调逻辑推理与分析，他们实事求是、注重观察，倡导实证主义的研究方法。

西方文化这种科学主义、理性主义的基本精神对西方的经验管理、科学管理及后来的管理科学都产生了重要作用。这些古典管理理论尽管在完善程度、发展水平上呈由低到高的进化过程，但其本质的精神和思想是一致的，那就是注重经济管理主要是工厂管理程序的科学性，采用实验的方法来研究管理，强

---

① 转引自徐文俊编著：《西方文化与管理》，中山大学出版社1992年版，第9页。

调理性和效率。

西方古典管理理论试图把单个人的能力最大限度地发挥出来，追求卓越。这体现了西方文化中个人主义价值观这一核心。在西方文化中，个人是至高无上的，它强调个性自由，倡导自我表现，主张发挥个人的能动性、独立性，注重个人的利益和成就，提出个人应受到社会的尊重和关注。这种个人主义的文化特征也是某个时期西方公司管理中英雄主义风格的盛行的原因。

三、日本现代管理模式——东西方文化的融合

第二次世界大战后，日本经济奇迹引起了人们极大的兴趣，围绕日本的成功，人们有各种各样的评论，有扶植论、机遇论、人才论、管理论、文化论。目前最有说服力的就是管理论、文化论等。其实，管理论和文化论是一而二、二而一的观点。因为日本管理上的成功得益于文化上的成功，而文化上的成功促成了管理上的成功。

日本对东西方文化的借鉴与融合是从明治维新以后开始的，到了近代，日本文化经过一个广泛吸收、自成一家的过程，已经基本成熟。日本人把东方的儒教文化和西方的科学文化相结合，融合两种文化之长，并保持了自己的民族特性，从而形成了自己独特的文化优势，甚至有人称日本是"拥有世界文化的民族"[①]。

在这种东西方文化交汇的文化背景下，日本广泛吸收了西方先进的管理思想，并将其融入自己传统的东方管理体系之中。在新的管理思想体系中既有东方的人文精神，又有西方的科学态度；既有东方的大智大谋，又有西方的严密逻辑。其结果是形成了一系列既不是纯粹东方的也非完全西化的管理思想，进而造就了日本成功的现代管理模式，很大程度上托起了日本经济的腾飞。

---

① 陈荣耀：《追求和谐——东方管理探微》，上海社会科学院出版社1995年版，第207页。

第十四章 社会哲学对社会学及社会管理的影响

通常认为,哲学、社会学和社会管理之间的关系是一般与个别的关系,就对实践活动的抽象程度来说,哲学处在最高的层次上,社会学次之,而社会管理则处在实践的层次上。但事实上,三者之间的关系绝不仅仅是一个简单的线性对应关系,因为处在下面层次上的学科的理论来源实际上并不是单一的。以社会管理来讲,虽然社会管理偏重操作层次,但是社会学并不是它唯一的理论指导,社会管理的实践还受到其他学科比如经济学等学科的影响,甚至直接受到了哲学的影响。一般来说,在广义上,社会学是研究社会的结构、社会的运行过程以及在运行过程中出现的问题,并为这些问题提供解决办法的一门学科。社会学本身是探讨社会如何管理和应该怎么进行管理的一门学科,因而,社会学的理论对于社会管理的操作来讲有着重大的影响。而社会学史表明,社会学理论在其发展过程中受到哲学的影响是巨大的。这样,在深入探讨哲学与社会管理之间的关系时,就有必要首先来考察哲学与社会学,尤其是社会哲学与社会学之间的关系,然后再来考察社会哲学对社会学理论的塑造又是如何影响到社会管理实践的。

第一节 社会哲学对西方社会学理论的影响

社会哲学是哲学这个庞大的体系中的一部分,具体来说社会哲学就是研究社会关系或人类群体生活的方式,力求给人类关系提出一套行为准则。在新中国成立之后较长的时间内,一些研究者常把历史唯物主义等同于社会哲学,实际上,历史唯物主义只是社会哲学的一种而已,在学术界特别是西方的学术界还存在着其他流派的社会哲学。不同的社会哲学流派在关于人的问题、社会的问题以及在研究社会的方法论上都有着不同的理解方式和主张,因而形成了不同的理论流派。这些不同观点对于把具体的人类社会和人的行为作为研究对象的社会学这门学科来讲有着重大的影响。尽管社会学流派很多,但是每一个理论流派都必须首先回答社会是什么,社会是如何构成、如何运行的,以及行动者与社会之间的关系问题,也要回答如何研究社会的问题。社会学流派的划分正是建立在对社会哲学的这些基本问题的不同回答上,社会哲学本身理论的变化也会直接影响到社会学理论的发展与变化。

一、社会学初创阶段的哲学流派与社会学理论流派的产生

学术界一般认为,孔德是最先提出"社会学"这个概念的人,因此他被认为是社会学的创始人。

(一)孔德与实证主义社会学的创立过程

孔德是一个哲学家,而且他本人是以实证主义的哲学主张著称的。他写了很有影响的多卷本《实证哲学教程》和《实证政治体系》,系统地阐述了他所倡导的哲学理论。"社会学"这个概念就是孔德在他的《实证哲学教程》中提出来的。

孔德认为科学就是通过对经验事实的观察和实验来获取知识,并认为只有以观察、实验获得的经验性知识才是真正的科学知识。他主张实证哲学的任务就是在经验事实中去把握或感觉现象的持续不变的前后关系以及相似关系,而后再对这些关系加以简化,浓缩到最低程度。在他看来,人类在19世纪已经进入了一个实证的或科学的阶段。在这个阶段,人类不仅将通过实验和观察得到的经验知识用于理解自然界,而且应当将其应用于理解社会和建立更为完善的社会。因此,在某种意义上说,孔德的实证主义哲学首先是研究社会的一种方法上的主张。在具体的社会研究中,孔德除了强调观察和实验的方法之外,还强调了比较和历史的研究方法。

对于观察方法，他认为，这种方法是人类在对自然现象的研究中运用得最早、最普遍同时也是非常有效的研究方法，无论自然科学还是社会科学的研究都离不开观察。孔德强调实证主义理论不仅要指导观察社会的全过程，而且还要用理论来解释观察所得的结果，只有这样才能形成真正合理的观察。对于实验方法，孔德认为，既然实验方法在自然科学研究中运用广泛而且十分有效，在社会科学中也应当采用。但是，孔德注意到社会领域内不能进行自然科学那样的实验，因此他将实验这种方法划分为直接实验与间接实验两种类型。前者仅适用于自然科学的研究，后者则适用于社会学研究。孔德所谓的间接实验是指社会研究者在排除人为干预的情况下对社会的特殊现象进行研究。在他看来，只有研究病态的社会现象，才能发现破坏社会的和谐与秩序的一般的和特殊的、长期的和暂时的原因，从而找出社会正常运行的规律。

孔德所创立的社会学的理论基础是他的实证论哲学观。孔德把社会比作一种有机体，认为社会学的研究对象就是社会有机体，他特别强调了社会作为整体的思想。在孔德看来，社会既然是一个有机整体，那么它也像生物体一样由器官、组织和元素构成。他把社会有机体分解成家庭、阶级或种族以及城市或社区，并认为家庭是社会的真正元素（"细胞"），阶级或种族是社会的组织，城市和社区是社会的器官。

孔德考虑了社会的两种状态，即静态和动态的情况，他在《实证政治体系》一书中提出了"社会静力学"和"社会动力学"的理论观点，前者主要研究社会秩序，后者则研究社会在维持"基本秩序"前提下的进步与变迁。他认为社会静力学的目的是将人类秩序作为一个不变的东西加以研究，如同解剖学那样对人类社会的结构进行剖析，找出社会结构的性质。这样做，最终是为了确立真正的正常制度，然后解释这个制度最终实现之前为什么需要一个长期的逐步准备的过程。其实，社会静力学原理就是他的社会秩序论，社会秩序论的基本内容有：第一，社会的协调、和谐、一致与秩序是社会静力学研究的主要论题；第二，构成社会的各组成部分在维持社会秩序中具有不同的功能；第三，研究对象具有明显的共时性。孔德的社会动力学就是以他的实证主义哲学来研究人类社会发展和变迁的历史。由于孔德将人类历史看作人类智力发展史，因此随着人类智力的发展与进化，人类社会必然走向进步。社会进步就是社会秩序的发展，他认为人类的智力发展经过三个阶段，即神学阶段、形而上学阶段和实证阶段，人类社会的变化也是这三个阶段。从孔德的论述中可以看到，他的社会变迁理论的主要观点是：第一，人类社会的变迁就是人类社会秩序由无序向有序转变的历史过程。第二，人类的变迁与进步是人类智力或人性发展的必然规律。第三，以实验和观察为基础获得的知识与秩序的实证阶段乃是人类社会的必然归宿。

孔德被后世称为社会学的鼻祖，并不仅仅是因为他提出了社会学这个概念，更主要的原因在于他首先提出了用实证的方法来研究社会，这为科学地研究社会奠定了思想基础，还在于他的社会有机体论思想，以及他把社会秩序作为社会学研究的核心问题。

孔德的这些主张直接为后代学者所继承，并影响甚远。首先是斯宾塞，他接受了孔德实证论的哲学观点。但是，斯宾塞在继承的过程中也有自己的看法。在孔德那里，思想具有必然的和实在的起源，而斯宾塞认为物质具有必然的和实在的起源。因此，对于社会的发展变化，两人持有不同的观点。在孔德看来，自然界和人类社会的进化是精神的发展变化，而在斯宾塞看来却是物质的发展变化。孔德把进步和人类的知识状态作为划分社会的标准，而后者则是以社会分化的程度为标准的。

对于孔德的社会有机体的论点，斯宾塞也有系统的研究与阐述，他的社会有机体的观点受到了生物进化论以及当时的哲学家边沁和穆勒的功利主义思想的影响，不仅深化发展了孔德的社会有机体论，而且其中蕴含着明显的结构功能主义的系统论思想、功利主义的社会伦理观以及符号论的萌芽。斯宾塞认为，虽然社会在本质上是同生物体一样的有机体，都具有整体性的特性，无论社会还是生物体都以整体的方式存在和增长变化，都具有结构复杂化的特征，也都具有相互依存的特性，有机体的各个部分是相互依赖、共存的；但是，在斯宾塞看来，社会在发展变化，而且它的结构和功能相互联系、相互依赖，它是比生物体更高级的"超有机体"。社会有机体的结构很复杂，其组成部分在进化过程中日趋分化与专门化，各部分有相对的独立性，各部分的功能随着结构的分化而分化、专门化。社会超有机体的结构、功能越是分化和专门化，其组成部分之间的相互联系、相互依赖程度越高，但同时其整体性就越弱，更加需要社会调控系统。他甚至还认为，社会超有机体之间的联系一般比生物体更依赖于符号的传递。

迪尔凯姆是孔德和斯宾塞实证主义哲学和社会有机理论的批判继承者。一方面，他坚持和深化了孔德和斯宾塞的实证主义的主张，以及关于社会是一个各部分相互依赖的有机整体的理论，特别是发展了斯宾塞的社会功能分析方法，并强调要把因果关系与功能分析的方法区分出来，主张只能够用一种社会现象来分析另一种社会现象。他对于社会学方法方面的建树集中体现在他的名著《社会学方法的准则》一书中。

在对社会秩序的关注上，迪尔凯姆把社会整合和团结作为讨论的核心，这使得他的研究层次定位在社会的层面，而非个体的层次。他认为：(1) 社会现象是实在的，它对人们的意识和行为产生不同于心理的、生物的或其他影响。(2) 由于社会现象是实实在在的现实，因此人们可以用经验方法加以研究。从这两个基本假定出发，他认为：社会事实只在社会层次上独立存在，社会事实不可还原为个人事实。迪尔凯姆认为社会学的研究对象就是社会事实，并指出了社会事实所具有的三种特征：外在性，即社会现象对个人来说是外在的；强制性，社会事实对于个人来说是带有强制性的力量，它独立于个人的意愿之外；普遍共有性，即社会事实普遍地广泛地存在于社会当中，社会事实是集体的。

到了迪尔凯姆时期，社会学无论是在理论、方法上还是在实际的研究中都真正地成熟了，并开始形成实证社会学的关于社会、人、社会研究方法方面的基本问题的一些共识和规范。实证主义的社会学后来在美国得到了很大的发展，特别是由塔尔科特·帕森斯（Talcott Parsons）发展成为一种具有显著地位的社会学，并经过他的同事和学生的发展，实证主义社会学不仅能够用于宏大的社会的研究，而且可以运用到比较中观和微观的研究领域。这种社会学的总的特征是注重对社会系统、社会的结构与社会的各个部分的功能的研究，一定程度上忽视了行动者的能动性。

（二）韦伯与理解社会学的创立

20世纪初，在迪尔凯姆奠定了实证社会学的同时，德国的韦伯也开创出了另一种类型的社会学，这种社会学在对待社会与人等哲学问题的看法上与实证主义的社会学有很大的不同，这就是理解社会学。

同迪尔凯姆一样，韦伯在学术史上并不是以哲学家著称的，但是他对社会的基本看法以及研究社会的方法受到了当时的社会哲学的重大影响,并且把当时的社会哲学的一些观点通过自己的理解而融会在一起,成为理解社会学的理论基础。

从学术渊源来看,韦伯受到了德国的威廉·狄尔泰(Wilhelm Dilthey)及海因里希·李凯尔特(Heinrich J. Rickert)等人对于社会科学的看法的影响。狄尔泰的精神科学论认为社会科学从本质上不同于自然科学:人文社会科学不仅涉及人类理性经验,而且涉及非理性的心理学和人们移情的理解,即人文社会科学是建立在主观与客观局部统一及历史研究者自身就是历史实体之基础上的,因此历史研究产生于经验的总结、经验引起的表达方式及对这些表达的理解。李凯尔特等新康德主义者认为,历史和文化(含经济学和社会学)区别于自然科学,单纯的自然科学方法无法对社会进行研究,因此他提出了两种科学研究的方法:一种是所谓"一般化"的研究自然科学的规律及特征的方法;另一种则是从一系列价值立场出发研究个别历史现象特征的个性化方法。韦伯部分地接受了狄尔泰的"非理性的理解"的思想和新康德主义关于社会科学研究存在价值立场或判断的观点,这些在他创立的理解社会行动的理论和"理想型""价值中立"的方法论中得到体现。另外,韦伯也吸收了实证主义关于客观性、"价值中立"性等观点,从出发点上拒斥任何脱离经验的、抽象的观点,并将这些研究社会的主张糅合在一起,形成了自己的观点,这些观点集中地反映在他的《社会科学方法论》一书中。

韦伯在《社会科学方法论》中指出,社会科学研究的对象是"客观的可能性",即历史个体的因果关系,而非其必然性或规律性。此外,他又指出,研究者绝难做到对现象全貌做毫不遗漏的因果探讨。他认为:"我们只能提供某些原因……这些原因是某一事件的本质性因素。"韦伯将它们称为"充分的原因"。基于上述观点,韦伯主张用"或然性判断"代替对事件因果决定关系的考察。他把"或然性判断"当作研究者恰当地估量某一原因在随机事件发生的概率的推断过程。

在方法论上,韦伯还提出了著名的价值中立原则和"理想型"的概念。他继承了新康德主义的另一位代表人物威廉·文德尔班(Wilhelm Windelband)关于存在"客观性判断"与"主观性判断"即价值判断的思想,并在此基础上做了修正,提出了社会科学研究对象应以价值为参考,然而在研究态度上应坚持客观性与价值中立性的方法论原则。他认为，价值的本质不在于真实的事实性而在于它们的有效性。这种有效性表现在：首先，价值附着在对象之上。其次，价值与行动的主体相联系，并且由于这种联系，主体的行动变成评价即价值判断。为此，韦伯主张在进行社会科学研究时应把对象视为价值附属其中的对象，因此要使用与价值相联系的方法，但在态度上要保持客观性、价值中立性，反对把科学变成一种价值判断。在韦伯看来，科学认识的任务是做出事实判断，实践认识的任务则是做出价值判断，社会科学家在着手研究某一对象时，价值参考性在发挥作用，研究者以自己的价值观来确定选题和收集相关资料，研究者一旦确定选题后，便必须抛弃自身的价值观，以客观、中立的态度指导研究的过程，并以"事实判断"做出科学结论。这就是韦伯社会科学研究的"价值中立性"的方法论原则。"理想型"是韦伯研究中使用的重要分析工具。他认为社会科学必须像自然科学那样以探讨社会现象的规律和因果联系为目的，因而社会科学也就必须构造出类似自然科学的那种精确的、严密的抽象化、概念化的工具，他的"理想型"就是这样的工具。

此外，在研究方法上，韦伯还特别强调了投入理解的方法，他把社会行动的意义以及社会行动的模式作为自己的研究对象，强调社会学是一门理解人们行动意义的科学，关注行动是怎样被赋予意义的。韦伯的研究在社会学界是独树一帜的，同只关注社会结构、社会系统，而不太关注社会中的人——特别是人的行动意义的结构功能的实证主义社会学，形成了比较强烈的对比。

（三）马克思主义的历史唯物主义

马克思主义的历史唯物主义对人类社会做了深刻的、科学的分析，全面地说明了人类社会现象的本质和规律，内容十分丰富。历史唯物主义认为，社会存在决定社会意识，社会存在和社会意识的关系问题是社会历史观的根本问题；决定社会发展的根本动力是生产力和生产关系的矛盾、经济基础和上层建筑的社会基本矛盾；阶级斗争是阶级社会发展的直接动力；人民群众是历史的创造者等。历史唯物主义理论体系贯穿了马克思主义哲学的唯物论、辩证法和认识论，成为人们观察认识人类社会、处理各种社会问题的正确的世界观和方法论。

从上面所介绍的社会学的创立过程中可以看到，社会学不同流派在基本观点和发展方向上的差异，正反映了它们的创立者所接受的社会哲学的不同，实际上这些差异是由于不同的流派对社会的理解不同和研究方法的不同而产生的。他们所提出的研究社会的方法和主张分别建立在不同的哲学基础上，不了解社会哲学的变化和影响，也就很难理解社会学理论的产生和发展过程。

二、两大社会学阵营的出现及其不同的社会哲学理念

随着时间的推移，在知识界和不同性质的国家，社会学逐渐分成了两个不同的阵营。从国际上来看，存在着社会主义阵营和资本主义阵营：社会主义阵营中所发展的社会学是以历史唯物主义为指导的社会学；而资本主义阵营则更多地信奉自孔德以后，由迪尔凯姆所发展起来，并为美国的帕森斯及其弟子们所发展的实证社会学。当然，即便是在帕森斯的结构功能主义影响很大的时候，在西方仍然存在着社会学的其他流派，比如西方的马克思主义的社会学，以及由韦伯所开创的理解的社会学等。

实证主义社会学更强调社会是一个有机体的观念，关注社会的整体系统，认为社会的各个部分都对系统的存在有功能上的影响。帕森斯把社会行动系统进行了细分，有四个部分，即适应（adaptation）、目标达成（goal-attainment）、整合（integration）、潜在模式维系（latency pattern maintenance），也就是AGIL功能模式。系统要正常运作，就要具备这四个功能。以帕森斯为代表的结构功能主义的观点在很大程度上是为改良或者是歌颂、美化当时的社会服务的，帕森斯认为理想的社会模型实际上就是在第二次世界大战之后成为西方社会霸主的美国的社会。对于在这个时间内西方社会发展出来的为美化西方社会、改良西方社会、更好地管理西方社会服务的社会学，西方社会学内部也是有不同的看法，认为这样的社会学比较保守。

这个时期，在社会主义阵营中，社会学这门学科的特点和作用也在发生着变化。在有着重大影响的社会主义国家里，苏联取消了社会学，在20世纪50年代以后才逐步恢复起来，中国也在这段时间内取消了社会学。在苏联，社会学成了一种所谓的"管理型社会学"，为苏联的建设和政府管理服务。

社会哲学的变化与发展始终是引起社会学理论发展与变化的一个强有力的因素，这种情况在20世纪60年代以后表现得更加明显。这个时期，在新的哲学思潮的影响下，出现了一些可以对原来的社会学的主导理论提出挑战的新理

论取向。20世纪70年代末80年代初，出现了一些企图以自己的观点和取向来整合社会学的各家学说。下文以现象学这种社会哲学观点为例，说明这个时期的社会哲学是如何影响社会学理论变化的。

现象学哲学的创立者是德国哲学家埃德蒙德·胡塞尔（Edmund Husserl），他将现象学定义为研究某些能够为感觉直接领悟理解的事物。现象学的观点认为，我们绝不能知道比我们直接通过感觉所经历的事情更多的东西，也就是说，现象学家认为人们所有的知识直接来源于感知的"现象"。除此之外，一切事物都只是推测。但胡塞尔认为人们不应试图推测，在他看来，人类的理性来源必须在现象结构中、在人类体验的基本序列中寻找。

美国哲学家、社会学家阿尔弗雷德·舒茨（Alfred Schutz）将现象学思想运用到社会学的理论分析中。为了将胡塞尔的现象学引入社会学理论之中，舒茨首先吸收了马克斯·韦伯的"主观意义"概念。舒茨认为，个人在日常生活中赋予情境以意义是十分重要的，而特别重要的则是个体自身对情境所下的定义。他认为，人们赋予互动情境的意义也可以为正在参与互动的其他人所分享。在现象社会学的理论家们看来，日常生活的现实乃是一种社会构造的体系，在此体系内人们赋予现象一定的秩序或现实。一方面，日常生活将自身体现为一种由人们加以说明的现实以及对他们来说富有主观意义的、符合逻辑的世界，社会实际上是由"表达主观意义的活动"所构成的。另一方面，虽然社会对个人来说是外在的、客观的，但个人是社会的产物。舒茨的学生彼得·伯格（Peter L. Berger）和托马斯·卢克曼（Thomas Luckmann）更进一步地指出，社会学理论的核心问题是："主观意义变成客观事实怎么成为可能？"从这一核心问题出发，社会学家应当着重研究使主观意义或多或少变成现实并且充分化的各种因素。

在舒茨等人的影响下，在美国的社会学中出现了常人方法学的理论取向，这种理论观点着重以现象学哲学观去研究人类社会的微观性，特别是对特殊意义是如何构造的做了相当详尽的经验性分析。这个理论流派的重要人物就是帕森斯的学生哈罗德·加芬克尔（Harold Garfinkel）。

加芬克尔认为，他所创立的常人方法学是将社会事实的客观现实视为日常生活中协商一致的活动的不断完成的过程。他不同意迪尔凯姆关于社会事实是社会学的研究论题及社会事实具有客观现实性的观点。在加芬克尔看来，在日常生活情境中,个人要求对社会事实(诸如必然产生的规范或价值观等)的承认,是因为这些社会事实解释了该情境对这个人的意义。当个人通过承认隐含的社会规范来了解情境的意义时,这个人也在构造着社会现实。换言之,个人此时正在整理自己的经验以便使经验与人们所认识的日常生活世界相一致。

常人方法学研究的是人们为了理解社会事物所运用的解释和说明的方法、过程,它所提出的问题与传统社会学理论提出的问题也有很大不同,它重在描述,强调主观的方法——人们了解社会世界的方法,而不是企图去解释人类的行为。常人方法学的研究重点在于互动如何在行动者中创造共同的现实感,目的是要具体说明个人运用不同方法所需的一般性条件。它强调研究者作为实践者的重要作用,即研究者必须成为他所研究的社会的一部分才能充分了解它。

常人方法学对于社会学的转型,特别是在考虑如何把社会学的宏观与微观两个层面结合起来方面,有着重大的意义。这一点从安东尼·吉登斯(Anthony Giddens)的著作中就可以明显地看出来。对于尤尔根·哈贝马斯(Jürgen Habermas)来说,因为他本人就是一个哲学家,因而现象学的哲学观对于其社会学研究的影响是直接的。他发扬了胡塞尔的生活世界等概念,强调了人们在生活世界内的沟通和互动,反对对生活世界的殖民,这些观点体现在他的沟通行动理论中。

在这一时期,对于社会学影响较大的理论流派还有后现代主义、后结构主义等。总的来说,这个时期,社会处在一个大的变动之中,各种哲学思潮纷纷出现,对社会学理论的冲击很大,这种冲击或直接或间接对社会管理的实践产生了较大的影响。

第二节 社会哲学对中国社会学理论发展及社会管理的影响

一、新中国成立前的社会哲学对中国社会学发展的影响

中国的社会学是从国外传入的,并在本土社会中不断地发展起来。正是因为社会学的基本视角、理论观点,特别是社会学语言、社会学描述和分析社会

所使用的基本术语等都是从国外传进来的，所以中国社会学的发展受到国外哲学思潮和社会学理论的影响较大。中国社会学从产生到现在，大体上经历了两个阶段：第一个阶段是在新中国成立前；第二个阶段是在改革开放之后，社会学重新恢复和发展。

新中国成立前的社会学研究大体上可以分为两个部分：一部分受马克思主义的哲学思想影响，这一部分的研究人员在历史唯物主义指导下，在革命的实践斗争中进行了大量的社会研究，对中国的阶级结构进行了卓有成效的研究，特别是对农村中农民的生活状况以及城市中工人阶级的情况进行了调查和研究。另一部分，也是当时的社会学的主流部分，则是受到了实证主义的影响。

二、社会学重建之后的发展过程

在我国，社会学的发展还经历了中断和重建过程。1952年，由于当时受苏联影响及认识上的失误等原因：社会学在全国高校院系调整中被取消了。这种状态一直延续到1979年。

改革开放后，社会学开始了它的重建过程。起初，社会学就遇到了定位的问题：社会学与历史唯物主义之间的关系是什么？当时有人把两者等同起来，主张历史唯物主义对社会学研究具有指导性作用，将社会学看作历史唯物主义的具体化。因此，当时所使用的术语、概念、提出的命题、假设都是历史唯物主义的内容，基本的研究视野等并没有超出历史唯物主义的框架。

随着我国对外学术交流的不断加强和我国年轻的社会学工作者的不断成长，社会学开始向具有本学科特点的理论化、系统化的方向发展，逐步从社会学与社会调查的等号中脱离出来。

我国社会学受到的哲学影响不仅限于历史唯物主义，还有西方其他哲学思潮的影响。

由此可以看出，社会哲学对社会学理论的发展有很大的影响，随着一波哲学思潮的变化，社会学理论也会相应地发生变化。这一点从美国社会学的理论转型上可以看出，美国社会学每次重大的变化总是同欧洲的哲学思想的重大变化联系在一起。社会学的哲学化倾向也日益表现出来，开始具有很强的思辨性。社会哲学的变化通过社会学而对社会管理的理论和实践产生了重要的影响。

三、社会学与社会管理

对于社会管理的概念，学术界也有不同理解。一般来讲，因对社会一词的理解不同，存在着狭义和广义两种理解方式。有的学者把社会理解成等同于一定时空内的人因为互动而形成的群体，把社会称为整体性社会。而有的学者则仅仅将社会理解成整体性社会中除了政治、经济、文化等侧面之外的剩余部分，一个更多地靠着自觉、自发的行为来维持的领域。在此，我们对社会和社会管理采取广义的理解方式，把它理解为对整体性社会进行管理。社会管理是对社会系统进行管理。更具体地说，在现代社会中，在民族国家的世界中，社会这个词主要指民族国家，因此社会管理就涉及对民族国家这个时空内的实体各个方面的管理。

实际上，在这个时空内人类的活动在很大程度上是按照一定的规则进行的，人类的活动不是盲目的、杂乱的，是一种有组织的活动。也就是说，人类社会的活动实际上是被管理的活动。人类的这些活动远在社会学产生之前就已经存在。而社会学希望能够对人们已有的管理规则进行系统地发掘和整理，并且对目前人们所使用的规则的合理性和变动性进行研究，为在没有经验积累的未知领域中人们之间应如何互动制定出新的规则提出建议。从这个角度讲，社会学的工作实际上就是社会管理，社会学所研究的对象和领域就是社会管理的各个部分。社会哲学对社会学理论的影响，实际上是社会哲学对社会管理的理论和思想产生的影响。社会学的研究领域具有很强的渗透性，它已经进入了其他学科的研究对象和研究领域：比如进入了法学研究领域，把法律行为规则也作为它的研究对象；也进入了政治学的领域，把政治活动规则和行政规则作为自己的研究领域；甚至在由"看不见的手"和"看得见的手"调控的经济领域也得到充分发展。

社会管理实际上是对社会系统或系统的某些方面进行管理，在社会生活中，社会管理与具体的职能部门所进行的管理有关。

可以把社会管理分为两个层次理解：

第一个层次是对整个民族国家的管理或者说是对整体性社会的管理。这涉及对一个社会或国家内不同阶层人们之间关系的理解，涉及对不同人群和地域的差异的理解，也就是说，涉及阶级关系、民族关系、中央与地方以及各区域之间关系的管理问题。比如在新中国成立前的社会学研究中，无论是唯物主义的社会学家还是实证主义的社会学家，都注意到了城市和乡村所面临的各种问题，涉及各个阶级之间的关系问题，乡村社会的权力和政治运作问题，中央权力和地方之间的权力的运作问题，这正是社会管理的问题。不同的理论取向可能制定出不同的管理办法，比如用暴力的方法或是和平改良的方法。民族问题也是这样，旧中国有不少的社会学家从事民族问题的研究，新中国成立后的几年，曾取消了社会学，而保留了民族学，一些社会学家便投入对民族问题的研究中，这对于国家的管理起到了非常重要的作用。

社会管理也常常与社会控制联系在一起，为了进行社会管理必须建立起相应的机构与制度，比如警察队伍、人口的普查制度，对社会进行控制等，而社会学家对于人口流动问题，特别是对于农民向城市流动所带来的问题的研究，对当前社会管理也起到了重要的作用。

社会管理的第二个层次是对某一种具体的组织或团体的管理。这方面既包括对行政机构的管理，也包括对企业组织、社区组织等民间组织的管理。对于这些正式组织的管理，不同的理论流派有不同的看法，有的社会哲学流派倾向把社会看作一种机械性的系统，认为社会的结构对社会的性质起决定性的作用，这些流派看不到人的作用，在管理上强调等级严格的机械性管理。而有的理论流派看到了组织是由人组成的，注意到人的能动性，注意发挥人的作用。在现代劳动组织中，在一般的管理学著作中，也重视人的能动性，这种重视同整个经济的组织形式发生变化有关，也同现代哲学思潮和社会学的理论开始强调人的能动性、反对人的生活殖民化有关。

第十五章　哲学与宗教管理

宗教管理指为了保障社会宗教生活的正常进行，促进宗教事业的健康发展，实现社会宗教生活的目标，而对宗教组织与宗教活动所进行的决策、计划、组织、领导、控制、协调等一系列活动。① 良好的宗教管理需要多方因素的共同作用，哲学理论的应用是其中的重要方面。本章的主要内容就是探讨哲学理论对宗教管理的意义，以及如何将哲学理论应用于宗教管理。

第一节　哲学与宗教的关系

要研究如何将哲学理论应用于宗教管理，先要讨论宗教和哲学的关系。作为一种意识形态或文化形态，宗教较之哲学是时间在先的，不仅哲学的产生同宗教密切相关，而且哲学自产生之日起，就同宗教结下了不解之缘。

一、哲学在宗教观念的基础上萌生出来

回顾西方哲学史，著名的希腊哲学史专家莱昂·罗斑（Léon Robin）在谈到希腊哲学的源头时指出，一部希腊哲学史"首先是从要对公共思想上的道德要求有明确的意识，或从宗教信仰中抽出它所包含的关于宇宙过去或现在的历史的各种观点的努力开始"。这从《荷马史诗》和赫西俄德的作品中都可见

---

① 杨玉辉主编：《宗教管理学》，人民出版社2008年版，第3页。

一斑，赫西俄德在《神谱》中不仅是在讲述神话，也是在阐述一切事物的规则和一切事物的最初的始基。这些带有浓厚宗教色彩的作品成为后来自然哲学的滥觞。① 而黑格尔虽然反对哲学始自宗教和神话的观点，但是并不否认哲学与宗教和神话的密切关系，因为在他看来，按"时间次序"在先的宗教或神话本身即"潜在"有"完全普遍的对象"，即"实质的内容、思想、哲学原则"。②

二、哲学一经产生就同宗教建立了密切的关系

首先，依然以西方哲学为例，宗教不仅构成了古希腊罗马哲学的起点，而且同古希腊罗马哲学的内容始终保持着密切的关系。泰勒斯、阿那克西曼德、毕达哥拉斯、巴门尼德、赫拉克利特、苏格拉底、柏拉图等哲学家的哲学思想同宗教有着密切联系；亚里士多德直接将其"第一哲学"命名为"神学"。新柏拉图主义的代表人物普罗提诺也是不断使用宗教上的概念来讨论哲学问题。西方哲学史家弗兰克·梯利（Frank Thilly）的名言"希腊哲学以宗教始，以宗教终"是这段历史的最好注脚。在中世纪，哲学与宗教的关系得到了进一步强化。奥古斯丁宣称："基督教是真正的哲学。"达米安（Peturs Damiani）有一句名言："哲学应当像婢女服侍主人那样为神圣的经典服务。"这句话后来被演绎为"哲学是神学的婢女"而广为流传。托马斯·阿奎那（Thomas Aquinas）则认为："哲学和神学是两门不同的科学。但是，哲学真理不能与信仰真理相对立。所谓'双重真理'，只是达到同一真理的两条不同的知识途径或两个不同的环节，真理只有一个，那就是上帝。"对此，黑格尔概括道："宗教不仅有一般的思想作为它的内在内容，潜伏在它的神话、虚幻的想象、传统的历史里；对于这种内容，我们首先必须从神话里加以发掘，形成哲学思想；而且宗教又具有显明的思想的形式作为它的内容。"③ 即便到了近代，哲学和神学依然密不可分。文艺复兴运动和启蒙运动表面上摆脱了神学的羁绊，但本质上依然是"反教会不反上帝"，哲学和宗教的关系依然密切。正如黑格尔所指出

---

① 参见〔法〕莱昂·罗斑：《希腊思想和科学精神的起源》，陈修斋译，广西师范大学出版社2003年版，第24—33页。

② 参见〔德〕黑格尔：《哲学史讲演录》第1卷，贺麟、王太庆译，商务印书馆1959年版，第62—91页。

③ 同上书，第64—65页。

的:"神在近代哲学中所起的作用,要比古代哲学中大得多。""只有神拥有一种特权,担负着理解不可理解的东西的重任。""理解在什么地方停止了,宇宙就在那里停止了,神就在那里开始了。"①

其次,哲学和宗教的关系不是单向的,而是互动的,哲学也对宗教的发展发挥了独特的作用。例如,中世纪托马斯主义是建立在阿拉伯哲学著作和古希腊亚里士多德著作的翻译和研究基础上的;近代基督教的自然神学和近代理性主义哲学思潮有着密切联系;保罗·蒂利希(Paul Tillich)的"本体论主义"可以说是当代西方存在主义哲学的变种。同样,道家哲学对佛教的本土化起到了重要作用;佛教哲学对道教内丹学的产生也有着重要影响。

最后,哲学与宗教之间的关系既有相互促进的一面,也有相互对立的一面。例如,欧洲中世纪基督教的至高地位使得哲学成为神学的分支,阻碍了哲学的独立发展;而启蒙运动以来的近代哲学也曾对基督教及其神学展开批判。

宗教同哲学之间的这样一种既相互对立,又相互依存、相互推动、相互渗透、相互补充的关系不是偶然的,从文化层面来看,归根到底是由宗教同哲学的本质决定的。宗教同哲学之间之所以长期以来一直保持着一种相当密切或相当有力的关联,根本原因就在于,二者都是以"完全普遍的对象"为内在内容的,也就是说,两者都是以思考自然、社会和人类思维的终极问题为主要任务,即黑格尔所谓"科学是通过形式的独立的知识一般地与哲学有关联,而宗教虽由于内容与科学相反,却通过内容与哲学相关联"②。

有些人认为宗教的研究对象为此世以外的知识,而哲学的研究对象在此世以内。黑格尔的以下断言是最有力的反驳:"哲学并非世间的智慧,而是对非世间者的认识",是"对永恒者、作为上帝者以及与其自然相关联者之认识";"哲学对宗教进行阐释,也就是对自身进行阐释;对自身进行阐释,也就是对宗教进行阐释";"哲学乃是同宗教并无二致的活动"。③ 它们之间之所以长期以来始终存在着一种相互对立的关系,归根到底是由于它们的研究对象虽然相同,但表达形式却大相径庭。哲学是以概念或思想的形式对其研究对象进行分析,而宗教则主要是以感情和表象的形式来对其研究对象进行刻画。但宗教与

---

① 〔德〕黑格尔:《哲学史讲演录》第4卷,贺麟、王太庆译,商务印书馆1978年版,第184页。
② 〔德〕黑格尔:《哲学史讲演录》第1卷,贺麟、王太庆译,商务印书馆1959年版,第62页。
③ 〔德〕黑格尔:《宗教哲学》,魏庆征译,中国社会出版社1999年版,第17页。

哲学之间的这样一种差异或区别并不妨碍它们建立一种相互依存、相互补充的关系，因为哲学所满足的主要是作为认知主体的人的需要，宗教所满足的则主要是作为生存主体的人的需要，而现实中的人其实是同时具有这两个方面的需求的，因此二者对人来说可以是并行不悖的。

宗教与哲学之间这样一种互存、互动、互渗和互补的关系在人类文化史上往往是以两种基本的形式表现出来的，即"宗教的哲学"（religious philosophy）和"宗教哲学"（philosophy of religion）。宗教的哲学与宗教哲学的差异主要在于宗教和哲学在其中的地位。在宗教的哲学中，如教父哲学和经院哲学，宗教居主导地位；而在宗教哲学中，哲学则居主导地位。宗教的哲学与宗教教义有更密切的联系，而宗教哲学是哲学的一个分支学科，而且自宗教学问世以来，它又构成了宗教学的一个分支学科。从发生学的角度来看，宗教的哲学一般来说是时间在先的，但是宗教哲学的产生并不意味着宗教的哲学的隐退，因为凡神学都是需要理性论证的，所以归根到底是需要哲学的。可以说，离开了理性论证，离开了哲学，任何严密系统的神学理论体系都不可能建立起来。海因里希·海涅（Heinrich Heine）在其《论德国宗教和哲学的历史》中曾宣布，康德的《纯粹理性批判》"砍掉了自然神论的头颅"。但事实上，人们用理性或哲学论证上帝存在的努力并没有因为康德此书的出版而完全放弃。例如，当代基督宗教哲学家阿尔文·普兰丁格（Alvin Plantinga）等人便使用模态逻辑提出了一个关于上帝存在的本体论证明的现代版本，而理查德·斯温伯恩（Richard Swinburne）不仅回应了人们对设计论证明的批评，还提出了一个关于上帝存在的宇宙论证明的新版本。由此看来，只要宗教存在一天，宗教的哲学也就势必存在一天。

第二节　哲学思想对宗教管理的意义

宗教的复杂性意味着宗教管理需要多种正确理论共同发挥作用，而宗教与哲学的互动关系则预示着将哲学思想应用于宗教管理的可能性。哲学思想对宗教管理的意义在于以下几个方面。

一、哲学思想有利于民众更深刻地理解宗教本质

哲学思想有利于克服宗教认识过程中的错误,推动科学理性思维方式的普及,克服迷信盲从;有利于不断追求和实现社会公平正义,帮助人们更深刻地认识社会生活中苦难的根源,寻求理性解决之道。

二、哲学思想有利于宗教学理论的传承发展

哲学思想为宗教学研究提供了新的视角。例如,马克思主义哲学提供了宗教学研究的历史唯物主义视角,指出了物质生产生活对精神的决定性影响,把宗教产生和消亡的过程与社会生活及物质生产过程紧密地结合起来。同样地,其他哲学思想也有利于人们从人与自然、人与社会的互动中理解宗教,拓宽人类认识的领域。哲学反思使得宗教从现实的社会或国家出发来解释宗教现象及其问题,并把宗教问题转化为社会问题,从历史的角度来看待宗教,从经验条件来解释宗教现象及其本质,因为宗教意识形式总是与特定的国家形式、社会形式相联系的,并由特定的社会关系和生产关系所决定的。

三、哲学思想有利于宗教的融合与本土化

哲学研究方法既可以使宗教超越门户之见,推动思想的深入发展,又可以促进宗教反思自身的偏狭之处,实现不同宗教之间的互相借鉴,并推动宗教主动适应所在地区的现实,实现自身的本土化。例如,黑格尔的理性宗教观扩展了传统基督宗教观的论域,改变了欧洲教会以往以基督教为唯一研究对象,忽略其他宗教的研究现状。又如,中国宋代儒家哲学在与佛教进行辩论的同时,也促进了佛教的本土化。

总之,宗教是社会有机体的一个组成部分,是社会这个大系统中的一个子系统,宗教也是伴随着人类社会发展过程而发展的。宗教作为精神生活的一部分,其科学管理离不开哲学思想的应用。哲学思辨让宗教适应不同的社会形态和政治制度,有利于加强对宗教事务的管理和规范,制定政策法规,积极引导宗教与中国特色社会主义社会相适应,使全体信教群众和不信教群众团结起

来，开创相适应、相协调的社会环境，建立起和谐的宗教关系。①

第三节 利用哲学思想促进宗教管理

将哲学思想应用于宗教管理领域，必须结合本国宗教工作和宗教事务实际，发掘哲学思想中丰富的思想内涵。如前所述，许多哲学思想中蕴含了关于宗教的起源、性质和功用的观点。如马克思主义哲学认为，宗教伦理起源于人类的生产实践，其性质折射了人的社会本性，是以超人间的力量的形式来反映人的力量的一种幻想。② 由于宗教活动的现实对象归根结底还是社会的人，所以哲学思想最后还是要引导宗教事业实现人与人、人与社会以及人与自然的和谐。

一、哲学思想能倡导人与人之间的友爱来维护国家的稳定和民族团结

哲学应积极引领和教育宗教界人士和广大信徒，以本国的优良传统，促进团结进步、和平宽容的宗教工作局面的实现。宗教界人士和信教群众是国家共同体的一员，是社会的建设力量，不能对他们另眼相看，甚至排斥打击。真正的宗教不仅宣扬信徒与信徒之间的友爱，也倡导信徒与非信徒之间的友爱，非信徒也是国家共同体的成员，也是应爱护的对象。没有宗教伦理会鼓吹仇恨、挑拨离间，只是有时宗教伦理将这种友爱寄托于幻想中实现，这是它不彻底的地方。哲学，特别是马克思主义哲学，强调人与人的团结在现实中的实现。具体到我国国情，应当用马克思主义哲学引领宗教中国化方向，以实效和实践来落实宗教中国化进程。增进信徒与非信徒之间的友爱，维护民族团结和国家统一，正是用哲学思辨来理性管理宗教事业的题中之义。

---

① 李翠兰、章倩：《宗教与社会主义社会相适应的哲学基础》，《吉林省社会主义学院学报》2013年第1期。

② 李志雄、阳国光：《马克思主义宗教伦理观：宗教中国化方向的一种指引》，《世界宗教研究》2018年第2期。

二、哲学思想能倡导人对社会的贡献和对国家的建设

奉献精神和服务意识是宗教管理工作者的道德责任和行为准则,以德感人和以行服人是统一的,要落实到实际工作中,不能光说不做或违法乱纪。就宗教管理而言,要依法管理宗教事务和活动,抵御境外势力利用宗教进行渗透,防范宗教极端主义的侵害。就宗教活动而言,宗教组织和团体在致力于教内贡献的同时,也可参与到教外的社会服务之中。就中国实际来讲,中国的宗教事务毕竟是发生在中国的国土上,国家才是中国宗教的最终坚强后盾。因此,宗教服务于社会主义中国也是应有之义。在宗教事务中,抵制对宗教活动的依法管理是错误的。

三、哲学理论和宗教理论有机结合,有利于发挥宗教的社会功能和文化功能

由于哲学和宗教都是以自然、社会和人类思维为研究对象,所以二者存在着相互影响、相互作用、相互补充的双向互动关系。对于同一个问题,宗教理论往往从不同角度、通过不同形式有许多深刻论述。在宗教管理中,二者在理论上的结合,有利于发挥宗教的社会功能和文化功能。比如,关于人和自然的关系,恩格斯曾指出:"……我们不要过分陶醉于我们人类对自然界的胜利。对于每一次这样的胜利,自然界都对我们进行报复。……我们对自然界的全部统治力量,就在于我们比其他一切生物强,能够认识和正确运用自然规律。"[①]恩格斯阐述的自然辩证法,是协调人与自然关系的哲学方法论,适应于对宗教管理的辩证把握和有效提升。一方面,哲学可合理借鉴宗教思想所强调的人对自然的敬畏和善待,以防范人对自然的过度利用和滥加改造所造成的灾难;另一方面,宗教也可有效吸收哲学思想所强调的人对自然的利用和改造,以填补信徒对自然的一味敬畏和盲目善待所造成的虚无。只有将两方面辩证结合起来,既敬畏善待又利用改造,才能真正处理好人与自然的关系,才能有效地保护好生态环境。

---

① 《马克思恩格斯选集》第4卷,人民出版社1995年版,第383—384页。

四、用马克思主义哲学作指导，做好中国特色社会主义宗教管理工作

习近平总书记在《在纪念马克思诞辰 200 周年大会上的讲话》中指出，我们要坚持用马克思主义观察时代、解读时代、引领时代，用鲜活丰富的当代中国实践来推动马克思主义发展。马克思主义哲学是科学的世界和方法论，也是我们做好宗教管理工作的指导思想。正是基于"实践与理论"两方面的积极探索和成果积累，习近平总书记在 2016 年召开的全国宗教工作会议上首次明确提出了"中国特色社会主义宗教理论"，强调指出：宗教问题始终是我们党治国理政必须处理好的重大问题，宗教工作在党和国家工作全局中具有特殊重要性，关系中国特色社会主义事业发展，关系党同人民群众的血肉联系，关系社会和谐、民族团结，关系国家安全和祖国统一。他还强调，要不断丰富和发展中国特色社会主义宗教理论。这些论述不仅表明了党和政府对宗教问题和宗教工作的空前重视，同时也充分表达了构建中国特色社会主义宗教理论的必要性与重要性。

经过数年的严谨论证，全国宗教工作会议首次明确提出的"中国特色社会主义宗教理论"，在理论与政策上均有突破与创新。从基础理论来看，其中最新、最大的学术突破与理论创新即在于，坚持与发展马克思主义宗教观，从新时代中国特色社会主义的实际出发，对当代中国宗教的主要性质与主要作用做出了实事求是的科学判断。

这一新判断对马克思主义宗教观有所推进、有所创新，即以唯物史观来如实地解释宗教的社会作用，认为宗教的作用是随着现实的社会条件而变化的；这一新判断内含唯物辩证法的哲学思想，即明确主张"要辩证地看待我国宗教的社会作用，最大限度地发挥宗教的积极作用，最大限度地抑制宗教的消极作用"。就"两个最大限度"的辩证关系而言，二者并非"不分主次或相提并论"的，而是先肯定"可以发挥更大的积极作用"，且应"最大限度地发挥宗教的积极作用"，因为若不如此，就无法"最大限度地抑制宗教的消极作用"，无法使我国宗教真正适应新时代中国特色社会主义。①

---

① 参见张志刚：《重温马克思的精神和思想：中国特色社会主义宗教理论的方法论源泉》，《中国宗教》2018 年第 5 期。

在宗教管理中，用马克思主义哲学作指导的重要性表现在许多方面。例如，用马克思主义哲学的历史唯物主义原理作指导，可使宗教管理者正确认识宗教在我国存在的长期性，积极引导宗教与社会主义社会相适应，正确理解、执行我国宗教信仰自由政策。宗教管理者学习掌握马克思主义哲学社会意识理论，会认识到：积极引导宗教与社会主义社会相适应，是要引导信教群众维护祖国统一、维护中华民族大团结；拥护中国共产党领导、拥护社会主义制度，坚持走中国特色社会主义道路；遵守国家法律法规，自觉接受国家依法管理宗教事务。宗教管理者用马克思主义哲学的生产力与生产关系、经济基础与上层建筑等理论作指导，身体力行地同广大信教群众一起积极投身社会主义现代化建设。宗教管理者和信教群众要把爱国和爱教统一起来，既爱国又爱教，树立正确的宗教价值观、伦理观，和全国各族人民团结一致，为祖国统一、社会的进步发展多做贡献。像习近平总书记所指出的那样，要"发挥宗教界人士和信教群众在促进经济社会发展中的积极作用，最大限度团结一切可以团结的力量"[①]。

---

① 习近平：《习近平谈治国理政》，外文出版社2014年版，第41页。

第十六章　教育管理中的哲学问题

教育管理与哲学的关系，不仅表现在哲学理论的形成和发展离不开对作为具体科学的教育学、教育管理实践活动的概括和总结，更突出地表现在哲学对教育学、教育管理活动的深刻影响上。任何一种成熟的、系统的教育学理论、教育管理思想都有其哲学渊源。在哲学理念影响下所形成的教育观、教育研究方法、教育管理思想等指导着教育管理活动。正如美国哲学家、教育家杜威所指出的："在受深思熟虑的哲学所影响的教育实践和不受这种哲学影响的教育实践之间的差别就是这样两种教育之间的差别：一种教育是在控制所要产生的欲望和目的的态度的方式中受着某些清晰观念所指导的；而另一种教育是在未经检验的习俗传统的控制之下或在直接的社会压力之下盲目地进行的。这种差别之所以产生并不是因为在所谓哲学之中有何内在的神圣之处，而是因为澄清所要追求的目的的努力本身就是属于哲学范围之内的事情。"[1] "教育哲学就是要使人知道所以然的缘故，并指挥人去实行不务盲从、不沿习惯的教育。"[2] 教育的发展也会引起哲学的进步。由于教育管理过程不仅涉及管理主体的内在多种因素，还涉及管理客体中的人、财、物等因素和社会环境、自然环境的各种关系，所以在教育管理的理论思维和实践过程中有许多哲学问题。例如，教育管理的主体与客体，教育管理与社会生产方式，教育管理与人本主义哲学，教育管理与人的自由，教育管理与个人意识、群体意识、社会心理、社会意识

---

[1] 吕达、刘立德、邹海燕主编：《杜威教育文集》第5卷，人民教育出版社2008年版，第401—402页。

[2] 吕达、刘立德、邹海燕主编：《杜威教育文集》第3卷，人民教育出版社2008年版，第78页。

形态，教育管理与价值观，教育管理中的时间和空间，教育管理与科学思维方法，教育管理与伦理道德，教育管理中的美学，教育管理与人的全面发展，等等。限于篇幅，本章仅对其中几个方面加以详细说明。

第一节 教育管理矛盾运动中的主体和客体

一、教育管理的主体和客体在教育管理中的地位和作用

管理活动中的主客体矛盾运动贯穿于任何具体管理活动的全过程，教育管理也不例外。从"教育"一词的词源分析，教育的主客体问题存在久远。在我国，"教育"一词最早见于《孟子·尽心上》中的"得天下英才而教育之"。《说文解字》中指出："教，上所施，下所效也。""育，养子使作善也。"20世纪前，我国一些思想家常从"教"和"学"两个方面理解教育的含义。到20世纪初，"教育"一词由日文转译到我国，成为我国教育学的基本概念。教育是一种社会现象，起源于社会生产劳动，是年长一代为了维系人类社会的繁衍发展，把长期积累的生产劳动经验和社会生活经验传授给年青一代的活动中所产生的。很显然，最远古的教育活动中就包含着主客体关系。

正确认识教育管理中主客体的内涵和外延，把握主客体之间的辩证关系，对于建构和维护正常的学校生活，发挥教育者和受教育者的主观能动性，激发师生的创造性，在教育领域倡导民主、科学、勤奋、严谨、求实、创新等良好学风，在教育者和受教育者之间形成团结合作的人际关系，都有着重要作用。作为教育管理者，只有不断研究、认识管理客体的性质、特点和发展变化规律，才能不失时机地准确地做出科学决策，取得教育管理的高效率。

二、教育管理主客体论

我国学术界对教育管理主客体问题进行了深入的讨论，重点围绕学校教学活动展开，主要有以下几种观点。

(一) 教师唯一主体论

这种观点认为，教学活动是教师和学生的双边活动，是教师教、学生学的

统一活动。在教和学的矛盾统一体中，总有一方是主要的，另一方是次要的。教学工作的含义不是指教的工作加上学的工作，而主要是指教的工作。把教学说成是学生单方面的学习活动，用学习规律代替教学规律的认识是不正确的。在教学活动中，没有教师的教，就没有学生的学。教师教得好，学生才能学得好。教师是按照自己的意志行动的人，学生是作为教学对象参加到教学活动中来的参加者，学生处于被教育的客体地位。因此，教师是唯一的主体，学生是客体。

（二）学生唯一主体论

这种观点认为，学生是教学活动中认识和实践的主体。因为学生是有意识有目的认识客体的物质承担者。在由学生、教师、教材三要素构成的教学活动中，教师处于联系学生和教材的中介地位，教师在教学活动中起引导和指导作用。教学过程是学生认识教师所讲教材内容的过程。学生是一切教学活动的内因，教师是教学活动的外因。教学所追求的目标，只有从学生的学习状况才能反映出来，所以，学生是教学活动的主体，教师是客体。学生是主体，反映了教育活动的本质。

（三）教师为主导、学生为主体论

这种观点认为，在教学过程中，教师的主导作用具有客观性和必要性。教师承担着传承人类文明的重要使命，教师的工作目的在于塑造人。教师决定着教学的方向、内容、方法、进程、结果和质量。学生的学习动机、学习行动、学习方式方法等，主要来自教师的影响。但是，教是为"学"而存在的，"学"是学生的独立自主活动。教师的主导作用和为"学"服务的任务是连在一起的。如果没有学生的主体作用，也就没有教师为"学"服务的主导作用。在学生学习教学内容的认识过程中，教师的教是一种能动的引导活动，学生的学则是一种积极主动的接受引导的认识活动。

（四）双主体论

这种观点认为，在研究教和学的关系时，要结合教和学的矛盾运动做具体分析。教学过程是学生和老师双方共同活动的双边过程，教师和学生都是教学活动的参加者。教学过程中的信息传递和能力培养呈现出师生双方互为客体的局面。学生在接受教育的过程中，表现出自觉性、能动性、创造性和自主意识。与此同时，为了保证学生主体意识能正确地充分地发挥出来，在教学过程中，教师的能动性、积极性等主体意识也要充分发挥出来。因此，在教和学的关系中，不能单方面强调学生是主体或教师是主体，应为双主体。

（五）主客体转化论

这种观点认为，学生和教师是人类社会中的一部分，作为正常人，既可以充当主体，也可以充当客体。在教学过程中，这种主客体关系是可以转化的。教师和学生谁为主体、谁为客体，均在一定条件下形成。在教和学的矛盾运动中，当"教"成为矛盾主要方面时，教师是主体，学生是客体。当"学"成为矛盾主要方面时，学生是主体，教师是客体。教师和学生谁为主体，均受一定条件制约。在教学过程中，当主体和客体的关系表现为人与人之间的关系时，任何一方都可以既是主体，又是客体。因为他们各自把自己一方看作主体，把对方看作客体。教学过程作为师生的共同活动，其本质是相互联系、相互作用的两个过程，既是一个有目的、有计划的教育培养过程，又是一个有目的、有计划的学习过程。因此，教师和学生既是主体，又是客体，在一定条件下是可以相互转化的。

（六）三体论

这种观点认为，研究教育主客体问题，不能只考虑老师和学生两个方面，也要考虑影响教育的其他因素。在教育过程中呈现着教育者、被教育者、客观环境三角关系。这"三体"间相互发生作用。教育者是第一主体。受教育者从认识论上说是一个主体，但又是教育者施加影响的对象，是教育者的客体。在教育过程中，教育者不断观察被教育者的反应，检查自己教育工作的效果。而外界环境是教育者和被教育者认识的来源和对象，通过环境对被教育者发生作用。教育管理中所研究的主客体问题要比哲学认识论中所讲的主客体问题复杂得多。也有观点把"三体"理解成教师、学生和教材，提出"三主论"，即教师为主导，学生为主体，教材为主线。

（七）复合主客体论

这种观点认为，教育过程主要包括教师、学生和教育内容。教师和学生都是教育活动和教育行为的承担者和发出者，是教学过程中的主体。教育内容则是教师和学生共同的作用对象，因而是教学过程的客体。在教学过程中，教师和学生仅在认识方向和水平上存在差异，而不存在主客体之间的对立。教师和学生参加的教育实践活动有机地交织在一起，二者是主—主交往关系。但从教师和学生在教学中的地位看，双方均具有主客体特性。在教学过程中，师生双方都有价值需要，互相以满足对方的需要为目的，彼此互为主客体，呈复合主客体关系。

（八）教师主导作用和学生主体作用辩证统一论

这种观点认为，教师的主导作用在于培养与激发学生的主体作用。学生的主体作用有赖于教师主导作用的引导与激发。教师的主导作用是相对于学生的主体作用而言的。教师的主导作用和学生的主体作用随着教学过程呈动态变化。这种变化是：学生主体作用越来越大，而教师的主导作用越来越小。教师主导作用的实质就是让学生发挥主体作用。在教师的主导作用下，学生积极主动地接受教育，自身不断发展。随着这种发展，学生逐步脱离教师的指导和影响，走向自我教育、自我学习、自我发展，教师指导作用的意义显得越来越小。这并非证明教师的无能，而是教师高超的教育艺术所致。

第二节 教育管理与社会生产方式

一、社会生产方式的哲学含义

在教育管理中，不可避免地在理论上和实践上遇到教育对于社会发展的作用问题。历史唯物主义哲学认为，物质资料的生产方式是社会发展的决定力量。生产方式是社会生活所必需的物质资料的获得方式，是在生产过程中所形成的人和自然的关系和人们之间关系的统一体。它包括生产力和生产关系两个方面。正如马克思所说："人们在生产中不仅仅影响自然界，而且也互相影响。

他们只有以一定的方式共同活动和互相交换其活动，才能进行生产。为了进行生产，人们相互之间便发生一定的联系和关系；只有在这些社会联系和社会关系的范围内，才会有他们对自然界的关系，才会有生产。"[①] 生产力表示的是人和自然的关系，是人类利用自然、改造自然，从自然界获取生活资料的能力。生产关系是人们在物质资料生产的过程中所形成的社会关系。人们的生产都是社会生产，必然结成生产关系。

物质资料的生产决定了人类社会的产生，是人类社会存在和发展的基础，决定着社会的性质，物质资料生产方式的变化决定着社会形态的更替。因此，物质资料的生产方式是社会发展的决定力量。

用系统论的观点来考察生产力，生产力是由独立的实体性因素、运筹性的综合因素、渗透性因素、准备性因素组成的系统。独立的实体性因素主要指劳动者、劳动资料和劳动对象。运筹性的综合因素主要指经济管理、分工、协作等。渗透性因素主要指应用于现实生产过程之中，渗透到生产力的各个独立的实体性因素及其他因素之中，进而转化为现实生产力，如自然科学（包括基础科学）、技术科学、应用科学等。准备性因素指为继承和发展生产力从各个层面做准备的因素，教育就属于生产力中的准备性因素。

二、教育管理对于生产方式的重要作用

教育管理对于继承和发展生产力有着重要作用。第一，通过教育管理，使受教育者学习和掌握自然科学知识，通过技术发明和创造途径，使其物化在生产工具、生产装备、原材料质量等方面，使自然科学转化为技术设备、生产工具，从而提高生产力。在任何生产过程中，如果没有自然科学作为指导，人们就不能发明、创造先进的生产工具，也不能改造原有的生产工具。而系统的自然科学知识主要是通过接受教育获得的。第二，受教育者掌握了自然科学知识，可以扩大劳动对象的范围，改变和提高劳动对象的质量，扩大和提高生产资料的规模和效能，提高自然力应用的广度和深度，从而提高生产力。第三，通过教育管理，使受教育者能有效地继承原有的生产力，提高劳动技能，从而提高生产力。在人类发展历史上，每一代人都要学习前人的经验和劳动技能，

[①] 《马克思恩格斯选集》第 1 卷，人民出版社 1995 年版，第 344 页。

在生产力高度发达、生产工具越来越复杂的时代，必须通过教育途径，学习多学科知识，才能掌握使用先进生产工具，才能提高劳动者的劳动技能，从而提高生产力。第四，通过教育管理，使受教育者学习管理知识、组织能力、管理技能得到提高，能自觉地把各门科学知识运用到对生产的管理中，使劳动者和生产资料之间合理布局、组合和使用，提高生产效率，使管理科学化、现代化，从而使生产力得到提高。

教育管理不仅与生产方式中的生产力发展密切相关，而且对调整和改变不合理的生产关系也有重要作用。通过教育管理，受教育者的综合素质得到提高。受教育者学习社会科学、思维科学等知识，掌握政治思想和法律思想、哲学、道德等先进的社会意识。这为处理生产关系中所有制形式、分配制度、人与人之间的关系等方面的矛盾，提供了正确的理论基础和指导思想。我国历史上许多先哲先贤所倡导的"教育救国"就与此有关。国以才立，政以才治，业以才兴。我国现代化事业的建设和发展都靠人才支撑，靠人才的开发，培养人才是提高先进生产力的重要途径。要培养人才，离不开教育。正如德国宗教改革家马丁·路德（Martin Luther）所说："一个国家的前途，不取决于它的国库之殷实，不取决于它的公共设施之华丽，而在于它的公民的文明素养，即人们所受的教育、人们的学识、开明和品德高下。这才是利害攸关的力量所在。"[①]

第三节　教育管理与人本主义哲学

一、人本主义哲学和人本主义教育管理理念

自 20 世纪 80 年代以来，我国学术界对现代西方人本主义哲学理论进行了讨论。人本主义哲学思想也渗透到我国教育管理和教育改革中。

现代西方人本主义哲学强调把人的存在作为哲学本体论来研究，认为人是哲学本体论的中心，人的真实存在和本质是人的情感、意志和心理体验。要认识人的存在和本质只能靠人的非理性去考察，如意志、欲望、直觉等。受传统

[①] 转引自《2004 年上海文化发展蓝皮书》，上海社会科学出版社 2004 年版，第 18 页。

人本主义和现代西方哲学中人本主义影响所形成的人本主义教育管理思想的主要内容是：重视学生的个性、创新潜能的发挥，建立交往合作的师生关系，认为教学是师生双主体的对话；认为管理者和被管理者之间是主体间性的关系，而不是监管和被监管、控制和被控制的关系。现代西方哲学中的西方马克思主义代表人物、德国哲学家哈贝马斯认为，人的活动包括劳动生产和交往活动两大领域。劳动生产以外部自然为对象，表现出人和自然的关系。交往活动表现出社会中人和人的关系，是自己和他人主体间的社会关系。他认为，通过语言的模式可以改造社会，加强人与人之间的了解，形成人与人之间的新型关系，艺术是人际、主体间建立交往关系的有效方式。他还认为，社会是一个由交往活动编织成的网，建立在主体间性基础上的交往对社会发展起决定作用。在西方哲学这种主体间性哲学理论影响下的教育管理思想，主张教育管理中的主客体关系是协作平等的双向交流关系，强调在教学过程中要回归学生主体等。这些思想对于我国教育管理的改革具有一定积极意义。教育是培养人、教育人、改造人的社会活动。教育作为促进人类自身全面发展的手段，应关注人的认知体系的建构，关注人的素质的提高和人的主体性的升华和发展。在教学过程和教育管理过程中，教师起着主导作用。教师对学生来说，是文化知识的传播者，也是学生的高尚品格、美好心灵的塑造者。教师对于学生知识域的开拓、智力和能力的提高以及正确的人生观、世界观、价值观的形成起着奠基者的作用。教师作为指挥者、组织者、领导者，要根据教育目的、教育方针、教学大纲制订教学计划，组织教学活动，从而实现教学目的。然而，在教学过程中，学生不是被动的接受者，而是主动的参加者，学生不是单纯接受知识的工具，而是有着各种不同需要的有意识的现实的人，具有能动性。学生对教育内容具有兴趣、爱好的选择性。他们往往是通过对已有知识的了解，通过对学习内容的分析认识，通过自觉的活动来开展学习活动的。有的学生还能提出和教师不同的创新型见解。学生在学习过程中要积极发挥主观能动性，克服困难，因此，学生也具有能否完成教学任务、达到教学目的的主体性，这种主体性是教师所不能代替的。

二、人本主义教育管理理念与我国教育管理改革

在我国传统教育中，存在着片面强调学生尊师重道，当"顺从""听话"

型好学生的问题。在市场经济条件下，有些学校受功利主义思想影响越来越深，人文主义精神淡漠。在教育管理上，以教师、教材、课堂为中心，在应试教育模式下，重视标准答案、机械模仿、死记硬背，学习成为一种单向度的知识灌输行动。长期如此，使学生缺乏创新意识，不利于学生独立意识的发挥和个性的成长发展。人本主义教育理念主张，教育应以人的发展为出发点和基石，人是教育生成、教育行为存在的前提。教育的对象是人，教育的目的是培养人才，教育是在人与人之间进行的。教育是促进人的发展的思想内涵和逻辑内核。因此，教育过程应贯穿尊重人、尊重人的生命、尊重人的自我意识和主体性以及尊重人的精神世界和人的个性的宗旨，从而促进人的发展和社会进步。这些思想观点对于我们进行教育管理改革有启发意义。

人本主义哲学思想对教育管理的影响，不仅体现于在教育管理过程中要重视学生的主体作用，促进学生的全面发展，而且也要重视教师的个性发展。这里所说的教师不仅指任课老师，也包括在学校工作的其他老师。国运兴衰，系于教育；教育兴衰，系于教师。作为人类文明的传承者和社会精英的培育者，教师承担着传道、授业、解惑和为国家培养人才的重要而光荣的任务。若不能充分发挥教师的作用，就不能促进学生的发展。在我国的传统教育中，也存在忽视教师个性发展的问题。教育管理者不仅要关注教师的物质利益，而且要关注教师学术人格的进步，要创造条件，使教师的"师德""师能"不断得到提高。要根据教师的特点，营造宽松民主的人文气氛，给教师充分的发言权和自主权，使教师能在自由民主的环境中进行创新性的思维和展现才华。教育管理者对教师要以诚相待，要尊重教师的人格，倾听教师的心声，尊重教师在学校工作中的创新精神和重要作用。要建立并执行既严格又合情合理的职称评定制度和物质、精神激励制度。对于追求高尚精神境界的教师来说，有时精神激励比物质激励更显重要。要重视情感在教育管理中的特殊作用，经常和教师在思想情感上沟通交流，也要鼓励教师和学生真诚地交流，教育管理者与教师和学生团结一致，顺利实现共同的教育目标。

人本主义教育管理思想强调从人本身出发，把人看成是教育的最高价值，强调受教育者在教育过程中的主体性、个性和创造潜能，强调建立交往合作的师生关系，培养人格健全的人等，对于改革我国传统教育中存在的以教师、教材、课堂为中心，忽视开发学生个性和创新精神、创新能力等现象有重要意义。但是，这些思想理论突出地强调"个人""个体""个体的自由""个人意志""自我""自我实现"，而忽视人的社会性的倾向。生活在一定生产方式下的任何人，个人的自由、个人意志的实现都要受到一定的主客观条件的限制，每个人是一个个体，但又是生活在集体社会中的个体，个人只有正确处理好与集体和社会的关系，才能实现个人价值，才能获得全面发展。对人本主义教育管理思想不能片面理解，夸大其作用，否则易导致无政府主义和自由主义。

第四节 教育管理与人的自由

一、马克思主义哲学的自由观

"自由"一词是个历史范畴，不同历史时期不同阶级阶层的人给"自由"做出不同的定义。"自由"（liberty）一词来源于拉丁文"*libertas*"，原意是从被束缚中解放出来。在政治上，自由指社会关系中受到保障或得到认可的按照自己的意志进行活动的权利，自由是具体的，有其不同的历史和阶级的内容。自由是相对的，没有不受任何限制的绝对的自由。自由和纪律是一个矛盾统一体的两个方面。马克思和恩格斯对自由做过许多论述。恩格斯说："自由不在于幻想中摆脱自然规律而独立，而在于认识这些规律，从而能够有计划地使自然规律为一定的目的服务。这无论对外部自然界的规律，或对支配人本身的肉体存在和精神存在的规律来说，都是一样的。……因此，意志自由只是借助于对事物的认识来作出决定的那种能力。因此，人对一定问题的判断越是自由，这个判断的内容所具有的必然性就越大；……自由就在于根据对自然界的必然的认识来支配我们自己和外部自然；……"① 恩格斯从哲学的高度，从自由和必然的关系说明人在自然规律面前，只有认识了客观规律，才能利用自然规律为人服务，才能得到自由。恩格斯把自由同人的实践活动联系起来，因为只有通过实践才能获得对规律的正确认识。马克思认为，人的自由涉及意志自由、政治自由、思想自由、个性自由等人的解放和自由发展的许多方面。而真正的自由是人们在集体中实现的，是在和谐的集体中建构起来的。人与人之间不是自

---

① 《马克思恩格斯选集》第 3 卷，人民出版社 1995 年版，第 455—456 页。

我封闭和相互隔绝，别人不是"自己自由的限制"①。"只有在集体中，个人才能获得全面发展其才能的手段，也就是说，只有在集体中才可能有个人自由。"②人们在这种集体中相互交往形成社会关系，人与人之间自由联合，实现了个人利益和公共利益的一致，从而获得个人自由。人的自由是处在社会关系中并随着社会的进步向前发展的。

马克思认为，个人自由不是孤立的，个人所能得到的，只有在集体成员的合作中才能得到。因为个人总是属于集体或社会的成员，"社会关系的含义是指许多个人的合作"③。个人自由是相对于集体自由或社会自由而言的。所谓社会自由，是从宏观上反映一定历史时期和一定社会范围的自由状态。个人自由与社会自由的关系是，个人自由构成社会自由并存在于社会自由中。所以，个人自由的选择要适应社会的历史条件，要与社会的选择一致起来，否则就不能得到个人自由，这是个人自由所存在的社会性与社会自由的客观的依赖性所决定的。

马克思认为，要实现个人自由，需要具备一定的物质条件，劳动实践是自由之源泉，是人实现其他自由的基础。只有在社会生产力高度发展时，才有可能给个人提供充足的自由时间。马克思把人的生存时间分为劳动时间和自由时间，要增加人的自由时间，就要发展生产力，提高劳动生产率，保证人们即使在自由时间里也有充足的物质生活资料。"节约劳动时间等于增加自由时间，即增加使个人得到充分发展的时间"④。"……把社会必要劳动缩减到最低限度，那时，与此相适应，由于给所有的人腾出了时间和创造了手段，个人会在艺术、科学等等方面得到发展。"⑤ 个人在艺术活动和科学活动中可以展现自己丰富的想象力和创造力，充分享受精神自由的乐趣。马克思认为，要实现自由，还要具备其他诸多主客观条件，要消灭旧式的强制性分工，提高人们认识世界和改造世界的能力，掌握丰富的科学文化知识等。毛泽东认为："自由是

---

① 《马克思恩格斯全集》第1卷，人民出版社1956年版，第438页。
② 《马克思恩格斯全集》第3卷，人民出版社1960年版，第84页。
③ 同上书，第33页。
④ 《马克思恩格斯全集》第46卷下册，人民出版社1980年版，第225页。
⑤ 同上书，第219页。

必然的认识和世界的改造。"①"自然科学是人们争取自由的一种武装。人们为着要在社会上得到自由，就要用社会科学来了解社会，改造社会，进行社会革命。人们为着要在自然界里得到自由，就要用自然科学来了解自然，克服自然和改造自然，从自然里得到自由。"② 就是说，人们要想得到自由，必须以认识客观规律为前提，规律是事物内在的、本质的、必然联系，人们认识了客观规律，按照客观规律去安排自己的行动，使自己的目的得以实现，也即得到了自由。自由的实现有赖于人们对客观规律的认识和利用。人们对客观规律的认识越全面越深刻，在利用规律改造世界的过程中就越显得自由。在阶级社会里，自由还是一个政治范畴，是通过社会法律制度来保障，承认某个阶级在社会关系和社会生活中按照自己的意志进行活动的权利。

二、教育管理与人的自由

教育管理包括各级各类教育行政机关和各级各类学校的管理。通过教育管理实践活动，可以塑造人的思想品德、改变人的思维方式、提升人的智力水平、建造人的知识结构、改善人的心理状态、强健人的生理素质等。教育管理者应该研究和掌握教育管理的科学理论和客观规律，获得教育管理的自由。被管理者、受教育者也应该认识和掌握教育管理的科学理论和客观规律，树立正确的学习目的，掌握科学的学习方法和思维方法，实现预定的教育目标和教育管理目标，获得受教育的自由。

我国有学者认为："现代教育管理的基本规律为：坚持以人为本，激励教育管理主体和客体运用现代教育管理职能和手段，按照可指挥调控的工作程序，把构成教育管理活动的诸要素集合起来，组合成最佳结构，充分发挥其积极相关作用，以最小的代价，最高的效率，去达成培养数量多和质量好的人才以满足国家和地方社会主义物质文明和精神文明建设需要的目的。"③ 现代教育管理过程的客观规律为："有机结合，有序运行、波浪式前进、螺旋式上

---

① 毛泽东：《自由是必然的认识和世界的改造》，《人民日报》1983年12月25日，第1版。
② 《毛泽东文集》第2卷，人民出版社1993年版，第269页。
③ 黄兆龙：《现代教育管理哲学》，广西教育出版社1992年版，第49页。

升。"① 学习研究这些思想理论，有利于我们认识教育管理规律。对教育管理规律的认识，还离不开教育管理的实践活动。在教育管理过程中，教育管理是由教育管理活动、教育管理体制、教育管理机制、教育管理观念几个相互联系、由低到高的系统运行环节构成的。在教育管理实践活动的发展过程中，先有一个个具体的教育管理活动，再有教育管理体制和教育管理机制，从而产生教育管理观念。这一运行过程也是一个在管理实践基础上由感性认识上升到理性认识的过程。在形成教育管理观念，再经过反复的教育管理实践检验后，即认识了教育管理规律，形成了正确的教育管理指导思想，就有条件获得教育管理的自由。学习和运用正确的教育管理思想，是教育管理者获得自由的必要条件和有力保障。

教育管理和自由的关系是相互作用、相互影响的。人们在追求自由的过程中，应该具有正确的自由观，克服对自由认识的错误观点，扫清争取自由过程中的思想障碍。比如，有一种哲学观点认为，人只能认识事物的现象，不能认识事物的本质和规律，世界在本质上是不可知的，也就不能得到认识客观规律后的自由。也有哲学观点认为，自由是上帝或神给予的，只有按照神和上帝的旨意行动，才能得到自由。还有哲学观点认为，自由就是不受约束，为所欲为。我们应该摒弃这些错误的思想认识，通过教育，提高认识，树立健全的理性，在正确的世界观和人生观、自由观和科学方法论指导下，去追求自由，实现自由。教育管理和自由的相互作用还表现在，教育的目的、方法、过程中的每一个方面均和自由密切相关。英国教育哲学家理查德·斯坦利·彼得斯（Richard Stanley Peters）认为，教育的核心标准或基本用法包括：第一，在具体目的上，教育所获得的"成就"必须是"善的"和"有价值的"；在终极目的上，教育人们获得健康的"生活形式"，树立一般的世界观，而不局限于纯粹功利或职业目的达成。第二，在方法上，取得成就的教育方式必须是"道德的"或"无可非议的"。第三，在过程中，教育必须有利于学生自主性的确立和发展。② 而要实现掌握知识、发展智慧、培养德性、准备公民等具体目标，就要让学生在自由状态下"天天向上"，健康成长。要实现教育的终极目

---

① 黄兆龙：《现代教育管理哲学》，广西教育出版社 1992 年版，第 51—52 页。
② 参阅石中英：《教育哲学》，北京师范大学出版社 2007 年版，第 189 页。

标，使学生获得健康的生活方式，没有自由也是不可能的，因为健康的生活方式往往是人们经过正确选择后的生活方式，而不是他人强制下所采用的生活方式，学生们有了自由，才能在选择中学会选择，在选择中走向成功。在教育方法上，要符合道德原则，就要倡导学生思想自由、学术讨论自由、言论自由、创新思维自由、学习多学科知识自由等，而不是限制其自由，压抑其旺盛的生长点。在教育过程中，要确立和发展学生的自主性，就要有自由的时间、空间和周围自由和谐的环境。没有自由，不可能有自主，只有常常面对各种自由选择，才能磨炼学生独立思考、自信、自强、自立的意志和能力，才能确立和发展学生的自主性。因此，在教育管理的全过程中，没有自由是不能实现美好的教育目标的。当然，自由不是违法乱纪的放纵和自由散漫，自由是有限度的，不是绝对的。正如德国教育家威廉·冯·洪堡（Wilhelm von Humboldt）所说："自由是必需的，寂寞是有益的。"① 实际上，学生在学习过程中的"寂寞"也是自由，是学习自由。

第五节 教育管理与个人意识、群体意识、社会心理、社会意识形态

一、社会意识的哲学内涵

个人意识、群体意识、社会心理、社会意识形态均属于社会意识，是社会的精神生活过程，是社会物质生活及其过程在人们观念中的反映。社会意识的结构，从社会意识的主体来看，包括个人意识和群体意识；从反映社会存在的高低层次来看，包括社会心理、社会意识形态及它们的关系。

个人意识是个人的社会经历和社会地位的反映，是个人实践的产物，如个人的认识、情感和意志等。群体意识是一定的人群所组成的社会共同体的共同意识，是一类人在类似的生活条件和社会经历中形成的一种带有一定的共同性的社会意识，是群体实践的产物，如家庭意识、集团意识、阶级意识和民族意

---

① 转引自陈洪捷：《什么是洪堡的大学思想？》，《中国大学教学》2003年第6期。

识等。群体意识为维持一定的社会关系、社会秩序服务。个人意识和群体意识是相互作用的，个人意识要受到群体意识的影响。因为每个人在各种实践活动中不可避免地要与其他个人和群体发生关系，要进行语言、思想、文化等方面的交流。在接受家庭教育、学校教育和社会教育的过程中，个人意识会受其他意识的影响。同时，个人意识也影响群体意识，每个人的思想意识、情感意志在和别人交流过程中，有时赞同并接受群体意识，有时不赞同或抵制群体意识。在群体内部也有少数个人先认识和掌握真理性的认识，从而影响群体，提高群体意识。

社会心理是人们在日常生活中形成的一种低层次的社会意识，它和人们的日常生活直接联系，是一种不定型、不系统、处于自发状态的社会意识。社会心理常常表现在人们的感情、情绪、愿望、要求、风俗、习惯、传统、成见、自发倾向等方面。社会心理以感性因素为主，渗透着理性因素。而社会意识形态是一种高层次的社会意识，是对社会存在的系统的反映，是以理论形式出现的思想体系，是以一定的逻辑顺序构成的相对稳定的观点理论形式，包括政治思想、法律思想、伦理思想、艺术、宗教、科学、哲学等形式。社会心理和社会意识形态是相互区别又相互联系的。社会心理是社会意识形态形成的基础，社会心理中的感情、愿望、风俗、习惯等对社会意识形态的形成起着诱导、选择等制约作用。社会心理为社会意识形态的形成提供了丰富的感性材料，社会意识形态是对社会心理的概括和升华。社会意识形态形成之后，作为一种精神因素又反作用于社会心理的各个方面，使社会心理发生深刻变化。社会心理和社会意识形态在人们的社会生活中往往是同时存在的，两者相互作用，成为社会意识不断发展变化的内在动因。

从社会意识和经济基础的关系来看，可以把社会意识分为上层建筑的社会意识形式和非上层建筑的社会意识形式。政治思想、法律思想、道德、宗教、艺术、哲学等是属于上层建筑的社会意识形式，这些社会意识形式是社会经济基础和政治制度不同程度的直接反映。而自然科学、逻辑学、语言学等是不属于上层建筑的社会意识形式。它们反映的是自然现象和不属于经济基础的某些社会现象，同社会生产力密切联系，要通过生产力的转化，影响经济基础。对社会意识做这样的区分，有利于我们区分各种社会意识形式对社会存在不同的反作用。社会意识有其共同特点：社会意识依赖于社会存在；在阶级社会里，同经济基础直接相联系的社会意识具有阶级性;社会意识对社会存在具有相对独立性。

二、教育管理在个人意识、群体意识、社会心理和社会意识形态形成中的作用

教育管理所进行的教育活动对个人意识、群体意识、社会心理和社会意识形态的形成有着重要作用,社会意识也影响着教育管理活动。教育者在什么思想意识的指导下进行教育管理活动,离不开自己所认识、掌握的社会意识,离不开一定的社会意识指导下形成的教育观和教育管理方法。由于社会生活和社会关系的复杂性,个人的生活条件和亲身经历的特殊性,人们形成了不同的个人意识,教育对个人意识的形成有至关重要的作用。在相同的社会条件下,不同的家庭、不同的教育方法和不同的文化氛围对受教育者情感、意志、认知、心理成分、智力发展、行为方式等均有不同的客观效果。在独生子女多的情况下,家庭对受教育者个人意识的教育影响有特殊意义。群体意识是一定人群所结成的社会共同体的共同意识。教育对群体意识的形成和发展起着不可替代的作用。学校是培养受教育群体成为合格公民和国家有用人才的场所。通过教育管理所进行的一系列教育活动,使受教育者获得人类社会所积累的知识,树立正确的人生观、世界观和价值观。在我们社会主义国家,通过教育,使人们树立以无产阶级思想为主导地位的群体意识,使更多人脱离封建主义的、资产阶级的形形色色的旧意识,使自己的个人意识和先进的群体意识相一致,使自己的行动有正确的思想指导,成为建设中国特色社会主义的一代代新人。在实践基础上所形成的社会心理,所表现的情感、动机、愿望、意志、观点、习惯等要素中,有感性因素也有理性因素。从认识的发展方向上,处于由感性认识上升到理性认识的进程中。在社会心理的感性因素中,渗透着理性因素;在形成感性因素的过程中,也不可能没有理性的指导。通过教育,使受教育者获得科学理论,在科学理论指导下,遵照正确的思维方法,形成正确的理性认识,使社会心理这一社会意识的低级形式上升到社会意识的高级形式。

社会意识的形成和发展均离不开社会存在,但社会意识形成后对社会存在有能动的反作用。正如恩格斯指出的:"政治、法、哲学、宗教、文学、艺术等等的发展是以经济发展为基础的。但是,它们又都互相作用并对经济基础发生作用。"① 教育管理活动是对受教育者进行的一种有意识、有目的、有计划、有系统、有组织的直接影响活动,培养人是其根本内涵。教育管理活动对于实现社会意识的反作用起着重要作用。第一,有利于维护正常的社会秩序。通过教育管理活动,向受教育者宣讲已经形成思想体系的社会意识形式,如政治思想、法律思想等,使受教育者认识并掌握其实质和功能,对于维护合理、合法的政治制度、政治体系、法律制度、政治秩序有重要作用。我国根据无产阶级的政治思想、法律思想所规定的法律、法令和保证它们实施的立法、司法、守法等方面的制度,体现着巩固和发展社会主义经济制度的客观要求,代表着广大人民群众的根本利益,对于维护社会秩序、构建和谐社会、巩固社会主义经济基础和发展社会生产力有巨大作用。对受教育者进行这方面的教育,有利于发扬社会主义民主,加强社会主义法治建设,搞好社会主义精神文明建设。第二,有利于对受教育者进行人文关怀,培养社会所需的复合型人才。社会意识中的道德、哲学、艺术、美学等,作为思想理论体系涉及人的理想、信念、价值观、审美观等内容。通过教育管理活动,使受教育者和更多的社会成员树立正确的理想信念和高尚的价值观、道德观,从而有利于在全社会建构社会价值体系,确立社会价值导向,营造稳定、和谐、健康、有序发展的社会氛围。社会意识中所包含的人文社会科学知识是当今社会从事任何工作的社会主义现代化建设者都需要学习的,因为社会的发展需要基础好、能力强、素质高、适应能力强、创新型、复合型人才。通过教育管理活动,使受教育者掌握这些科学理论,成为受社会各界欢迎的建设者。此外,对于社会生活中每个团体来说,对成员进行正确的社会意识教育,可以起到动员、组织和协调功能,能够激发团队成员的心理认同,使团体内部形成健康向上的团队文化,确定团体认同的奋斗目标,使团体成员团结协作,步调一致,为实现共同理想而努力。

---

① 《马克思恩格斯选集》第 4 卷,人民出版社 1995 年版,第 732 页。

第十七章　蔡元培哲学思想与教育管理

蔡元培是我国近代教育史上伟大的教育家。以往中外学者对蔡元培思想的研究，多涉及其教育思想，而对其哲学思想研究较少。他的教育思想是在他的哲学思想的影响下形成和发挥作用的，他的哲学思想贯穿于他的教育管理实践活动中。研究蔡元培的哲学思想和教育管理思想，总结其理论价值和历史意义，对于今天的教育事业仍具有重要的现实意义。

第一节　蔡元培的哲学思想

一、蔡元培生平

蔡元培生于 1868 年 1 月 11 日。他的家乡是当时的浙江省绍兴府山阴县，即现在的浙江省绍兴市。蔡元培原字鹤卿，1904 年取《诗经·大雅》中的"周余黎民，靡有孑遗"两句中的"孑"和"民"两个字，"孑民"从此成为他的通用字号。他自幼酷爱读书，17 岁中秀才，后又中举人、进士等。在政治上，他对当时清政府的腐败统治不满。当他看到康有为、梁启超的戊戌变法失败后，决心从事教育事业，致力于教育救国。他于 1898 年任绍兴中西学堂监督，1901 年秋任上海南洋公学特班总教习，1902 年任中国教育会会长等。在从事教育工作中，他注意革新旧式教育，推行新式教育，开拓新领域；注意加强文理科和外语的课程设置和教学；注意对学生自然科学知识的教育，鼓励学生研究应用学科等。1905 年蔡元培参加孙中山领导的同盟会，1907 年自费赴德国留学，临行前，他对朋友黄炎培说："救中国必以学。世界学术德最尊。吾将求学于德。"① 1908年进莱比锡大学研究哲学、文学、文化史、人类学、实验心理学、美学等。为了维持生活，完成学业，蔡元培在德国学习的四年中，利用课余时间著书译书，先后写了《中学修身教科书》《中国伦理学史》等书，翻译了包尔生的《伦理学原理》，并在《小说月报》杂志上分期刊登了《石头记索隐》。他还协助德国学者写作《中国美术史》一书。1911年辛亥革命爆发，蔡元培响应辛亥革命，于同年12月初回国。1912年1月1日民国成立，蔡元培任第一任教育总长。之后，又担任北京政府教育总长。在此期间，他针对封建教育制度，大胆进行改革，把清末学部制定的为封建统治服务的忠君、尊孔、尚武、尚公、尚实等规定，改为军国民教育、实利主义教育、公民道德教育、世界观教育和美感教育五育并举的教育方针，以自由、平等、博爱为公民道德教育纲领。他重视世界观教育，开设哲学课程，主张以美感教育为世界观教育的内容。1912年7月，蔡元培由于不满袁世凯的军阀专权霸道作风，辞去教育总长职务。1912年秋，蔡元培又赴德国学习，到莱比锡大学世界文化研究所学习。1913年9月，蔡元培到法国学习。在法国期间，他组织了留法勤工俭学会、华法教育会，撰写了《留法华工学校讲义》《哲学大纲》《欧洲美术小史》《康德美术学》等著作。1916年10月，蔡元培在法国接到国内教育部的电报，催促其回国出任国立北京大学校长。1917年1月4日，蔡元培到北京大学就职。他在任北大校长期间，提倡思想自由、兼容并包，招聘各派学者，主张学术民主，进行教育改革，使北大成为我国新文化运动的先锋。1919年五四运动中，蔡元培热情支持学生运动，在军警逮捕了学生后，他奔走营救，使学生获得保释。1923年，由于北方军阀混战，蔡元培以难与军阀相处为由，辞去北大校长职务，去欧洲学习，北大校长由蒋梦麟代理。1926年，蔡元培回国，担任国民党中央监察委员。1927年4月，担任中央教育行政委员会常务委员。同年6月，出任国民政府大学院院长。同年11月又兼任中央研究院院长。1937年11月赴香港养病。1940年3月5日，蔡元培因胃出血在香港去世，享年74岁。

蔡元培一生追求光明，重视教育，为改革中国的教育制度，为中国文化教

---

① 中国蔡元培研究会编：《蔡元培纪念集》，浙江教育出版社1998年版，第93页。

育事业的进步和发展，做出了突出贡献。

蔡元培去世后，国共两党同声哀悼。延安千余人举行追悼大会，中共中央和毛泽东发出唁电，说蔡元培"为革命奋斗四十余年，为发展中国教育文化事业勋劳卓著"。毛泽东从延安致电蔡元培家属表示深切悼念，评价蔡元培是"学界泰斗，人世楷模"。电文为："香港九龙奥斯甸道蔡孑民先生家属礼鉴：孑民先生，学界泰斗，人世楷模，遽归道山，震悼曷极！谨电驰唁，尚祈节哀。毛泽东叩。"国民党政府在陪都重庆为蔡元培举行公祭和追悼会，颁布褒扬令，称颂蔡元培"道德文章，夙负时望"，赞扬他的历史功绩。蒋介石也发去唁电，表示沉痛哀悼。

二、蔡元培的主要哲学思想

蔡元培丰富的哲学思想反映在大量的演说、文章、专著和译著中，在此仅对其主要观点做简要介绍。

关于世界本体，蔡元培认为："盖世界有二方面，如一纸之有表里：一为现象，一为实体。""现象实体，仅一世界之两方面，非截然为互相冲突之两世界。""而教育者，则立于现象世界，而有事于实体世界者也。故以实体世界之观念为其究竟之大目的，而以现象世界之幸福为其达于实体观念之作用。"①世界像一张纸的表里一样，有现象和实体两方面，现象和实体是相互联系的。而教育在现象中具有独立性。

关于世界是否发展变化，以及如何发展变化，蔡元培认为，世界上的"一切现象，无不随时代而有迁流，有孳乳。而精神界之现象，迁流之速，孳乳之繁，尤不知若干倍蓰于自然界"②。世界上的一切现象都处在变化中，但精神现象的变化远远快于自然界的变化。蔡元培认为："统大地之进化史而观之，无机物之各质点，自自然引力外，殆无特别相互之关系。进而为有机之植物，……进而为动物，……及进而为人类，……由进化学之研究，而知人类之祖先与动物无异。"③"事变有位置变化（即运动）与性质变化两种。"④"每种

---

① 中国蔡元培研究会编：《蔡元培全集》第2卷，浙江教育出版社1997年版，第12页。
② 中国蔡元培研究会编：《蔡元培全集》第1卷，浙江教育出版社1997年版，第461页。
③ 中国蔡元培研究会编：《蔡元培全集》第2卷，浙江教育出版社1997年版，第216页。
④ 中国蔡元培研究会编：《蔡元培全集》第5卷，浙江教育出版社1997年版，第200页。

事变，至少有两个状态，依时间前后而联结，没有时间的要素，就不能存想事变。正如因果关系上去掉时间的要素，就不是实际上的因果，而是论理学上的理由与结论。"① 事物的变化必引起因果关系，因果关系要在一定时间内才能形成。

关于世界的空间时间特性，蔡元培认为："世界无涯涘也，而吾人乃于其中占有数尺之地位；世界无终始也，而吾人乃于其中占有数十年之寿命；世界之迁流，如是其繁变也，而吾人乃于其中占有少许之历史。以吾人之一生较之世界，其大小久暂之相去，既不可以数量计；而吾人一生，又决不能有几微遁出世界以外。则吾人非先有一世界观，决无所容喙于人生观。"② 世界之大是无边无际、无始无终的，而每个人以有限的时间和空间生活在世界上，必然有自己的世界观。

在认识论方面，蔡元培认为："有心理之认识，如对于旧游之地，若久别之友者，是也；有论理之认识，对于真理或非真理而为正确之判断，是也。哲学家之所谓认识，以论理之认识为限。""正确之判断，必其思索之脉系，经验之状态，皆了然于意识中者。"③

关于哲学和科学的区别，蔡元培认为："哲学与科学，同为有系统之学说。其所异者，科学偏重归纳法，故亦谓之自下而上之学；哲学偏重演绎法，故亦谓之自上而下之学。"④

关于哲学和文化的区别，蔡元培认为："文化问题，当然不但是哲学问题，但哲学是文化的中坚。"⑤ 在认识论上，蔡元培认为："因为一切学问的思维，其最后问题，即在意识与实在的关系。真理的价值，须看意识与实在有何等关系而成立；而发见这种关系的，就是认识论的任务。所以在认识论上，要论认识，就同时不能不论实在。"⑥ 在哲学认识论范围，要确定意识是否是真理，就要看意识和实在是什么关系。

关于价值的意义，蔡元培认为："不外乎满足要求与惹起快感，所以价值

---

① 中国蔡元培研究会编：《蔡元培全集》第5卷，浙江教育出版社1997年版，第200页。
② 中国蔡元培研究会编：《蔡元培全集》第2卷，浙江教育出版社1997年版，第215页。
③ 同上书，第310页。
④ 中国蔡元培研究会编：《蔡元培全集》第3卷，浙江教育出版社1997年版，第522页。
⑤ 中国蔡元培研究会编：《蔡元培全集》第5卷，浙江教育出版社1997年版，第137页。
⑥ 同上书，第166页。

并不是对象的性质,而仅于意识上有要求时,与感情上受外界影响时,对于评价的意识,有价值的关系。"①

蔡元培对伦理学有深入研究,他认为:"伦理学的价值,在乎行为的目的,就是行为的原理。所以伦理学所研究的,就是人类意欲,当以何为目的问题。在人类生活上为道德的行为之主体的,一方面在个人,一方面在社会,又一方面在历史的发达之人类。"② 关于个人和全体的关系,蔡元培认为:"人格之最内面的独立性,就是叫做良心的、决不能不顾全体意志;而全体意志造成种种制度,且以历史的形体发达的,差不多全为支配个人而设。所以意志生活,以个人与全体为两极。我们固然常常见个人意志与全体意志一致,但相背而驰的也不少。即使互相反对到极端,然而个人断不能全不顾全体意志,全体也断不能完全牺牲个人的意志,所以这两者的关系,是非常重要的。"③ 在社会生活中,个人的意志要求要维护全体利益,而全体的意志要求也要照顾到个人利益。

在历史观上,蔡元培认为:"历史哲学所第一注意的,是个性的特色。人类胜于动物,文明人胜于野蛮人,就在这一点。""有自觉的个性的,此有人类,就是人格。人格也有阶级。""这种人格上不可名言的个性,就是自由。""人格且对于自己而占一种自由的地位;由论理的良心而定自己诸表象的价值;由道德的动机而定自己评价的价值。"④ 在自然界和人类社会,有自觉意识的个性的,只有人类。只有人类才有人格,而"这种人格上不可名言的个性,就是自由"⑤。

蔡元培认为:"人类有创造欲,有永求进步的意识。这就是人类灵于其他动物的一点。各种动物,都不能于自身上求无穷的进步,而人类则不然。"⑥蔡元培认为,人格在社会历史发展中起着重要作用,"在人类历史上,知识、道德、艺术的进步,都起于人格常新的动作。就是不惮牺牲,与从未公认的真理分离,而变革全体生活。就是使全体意识,脱不分明与无意识的素质而发达

---

① 中国蔡元培研究会编:《蔡元培全集》第3卷,浙江教育出版社1997年版,第214页。
② 同上书,第215页。
③ 同上书,第223页。
④ 中国蔡元培研究会编:《蔡元培全集》第5卷,浙江教育出版社1997年版,第225页。
⑤ 中国蔡元培研究会编:《蔡元培全集》第4卷,浙江教育出版社1997年版,第452页。
⑥ 中国蔡元培研究会编:《蔡元培全集》第8卷,浙江教育出版社1997年版,第64页。

为明了的自由的形式,这是人类历史的全意义"。"人格个性的作用,注入恒久的变化于一般生活的全体,由这种客观的过程而成立历史。""所以在人格方面,不得不以乐于牺牲自己为最高之目的;而在全体方面,不得不以生活秩序渐近于理性秩序的完全为最后之结果。"①

蔡元培认为:"人生哲学,以至善为依归,自是颠扑不破的见解。""哲学是人类精神的产物,决没有偏取一方面而排斥他方面之理;以伦理为中坚,而以论理与美学为两翼,这才是最中正哲学。""哲学本统有知情意三方面,自成系统,不假外求的。"②

蔡元培非常重视对美育的研究,他认为:"美的对象,何以能陶养感情?因为他有两种特性:一是普遍;二是超脱。""名山大川,人人得而游览;夕阳明月,人人得以赏玩;公园的造象,美术馆的图画,人人得而畅观。齐宣王称:'独乐乐不若与人乐乐';'与少乐乐不若与众乐乐';陶渊明称'奇文共欣赏';这都是美的普遍性的证明。""宫室可以避风雨就好了,何以要雕刻与彩画?器具可以应用就好了,何以要图案?语言可以达意就好了,何以要特别音调的诗歌?可以证明美的作用,是越超乎利用的范围的。""既有普遍性以打破人我的成见,又有超脱性以透出利害的关系;所以当着重要关头,有'富贵不能淫,贫贱不能移,威武不能屈'的气概;甚且有'杀身以成仁'而不'求生以害仁'的勇敢;这种是完全不由于知识的计较,而由于感情的陶养,就是不源于智育,而源于美育。"③蔡元培认为,应该重视美育教育,而美育者,应用美学之理论于教育,以陶养感情为目的者也。

蔡元培认为,世界上的事物是运动、变化的,由"无机"到"有机"到"人类"的变化是由低级到高级的发展变化。在世界上的各种事物中,只有人类才有"意识","人类胜于动物","文明人胜于野蛮人"。人有"自觉的个性就是人格","在人格方面,不得不以乐于牺牲自己为最高之目的",以及认为人在世界上具有独立性,重视美育研究等。这些哲学思想,对于蔡元培在长期的教育管理生涯中,追求"完全之人格",主张"学术自由""兼容并包""改革旧教育""倡导平民教育""男女平等"等教育思想,有重要影响。他的教育

---

① 中国蔡元培研究会编:《蔡元培全集》第5卷,浙江教育出版社1997年版,第227页。
② 同上书,第236、238页。
③ 中国蔡元培研究会编:《蔡元培全集》第7卷,浙江教育出版社1997年版,第290、291页。

思想中蕴含着他的哲学理念和根基，而这也贯穿于他的教育管理实践中。

第二节 蔡元培的教育管理思想

一、蔡元培所倡导的教育宗旨

教育是民族振兴的基石，是提高全民族素质、培养各类专门人才的重要途径。要搞好教育管理，首先要确定正确的教育宗旨。蔡元培就任校长前的北京大学，由于长期受封建官僚恶习的影响，校风非常腐败。当时在北大上学的学生多为官僚和大地主的子弟，来北大就是为了混张文凭，作为升官发财的阶梯，对读书毫无兴趣，终日吃喝玩乐，只想何时能当官发财。有的教师由政府官员担任，不学无术，不务正业，因此，学校没有学术气氛。旧北大这种状况显然和蔡元培所一贯主张的教育宗旨相违背。早在 1912 年蔡元培任教育总长所起草的《大学令》第一条就指出："大学以教授高深学术，养成硕学闳才，应国家需要为宗旨。"《大学令》第六条指出："大学为研究学术之蕴奥，设大学院。"① 蔡元培 1917 年 1 月 9 日在就任北京大学校长的演说中针锋相对地说："诸君来此求学，必有一定宗旨，欲知宗旨之正大与否，必先知大学的性质。""大学者，研究高深学问者也。""外人每指摘本校之腐败，以求学于此者，皆有做官发财思想。""对于教员，则不问其学问之深浅，惟问其官阶之大小。官阶大者，特别欢迎，盖为将来毕业有人提携也。""诸君须抱定宗旨，为求学而来。"② 蔡元培还分析说明了把做官发财当作求学宗旨的弊端："若徒志在做官发财，宗旨既乖，趋向自异。平时则放荡冶游，考试则熟读讲义，不问学问之有无，惟争分数之多寡；试验既终，书籍束之高阁，毫不过问，敷衍三四年，潦草塞责，文凭到手，即可借此活动于社会，岂非与求学初衷大相背驰乎？光阴虚度，学问毫无，是自误也。"③ 蔡元培一贯认为："大学为纯粹研究学问之机关，不可视为养成资格之所，亦不可视为贩卖知识之所。"④ 蔡元培向学生

---

① 中国蔡元培研究会编：《蔡元培全集》第 2 卷，浙江教育出版社 1997 年版，第 212、213 页。
② 中国蔡元培研究会编：《蔡元培全集》第 3 卷，浙江教育出版社 1997 年版，第 8 页。
③ 中国蔡元培研究会编：《蔡元培全集》第 2 卷，浙江教育出版社 1997 年版，第 9 页。
④ 同上书，第 382 页。

提出了"抱定宗旨""砥砺德行""敬爱师友"的要求。蔡元培坐言起行，针对旧北大的管理体制、科系设置、课程建设、师资队伍、学生活动等方面存在的腐败问题和陈旧落后的校政，进行了全面深入改革，使北大面貌为之一新。

蔡元培在社会实践中认识到正确的、进步的社会意识对于改变旧社会的重要作用。他看到1898年康有为、梁启超发动的以救亡图存、发展民族资本主义经济为目的的反对清朝政府的戊戌变法的失败，认为："康党所以失败，由于不先培养革新之人才，而欲以少数人弋取政权，排斥顽旧，不能不情见势绌。"① "吾人苟切实从教育入手，未尝不可使吾国转危为安。"② 蔡元培认为要想革新社会，使自己危难的国家转危为安，必须有革新思想的人，通过教育启迪民智、民德，以达到教育救国的目的。他常说，读书不忘救国，救国不忘读书。因此，蔡元培明确指出："做学生的第一件事就要读书。读书从浅近方面说，是要增加个人的知识和能力，预备在社会上做个有用的人才；从远大的方面说，是要精研学理，对于社会国家和人类作最有价值的贡献。"③ 他在1912年2月所写的《对于新教育之意见》中提出了军国民教育、实利主义教育、公民道德教育、世界观教育和美感教育五育并举的教育方针。

二、思想自由、兼容并包的教育管理思想

思想自由、兼容并包是蔡元培最有代表性的教育管理思想。他认为思想自由是世界大学的通例。蔡元培在不愿再任北大校长的宣言中，针对过去北大不自由的现象说："北京大学，向来受旧思想的拘束，是很不自由的。我进去了，想稍稍开点风气，请了几个比较的有点新思想的人，提倡点新的学理，发布点新的印刷品，用世界的新思想来比较，用我的理想来批评，还算是半新的。"④ 他认为，大学应能容纳各种学术思想流派，让其互相争鸣、自由发展；墨守成规，抱残守缺，实行思想专制，是不可能使学术得到发展的。在大学里，教师的思想理论观点应不受宗教、党派、学派的限制，即使针锋相对的学说，也可以同时并行，让学生自己进行选择。在聘任教师的时候，"仿世界各大学通例，

---

① 高平叔撰著：《蔡元培年谱长编》第1卷，人民教育出版社1999年版，第133页。
② 中国蔡元培研究会编：《蔡元培全集》第10卷，浙江教育出版社1998年版，第295页。
③ 中国蔡元培研究会编：《蔡元培全集》第6卷，浙江教育出版社1997年版，第563页。
④ 中国蔡元培研究会编：《蔡元培全集》第3卷，浙江教育出版社1997年版，第632页。

循'思想自由'原则，取兼容并包主义"。"无论为何种学派，苟其言之成理，持之有故，尚不达自然淘汰之运命者，虽彼此相反，而悉听其自由发展。"①蔡元培聘用了有学术专长但又有不同政治主张的教师，如激进派代表人物陈独秀、复辟派人物辜鸿铭及信古派人物陈汉章、黄侃等。他还聘任了具有不同学术观点但各自对自己的观点有深入研究的学者为教员。例如，在文学方面，不仅有文言派的黄侃、林损等，还有白话派的胡适、刘半农、周作人等。在蔡元培这种兼容并包、不拘一格选拔教师的思想指导下，许多名人被请进北大任教，如李大钊、鲁迅、马叙伦、徐悲鸿、熊十力，还有理科方面的李四光、翁文灏等，使北大教师队伍呈现精英云集、人才荟萃、专长名人众多的局面。各种学术派别的老师可以在同一个学期开课，让学生们进行选择，学生们在对不同学派的比较研究中，视野开阔，学到真正的知识。

和思想自由、兼容并包的教育理念相联系，蔡元培认识到作为知识体系，文、理、外各科之间的有机联系和相互作用。他要求研究理科者必须注意哲学、文学等人文社会科学的学习，研究文科者也要注意数学、化学等自然科学的学习。他指出，文科的哲学应根植于自然科学，没有自然科学作为基础不可能有哲学，而各门自然科学的研究也离不开哲学的指导作用。为此，在北大的课程设置中，除专业必修课外，每学期还开了大量涉及文、理、外各科的选修课，供学生选择。

在社会意识的各种形式中，政治思想始终居于主导地位。蔡元培思想自由、兼容并包的教育理念，也受其政治观念的影响。蔡元培曾多次到欧美各国留学、考察，尤其受德国的政治、文化影响很深。他长时间地考察了西方国家的政治制度和文化教育制度，赞成议会制和内阁制，反对专制独裁，主张民主办学。蔡元培任北大校长是在辛亥革命后国内新兴民族资产阶级力量不断发展、进步的知识分子队伍不断扩大的时期。在用新兴民族资产阶级所倡导的新文化代替封建文化专制主义的呼声越来越高的形势下，蔡元培提出了思想自由、兼容并包的新文化思想，推行美感教育，形成体、智、德、美诸育并重，男女同校，平等受教育，尚自然、展个性的儿童教育思想等，适应了中国社会发展的需要。

---

① 中国蔡元培研究会编：《蔡元培全集》第3卷，浙江教育出版社1997年版，第576页。

蔡元培所提出的"思想自由"不是放松管理的自由散漫，他所主张的"兼容并包"也不是不分进步和腐朽的"兼收并蓄"。他说："大学者，囊括大典网罗众家之学府也。""大学是包容各种学问的机关。"① 这里的"大典"指古今中外不同的学术派别、思想理论观点、文章论著，"众家"指国内外具有各种学术专长的人才。他对教师聘任坚持高标准、严把关，成立由教授组成的聘任委员会，新聘或延聘的教师都要经过聘任委员会严格审查、不记名投票决定。对于那些不适合在大学任教的，无论何人都一律按聘约合同解聘，即使由外国驻华使馆或我国驻外使馆介绍来的外国人，也不例外。对于那些虽有学问但品行不端，道德败坏"诱学生而与之堕落"的少数教师，坚决予以解聘。对于教师的讲课内容，蔡元培也不是不管不问放任自流，而是有是非抉择。例如，他请刘申叔讲六朝文学，不同意他在讲堂上提倡"帝制"；他请辜鸿铭教英诗，不同意他在教学中提倡"复辟"等。在学制方面，贯彻建立发展个性的新教育理念，实行选科制，鼓励学生不仅学习中国文化，也应重视学习外国文化。对学生在招生考试制度、组织纪律、道德修养、学籍管理等方面均有严格的规定和要求，建立了教授治校管理体制，制定和执行了各项管理制度。

蔡元培思想自由、兼容并包的教育管理思想和他哲学思想上的自由观密切相连。他认为："自由，美德也。若思想，若身体，若言论，若居处，若职业，若集会，无不有一自由之程度。若受外界之压制，而不及其度，则尽力以争之，虽流血亦所不顾，所谓'不自由毋宁死'是也。然若过于其度，而有愧于己，有害于人，则不复为自由，而谓之放纵。放纵者，自由之敌也。""人之思想不缚于宗教，不牵于俗尚，而一以良心为准。此真自由也。"② 在人生活的各方面都要有一定的自由度，如果受外界压制过大，就要尽力去争取，即我们常说的要为自由而斗争。但蔡元培也指出："所谓自由，非放恣自便之谓，乃谓正路既走，失[矢]志弗渝，不为外界势力所征服。孟子所称'富贵不能淫，贫贱不能移，威武不能屈'者，此也。"③ 自由不是放纵，若"放恣自便"，会有愧于己，不利于人，失去了自由的本义。真正的自由应该是在良心的指导和规范下，自己享受自由的同时，不能失度，不能有害于他人和社会。

---

① 中国蔡元培研究会编：《蔡元培全集》第4卷，浙江教育出版社1997年版，第236页。
② 中国蔡元培研究会编：《蔡元培全集》第2卷，浙江教育出版社1997年版，第404页。
③ 中国蔡元培研究会编：《蔡元培全集》第3卷，浙江教育出版社1997年版，第222页。

有时为了实现崇高的信仰和奋斗目标，可以舍弃自己的自由。蔡元培认为，自由有多种形式，如言论、思想、集会、生活方式、职业选择等。作为教育家，他尤其重视思想言论自由。

在这种自由观的指导下，蔡元培作为校长的北京大学，思想自由之花盛开，并结出了累累硕果。

三、师生结合，组建社团，开展学术研究的教育管理思想

蔡元培的大学是研究高深学问的宗旨和思想自由、兼容并包的教育理念具体落实到学校管理的各个环节上。为了使教师和学生有充分的学术思想交流，发挥教师和学生所具有的不同专长和科研优势，蔡元培提倡和支持同学们根据自己的志趣、爱好、专业方向，发起和组织由教师参加的各种学术团体。蔡元培说："大学不但是教育传授学术于学生的机关，而实在是教员和学生共同研究的机关。"[①] 在蔡元培的热情支持下，北大出现了许多各具特色的学术团体，如哲学研究会、马克思学说研究会、新闻学研究会、新文学研究会、经济学会、史学会、世界语研究会、书法研究会等。不仅有人文社科方面的，也有自然科学方面的，如地质研究会、化学会等。毛泽东、高君宇等参加过新闻学研究会的活动。地质学家李四光、王烈等参加了地质研究会的活动。在学术研究的过程中，蔡元培一直强调发挥师生结合、通力合作的集体主义精神。他说："一人研究未尝不可，合大家一同研究，就更容易了"，"研究学理，各人研究一样，亦互有补助。所以非大家共同研究不可"[②]。在蔡元培所倡导的师生结合、思想自由、集体科研思想指导下所形成的学生研究团体，获得了丰硕的科研成果，出版了《国立北京大学地质研究会年刊》《北京大学数理杂志》等，对国内学术界产生了重要影响。1921年胡适的《红楼梦考证》改订稿，就是在学生顾颉刚和俞平伯的帮助下完成的。毛泽东创办《湘江评论》、高君宇先后担任《国民》《新潮》《先驱》等的编辑和记者，都与他们在北大新闻学研究会所受的深刻影响密不可分。

---

① 中国蔡元培研究会编：《蔡元培全集》第5卷，浙江教育出版社1997年版，第413页。
② 中国蔡元培研究会编：《蔡元培全集》第4卷，浙江教育出版社1997年版，第798页。

师生结合开展学术研究的教育管理思想的实施,不仅在学术研究上获得良好的效果,而且也改变了过去北大校内思想观念陈旧、学术气氛淡漠、官僚气氛浓重的学风。活泼有益的社团活动把那些来北大只想混张文凭以便将来升官发财的学生也吸引到学术研究中来,促进了北大校风的转变,使北大逐渐成为我国教学、科研的重要场所。

四、兼容中西的文化融合教育管理思想

文化是一个民族的精神和灵魂。作为社会观念形态的文化,是一定社会的政治和经济的反映,又对一定社会的政治和经济产生巨大影响。新文化总是吸取和利用以往文化的成果而逐渐形成和发展。蔡元培把中国的传统文化和世界先进国家的文化相比较,分析和总结中国文化的优势和劣势,提倡吸收西方近代先进文化,并保持中国传统文化的精髓,使两者有机结合,形成具有中华民族特色的现代文化。蔡元培作为一个反对封建专制主义、主张新文化运动的民主主义革命者,经常思考当时的中国落后的原因,寻求革新救国的方略。他根据先后五次出国学习十一年的深切体会,通过将当时中国的落后状态和世界先进国家相比较,认为一个国家和民族要想发展、进步、强大,需要学习其他国家的先进文化和科学技术。他在总结了历史的经验后指出:"人类之消化作用,不惟在物质界,亦在精神界。一人然,民族亦然。希腊民族吸收埃及、腓尼基诸古国之文明而消化之,是以有希腊之文明。高尔、日耳曼诸族吸收希腊、罗马及阿拉伯之文明而消化之,是以有今日欧洲诸国之文明。"[①] 他认为,一个民族和国家如果闭关自守,看不到自己的落后,无知自大,拒绝学习其他国家和民族的长处,就永远不能达到先进水平。针对那些混淆政治和学术的关系,不利于向国外学习先进文化的认识,他指出:"学术为公,政治上虽然有国界,学术研究没有国界。"[②] "今世为东西文化融合时代。西洋之所长,吾国自当采用。"[③]

蔡元培认为,一个民族和国家要想具备强大的综合国力,必须发展科学。

---

① 中国蔡元培研究会编:《蔡元培全集》第2卷,浙江教育出版社1997年版,第460页。
② 中国蔡元培研究会编:《蔡元培全集》第4卷,浙江教育出版社1997年版,第12页。
③ 中国蔡元培研究会编:《蔡元培全集》第3卷,浙江教育出版社1997年版,第417页。

他指出:"一个民族或国家要在世界上立得住脚,——而且要光荣的立住,——是要以学术为基础的。尤其是,在这竞争剧烈的20世纪,更要倚靠学术。所以学术昌明的国家,没有不强盛的;反之,学术幼稚和知识蒙昧的民族,没有不贫弱的。"① 关于科学技术对社会发展的作用,当今人们都会清楚地记得,邓小平讲过科学技术是第一生产力。但是,在20世纪初期,能够高瞻远瞩地看到科学技术落后对中国社会落后所产生的重要影响,实在令人敬佩。蔡元培对西方社会进行了长期考察,也深知当时中国社会的实际情况,找到国家要想强盛、民族要想强大的重要原因。他说:"我族哲学思想,良不后人,而对于科学,则不能不自认为落伍者。……且不但物质科学而已,即精神科学,如心理学、美学等,社会科学,如社会学、经济学等,在西人已全用科学的方法,而我族则犹囿于内省及悬想之旧习,科学幼稚,无可讳言。"② 他使自己的思想见之于行动,他利用主管教育的条件,向当时科学比较发达的英、法、美、日等国选派留学生。他说:"欲求国家富强,促学术发达,资遣学生留学,实为当务之急,不可一日缓也。"③ 在蔡元培的努力下,清华、北大等校派出不少学生出国留学,对我国科学的发展起到了重要作用。

蔡元培不仅派优秀的学生出国学习,而且还重视选拔优秀的教师出国留学。这些教师学成回国后,对我国教育事业的发展做出了重要贡献。比如,1920年至1922年到德国留学,回国后担任中山大学校长、教育部部长的学界名人朱家骅就是如此。在学习外国先进文化中,蔡元培不仅让中国师生走出去,而且还邀请一些国外知名的学者来中国讲学,内容涉及人文社会科学、自然科学等。这些学者的讲课内容受到我国学术界的重视,其中有些讲稿在我国出版。美国哲学家、教育学家杜威,英国哲学家、逻辑学家罗素,法国数学家保罗·潘勒韦(Paul Painlevé)等都曾应邀来华讲学。通过和国外学者的广泛交流,活跃了我国的学术气氛,提高了许多学科的学术水平,这些外国学者所留下的学术成果至今对我们仍有借鉴和参考价值。

为贯彻向外国学习优秀文化的理念,蔡元培在任教育总长期间,改革了旧教材,要求在新编教材中尽量反映西方最新科学成果,有计划地选学外国书

---

① 中国蔡元培研究会编:《蔡元培全集》第6卷,浙江教育出版社1997年版,第563—564页。
② 同上书,第159页。
③ 中国蔡元培研究会编:《蔡元培全集》第3卷,浙江教育出版社1997年版,第315页。

籍，要求中学以上学校开设英、日两门外语，大力推广世界语等，为促进我国对外文化交流做了大量实际工作。蔡元培积极支持中国学者学习西方文化，但不主张不加分析鉴别地盲目照搬外国东西，主张对待西方文化采取"输入""研究""选择""吸收""更进之发明"的方法。他在看到当时西方社会文明进步的同时，也发现了西方社会的种种弊端。他形象而深刻地指出："吸收者，消化之预备。必择其可以消化者而始吸收之。食肉者弃其骨，食果者吐其核，未有浑沦而吞之者也。"他指出：学习欧洲的文明，以学术为中坚，"而附属品之不可消化者，亦随而多歧。政潮之排荡，金力之劫持，宗教之拘忌，率皆为思想自由之障碍"。"审慎于吸收之始，毋为消化时代之障碍。此吾侪所当注意者也"。[①] 学习西方的文明，要像吃肉吐骨那样，分清精华和糟粕，吸精华弃糟粕。对于西方国家在政治、经济、宗教等方面成为"思想自由之障碍"的因素，不要"吸收"和"消化"。另外，在学习外国先进文化时，要学为己用，为自己的国家和民族服务，不能数典忘祖，丢掉我国的优秀文化和民族特色。他指出："所得于外国之思想、言论、学术，吸收而消化之，尽为'我'之一部，而不为其所同化。""所望后之留学者，必须以'我'食而化之，而毋为彼所同化。学业修毕，更遍游数邦，以尽吸收其优点，且发达我特性也。"[②] 这些具有真知灼见的认识和我国一些无产阶级革命家所提出的"批判地吸收外国文化""建设中国特色社会主义文化"何等一致！作为教育家的蔡元培所具有的先知先觉和远见卓识，使他先于一般人认识到教育的客观规律，并利用这些规律改革和推动我国教育事业的发展，促进了我国社会的进步。

五、大学为社会服务的教育管理思想

蔡元培从教育救国的主导思想出发，一直注重社会教育。他任教育总长时在教育部增设社会教育司，并要求各省推行于社会。他支持各地兴办民众学校和实习学校，以解决那些没有机会到正规学校学习的人的受教育问题，此举卓有成效。他认为大学教育要服务社会，要向平民开放，主张学校录取学生以成

[①] 中国蔡元培研究会编：《蔡元培全集》第2卷，浙江教育出版社1997年版，第460、461页。
[②] 中国蔡元培研究会编：《蔡元培全集》第3卷，浙江教育出版社1997年版，第50—51页。

绩优劣为标准，不以出身、地位、贫富为标准。他创造条件让更多的优秀平民子女进入北大学习。他坚持平民教育，采取初试、复试，对国文、外国语、数学、中外历史、中外地理和博物等科的严格考试择优录取的原则，许多有志青年考上北大，接受高等教育。蔡元培除了在招生制度、招生对象上面向社会外，还决定把大学的课堂教学和学校开展的学术活动也向社会公开。除已有的正式大学生外，还向社会招收一定的选科生和旁听生。这种"开门办学"的形式，吸引了许多有强烈的求知欲望而又家境贫寒的平民进入北大听课。为解决北大校内职工白天上班没时间听课和学习文化知识等问题，蔡元培决定开办北大校役夜班，开设修身、国文、数学等理科必修课，英、德、法、世界语选修课，教员由学生义务担任。在北大校役夜班开学典礼上，蔡元培对二百多名工友讲："一种社会，无论小之若家庭、若商店，大之若国家，必须此一社会之各人皆与社会有休戚相关之情状，且深知此社会之性质，而各尽其一责任。故无人不当学，而无时不当学也。"① 蔡元培在这里从个人和国家、社会的关系上，说明作为社会的个人学习科学文化知识对于国家进步、社会发展的重要性和必要性。继开办校役夜班之后，又创办了北大平民夜校，几百名平民子弟来夜校学习，有男生也有女生，有年长的也有年幼的。

蔡元培主张大学教育要服务于社会，他指出："大学的目的，即在能够应用固有方法，而又进而发明，以供给社会的需要。"② 他希望培养大学生服务社会的能力。他不仅从课程设置上考虑到服务社会的需要，而且在校役夜班、平民夜校等社会活动中，鼓励北大学生和教师积极参加。许多学生和教师义务担任授课教员，不少教师热心捐款、捐物相助。通过这些活动，不仅密切了学校和社会上人民群众的联系，而且在社会实践中促进了同学间、师生间的团结，培养了大学师生关注社会发展、关心他人、乐于奉献社会的道德修养和思想意识。大学生在服务社会的过程中受到了锻炼，增长了才干。正如蔡元培所说："北大同学，服务社会者，日见其多；将来对于社会之改良，实有莫大之关系。"③

蔡元培的大学教育服务于社会的教育管理思想，与他一贯倡导和践行的教

---

① 中国蔡元培研究会编：《蔡元培全集》第 3 卷，浙江教育出版社 1997 年版，第 285 页。
② 中国蔡元培研究会编：《蔡元培全集》第 6 卷，浙江教育出版社 1997 年版，第 488 页。
③ 中国蔡元培研究会编：《蔡元培全集》第 4 卷，浙江教育出版社 1997 年版，第 778 页。

育救国主张相联系，同时在哲学思想上与他的社会历史观相联系。蔡元培认为，所谓社会是"凡趋向相同利害与共之人，集而为群，苟其于国家无直接之关系，于法律无一定之限制者，皆谓之社会。是以社会之范围，广狭无定，小之或局于乡里，大之则亘于世界，如所谓北京之社会，中国之社会，东洋之社会，与夫劳工社会，学者社会之属，皆是义也。人生而有合群之性，虽其种族大别，国土不同者，皆得相依相扶，合而成一社会，此所以有人类社会之道德也"①。他说："学校为社会之模范，文化之中心。无论对何种问题，直接间接，均能发生最大之影响。"② 他认为人有合群之性，在群体中互相帮助，相扶相依，遵守共同的道德，才能维系社会的存在。因此，教育应该为社会服务，为社会上那些需要帮助的人们提供帮助和服务。

蔡元培在《怎样才配做一个现代学生》一文中，讲到现代学生对于社会的责任时指出："先有好政治而后有好社会，抑先有好社会而后有好政治？这个问题用不着什么争论的，其实二者是相互影响的，所以学生对于社会也是负有对于政治同等的责任。"③ 他认为，青年学生只有认识到对社会所肩负的重要的政治责任，才会满腔热情地参加到服务社会的各种活动中。

蔡元培倡导和实施的教育要为社会服务，培养学生服务社会的意识，以及在全社会开展社会教育、举办平民夜校等举措，不仅和他教育救国的主导思想直接联系，而且和他哲学思想中的平等观、博爱观密不可分。他认为："所谓平等，非均齐不相系属之谓，乃谓如分而与，易地皆然，不以片面方便害大公。孔子所称'己所不欲，勿施于人'者，此也。准之吾华，当曰恕。"④ 蔡元培的平等观主要建立在"己所不欲，勿施于人"的基础上。他认为，人类本来都是平等的，每个人都应成为平等的人。要看到人类社会中，每个人各有特点，不能轻视任何人的作用，从对社会发挥作用这一点上看，有同等价值，大家都是平等的，就好像组成原子和细胞中的各个成分一样。他还特别强调，如果教育不平等，则会产生阶级压迫等不平等现象。他说："'平民'的意思，

---

① 中国蔡元培研究会编：《蔡元培全集》第2卷，浙江教育出版社1997年版，第114—115页。
② 中国蔡元培研究会编：《蔡元培全集》第4卷，浙江教育出版社1997年版，第778页。
③ 中国蔡元培研究会编：《蔡元培全集》第6卷，浙江教育出版社1997年版，第564—565页。
④ 中国蔡元培研究会编：《蔡元培全集》第3卷，浙江教育出版社1997年版，第222页。

是'人人都是平等的'。"①"我是素来主张男女平等的。"② 从 1920 年 2 月起，北京大学率先招收女生，开创了中国大学男女同校的先例。北大学生中，不仅有富裕家庭的子女，也有贫民的子女，不仅有男生，也有女生，大家平等地在同一个校园里学习。

什么叫博爱？蔡元培说："博爱者，四海之内皆兄弟，民吾同胞，仁也。"③"所谓友爱，义斯无歧，即孔子所谓'己欲立而立人，己欲达而达人'。张子④所称'民胞物与者'，是也。准之吾华，当曰仁。"⑤ 蔡元培的博爱思想是以孔子的仁爱思想为基础的，他认为许多社会问题的解决要求人们具有博爱之心。他说："世常有生而废疾者，或有无辜而罹缧绁之辱者，其他鳏寡孤独，失业无告之人……夫既同为人类，同为社会之一员，不忍坐视其毙而不救，于是本博爱之心，而种称［种］慈善之业起焉。"⑥ 世界上有那么多"生而废疾者""鳏寡孤独""失业无告之人"需要救援和帮助，我们每个人都是社会的一员，不能"坐视其毙而不救"，因此人们必须有博爱之心，帮助这些人，使他们过上正常人的生活，人人都有博爱之心，才能形成和谐社会。他认为："博爱者，人生至高之道德，……人人有博爱之心，则观于其家，而父子亲，兄弟睦，夫妇和；观于其社会，无攘夺，无忿争，贫富不相蔑，贵贱不相凌，老幼废疾，皆有所养，蔼然有恩，秩然有序，熙熙皞皞，如登春台，岂非人类之幸福乎！"⑦ 在博爱观念指导下，蔡元培倡导同学之间要团结友爱。他说，同学共处一堂，尤应互相亲爱，庶可收切磋之效。要求教师要关爱学生，学生要敬师爱友、互相劝勉。蔡元培任北大校长期间，努力营造人人有博爱之心，"敬人者人恒敬之，爱人者人恒爱之"的文化氛围，希望师生们能够成为积极建设博爱社会的人。因此，在蔡元培任校长的北大，校内充满团结友爱气氛，得到社会上的广泛赞誉。

---

① 中国蔡元培研究会编：《蔡元培全集》第 4 卷，浙江教育出版社 1997 年版，第 14 页。
② 中国蔡元培研究会编：《蔡元培全集》第 7 卷，浙江教育出版社 1997 年版，第 506 页。
③ 中国蔡元培研究会编：《蔡元培全集》第 3 卷，浙江教育出版社 1997 年版，第 75 页。
④ 指张载。
⑤ 中国蔡元培研究会编：《蔡元培全集》第 3 卷，浙江教育出版社 1997 年版，第 222 页。
⑥ 中国蔡元培研究会编：《蔡元培全集》第 2 卷，浙江教育出版社 1997 年版，第 117 页。
⑦ 同上书，第 126 页。

第十八章　城市管理中的哲学问题（一）
——城市管理主体

城市是人类物质文明和精神文明的结晶，我国的城市是我国经济、政治、科学技术、文化教育的中心。随着我国城市化的发展，城市在经济、政治、思想、生活方式等方面的影响无不强烈地辐射到我国社会的各个角落。城市管理影响着我国经济社会发展的大局，成为亿万人民关心的事情。

城市又是一个社会的缩影，它包含着当代社会生活的各个层面。因此，研究城市管理、搞好城市管理，需要依靠广大市民，需要多学科的理论工作者和多方面的实际工作者长期通力协作，才能揭示其深刻本质和内在规律。

在城市管理的理论和实践上，均涉及许多哲学问题，本章结合城市管理的实际，说明城市管理主体的内容、性质、作用等问题。

第一节　现代城市的定义、特征和类别

一、关于城市的定义

城市的诞生距今已有五千多年。人们在不同时代、不同学科、不同场合使用城市概念不下亿万次，但是目前关于城市的定义仍在争论之中。这并不说明人们认识的肤浅，而恰恰反映了人们认识的深化，反映了城市问题的复杂性。要给城市做出定义需运用矛盾普遍性原理找出城市的共性。

城市的形成经历了漫长的发展变化过程。据我国古代文献记载，最初

"城"和"市"是两个概念。"城"是具有防卫围墙的地方,也是具有防守条件的军事据点。《管子·度地》中说:"内为之城,城外为之郭。""郭"即城外加筑的城墙。《墨子·七患》中指出:"城者所以自守也。""市"指商品交换的地方。《周易·系辞下》中指出:"日中为市,致天下之民,聚天下之货,交易而退,各得其所。"随着市的发展,市又分为大市、早市、晚市几种。《周礼·地官》中说:"大市,日昃而市,百姓为主。朝市,朝时而市,商贾为主。夕市,夕时而市,贩夫贩妇为主。"后来,随着社会生产力的发展,城市的中心作用越来越突出,"城"和"市"的联系日益密切,"城"和"市"就成为一体。

马克思主义经典作家虽然没有专门阐明城市的定义,但是他们关于城市的有关论述为我们研究城市定义和城市问题奠定了基础,提供了指导思想。马克思说:"城市已经表明了人口、生产工具、资本、享受和需求的集中这个事实;而在乡村则是完全相反的情况:隔绝和分散。"[1] 恩格斯指出,"用石墙、城楼、雉堞围绕着石造或砖造房屋的城市,已经成为部落或部落联盟的中心"[2]。列宁更为明确地指出,"城市是人民的经济、政治和精神生活的中心,是进步的主要动力"[3]。斯大林指出,社会主义的城市"是文化最发达的中心,它们不仅是大工业的中心,而且是农产品加工和一切食品工业部门强大发展的中心"[4]。在以上论述中,经典作家们都明确指出了城市与农村相比所具有的中心作用。

1984年中共十二届三中全会通过的《中共中央关于经济体制改革的决定》中指出:"城市是我国经济、政治、科学技术、文化教育的中心,是现代工业和工人阶级集中的地方,在社会主义现代化建设中起着主导作用。"

我国台湾地区学者张丽堂、唐学斌在他们合著的《市政学》一书中,归纳出世界各国学者对城市的定义有20多种。例如,有学者认为,城市是一种专业化现象,是一个从事非农业职业的人口的聚合。也有学者认为,城市不仅是许多个人和社会便利的集合,而且是一种心理情况、一组风俗和传统,以及

---

[1] 《马克思恩格斯选集》第1卷,人民出版社1995年版,第104页。
[2] 《马克思恩格斯选集》第4卷,人民出版社1995年版,第163页。
[3] 《列宁全集》第23卷,人民出版社1990年版,第358页。
[4] 《斯大林选集》下卷,人民出版社1979年版,第558页。

从风俗而生出的有组织的态度和情操等。

为什么会有这么多的城市定义呢？这是因为任何一个复杂的事物都具有多方面的质，人们可以根据这个事物所具有的不同性质以及这些性质对人们的不同作用来给这个事物下定义。城市是个复杂的矛盾统一体，它有着多方面的属性，因而人们可以从不同角度来定义城市。比如，人们可以根据城市人口的数量、密度、发展速度来给城市下定义，可以根据城市的非农业人口集中来给城市下定义，可以根据城市的基础设施标准来给城市下定义。此外，也可以根据城市市民所具有的共同的心理和意志特点来给城市下定义，还可以根据行政区划的建制规定给城市下定义等。

根据城市的本质特点，结合我国城市的实际情况，笔者认为，现阶段可将城市定义为：以非农业人口为居民主体，人口集中、工商业发达的地域综合体，是一定地域的经济、政治、文化中心。

这样定义城市，是基于以下几方面的认识：第一，在上述经典作家对城市的论述中，都明确指出了城市在一个地区的中心作用，这是城市区别于乡村的本质特征，在城市定义中指出城市的这一本质特征，给了城市以质的规定；第二，非农业人口聚集是城市区别于乡村的又一特征，强调城市以非农业人口为居民主体，进一步划清了乡村和城市的界限。

二、现代城市的主要特征

（一）多种因素的高度密集性

现代城市具有很强的密集性，主要表现在以下几个方面：

（1）城市人口的高度密集。由于就业、投资和城市生活方式的吸引，世界城市人口越来越多，城市人口占世界人口的比例越来越大。

（2）物质财富的高度聚集。城市里集中了大量的生产和生活设施（如厂房、仓库、住宅、公共建筑、各种管线等），工厂企业生产所需的原料、产出的各种产品，城市人民生活所需的消费品，以及各种财政、金融部门等。这必然使城市成为物质财富集中的场所。

（3）文化、知识的高度密集。城市的产生和发展是人类物质文明和精神文明的结晶。城市的发展水平反映着一个地区或一个国家的文化水平。城市中荟萃着各种优秀人才和多学科的知识，集中了各类科研机构、高等院校和有关设施。现代城市成为科学研究和培养人才的重要基地，成为传播现代文化、科学、技术的中心。

现代城市的密集性在客观上对城市管理工作提出了相当高的要求。密集性常常带来各种活动的复杂性。要使城市有一个良好的秩序和安定的环境，必须有一套高效完善的管理机构，以及一系列科学的管理方法。

（二）城市功能的多样性

所谓城市功能，是指城市在一定时期内在国家或地区的经济、政治、文化生活中所发挥的作用。现代城市是各种产业、部门、行业和设施的聚集中心。这些产业、部门、行业和设施既保持自己的特性，又彼此联系、相互促进，形成了现代城市的多种功能。任何一个城市都是一个巨大的开放系统，总要和其他城市或乡村进行人才、物资、信息等方面的交流。这种城市与城市之间、城市和乡村之间功能的相互补充，给城市多功能的存在和发展提供了重要保证。比如，一个中心城市不仅有生产功能，而且有政治功能、贸易功能、运输功能、文化功能、军事功能等。随着现代科学技术的发展，社会分工越来越细，社会需求不断提高，城市功能更加多样。

确定城市的功能，主要是根据城市的性质。任何城市都是既具有城市的共性，也具有自己的个性。因此，城市功能可分为普遍性和特殊性功能。

所谓城市的普遍性功能，是指所有的城市作为一个地域的中心，对该地域所发挥的普遍作用，主要包括在经济、政治、文化、社会诸方面所发挥的主导作用和辐射能力。城市的普遍性功能划清了城市和乡村的界限。

所谓城市的特殊性功能，也叫城市的主导功能，是指一个城市或一类城市由于自己所具备的个性，对一定地域所发挥的特殊作用。这是由城市所具备的矛盾特殊性所决定的。这种特殊性决定着一个城市或一类城市的性质，决定着城市在一定时期的发展方向。例如，桂林市的个性决定了它应是一个以旅游业为主的城市，鞍山市的个性则决定了它应是一个以钢铁工业为主的工业城市。城市的特殊功能决定了这类城市和那类城市、这个城市和那个城市的区别。城市的主导功能不是一成不变的。如果城市所具备的客观条件发生了重大变化，那么城市的主导功能也要发生变化。比如一个原来以采煤为主导功能的城市，当煤资源减少到一定程度时，就必须改变其主导功能。

城市功能多样性的特点要求我们在城市规划和建设中做到：一方面，要注意抓好城市的主导功能，发挥城市的特长，要根据各个城市的具体情况，确定城市的主导功能和发展方向，使每个城市都表现出自己的独特风貌，避免造成失去城市特色的"大而全"或"小而全"的局面；另一方面，也要重视普遍性功能和其他功能的发挥，使各种功能相互协调，因为普遍性功能和主导性功能是相互影响的，如果不注意普遍性功能的发挥，必然会给主导性功能带来不利影响，使主导性功能不能很好地发挥出来。

（三）整体的高效性

所谓整体的高效性，是指城市在其社会、经济等方面的发展过程中所获得的综合性高效益。现代城市各种组成要素高度聚集，若内部结构合理、关系协调，就会显示整体的高效性。正如恩格斯谈到伦敦市时所指出的，"这种大规模的集中，250 万人这样聚集在一个地方，使这 250 万人的力量增加了 100 倍"[1]。在保持协调的聚集体里，人们便于开展各种社会化活动和各专业之间的广泛协作，有利于先进的科学技术的推广运用。产品的产地、销地和原材料的距离缩短，有利于发展生产，提高经济效益，有利于使用现代化的交通和通信工具进行信息交流，利用信息资源和智力资源。实践证明，现代城市的整体效益远远高于城市内部各行业、各部门本身效益的代数和。

三、矛盾特殊性与城市的类别

科学地划分城市的类别，有利于认识不同类型城市的发展规律，有利于正确认识城市的现状和城市发展的未来，以便制定正确的城市管理政策。划分城市类别的方法多种多样，世界各国尚无统一认识和规定，人们需运用矛盾特殊性原理，根据城市的不同特点，从不同角度划分城市类别。

可以根据城市的规模划分城市的类别。城市的规模包括城市的人口规模和用地规模，划分城市的类别主要根据城市的人口规模。人口规模是指市区和郊区的非农业人口的总数（不包括所辖县的人口）。根据城市的人口规模，我国

---

[1] 《马克思恩格斯全集》第 2 卷，人民出版社 1957 年版，第 303 页。

城市可分为五类：小城市、中等城市、大城市、特大城市、超大城市。

可以根据行政层次划分城市类型。行政层次指城市之间行政地位的差别。在我国，城市是根据一定的标准，通过法律程序审定而设立的一种地方行政区划，并建立相应的国家机关。由于确定城市时法定的审批机关不同，建立在每个城市的国家机关的隶属关系不同，因此城市之间有着不同的行政地位。根据不同的行政地位，我国城市可分成三种类型：直辖市，行政地位和省、自治区相同，由中央直接领导；地级市，其行政地位介于省与县之间，由省、自治区直接领导（地级市可以辖县）；县级市，其行政地位和县相同。

可以根据城市的主导功能划分城市类型。一般来说，城市都是一个地区的政治、经济、文化的中心，这是所有城市的共性。但是，由于地理条件、历史条件、资源分布情况和社会分工情况不同，许多城市表现出自己的个性，表现出与众不同的主导功能，据此可以对城市进行分类。比如，大庆是油城，景德镇是瓷都，哈尔滨、常州是工业城市，大连、宁波是海港城市，杭州、苏州是旅游城市等。

还可以从其他角度对城市进行分类。比如，根据城市的地理位置，把城市分为内地城市、边陲城市、沿海城市等；根据城市的历史情况，把城市分为古老城市、新兴城市；根据城市的气候条件，把城市分为温带城市、亚热带城市和热带城市；根据城市作用、影响的范围，把城市分为国际性城市、全国性城市和地区性城市等。

随着世界各国城市的发展，以及人们对城市的各种性质的深入认识，城市分类理论体系将逐步形成，城市分类方法也会更加科学。

第二节　城市发展的历史过程和基本趋势

一、城市发展的历史过程

城市约产生于公元前3200年，其发展过程历经原始城市阶段、中古城市阶段、近代城市阶段和现代城市阶段。生产力的发展推动着城市的产生和发展。

（一）原始城市阶段

这是城市发展的最初阶段，处于奴隶制社会时期。由于当时的社会生产力水平很低，城市仅是一定地域的商业手工业中心，在经济上主要以土地财产和农业为基础，没有大规模的工业，因此城市的经济功能相当微弱。由于社会把人们分成利益截然对立的阶级和等级，城市是剥削阶级代表人物的驻在地和聚集财富的场地，剥削阶级通过城市和设在城市中的国家机器，压迫奴隶和自由民，因此城市的政治功能、军事功能突出。这一时期城市的主要代表有雅典、罗马、斯巴达，我国夏代的安邑、阳翟和商代中期的商城等城市也产生于这一阶段。

（二）中古城市阶段

这是城市由最初形成时期进入历史性成长时期，处于封建社会时期。随着社会生产力的提高和分工的不断完善，商品生产和商品交换进一步发展，城市不仅是政治、军事中心，而且也开始成为经济中心。由于经济的发展和统治阶级政权的需要，城市在数量、功能和类别等方面都有了较大的发展。我国西汉和隋唐时期的长安、北宋的东京、明代的南京、清代的北京，欧洲的威尼斯、热那亚、佛罗伦萨等，都是这一阶段城市的代表。这一时期在经济上主要是农业与家庭手工业相结合的自然经济时代，政治上是封建地主和农奴主专制统治时代。因此，城市均具有封闭性、孤立性、消费性等自然经济特色。

（三）近代城市阶段

这是城市发展的决定性阶段。这一时期以资产阶级革命为起点，到20世纪末，其范围涉及世界各国。资产阶级政治革命和产业革命的发生和发展，使城市的社会经济结构发生了质的变化。资本主义生产关系的确立，以蒸汽机为动力的机器大工业的兴起，商品经济的发展，国内市场和国际市场的不断扩大，加快了城市的发展速度。这一时期，许多城市的性质也发生了变化，由消费性城市变成了生产性城市，其中心作用和辐射能力大大提高。但是，大工业的生产方式也给城市带来新的矛盾。例如，工业建设往往杂乱无章，环境污染严重；城市人口增加导致城市用地紧张、居民居住条件不佳、公共福利设施供不应求、交通拥挤混乱。

(四) 现代城市阶段

这是指20世纪初以来城市的发展阶段，是城市发展的高级阶段。由于现代工业的发展、科学技术的进步和农业生产率的提高，以及民族解放运动的胜利等原因，城市人口迅猛增长，出现了前所未有的大城市、大城市区、城市带和城市系统等，城市化的程度越来越高。

二、现代城市发展的基本趋势

城市的发展自20世纪初以来属于现代城市发展阶段，或称为现代城市化阶段。所谓城市化，是一种变农业人口为城市人口，人们的生产生活方式由乡村型向城市型转化的社会历史过程，它是工业化和现代化的必然产物，也是人类社会历史发展的基本趋势。当今世界各国的城市虽然所处的社会制度和经济发展水平不同，但都要朝着城市化这个基本趋势发展。

根据各国城市化发展的现实情况，现代城市化具有以下特点：(1) 城市化的进程加快。这主要表现在世界城市人口占总人口的比例越来越大，城市数目和规模也不断增加和扩大。(2) 城市化水平的不平衡性。城市化虽然是全世界城市发展的普遍趋势，但由于各个地区和国家所具有的经济、政治等客观条件的差异，城市化水平存在着不平衡性。一些西方资本主义国家由于经济比较发达，城市起步较早，城市化水平较高。而发展中国家由于经济较为落后，城市建设普遍起步较晚，城市化水平较低。城市化水平的不平衡性还表现在不同规模城市间的差异。由于大城市在基础设施、就业条件、服务水平等方面一般都优于中小城市，其吸引力高于中小城市，因此大城市人口集中速度大大快于中小城市。

上述差异并不是一成不变的。随着社会的发展，城市化的不平衡性也会有新的内容。在一些发达国家，由于新技术革命的兴起，现代化工业和城市经济的发展推动了农业的进步和农村经济的发展，使农村人口也可以在农村享受到城市生活方式的优点，城市对农村人口的吸引力大大减弱，降低了发达国家的城市化发展速度,而发展中国家的城市化发展速度则加快了。

城市化是经济学、社会学、管理学、哲学等多学科关注的课题。关于城市化的内涵和外延,第二十章辟专节予以说明。

第三节　城市管理主体的组织形式
——城市政府管理体制

一、西方资本主义国家的城市政府管理体制

由于世界各国的政治经济情况不同,城市政府管理体制也不相同。在西方资本主义国家中,影响较大的是美国所采用的几种城市政府管理体制,如市长议会制、市委员会制、市经理制等。

(一) 市长议会制

这是美国使用最早的一种市政管理组织形式。在这种形式中,市长是城市的行政首长,由选民选举产生。市长下属的其他行政官员,有的由选民选举产生,有的由市长任命,有的由市议会选举产生。市议会是市的立法决策机关。

根据市长权力的大小,市长议会制又可分为弱市长制和强市长制。

弱市长制的主要特征是市长的权力受到很大限制,相比较而言,市议会的权力更大。市议会拥有监督一切市政事务的权力,除了享有立法权外,还有权任命全部重要行政官员,批准雇用或辞退下级雇员。市议会为了监督市政工作,常常划分成若干委员会,分别领导和监督市属各主要行政部门。而市长缺乏行政权,不但无权控制市议会,而且连市政府所属的行政机关也不能完全控制。市长仅在市议会的同意下委用少数工作人员,并且无权对其委用人员进行奖惩。除了在礼仪上的职务,市长没有实际权力。这种体制不能形成一个统一的、有力的领导城市行政工作的核心力量,容易受政治派别斗争的影响;各委员会责任不清,联系松散,管理效率低。因此,现在采用这种体制的很少。

强市长制是对弱市长制弊病的修正。在这种体制下,市长通常是由政党提

名，由选民选举产生，其地位和权力大大加强，市长在行政上具有独立地位。市议会只有立法和监督职能，不能干预行政事务。市长有权任免各级行政首长、若干委员会成员和雇员，对下属的行政事务有完全的监督指挥权。市长负责编制城市预算草案，然后提交议会审批；负责监督议会制定的地方性法规的执行情况；有权代表市政府同其他州政府、市政府进行交流合作；有权签订各种合同。这种体制的优点在于，市政府和议会各有职权，可以防止市长或议会的专断。但由于两者是制衡关系，决策立法者和行政执行者分开，容易形成市长和议会的对立。

市长—行政长制是强市长制的一种形式。行政长由市长任命，有些市还须议会同意。其任务是在市长领导下，处理和监督行政事务。行政长有权任命和撤换政府各部门的首长，但须征得市长的同意，有权监督市政府各部门的工作，向市长提出各种建议、办法等。而市长则着重于政治和政策方面的领导。这种体制可以使市长从行政领导活动中解脱出来，重点解决政治和政策方面的重大问题。由于行政长对市长负责，在市长领导下工作，所以市长的中心地位并没降低。市长的意志可以通过强有力的行政系统执行。这种制度要求市长与行政长之间密切合作，但实际上市长和行政长之间时有矛盾；这种制度也不能从根本上解决市长和市议会在制定政策和执行政策等方面的矛盾和对立。

(二) 市委员会制

市委员会制的突出特点是抛弃了分权制，以权力统一原则为基础，委员会由三人、五人或七人组成，均由全市公民选举产生。委员会行使市议会职能，定期举行会议，制定本市的政策和规章制度，通过委员会的全体会议，选举一人为市长。市长的地位和其他委员相同，除了在礼节仪式上代表全市和在集会时作为主席外，不享有其他法定特权。解决重大问题，由全体委员会讨论，然后投票做出决定。市长没有决定权和否决权，委员会的成员都行使双重职能，既是立法机构的成员，又是一个行政部门的主管。行政部门的划分，根据委员会组成人员的多少而定，由五人组成的委员会，通常设公共安全、财政、公共工程、公共事务、卫生福利等部门。每个委员有权任命所属行政部门的官员和雇员，并监督该部门的工作。这种体制的优点是，权力集中在一个小委员会，组织机构精干，克服了强市长制分权制衡的弊端，取消了权力的分立。这种体制的缺点是，责任分散在几个人身上，没有一个统一负责的行政首长来协调和监督各行政部门的工作，行政职能和立法职能由同一个委员会行使，使行政失去了立法的控制和监督。

（三）市经理制

市经理制是为了弥补委员会制的缺陷，吸取了工商企事业管理的优点而制定的。其具体组成过程是，选民以全市为一个大选区，选出五至九人，组成一个小型议会作为立法机构，负责制定规章、政策和控制财政。议会任期一般为四年，议会有聘任、监督并随时撤免市经理的权力。所聘任的市经理是不属于任何党派、在政治上保持中立且受过专门训练的市政管理专家。市经理的选拔范围可以遍及全国，不受本市限制。市经理的主要职责是执行市议会所制定的规章、政策。市经理要对市议会负责，市议会要对选民负责。市经理有权任命、监督和撤免下属各部门的负责人和工作人员，有权监督、指导各部门的工作。市议会一般不监督这些部门的工作。市经理要编制预算，并向市议会提供有关市财政事务的意见。为便于执行市议会所制定的规章、政策，市经理可以列席市议会的会议，提出建议并参加讨论，但无权表决。市经理的任期根据其才干和政绩由市议会决定。市经理制的优点是：它提供了一个统一的、有市政管理专长的市政首长，便于确定各部门的工作范围和责任，易于形成分工协作的局面，提高工作效率；它规定从专家中选拔市政首长，为专家发挥专长创造了条件，有利于提高城市现代化管理水平；在这种制度下，市经理对市议会负责，避免了市长—议会制所产生的立法权和行政权之间的对立。由于这种体制有许多优点，所以世界上有不少国家和城市采用这种体制。市经理制的缺点是，不能产生强有力的政治领导人物，市经理缺乏政治号召力。

研究资本主义国家的城市政府体制，总结其经验教训和带有规律性的东西，对于搞好我国的城市政权建设和城市管理，是非常必要的。马克思主义的社会发展基本理论告诉我们：经济基础决定上层建筑，上层建筑必须适应经济基础的发展。城市政府管理体制是国家政治体制的重要组成部分，属上层建筑范围，它的性质、内容都由经济基础决定。随着经济基础的变化，作为上层建筑组成部分的政治体制，也要做相应的调整或改革，才能促进城市经济和社会的发展。美国几种城市政府管理体制的发展变化也告诉我们：不能固守一种体制长期不变，应该根据城市发展的具体情况，改革不适应的部分。

二、我国的城市政府管理体制

我国城市人民政府是通过间接选举产生的。市人民政府是市人大的执行机关，是对市行政事务进行组织和管理的国家行政机关。市长领导和主持市政府全面行政工作，副市长协助市长分管若干部门的工作。市政府每个工作部门日常向分管本部门的副市长报告工作，副市长有权处理一般性工作。我国是社会主义国家，城市政权代表人民的根本利益，要为人民服务，并接受人民的监督。在城市政府的工作中，要贯彻"人民城市人民建，人民城市人民管"的方针，这和资本主义国家有着本质的不同，也是搞好我国城市管理的根本保证。

第四节 城市管理主体的要素——市长

一、市长的主要任务和作用

我国宪法规定，市长是市人民政府的最高行政首长，行使市人民政府职权范围内的最高行政权。市长是一市之长，市民生活的每一个方面都和市长的工作有联系。市长是城市规划、建设和管理的总指挥，对于现代城市的发展起着极为重要的作用。其主要任务和作用有以下几个方面：

（1）制定科学的城市规划，并采取各种有效措施保证规划的实现。在我国社会主义建设中，党中央为全国人民指出了实现社会主义现代化的总目标。市长要根据总目标的要求，结合本市的情况，提出本市城市建设和发展的蓝图，制定出科学的城市规划，为全市人民指出明确的奋斗目标，并努力实施。

（2）搞好城市建设，为城市的发展打好基础，为市民创造良好的工作和生活环境。要发展城市，提高城市人民的物质生活和精神生活水平，必须搞好城市建设。在城市建设中，需要市长协调城市建设与经济建设和环境建设的关系，使城市建设获得良好的经济效益、社会效益和环境效益；需要市长的统御和组织作用，避免出现条块分割、分散建设、重复建设等问题，组织人力、物力进行城市建设。

（3）采取经济、行政、法律等手段对城市进行管理。城市是经济实体、社会实体、自然实体的复杂统一体。市民既是城市的规划者、建设者，也是城市的管理者。只有对城市各个方面进行严格管理，才可能给市民创造一个优美、舒适的环境。城市是人民的城市，市长是市民的市长，市长要根据"人民城市人民建，人民城市人民管"的方针，依靠广大市民对城市进行管理。城市结构层次的复杂性要求市长采取多种手段和方法进行管理。

（4）负责组织、领导、协调和督促市人民政府的各个部门和市辖区、县政府的工作，贯彻执行各项重大决策。

（5）负责召集市政府的全体会议和常务会议，讨论市政府工作的重大事项。

（6）签署批准市政府颁布的规章、决议和命令。

（7）代表市政府向市人民代表大会作工作报告。

（8）代表全市从事对外交往活动等。

二、保证市长发挥作用的条件

要使市长的作用得到充分的发挥，需要具备一定的条件。概括起来，有主观条件和客观条件。

所谓主观条件，是指市长本人所具备的素质。由于市长所处的地位十分重要，所以对市长的素质有很高的要求。有学者概括说，市长应有哲学家的思维、经济学家的头脑、组织家的才干、政治家的气量、军事家的果敢、革命家的胆略、历史学家的渊博、科学家的创造力、艺术家的想象力、律师的辩才、诗人的气质和战略家的眼光等。这些要求虽然有些夸张，但反映出市长应该具备很高的素质。一般来说，市长应具备以下几方面的素质：

（1）政治素质。市长必须具有全心全意为人民服务的崇高思想境界，甘当市民的公仆，坚持人民的利益高于一切，坚持四项基本原则，坚持中国特色社会主义理论，坚持从实际出发、实事求是的思想路线，具有强烈的责任心、事业心、进取心和开拓精神。

（2）能力素质。市长应该具有较强的决策、执行、指挥、监督、授权、接受和处理信息方面的能力，具有较强的分析、判断、统御、协调、组织、应变等领导全面工作的能力，能够掌握现代领导科学的理论和方法。

（3）知识素质。市长应该具有全面的、系统的马克思主义理论知识，还应该具有人文社会科学知识（如哲学、政治学、经济学、法学、历史、文学、外语等）、自然科学基础知识。

（4）道德素质。市长必须具有宽广的胸怀，能团结不同的人甚至是反对过自己的人一起工作，尊重和关心下属人员，善于听取不同意见，廉洁奉公，不以权谋私。

（5）身体素质。市长要有健康的身体、充沛的精力，能胜任繁重的第一线工作。

（6）思维方法素质。市长应具有辩证的思维方法，要能够发展地、动态地观察、分析和处理问题，表现在观念上具有时代感。

市长应具有以下几个方面的观念：

（1）信息观念。信息是管理和决策的必要条件，没有信息就没有正确的管理和决策，市长要注意了解来自各个方面的信息，不断研究新情况、新问题，为正确决策准备条件。

（2）系统观念。城市是一个大系统，城市内部诸要素之间和外部事物之间保持着有机联系，每项工作涉及多方面的因素和联系。市长必须有系统观念，立足整体，统筹全局，从整体和部分、整体内部因素和外部环境的相互联系中把握整体，才能做好城市管理工作。

（3）决策观念。市长拥有决策权，在掌握大量信息和调查研究的基础上，进行科学的决策。

（4）反馈观念。在城市管理过程中，要及时将有关方针、政策和法规的执行情况反馈回来，以便检查其正确性，发现问题及时纠正。

（5）效益观念。市长和市政府所做出的任何决策和行动都要考虑到综合效益。综合效益包括经济效益、社会效益和环境效益。

（6）信誉观念。市长讲话办事要讲究信誉，"宽则得众，信则人任焉"（《论语·阳货》），不能言而无信。这是做好工作的重要保证。

（7）开放观念。因为城市本身是个具有输入、输出功能的开放性系统，要在物资、信息、人才等方面与其他城市和地区进行交流。市长具有开放观念，才能适应城市开放的特点。

要使市长的作用得到发挥，还应该具备一定的客观条件。必须按宪法和法律的有关规定，落实市长负责制，从各方面创造客观条件，切实保证市长在市人民政府的主导作用的发挥。

第十九章　城市管理中的哲学问题（二）
——城市管理客体

城市管理客体是城市管理者的管理客观对象，同管理主体组成了城市矛盾统一体。城市管理者要管好城市，应该认识城市管理客体的成分、性质、特点，以及它们的相互作用和运动规律。

城市管理客体涉及城市发展和市民生活的方方面面，包括城市社会的全部内容。本章仅列举部分内容，阐明要搞好这些方面的管理，应该掌握的基本理论和正确方法。

第一节　城市规划管理

一、城市规划的概念

城市规划是指城市的管理者为了实现一定的经济和社会发展目标，合理地利用、控制城市的土地，搞好城市的空间布局，而通过科学预测制定出指导城市发展的综合性文件。它是根据城市所处地理位置、城市所具有的功能特点和城市发展的现状，以及城市在整个国家未来发展中的地位和作用制定的带有指导性的文件，是一定时期内城市发展的目标和计划。

二、城市规划的作用

城市规划的作用体现在以下几个方面：

(1) 城市规划是城市建设和管理的依据。要建设和管理好城市，必须有一个一定时期内城市建设和发展的蓝图，必须有城市规划的指导。比如，在什么地方建设城市？要建成什么性质的城市？城市的规模和布局如何安排？如何对旧城进行科学的改造？这些问题都需要做出规划。一个好的城市规划可以成为一定时期内城市工作的依据。按照规划如期落实，必然会收到预期的效果。相反，如果没有城市规划或规划脱离实际，或不执行正确的规划，都将给城市的建设和管理带来极大的混乱。法国管理学家亨利·法约尔曾说："如果没有计划，那就会导致犹豫、错误的手段和不合时宜地转变方向，这些都是无能为力，或者说是事业毁灭的原因。"①

(2) 城市规划对城市各项建设的发展起着统筹协调作用。城市是一个由多种要素组成的、相互影响、相互作用的有机体。这个有机体的各个要素只有处在相互协调之中，才能促进城市正常发展。如果失去平衡，则会影响城市的正常发展。城市规划对城市各项建设的规模和布局进行安排，使生产力得到合理布局，为城市各行各业的协调发展奠定良好的基础。

(3) 城市规划对城市的发展有着深远的战略意义。因为城市的规划和建设是城市发展的百年大计，是功在当代、造福子孙的长远事业。虽然有些规划是短期的，但是短期的规划也影响着城市的长远发展。城市规划在城市的建设和发展过程中是一个长期起着影响和制约作用的重要因素。因此，进行城市规划必须具有战略观点，要瞻前顾后，全面安排。

总之，城市规划是城市建设和管理的"龙头"，是一项具有战略意义的工作。只有搞好城市规划，才能保证城市的发展和国民经济的健康发展。

三、城市规划的基本内容和编制程序

城市规划工作的主要内容是：调查收集城市规划所需要的资料，确定城市性质、发展规模和各项技术经济指标；合理选择城市各项建设用地，确定城市规划结构；拟定对旧城的利用及改建原则、步骤和方法；拟定城市建设的艺术布局和方案；确定城市主要设施的原则和方案；确定城市各项近期建设

---

① 〔法〕H. 法约尔：《工业管理与一般管理》，周安华等译，中国社会科学出版社1982年版，第47页。

项目等。

城市规划的编制程序一般分两大阶段：第一阶段是城市总体规划，第二阶段是城市详细规划。

(一) 城市总体规划

城市总体规划也叫城市长远规划或远景规划，是城市发展的纲领性计划。城市总体规划规定着城市发展的重大原则问题，如确定城市的性质、规模、城市的总体布局等，它是城市规划工作的第一阶段。总体规划的制定为进一步制定详细规划打下基础。

我国城市总体规划的基本内容包括三个组成部分，即城市发展规划、布局规划和工程规划。

城市发展规划是城市布局规划和工程规划的前提。其主要任务是：研究城市的发展依据；确定城市的性质、发展方向和发展规模；规划劳动力就业的方向；规划城市经济结构、产业结构、内销产品结构、出口产品结构、劳动结构、社会结构、教育结构和文化结构；规划城市的科技发展方向；规划城市的空间结构、基础设施；规划城市的生态平衡和环境保护等。城市发展规划在城市总体规划中有着重要作用，只有在发展规划中对城市的发展依据进行科学的论证，才能使布局规划和工程规划具有可靠的客观基础。

城市布局规划是指，根据城市发展规划提供的依据，通过对城市自然、经济、历史和现状的分析研究，将总体规划中的各项物质要素组织在一个功能合理、协调统一的城市结构中。它是各组成要素在用地条件上的构思设想。它是应用一定的规划布局原则，采用科学的、合乎逻辑的方式，通过构图技巧表达出来的方案。城市布局规划的主要项目有：城市基础设施建设项目，城市公共生活服务设施建设项目，城市物质生产建设项目，文化教育、体育娱乐等设施建设项目，城市行政性建设项目，以及城市居民住宅建筑项目等。在布局规划中，要注意合理的功能分区，正确处理各种用地和各项设施的关系，合理组织和划分有不同功能要求的建设项目，注意城市布局的艺术效果。

城市工程规划即研究城市各项专业工程问题。从工程的角度分析，城市本身也是按照一定目的，由各项工程建设起来的工程设施综合体。例如，任何城市都有道路、交通、供水、排水、通信、园林绿化等工程设施。城市的发展、布局和建设，都是通过各项工程设施的建设来实现的。要进行工程设施的建设，必须要有工程规划。因此，工程规划是城市总体规划不可缺少的组成部分。工程规划是在城市发展规划和布局规划的基础上进行的。它的主要内容有城市道路系统规划、城市交通系统规划、城市供水工程规划、城市排水工程规划、城市供电工程规划、城市供热系统规划、城市煤气系统规划、城市电讯工程规划、城市园林绿地系统规划、城市防洪规划、城市用地工程措施规划等。

需要强调指出，在城市总体规划中，确定城市的性质、规模和布局是城市总体规划的关键环节，是规划中诸矛盾的主要矛盾，应首先抓好。

所谓城市的性质，是指一个城市在自己的国家或所在地区中所具有的功能和特点，即它在国家或地区的经济、政治、文化生活中所承担的任务和发挥的作用。它是由城市所具有的特殊矛盾决定的。确定城市的性质是城市规划的前提。确定了城市的性质，城市的发展方向也就容易确定了。确定城市的性质是一项十分严肃谨慎的工作。一方面，要立足于国民经济发展的全局，服从国民经济发展的需要；另一方面，要实事求是地根据某一城市客观条件来确定，对所规划的城市所具备的自然条件、社会条件、历史情况进行周密深入的考察，经过详细的分析论证，才能做出结论。正确地确定城市的性质，既有利于某一个城市的发展，也有利于国民经济的发展。

由于不同城市的主要功能不同，城市在国家和地区所发挥的作用也不同。城市的性质是多样的，如工业城市、交通港口城市、科学文化城市、风景旅游城市、军事城市、政治中心城市等。

城市规模一般是指城市人口规模和用地规模。城市人口的多少直接影响着城市用地规模、住宅建筑的标准和规模、基础设施的规模，以及交通道路设施和其他设施的布局等。城市人口规模是编制城市规划必不可少的准备条件。人口规模是否合理，直接影响着城市的发展。城市人口规模太大或太小都不利于城市的发展。确定城市的规模也应该从城市所具备的客观条件出发，在一定时期内，城市规模不能超过现有各项基础设施的承载能力，更不能超过当地自然力（如能源和水资源）的承载能力，要有明确的规模限制；否则，超过了城市的承载能力，使城市发展失去控制，盲目发展，必然带来一连串难以解决的困难。在不超过自然力负荷的条件下，要制定逐步扩大城市基础设施的具体措施。

城市布局是在固定的城市用地的范围内，合理地安排城市的各项建设项目和其他组成成分。在城市布局的过程中，要把城市用地进行功能区分，如把城市用地分为工业用地、生活居住用地、对外交通用地、卫生防护用地等。要注意各个部分的本质区别和内在联系，把内在联系密切的部门部署在一起，把内在联系较远又互相产生不利影响的项目分开部署，并注意节约用地。

（二）城市详细规划

城市详细规划是城市总体规划的具体化，没有详细规划，总体规划就不能落实。城市详细规划的主要任务是对近期规划中确立的新建或改建主要建设项目做出具体的安排，为修建、设计提供依据。其主要内容包括：对近期开发地段各类不同性质的建设用地、道路系统、工程管线和工程设施，规定具体的用地范围，具体确定各类用地的容积率、建筑密度和建筑高度；对当前新建或改建地段进行总平面布置，对建筑群和空间环境以及各项工程设施做出综合的规划设计并估算造价。对于大城市，还需制定市内"分区详细规划"。

在城市详细规划中，对于近期规划中已确定的建设项目，也要根据各种项目所具备的不同条件，做出不同处理。比如，对于近期已有具体投资计划的建设项目，要有明确详细的规划设计方案；对于总体规划中的远期建设项目，做出用地安排等。

城市规划编制完毕，要报有关部门进行审批。

四、城市规划前研究及基础资料的搜集和整理

（一）城市规划前研究的意义

城市规划涉及城市的经济发展和社会发展等多方面问题。归根结底，城市规划是为了解决城市社会中存在的矛盾，促进城市社会的发展。因此，在进行城市规划之前，必须对城市进行全面系统的考察。比如，要了解城市现有工业的发展、服务行业的情况、交通运输情况等。要从社会学角度进行考察，以便掌握城市要素及结构间的相互有机联系，为城市规划服务。进行规划前研究，可以建立规划工作所必需的信息基础，提高城市规划所获得信息的可靠性。在规划前研究中，要注意研究居民对城市发展的舆论，要采取专门的恰当的民意

调查方法，了解市民对城市发展的意见。

（二）城市规划基础资料的搜集和整理

搜集和整理基础资料是城市规划的基础工作，这也是从实际出发、实事求是的唯物主义思想路线在城市规划中的具体体现。城市规划基础资料主要包括现状资料、经济资料、自然资料和历史资料四大部分。

搜集现状资料的目的在于充分利用原有的各项设施（如工厂、住宅、公共福利设施以及给水、排水等市政工程设施），以利于旧城的改造。现状资料包括人口资料、土地使用情况、城市现有居住水平概况、现有公共建筑和住宅建筑的质量和建筑密度概况、现有市政工程设施水平等。

搜集经济资料的目的在于正确分析研究城市发展规模。经济资料包括工业、手工业、对外交通、市区内单独设置的较大仓库、非地方性行政经济机构、大专院校、中等技术学校以及文化科学研究机构等部门的人员数、建筑面积、与生产企业的关系、发展计划等。

搜集自然资料主要是为城市建设的各项用地和基础设施的布局提供自然依据。自然资料包括地质、地貌、气象气候、水文、土壤类型和分布、矿藏种类和分布范围、采空区等。

城市历史资料包括地方志、地理志、历史城市专著、古代地理名著、历史社会经济资料、考古文物资料、历史地图等。可以通过搜集历史文字资料和实地勘查、调查座谈等形式得到这些资料。通过研究这些资料，了解城市的历史沿革、城址的变迁、地理形势、山川、疆域、历史行政区划、城乡居民点的分布、城市的历史发展等重要情况，为认识城市的现状提供可靠根据。

要做好基础资料的搜集工作，必须重视和做好调查研究工作。调查研究工作一般采取踏勘、访问、开调查会、发给有关单位调查表格等形式。在调查过程中，要争取多掌握第一手资料。比如，对城市地形地貌的了解，不仅要看地形测量图，而且应该亲自到现场踏勘、实地考察。将搜集来的资料进行分析和综合，进行去粗取精、去伪存真、由此及彼、由表及里的改造制作过程，分清重点和非重点。为了提高城市规划工作的质量和效率，应尽量采取先进的科学技术手段，如计算机等，进行资料的整理、检索。

第二节 城市经济管理

一、城市经济管理的概念

城市经济一般是相对于农村经济而言的,是城市中生产关系的总和,是城市空间范围各经济部门以及它们的活动。由于我国的经济实力和财政收入绝大部分集中在城市,所以城市经济直接影响着国家宏观经济管理,城市经济的好坏反映了我国的国民经济水平。所谓城市经济管理,是指国家和城市政府对城市的各种经济活动所进行的宏观控制、指导和调节。这里讲的各种经济活动既包括国有企业的经济活动,也包括城市中个体经营者的经济活动和其他各种经济组织的经济活动。城市政府要对它们进行必要的管理。城市经济内容非常丰富,是一个多方面、多层次的网络系统。本节主要讨论城市政府对城市经济的宏观管理。

城市经济管理与国家宏观经济管理既有区别,又有联系。二者都是运用国家和城市政府的权力对国民经济进行各种控制、指导和调节,在社会基本矛盾运动过程中,都属于上层建筑对经济基础的反作用。但是二者在管理权限上存在明显差别。国家宏观经济管理是对全国国民经济体系的控制、指导和调节,而城市经济管理是对一个局部地区的国民经济体系的控制、指导和调节。城市经济管理和企业经济管理在性质和职能上也有着明显的区别。企业是一种经济组织,自主经营、自负盈亏的商品生产决定了它有自己的相对独立性。企业的职能是向社会提供有效产品和有效劳务。因此,企业经营管理是从微观角度对其供产销、人财物等具体事务进行组织、指挥、监督、调节和管理。明确这些界限,对于搞好城市经济管理和企业管理都非常重要。否则,城市政府如果任意扩大自己的管理范围,政企不分,不仅不利于企业的发展,也不可能搞好城市管理工作。

二、城市经济管理的意义

城市经济管理有着很重要的意义。首先,城市经济包含着工业、商业、交通运输业、信息服务业等许多经济部门，各个经济部门又包含众多的企业和单位，城市各种经济活动牵扯到大量的人口、资金、信息，形成了一个综合复杂的有机体。要想使城市经济活动正常进行，必须进行科学的管理。其次，从城市经济和整个社会经济的关系分析，城市经济是整个社会经济的重要组成部分，它和整个社会经济处在相互联系和相互作用之中。它们之间只有保持均衡和协调，才能保证整个社会经济的正常发展。由于城市的中心作用，城市经济在整个社会经济中占据重要地位，发挥着重要影响。搞好城市经济管理，对于促进社会经济的发展起着重要的保证作用。最后，参与城市经济活动的有各类企业、各种机构、各种人员，他们每天要进行大量的经济交往。只有加强管理，处理好各个方面的经济利益关系，才能使这些经济活动正常进行。

三、城市经济管理的职能

所谓城市经济管理职能，是指城市管理部门在城市经济管理过程中所具备的基本功能。城市经济活动本身的复杂性，决定了城市经济管理功能是多方面的。

（一）计划职能

任何一种行动要想获得良好的客观效果，必须要有一个符合客观实际的科学的计划。城市的经济发展也必须有一个切实可行的发展计划。否则，城市经济活动将是盲目的，必然造成经济秩序的混乱。所谓城市经济管理的计划职能，是指城市经济管理机构确定城市经济发展目标以及实现这些目标的原则、方法、步骤、手段等。制定和实施城市经济发展规划，是城市政府及其计划机关的一项重要任务。

（二）组织职能

组织职能是城市经济管理机构为实现城市经济发展的总目标和总任务，对经济活动中各个要素所做的协调工作。为了完成城市经济的发展任务，城市经济管理部门要从总体上进行组织和安排，要分清各种任务的轻重缓急，并根据任务的实际需要建立生产组织体系和管理组织体系。

加强对企业的组织和管理,也是组织职能的重要内容。因为企业是城市经济的细胞,企业的经济效益是城市经济中心作用的重要因素。为了提高企业的素质、增强企业的活力,城市经济管理部门也要加强对企业的组织和管理。这种组织和管理不是去包办企业的日常经济活动,而是通过各职能机构,根据企业的实际情况,对企业的经济活动进行组织和管理。

(三) 指挥职能

指挥职能是指城市经济管理机构依靠权威力量指挥下属有关部门或人员从事某种工作的管理活动。为了完成城市经济发展的总任务、实现城市经济发展的总目标,在城市经济活动中,经济管理机构的指挥职能是不可缺少的。经济管理机构往往要从全局出发,指挥各个部门的活动,使其服从全局的需要。各个部门也只有服从上级经济管理部门的指挥,才能正确地发挥本部门的作用。上级对下属部门和人员的指挥,是建立在对全局实际情况的了解上,建立在由于掌握了知识、技术、信息、预测所形成的正确的决策上,以及正确的行政领导所形成的威望上。

(四) 控制职能

控制职能是指城市经济管理机构为保证实际工作的质量标准符合国家要求而进行的管理活动。控制职能的任务是,从多方面努力使实际工作的结果与科学预测的结果相符合。要完成控制职能,必须科学地确定各种工作的质量标准,及时掌握了解实际工作情况和所确定质量标准之间的偏差,及时采取有效措施,纠正这些偏差。

对城市生产力发展规模的控制,是城市经济管理工作的重要内容之一。根据城市规模应该和现有各种基础设施的承载能力相适应,城市规模应该和当地的自然力相适应的原则,城市政府应该把本市生产力发展规模严格控制在本市的土地、水源等自然力负荷的极限内,把本市的生产力发展规模控制在本市现有基础设施承载能力所允许的范围内。

（五）调节职能

调节职能是指城市经济管理机构对城市经济的各种活动的各个要素、各个环节进行调节，使它们相互协调、相互配合、共同发展。调节经济结构是城市经济管理的重要任务之一。城市的经济结构包括城市的生产力结构、生产结构、流通结构、分配结构和消费结构。城市政府要加强对本市经济结构的调查研究，对出现的不协调状态要及时采取措施予以调整。城市政府在调节本市经济结构的实际工作中，应注意以下几方面的问题：

（1）要把局部和整体的关系辩证地统一起来，把本市的经济结构与全国的经济结构有机地结合起来。一个城市的经济要想得到发展，必须和全国城市建立广泛的横向经济联系，才能实现该城市经济活动的协调运转。

（2）要根据一个城市所具有的矛盾的特殊性确定城市的性质，再根据城市的性质确定城市的经济结构，使城市的经济结构和城市的性质相适应。要根据城市的性质来确定哪些行业、企业需要扶植、鼓励其发展，哪些行业、企业需要限制甚至禁止发展。

（3）要根据本市所具备的实际条件，扬长避短，积极发展优势产业，限制、改造或淘汰劣势产业，形成有自己特色的经济结构，并和全国商品经济的发展以及合理的经济布局相适应。

（4）调整城市经济结构，一方面要有利于城市政治、经济、文化、科学技术等活动的正常进行，另一方面要有利于提高城市人民物质文化生活的需要。要把城市经济的长期发展和人民物质文化生活的现实需要结合起来，重视和城市人民生活联系密切的商业、服务业、公共生活服务设施的建设和合理布局。

（六）监督职能

监督职能是指城市经济管理机构根据国家规定的各种标准，检查被管理单位和被管理者的经济活动是否符合国家标准和有关规定。为了保证社会主义经济的健康发展、维持正常的经济秩序，城市经济管理部门必须具有监督职能。通过行使监督职能，及时发现与社会主义方向相违背的行为和活动，并予以纠正。通过监督作用，保护生产者和经营者的合法经营和合法权益，使广大消费者的利益也能够得到保障。经济监督也是厉行增产节约，克服铺张浪费,合理使用人力、财力、物力,提高经济效益和经济管理水平的重要手段。

上述几种职能是城市经济管理机构在管理活动中的基本职能。这几种职能虽然有所分工,但都是密切结合、相互影响、相互作用的。在工作中,既要看到它们的区别,又要看到它们的相互联系,只有综合运用、相互配合,才能产生良好的客观效果。

四、城市经济管理的方法

城市经济管理方法是指人们为了实现经济管理的目的、运用经济管理职能所采取的各种措施和手段,主要有经济方法、行政方法、法律方法等。

(一) 经济方法

所谓经济方法,是指经济组织运用经济手段、按照经济规律的要求来管理经济的一种方法。经济组织是指按照社会化大生产的要求和客观经济联系建立起来的经济实体和机构。经济手段是指价格、税收、信贷、奖罚、利息、经济合同、经济责任等经济杠杆和工具。

价格管理手段是城市经济管理常用的方法之一。在城市经济管理中,城市经济管理部门常常要通过价格的作用来调节各种商品之间的相对平衡,从经济利益上来影响生产者的生产活动,以保证国家建设所需物质资料的生产和人民群众生活的需要。通过价格还可以调节产品的供求关系。价格的高低影响着人们的消费和生产者的积极性。城市经济管理部门应该在价格和价值大体相符的前提下来调节商品价格,保证市场供需平衡,使生产和消费正常进行。价格是否合理,还影响国民经济收入在不同部门之间的分配。分配不合理,必然会影响生产关系中的其他方面,从而影响劳动者的积极性,不利于生产力的提高。价格虽然可以在一定范围内浮动,但不能超过一定限度。因此,城市经济管理部门可以根据需要和可能在一定范围内调整价格,以此来调节不同部门、不同阶层人们之间的收入水平,以利于处理人们之间的经济利益关系,也能够促进企业加强核算,改善经营管理,提高经济效益。

税收方式也是城市经济管理部门管理经济的重要手段。通过对税种的设置和税率的确定,与企业经营活动发生联系,对企业经营状况进行监督和管理。运用征税、减免税、退税等手段,对急需发展的行业实行减免税优待,对需要限制的行业和企业实行高征税政策。对于一些因客观因素造成盈亏悬殊的企业、行业,通过税收予以调节,保证企业在同一水平上竞争。通过对各个企业的调节作用,促进城市经济的发展。

通过银行信贷的作用来管理经济,也是经济管理的有效方法。因为企业生产经营所需的周转资金和扩大再生产的资金大部分来自银行信贷,所以城市经济管理部门可以利用信贷杠杆,在企业中贯彻国家和城市政府的各项方针、政策,掌握企业的生产情况,有效地控制和调节行业和企业的发展。对急需发展的行业、企业给予优惠,如给予低息贷款、无息贷款。对应该限制的行业、企业及建设项目,应采取限制性贷款,如高息贷款或拒绝贷款等。通过信贷和各行业、各企业间的联系,发现企业经营中的各种问题,并协同有关部门解决这些问题,使企业、行业健康发展。

由上述几方面可以看出,在城市经济管理中运用经济方法,可根据不同客观条件,采取不同措施和形式。但是,这实际上都是在贯彻物质利益原则,即从物质利益上来处理国家、企业、劳动者个人之间的经济联系,以达到管理城市经济的目的。

(二)行政方法

行政方法是指依靠行政组织,运用行政手段来管理经济的一种方法。行政方法和经济方法不同:经济方法是通过调整各方面的经济利益,间接地控制和管理城市经济活动;行政方法是上级部门通过行政系统、行政层次给下级下达指标、规定、命令、指令性计划等形式来控制、指导和协调城市经济活动,带有一定的强制性。

在城市经济管理中,行政方法起着重要的作用。要完成国家统一任务,指挥、协调城市经济各部门、各企业的经济活动,控制国民经济重大比例关系,调节城市各经济部门、各企业的发展水平等带有全局性的重大任务,若没有行政机关或管理机构的权威和对这种权威的服从,是很难实现的。

行政管理方法带有一定的强制性,为了保证统一任务的实现,要求下级部门服从上级的指挥。但是,这种服从不是机械地被动地适应,而是积极主动地贯彻执行国家的路线、方针、政策。上下级的最终目标是一致的，上级对下级的指挥也不是武断专横、强迫命令，而是建立在共同维护国家和人民的利益分工协作的基础上，建立在同心协力搞好中国特色社会主义经济社会建设的基础上。

如同真理向谬误的转化一样，任何一种正确的方法，如果超过它适用的范围，就会变成一种错误的方法。行政方法也是如此。由于城市经济活动涉及面广、内容丰富、情况复杂，因此在处理具体问题时不能不加区别、不分主次地滥用行政方法，否则就会造成政企不分，对企业、单位统得过死的现象。以往我国经济管理在这方面的教训值得记取。

（三）法律方法

法律方法是在城市经济管理中，用有关经济的法律、法令、条例等规范性文件，调整国家、集体、个人之间在经济活动中的关系，以保证城市经济活动的正常进行。经济法律包括经济立法和经济司法两部分内容。经济立法是指国家机关通过立法程序，制定和颁布一系列反映客观经济规律要求、体现法人利益和意志的经济法规。经济立法是要解决经济过程中有法可依的问题。经济司法是为使经济法律发挥作用而应有的审理经济案件的机构、制度和活动，是解决经济活动中有法必依、执法必严、违法必究的问题。在实际工作中，这两方面都是不可缺少的。

城市经济活动是城市社会中最主要的内容，它涉及国家、集体、个人的经济利益，也影响到人与人之间的地位和相互关系，甚至影响到整个城市社会秩序的稳定。因此，城市经济管理是一个复杂的问题，无论采取经济方法还是行政方法，都必须以法律作为坚强后盾，否则就失去了处理各种经济纠纷的依据，也不能及时打击和处理经济活动中的违法犯罪行为。重视和运用法律手段，才能维护社会主义经济活动的正常秩序。

（四）思想教育工作在城市经济管理中的作用

在城市经济管理活动中，要非常重视思想教育工作。经济管理的中心内容是要合理调整各个方面的经济利益问题，涉及各类人和各个方面的关系，要处理好复杂的经济关系。参与经济活动的人若没有正确的思想作为指导，只从个人主义、本位主义出发，不讲社会主义经营作风和经营道德，其经济活动也不会带来良好的经济效益和社会效益，国民经济也不能得到发展。因此，城市经济管理部门在工作中要始终注重对各企业、各经济组织和城市经济工作者进行政治思想教育，大力宣传社会主义思想和共产主义思想，教育经济活动参与者识大体、顾大局，正确处理好国家、集体、个人之间的经济利益关系，宣传遵纪守法、文明经营的重要意义，注意表彰先进人物，对在经济活动中所表现出来的各种错误思想和作风，要进行批评教育。

上述几种方法在实际工作中常常是相互联系、密切配合、同时使用的。

第三节 城市基础设施管理

一、城市基础设施的概念和内容

城市基础设施是指为城市生产和居民生活提供先决性物质条件的完整的工程系统，是城市的人工物质载体。任何一个城市要想存在和发展，都离不开一定的物质载体。城市最基本的物质载体分自然物质载体和人工物质载体两类。自然物质载体主要指土地和水源。人工物质载体主要指城市基础设施，包括城市能源动力设施、城市水资源和给排水设施、城市交通设施、城市邮电通信设施、城市防灾设施、环境保护设施、园林绿化设施等。

二、城市基础设施的特点

城市基础设施具有以下特点：

（1）服务职能的二重性。城市基础设施不仅为城市人民的物质生产服务，而且为城市人民的生活服务；不仅为城市中的每个人、每个家庭和每个单位服务，而且为整个城市的社会发展服务。比如，城市对内对外交通既用于物质生产，也用于人民生活。各类基础设施同时兼有这两种功能。因此，城市基础设施的建设必须以整个城市的发展规划和布局为依据。

（2）效益的间接性和综合性。所谓城市基础设施效益的间接性，是指城市基础设施的固定资产投资和维护费用一般比较大，但是不能像工厂生产产品那样在短期内收回这些资金或获取大量利润,而是表现为能给服务对象带来长期的明显的经济效益。如果缺少这些设施,将会造成重大的经济损失。

城市基础设施的效益具有综合性,是指城市基础设施不仅有长期的经济效益,而且有社会效益和环境效益。比如,发展城市煤气和集中供热,可以减轻大气污染,方便市民生活;推进污水处理设施建设,可以减轻水体污染。如果城市交通设施完善合理,市民乘车方便,减少拥挤,对于稳定市民情绪、维护良好的社会秩序也起着十分重要的作用。如果城市有良好的给水排水设施,不仅可保护城市的环境,而且也直接有利于市民的身体健康。城市基础设施所带来的多方面效益是统一的,认识它们之间的相互影响作用,对于搞好城市基础设施建设具有重要意义。

(3) 运转的系统性和协调性。城市基础设施是城市大系统的一个子系统,而城市基础设施又包括能源系统、水资源和给排水系统、交通系统、邮电系统、环境系统、防灾系统等子系统。这些子系统彼此相互联系、相互作用,使整个基础设施成为一个统一体。城市基础设施要想发挥良好的功能,一方面内部各子系统要保持协调,另一方面必须使城市基础设施与城市的人口、人民生活水平、城市国民经济的发展情况及城市的房屋建设相适应。城市基础设施条件过高则造成浪费,过低则造成水电紧张、交通拥挤等城市病。

城市基础设施和城市外部地区的基础设施相互联系、相互作用,也组成子系统。城市基础设施与企业内部基础设施也相互联系、相互作用,组成子系统。在处理它们之间的关系时,应该是城市基础设施建设服从地区或全国的安排,企业内部基础设施建设服从城市总体规划。企业内部基础设施要与城市基础设施相连接,而不能相脱节。这些因素都必须保持协调,才能发挥良好作用。

(4) 经营管理上的多样性和强制性。城市基础设施在向社会提供服务的过程中,要消耗大量的人力、物力。为保证城市基础设施正常发挥作用,实现资金周转和基础设施的再生产,必须采取多种形式进行补偿,如市场补偿、财政补偿、财政和市场复合补偿等。为了保持城市基础设施为城市服务的稳定性,在经营管理上应具有强制性,有关部门应以法律形式明确管理者的权力,以便进行管理。

三、城市基础设施的作用

城市基础设施的作用体现在以下几个方面：

（1）城市基础设施是城市各项经济活动的重要物质条件。一部分城市基础设施能够直接参与创造产值、直接产生经济效益，比如水源、气源等作为原料参与工业生产。另一部分基础设施虽然不是直接创造产值，不直接生产产品，但是可以通过提高服务对象的效益而提高产值。比如高速公路和民航场站的修建缩短了城市生产单位和原料产地的距离，铁路的修筑降低了运输费用，必然提高经济效益。如果没有这些条件，城市的经济活动是无法进行的。

（2）城市基础设施是城市人民生活的物质条件。城市基础设施中有许多是直接为市民生活服务的。比如，给水排水系统直接影响到居民的生活，城市交通分布合理将给市民生活带来方便。

（3）城市基础设施是城市内部整体性和对外发挥城市中心作用的重要物质条件。由于生产力的发展，城市出现了专业化分工。这些专业化分工有利于发展城市生产、活跃城市经济。但是，这种分工必须建立在协作的前提下。为了从整体上提高城市的经济效益，必须加强各专业的相互联系和相互渗透。城市基础设施正是使城市内部这种聚集性成为现实的重要物质条件。比如，通过交通系统和邮电系统的各种设施，可以及时准确地把大量的人流、物流、信息流传到各个行业，使各个行业发生物质、信息和人才的交换，从而实现城市内部各专业之间的协作。

城市所具备的政治条件、经济条件和科学技术、教育等条件，使城市成为一定地域内政治、经济和文化的中心。每一个城市对其周围地区都有辐射作用。城市内部的基础设施和城市外部的基础设施组成一个相互联系的网，才能使这种辐射作用得到充分发挥。如果城市内部基础设施残缺不全、十分落后，如能源缺乏、交通邮电落后，就不可能有强大的辐射能力，也不可能把所具备的能力发挥出来。

（4）城市基础设施是城市安全的重要保证。基础设施中有防火、防洪、防地面沉降、防风、防地震等设施，都直接关系到城市的安全。城市基础设施的质量和管理，也与城市安全有着密切关系。

第四节 城市环境管理

一、人和自然的辩证关系

人类社会和自然界是对立统一的矛盾关系。它们虽然有各自的特殊性，但又是相互联系、相互作用的。人类社会是自然界长期发展的产物。人和人类社会并不是从来就有的，而是自然界发展到一定阶段的产物。人类社会的历史活动不能离开自然界，自然界不仅为人和人类社会的形成提供了必要的物质前提，而且也是人类社会赖以生存和发展的自然基础。人类历史活动的一个重要方面，就是要处理人和自然的关系，但不能违背自然规律。自然界中的生物群落与其周围环境相互依赖，不断进行物质和能量交换，形成生态系统。人类社会与地理环境的相互作用，也包括在生态系统中。人体在生命过程中也要通过新陈代谢，不断与环境进行物质交换、能量交换。因此，环境影响和制约着人类的发展。在适宜的环境下，环境中的物质与人体保持着动态平衡，人类能够在其中正常地生活、工作，产生无穷的智慧和创造力。

人类与其他生物不同，并不是消极地适应自然。人类利用自己的聪明才智和辛勤劳动，也影响和改变着周围环境，力求使它更好地为自己服务。由于工业革命的巨大成就，人类似乎陶醉于这种对自然的征服，好像可以任意安排自然。人类的生产和生活，使某些化学物质突然增加，并使自然界产生了许多新的物质，从而破坏了人与环境的相对平衡。环境中的废气、废水、废渣、噪声等，轻者使人们感到厌烦，心情不畅，工作效率低，重者会使人们中毒，引起疾病，甚至死亡。

总之，人和环境是不可分割的统一整体，人们必须充分重视养育自己的环境。

二、城市环境污染的危害

城市环境一经污染，就会以这种或那种方式危害人体健康。这种危害可分为以下三类：

(一) 急性危害

在短时期内，环境污染物过量进入人体，就会发生急性危害。例如，英国、美国、比利时的几次烟雾事件，美国、西欧、日本的光化学烟雾事件，就是如此。

(二) 慢性危害

有毒的化学物质污染环境，高剂量长期地作用于人体，到了一定程度，就要产生慢性中毒。著名的日本水俣病事件，就是由于有机汞污染了河流，当地的人们经常食用被污染的鱼类而发生的有机汞慢性中毒。城市大气污染对呼吸道慢性疾病的影响十分突出，对儿童影响更大。

(三) 远期危害（积累性危害）

1. 致癌

近几十年来，各国的流行病学调查资料表明，许多传染病的发病率和死亡率不断下降，而癌症的发病率和死亡率却不断上升，原因何在？尽管有不一致的看法，但普遍认为与环境污染有关。外界环境中致癌的化学物质主要来源于工业及其"三废"。据动物实验证明，具有致癌性的化学物质达两千多种，如多环芳香烃、苯并（a）芘、砷、铬、镍、石棉等。

2. 致突变

某些污染物质进入人体后，会使人体细胞中的基因物质改变其原有的特性，使新的子细胞具有新的遗传特性，从而使后代发生遗传性突变。具有这种作用的物质叫致突变物质。常用的农药，如敌百虫、敌敌畏、乐果、滴滴涕，都有致突变作用。

3. 致畸

致畸因素有物理的、化学的和生物的。物理因素和放射线可引起白内障、小头症等畸形。化学因素，如安眠药塞利多米（俗称"反应停"），孕妇服用后会引起胎儿畸形；多氯联苯会引起皮肤色素沉着的"症油儿"；聚氯乙烯和氯乙烯单体也能致癌，使胎儿中枢神经系统畸形及产生兔唇、腭裂、畸形足和生殖器畸形等。

三、城市环境的主要问题

影响城市环境的因素很多，因而环境问题也很多。除了人口膨胀、交通拥挤、住房窄小、水源不足等问题外，主要环境问题还有大气污染、水体污染、噪声污染、固体废物污染、气候恶化和绿地面积少等。

（一）大气污染

洁净的空气对生命来说，比什么都重要。工矿企业、家庭炉灶和汽车等各类交通工具排放的污染物，含有大量的煤烟、粉尘、硫氧化物、碳氢化合物、氧化物等有害物质，使城市空气污染，烟雾弥漫，危害人们健康，造成城市大气污染。

我国大气污染的主要问题是以颗粒物和二氧化硫为代表的煤烟型污染。

（1）颗粒物污染。颗粒物是大气污染物中量最大、成分复杂、性质多样、危害较大的一种。颗粒物包括飘尘和降尘。粒径小于10微米的，称飘尘；大于10微米的，称降尘。降尘可被鼻腔、咽喉捕集，不能进入肺泡。飘尘经呼吸道可沉积于肺泡，对人体健康影响很大。尤其是飘尘易与二氧化硫结合，形成硫酸雾，对肺泡有更强的毒性作用。

（2）二氧化硫污染。煤和石油在燃烧时，其中的硫分被氧化成二氧化硫，随烟道排入空气中，从而造成污染。煤是我国主要的一种能源，我国的煤炭资源中含硫量一般较高，而且大量的煤炭用于直接燃烧（如火力发电厂、工业炉窑等）。因此，我国大气中的二氧化硫污染十分严重。二氧化硫在大气中很易变成硫酸雾，并常和飘尘结合在一起，对眼结膜和呼吸道有强烈的刺激作用。人受到二氧化硫刺激后，会出现咳嗽、嗓子痛、胸闷和呼吸困难等症状，引起支气管炎、哮喘，严重时可引起肺气肿，甚至死亡。二氧化硫形成酸雾后，还可随雨雪降到大地，形成酸雨。酸雨会使土壤、河湖酸化，破坏农作物和森林，影响鱼类的生长繁殖，并且能够腐蚀建筑物。

（3）光化学烟雾污染。汽车尾气中含有多种碳氢化合物，这些污染物在强烈的太阳光作用下，发生光化学反应，产生光化学烟雾。它能显著降低大气能见度，刺激人们的眼睛、鼻喉，使人头痛、呕吐，严重的可致人死亡，并能损害植物和其他生物。

（二）水体污染

人和其他生物的生命活动，一刻也离不开水。城市工业废水、生活污水和城市地面径流，造成城市水源的污染。大量城市污水随意排入江河湖海，使江河湖海和地下水水质变坏，特别是饮用水质不断下降，直接危害人体健康和动植物的繁殖。

水体中的主要污染物有：

（1）需氧污染物。这是水体中普遍存在的一种污染物，主要来自生活用水和食品、造纸、焦化、石油化工等工业废水。从排水量上看，生活污水是需氧污染物的最主要来源。它的成分有碳水化合物、蛋白质、脂肪和木质素等。这些成分可在微生物的作用下最终分解为简单的无机物，而在这一过程中需要消耗大量的氧。水中溶解氧很少，在标准大气压下，20℃时为0.00917克/升。水中有机污染物过多，就会造成水中溶解氧缺乏，从而影响鱼类和其他水生生物的生长发育。

（2）植物营养物。城市污水和工业废水会使水体中植物营养物过量，从而恶化水体质量，加速水体的富营养化过程。水体中植物营养物含量增加，导致水生生物主要是藻类的大量繁殖。藻类的大量繁殖，除使鱼类生存空间减少外，还会消耗水中大量的溶解氧，使鱼类因缺氧而死亡。鱼类死亡，水道阻塞，水体发臭、变色，这就是富营养化。

（3）重金属。汞、镉、铬等重金属本身就有很强的毒性，对水生生物和人类健康的危害最大。它们通过食物链的富集作用，破坏人体正常生活过程，并有致畸致癌、致突变的作用。

（三）噪声污染

噪声是城市居民最烦恼的环境问题。就公害性质而言，噪声属于感觉公害，对它的判断与个人所处环境和主观感觉有关。

我国城市噪声主要是由交通车辆引起的，工业噪声所占比重不大，但强度高，对周围人群影响较大。交通噪声中，鸣喇叭是最主要的噪声因素。其他还有施工噪声、社会噪声（如高音喇叭、家用电器）。

城市噪声广泛影响着人们的各种活动，如影响睡眠和休息，妨碍交谈，使人心烦意乱，工作效率低下，损害听力，甚至引起神经系统、心血管系统、消化系统等方面的疾病。

（四）固体废弃物污染

固体废弃物包括工业废渣和城市垃圾。数量庞大的废渣不仅占地，而且造成大气、水体和土壤污染，影响人们的身体健康。工业废渣成分复杂、利用率低，需大力研究处理和利用的办法。

随着人们物质文化生活水平的提高，如何处理越来越多的城市垃圾，也是重要的环境问题。垃圾、粪便含有无机物和大量有机物，若不加处理就排入环境，不仅容易腐烂变质，散发臭气，而且是病菌、病毒、蝇蛆等的滋生地和繁殖场。

（五）气候恶化

气候和人类生活关系十分密切。在城市里，稠密的人口、集中的工业、众多高大的建筑和纵横交错的交通网络，形成城市特有的空气下垫面，从而改变了城市的辐射平衡和热平衡，使城市中日照、温度、湿度、风向及其他气象因素改变，形成了特殊的城市气候。

1. 雾障和辐射

城市化伴随着工业污染增多、能源过度消耗及机动车大量增加，工矿企业和交通工具不断排放污染物，使大气遭受严重污染，从而使城市上空终年为烟雾笼罩，在冬季采暖季节雾霾尤为严重。这种雾障使太阳辐射减弱，对阳光中的紫外线部分吸收特别显著。紫外线有很强的杀菌能力，这样就影响到城市的环境卫生。城市大气中的颗粒物可作为凝结核，对光有散射和吸收作用，降低空气能见度，从而使城市中雾障增加，加剧了雾霾污染，给城市居民的工作、生活带来不便。

2. 温度与"热岛"

在城市中，建筑物和路面所组成的下垫面吸热快，导热性好，传热也快，从而使得市区大气温度比郊区高。市区的工业和居民生活也不断消耗能源，向周围排热，更加剧了这种现象。所以，市区气温要比郊区高，这就是"热岛"效应。

热岛效应使城市的夏季更令人闷热难熬。另外，热岛效应使城市地区的风向也发生变化。市区温度高于郊区，热空气上升，郊区的冷空气就向市中心汇流，形成城市地区特有的环流。这种环流可将建在郊区的工厂的污染物送回城市，使城市里的大气更加恶化。同时，市区由于高大建筑物的影响，风速变小，污染物不易向外扩散。

（六）绿地面积少

城市绿地、水面的保留和扩大，对于改善城市生态系统、提高居民生活质量有很大作用。以前我国大多注重城市的生产建设，对于环境改善注意不够，因此，城市绿地面积少，树木数量不多，建筑物密度很大。现在有很大改变。

四、城市生态环境

（一）城市生态系统

1. 生态学引论

地球上的生命（包括人类）都离不开环境，都是在一定的环境中生长、发育、繁殖、延续的。每个生命都要和环境不断地进行物质交换和能量交换，同时也要或多或少地影响周围的环境。生物及周围环境形成了生态系统。生态系统是具有一定结构和功能的基本单位，在其中不断地进行物质循环和能量流动。这种物质循环和能量流动可较长时期地保持稳定，此即生态平衡。

一个生态系统之所以能够保持相对的平衡状态，主要是由于其内部具有自动调节的能力。当系统的某一部分出现了机能异常，就可能被不同部分的调节所抵消。系统的组成成分越多样，能量流动和物质循环的途径越复杂，其调节能力就越强；反之，成分越单调，结构越简单，其调节能力也就越小。但是，一个生态系统的调节能力再强，也是有一定限度的，超过了这个限度，调节就不再起作用，生态平衡就会遭到破坏。

生态系统按人为影响或干预程度的不同，可分为自然生态系统（如原始森林)、半自然生态系统（如农田）和人工生态系统（如工厂）。城市也是一个人工生态系统。

2. 城市生态系统的特点

城市是人类变革自然最强烈的地方，它是以人类为中心的社会、经济、自然的复合生态系统。城市生态系统不同于一般的自然生态系统，它具有以下特点：

第一，人是城市生态系统的主体。城市的最大特点是人口高度集中，人的活动频繁、剧烈，而动植物占的比例则微乎其微，并且是按照人们的意愿选择和培育的。

第二，城市生态系统是一个开放系统，不能自给自足。人在城市中占绝对优势，因此城市生态系统的营养关系呈倒金字塔形。为了维持大量城市居民的生活，保证城市生产的正常进行，城市就必须源源不断地从外界，从其他生态系统输入大量的能量、物质，并保持广泛的信息传输。同时，城市产品要源源不断地输出，城市生活和生产上的代谢产物也不能在城市内部完成分解、转化，必须把大量的"三废"和垃圾输送出去。

第三，城市生态系统的自动调节和自净能力较差。一个生态系统的调节能力，是与其中物种的多寡和相互之间联系程度的复杂性成正比的。城市里人口大量集中，占绝对优势，动植物则很少，因而城市的调节能力较差，对污染的自净能力较差。

总之，城市是高度人工化的独特的生态系统。它不能自给自足，对外界依赖性很强，它的自动调节能力又差，因此，它是一种不稳定的、脆弱的生态系统，一刻也不能脱离人对它的调节和控制。归根结底，城市作为人类文明智慧的产物，它的面貌如何、运转怎样，也主要依赖于人们的认识水平和管理艺术。

（二）城市生态系统与人

限于人类的认识能力，人们以前只注重城市的经济建设和居民的物质生活，而严重忽略了城市的生态建设和人类对自然的永久依赖性，使自己的周围空气不新、饮水不洁、混乱拥挤、喧闹不堪，并出现了各种"城市病"，诸如心血管病、癌症、失落感、忧郁症、厌世症等。

过去人们对于现代城市出现的各种问题，往往是采取头痛医头、脚痛医脚的办法，这样并不能从根本上解决问题。城市的规划、兴建与发展本身是一项系统工程。各种"城市病"的出现，是城市生态系统整体功能不健全的表现。要想根治，必须对构成城市生态系统的各个子系统之间的相互关系做整体性的调节，更重要的是，在城市问题上不能仅仅着眼于治"病"和克服弊端，而应当不断提高系统的整体功能，使之走上最优化的发展道路。这就是城市生态研究的目标。

同时，我们也不能忽视城市的社会心理环境。人具有自然和社会双重属性，人的需求是多层次、多方面的。作为生理意义上的人，有物质方面的要求，即要求衣、食、住、行上舒适、安全、方便；作为社会的人，有心理、情感、精神、事业、自我实现等文化方面的需要，希望生活在一个平等、自由愉快的氛围中，有艺术享受、精神情趣，有接近自然、趋向绿色空间的愿望。因此，一个城市状况的优劣，其居民生活质量的高低，不仅是指物质生活的丰厚和舒适，还有精神文化方面需要的满足。一方面，现代城市使人们的生活日益社会化；另一方面，城市的格局和节奏又使人们相互隔离、互不关心，使城市人产生茫然不知所措的孤独感、惆怅感，承受沉重的心理压力。随着人们物质生活水平的提高，这个问题会越来越突出。研究城市人和环境关系的城市生态学，自然也把这方面的研究作为自己的一个课题。

未来的城市将把技术和自然结合起来，走向生态城。自然空间的开阔、恬静，和谐的牧歌式情调，融和着人为空间的繁荣、绚丽、精致，可以使人乐于其中，尽情享受人生。

五、城市环境的保护管理

（一）切实加强城市的环境管理

国内外的实践已经表明：环境污染和生态破坏常常不是由于发展造成的，而是由于不重视环境管理、对环境的价值认识不够、缺乏完善的环境规划造成的。

城市环境管理与环境立法、环境经济等紧密相连、相互交叉。根据管理的范围不同，可分为区域环境管理（如整个城市、某个水系）、部门环境管理（如工业环境管理）、资源环境管理（如水资源管理、大气资源管理）。根据管理的性质，又可分为以下三类：（1）环境质量管理，包括环境标准的制定，环境质量及污染源的监控，环境质量变化过程、现状及趋势的分析评价，以及编写环境质量报告书等。（2）环境技术管理，包括两方面：第一，制定恰当的技术标准、技术规范和技术政策；第二，限制某些工艺操作，限制某些产品使用等。这些措施可以促进防止环境污染技术的进步，减少污染的发生。（3）环境计划管理，把环境目标纳入发展计划，制定相应的环境规划和实施计划。

城市环境管理工作，概括地说就是防止和治理。要贯彻落实环境保护的"三十二字"方针：全面规划，合理布局，综合利用，化害为利，依靠群众，大家动手，保护环境，造福人民。对于已经发生的环境污染，如大气污染、水体污染等，要利用先进的科技成就，全面规划，系统整治。但是，先污染后治理这种指导思想，会使环境保护工作陷入严重的被动局面，付出昂贵的代价，这已被国内外的工作实践所证实。总之，城市环境保护工作不是不重视治理，而是要首先抓好管理。从这个意义上，有人认为环境管理的基本职能就是预测和决策。应该扭转今环境保护工作的落后被动局面，使人类的经济发展等社会活动在环境条件容许的限度内进行，真正把发展经济与保护、完善环境统一起来。

（二）城市环境规划是城市环境管理的中心问题

城市环境规划是在调查环境现状和预测环境影响的基础上形成的环境决策的具体体现，它是协调社会经济发展与环境关系的重要手段，也是环境保护工作的依据。

1. 制定城市环境规划的原则

第一，以城市生态理论为指导。城市是一个复杂的人工复合生态系统，不仅遵循社会经济规律，也遵循生态规律。解决城市环境问题，首先要从生态观点出发来规划和建设城市。

第二，以城市建设总目标为依据。根据城市环境特征和国家政治、经济的需要，每个城市都有自己独特的功能和环境目标。

第三，与城市建设总体规划相结合，即城市和工业要合理布局。我国的城市化是伴随着工业化而发展的，过去城市功能分区不明显、工业布局不合理，是造成城市环境恶化的主要原因之一。

第四，与城市经济发展计划相结合，达到环境效果和经济效果的统一。城市经济的发展离不开城市环境，环境遭到破坏，经济就不能持续发展，治理环境又要花费大量的人、财、物。同时，城市环境的改善是以生产发展为基础的，没有生产发展，城市环境就无从改善。城市环境规划要体现城市环境和经济发展的关系，随着经济的发展，同步解决环境问题，实现良好的社会效益、生态效益和经济效益。

2. 城市环境规划的组成

城市环境规划包括污染综合防治规划和土地等资源利用规划。

区域（城市）污染综合防治是改善和提高区域环境质量的重要手段和根本途径，它有两个着眼点——整体和综合。所谓整体，指从区域环境的整体出发，以区域环境容量为基础，以实现区域环境目标为目的，处处统观区域（城市）；所谓综合，指这种治理综合考虑发展经济与保护环境的关系，综合运用多种防治措施，人为措施与利用环境自净能力相结合，防治技术与环境管理相结合。总之，要用系统工程的原理、方法来治理城市环境，解决城市环境问题。

3. 制定城市环境规划的程序

第一，环境调查评价。这是制定环境规划的基础工作。环境调查评价的目的是要了解区域环境的特征、环境的调节能力和易产生环境问题的薄弱环节。环境调查评价也是进行环境预测的基础。通过环境调查评价，可以确定区域的主要污染物和主要污染源，同时也为制定防治污染的技术措施和管理措施提供科学的依据。

第二，环境预测。按照城市建设规划和经济发展规划来预测环境影响，就可明确将要出现的环境问题，如人口问题、土地利用问题、大气污染问题等，从而制定出相应的对策和环境规划。

第三，提出环境目标。

第四，综合平衡环境目标和经济目标，使环境目标既不超过环境保护的投资能力，又能达到环境规划的基本要求。

4. 综合运用各种手段，保证环境规划的实施

城市环境管理工作的中心是制定好城市环境规划。为了制定好环境规划，更重要的是为了认真实施以及及时发现问题进行调整，必须解决好以下问题：

第一，建立城市环境管理方面的强有力机构。城市环境是城市政治、经济、文化活动的场所，城市环境管理涉及各行各业、千家万户。要想实现环境规划的目标，环境管理机构必须具有提供决策、业务管理、监督检查的职能。必须拥有三方面的职权：有参与制订国民经济计划及城市建设规划的职权；有参与资源开发利用的综合管理的职权；有掌握环境管理所必需的人、财、物的职权。

第二，加强环境立法建设，完善相应的政策条例。欧美发达国家在保护环境、治理污染中，立法起了重要作用。它们的环境管理主要是依靠环境立法，把各种有效的环境政策和措施制度化，并以法律的形式固定下来，以国家强制力保证其贯彻执行。它们的经验很值得我们借鉴。我国环境保护工作的基本经验和方针政策（比如，在基本建设中执行"三同时"的规定，奖励综合利用，"谁污染谁治理"的原则，等等），都以法律的形式固定了下来。我国的环境保护法是一部较为原则的综合性法律，为了有效地执行，还必须进一步制定各种具体的标准、条例和方法，建立一套完整的环境保护法体系。

第三，运用经济手段，搞好环境保护。环境问题是在经济发展的过程中形成的，要治理污染、保护环境，就必须把环境保护工作的成败和经济发展的得失联系起来，并和有关部门、单位及个人的切身利益联系起来。随着城市经济体制改革的深入发展，企业自主权扩大，指导性计划和市场调节部分扩大，运用价值规律，发挥经济杠杆作用协调经济与环境的同步发展，就显得更加重要。

第四，建立和健全环境质量监测、监督机构。完善的环境质量监测、监督机构，能及时掌握环境质量的变化，发出预报、警报，编写质量报告书等，可

以为城市环境决策、城市环境规划的调整提供依据。

第五，广泛宣传，普及环保知识。环境质量关系到每一个人的生活、工作和健康。保持一个清洁、安静、良好、舒适的环境，是环境管理部门的工作，更是所有市民的愿望。我们能够也应该把政府、企业的环境管理活动和法律的执行，建立在群众广泛支持、参与、监督的基础上。

第二十章　城市化进程中的土地管理和公共服务管理

第一节　城市化的内涵与外延

一、城市化的概念

关于什么是城市化，有各种各样的解释。《新帕尔格雷夫经济学大辞典》中没有"城市化"的词条，只有"城市经济学"（Urban Economics）和"城市住房"（Urban Housing）这两个词条。① 应该说，城市化是发展的，作为理论研究的结论也是阶段性发展的，城市化的概念也在不断发展中。近些年来的"城市化"是被置于现代化的意义框架中加以阐释的，城市化是现代化的一种工具。"城市"在欧洲历史上曾被视作"自由"的同义词，也被认为是现代民主政治和市民社会的重要源头。"城市化"概念通常被用来指社会经济关系、人口、生活方式等由农村型向城市型转化的过程，其中尤以农村人口向城市的流动和城市生活式样向农村的扩散为人们所普遍关注。大多数学者认为，所谓城市化就是指以农村人口不断向城镇迁移和集中为特征的一种历史过程，包括人口城市化和地域城市化两个方面。这一历史过程一方面表现为人的地理位置的转移和职业的改变以及由此引起的生产与生活方式的演变，另一方面则表现

---

① 〔英〕约翰·伊特韦尔、默里·米尔盖特、彼得·纽曼编：《新帕尔格雷夫经济学大辞典》第4卷，陈岱孙主编译，经济出版社1996年版，第814—824页。

为城镇人口和城镇数量的增加及城镇经济社会化、现代化和集约化程度的提高。

根据城市化的经典研究，城市化是人类社会发展的缩影，是物质、空间、经济、人口、体制以及社会特征的多维现象反映。它主要表现为：（1）人口城市化，即城市人口占总人口的比重增加；（2）城市数量增长，即城市和镇的数量增加；（3）城市用地规模增加；（4）城市生活方式扩展，即城市生活的社会和行为特征在整个社会的影响力加大。①

"城镇化"一词的出现要晚于"城市化"。城镇化是指农村人口不断向城镇转移，第二、三产业不断向城镇聚集，从而使城镇数量增加、城镇规模扩大的一种历史过程。中国城市与区域规划学界和地理学界1982年在南京召开的"中国城镇化道路问题学术讨论会"上，明确指出"城市化"与"城镇化"为同义语，是对外来语"Urbanization"一词的不同译法。城镇可以泛指市和镇，虽然城市也含有城镇的意思，但我国的镇量多面广，因而从我国国情和科学含义来看，使用"城镇化"比"城市化"更为准确严密。②需要注意的是，不能把"城市化"片面理解为主要发展大中城市，也不能把"城镇化"片面理解为只发展小城镇。2000年中共十五届五中全会通过的《中共中央关于制定国民经济和社会发展第十个五年计划的建议》正式采用了"城镇化"一词。2001年公布的《中华人民共和国国民经济和社会发展第十个五年计划纲要》中首次提出："要不失时机地实施城镇化战略。"2014年中共中央、国务院印发的《国家新型城镇化规划（2014—2020年）》明确了未来城镇化的发展路径、主要目标和战略任务，是指导全国城镇化健康发展的宏观性、战略性、基础性规划。

随着城市化的推进，我国城市划分标准也在变化。2014年10月国务院印发的《关于调整城市规模划分标准的通知》对原有城市规模划分标准进行了调整，明确了新的城市规模划分标准。新的城市规模划分标准以城区常住人口为统计口径，城市类型由四类变为五类，增设了超大城市（城区常住人口1000万以上的城市为超大城市），特大城市下限由100万提高到500万（城区

---

① 参见〔美〕保罗·诺克斯、琳达·迈克卡西：《城市化》，顾朝林等译，科学出版社2009年版。转引自刘守英：《直面中国土地问题》，中国发展出版社2014年版，第113—114页。
② 参见吴友仁：《中国城镇化道路问题学术讨论会在宁召开》，《经济地理》1983年第1期。

常住人口 500 万以上 1000 万以下的城市为特大城市）。

二、城市化是世界文明发展的大趋势

城市化带来的收益显而易见，城市化是社会发展的必由之路。城市化是随着生产力发展和科学进步而前进的，城市是先进生产力的代表、社会文明的象征。从某种意义上说，人类文明史也是一部农村不断城市化的发展史。联合国前秘书长科菲·安南曾指出，城市将逐渐成为世界经济发展的主力军。两千多年前，古希腊哲人亚里士多德就曾说过，人们为了生活来到城邦，为了更好的生活留在城邦。城市化是现代经济增长的重要推动力，这已为现代经济史所证实，因为人口在城市中集聚，会产生显著的规模效应，大幅度降低经济活动的平均成本和边际成本，使得经济收益大幅度增加。这是中国政府大力推进城市化的最重要原因。"物质劳动和精神劳动的最大的一次分工，就是城市和乡村的分离。"① 从这个角度看，城市是文明的代表。英文中的"civilization"（文明）源自拉丁文的"civitas"（市民的生活）。马克思在《共产党宣言》中指出："资产阶级使农村屈服于城市的统治。它创立了巨大的城市，使城市人口比农村人口大大增加起来，因而使很大一部分居民脱离了农村生活的愚昧状态。正像它使农村从属于城市一样，它使未开化和半开化的国家从属于文明的国家，使农民的民族从属于资产阶级的民族，使东方从属于西方。"② 表 20-1 给出了世界主要地区 1950—2000 年的城市人口数据及预测的 2025 年城市人口数据。

表 20-1　1950—2025 年世界主要地区的城市人口

单位：百万人

地区	1950 年	1960 年	1970 年	1980 年	1995 年	2000 年	2025 年
全世界	724	1012	1352	1807	2584	2860	5065
发达地区	449	573	698	834	875	900	1040
欠发达地区	275	439	654	972	1709	1960	4025
非洲	32	50	83	133	250	295	804

---

① 《马克思恩格斯选集》第 1 卷，人民出版社 1995 年版，第 104 页。
② 同上书，第 276—277 页。

(续表)

地区	1950 年	1960 年	1970 年	1980 年	1995 年	2000 年	2025 年
拉丁美洲	68	107	162	241	358	391	601
亚洲	218	342	407	596	1101	1376	2615

资料来源：〔美〕迈克尔·P. 托达罗、斯蒂芬·C. 史密斯：《发展经济学》，余向华、陈雪娟译，机械工业出版社 2009 年版，第 202 页。

21 世纪，世界已经进入城市社会，城市成为人们主要的工作场所、生活场所、活动场所。中国的城市化对世界的影响非常大。

三、城市化水平的测度

城市化水平的测量方法大致分为城市化单一指标法（或者称为主要指标法）、综合指标法（或称为多项指标法、复合指标法）和其他指标法。[1] 下面详细介绍单一指标法和综合指标法。

（一）单一指标法

单一指标法就是只采用一种指标来测量城市化水平，常见的有人口城市化与土地城市化两种。

1. 人口城市化

国家统计局的公报和《中国统计年鉴》对城市化率的测量方法就是以人口城市化率为唯一指标，其突出的特点是算法简单、数据易得。常用的方法包括常住人口比重法和户籍人口比重法两种。

常住人口比重法以城镇人口中的常住人口为计算口径，公式为：

$$常住人口城市化率 = \frac{城镇常住人口}{城镇人口 + 农村人口} = \frac{城镇常住人口}{总人口}$$

户籍人口比重法以户籍性质中的非农业人口为计算口径，公式为：

$$户籍人口城市化率 = \frac{非农业户籍人口}{农业户籍人口 + 非农业户籍人口} = \frac{非农业户籍人口}{总人口}$$

---

[1] 杜帼男、蔡继明：《城市化测算方法的比较与选择》，《当代经济研究》2013 年第 10 期。

2. 土地城市化

城市化不仅是一个人口迁移过程，同时也是一个土地用途转变过程。有了土地的重新配置，才能扩大城市基础设施建设、进行产业结构调整和改善居住环境等。因此，也就有了用土地利用率来测量城市化水平这样一种方法，旨在体现城市化进程中农业用地转化为非农业用地和农村用地转化为城市用地的过程，用公式表示：

$$土地城市化率 = \frac{建成区土地利用面积}{建成区土地利用面积 + 建成区外土地利用面积}$$

$$= \frac{建成区土地利用面积}{区域总面积}$$

这种方法是从地理经济的角度出发，体现城乡之间在地理景观上的分野。但由于这种方法忽略了人口密度的不同所造成的区别，并且在统计上也存在较大困难，所以应用不广泛。

(二) 综合指标法

综合指标法是由多个指标所构成的综合指标体系，以期全方位、多角度地测量某一国家或区域的城市化水平。国内外学术界虽然没有一个通用的城市化综合指标体系，但其基本模式是相同的，即首先选择多个能够反映城市化进程中的问题或特征的指标，根据这些指标选取或计算统计数值，用数学方法进行处理，最终得到一个综合值或指数，这个综合值或指数便是城市化水平的最终体现。近年来，随着国内外对城市化进程研究的不断深入，越来越多的学者和研究机构提出了自己的评价体系和理论，虽然研究众多，但内容和研究方法基本是一致的。

综合指标法可以全方位、多角度对城市进行较为全面的测度，帮助人们从整体上了解城市经济社会的发展状况，并且能揭示其中存在的薄弱环节和限制因素。但是，一方面，综合指标法所选用的指标较多，学术界尚未形成一个统一的标准，所选指标的地域性和针对性又很强，经常导致数据缺失或统计口径的不一致，同时不同学者所选取的代表性指标不同，数据统计的处理方法不同，导致综合指标体系之间经常无法兼容和比较，从而使综合指标法的应用性较弱，不具备良好的普适性；另一方面，也是更重要的，这些综合指标设计已经远远超出了测度人口城市化率的需要,尽管它们可以更全面地反映城市发展和城市建设的水平,却不能用来测度人口城市化的水平以及比较不同国家(地区)以及同一国家(地区)在不同时期的城市化水平。

四、城市化进程的两种路径

在城市化进程中,有两种基本路径。

第一种是市场主导的城市化。这主要是指随着经济市场化、工业化不断发展,要素流动不受限制,原来的农村逐渐被纳入城市,农村剩余劳动力成为市民的城市化进程。在此过程中,容易出现的问题是:缺乏必要的空间规划管制,城市道路比较狭窄,人口拥挤不堪,市政建设比较差。

第二种是被动城市化或者强制城市化。被动城市化是指农民主观上不愿意被城市化或还没做好城市化的准备,但由于受各种客观原因的影响而不得不放弃农业生产方式和乡村生活方式,最终被融入城市的过程。在被动城市化过程中,农民并不主动要求城市化,但又无法抵挡或逃避城市化的强大力量。由于不能主动做出选择和决策,他们只好被动地进行生产、生活方式(包括生活空间实体从乡村到城市、社会身份从农民到市民)等方面的巨大转变和艰难适应。

第二节 城市化进程中的土地管理

土地资源是地球陆地表面由地形、土壤、植被、岩石、水文和气候等因素组成的一个独立的自然综合体。在现代经济学中,土地的供给曲线是一条直线,短期内不可增加。现代经济学之父亚当·斯密说:"土地乃是一切大国的国家财富中最大的、最重要的、最持久的部分。"[①] 英国古典经济学创始人威廉·配第(William Petty)的名言是:"土地为财富之母,而劳动则为财富之父

---

① 〔英〕亚当·斯密:《国民财富的性质和原因的研究》上卷,郭大力、王亚南译,商务印书馆1972年版,第234页。

和能动的要素。"① 马克思说:"土地是一切生产和一切存在的源泉"②。我国古代思想家管子提出:"地者,政之本也,是故地可以正政也。地不平均和调,则政不可正也。政不正,则事不可理也。"(《管子·乘马》)土地是一切关系的枢纽和本源。土地是一切问题的核心,历史上无数的革命、运动,无不围绕土地做文章,城市化进程中的土地管理工作十分重要。

一、务必重视城市土地规划和保护

在城市化进程中,城市人口数量的增长扩大了消费资料的规模,增加了对于土地的需求;随着城市经济的发展,城市内外交通运输、旅游、文化等产业加快发展,需要大量的土地。面对土地需求,需要运用规划手段进行调控,既要防止大量公共服务设施没有土地供给,又要防止出现土地闲置。人们对城市规划的重要性是逐步认识的,早期主要是从成本方面考虑的,如"画错一条线,浪费几十万"。因为城市建设不同于物理化学实验室的实验,一旦启动建设就涉及大量的资源投入,比如人口的迁移、直接的建设成本和间接的交易费用。

二、始终坚持节约用地原则

城市化的过程中必然要消耗一定面积的土地,但必须坚持节约用地的原则。在城市建设中急于求成、贪大求洋等思想指引下,出现了土地浪费现象,这是值得反思的。早在1957年3月31日和5月8日,《人民日报》先后发表了题为《在基本建设中节约用地》和《再论基本建设中节约用地的问题》的社论。1957年5月24日,《人民日报》又发表了题为《城市建设必须符合节约原则》的社论,正式公开地提出了反"四过"的说法,即反对"占地过多、规模过大、标准过高、求新过急"。

从总量上看,我国土地资源丰富,总量排在世界前列。同时,我国人均土地资源很少,人均耕地少、耕地质量总体不高、耕地后备资源不足的基本国情

---

① 〔英〕威廉·配第:《赋税论》,陈冬野译,商务印书馆1962年版,第66页。
② 《马克思恩格斯全集》第46卷上册,人民出版社1979年版,第44页。

没有改变。节约用地势在必行，需要在四个方面努力：第一，完善工业土地使用标准，细化控制指标，适度提高投资强度和容积率。对建设用地节约、集约控制指标等进行量化，规范土地资源消耗行为。第二，完善城市建设、村镇建设、项目建设节约用地标准，特别是要定期清理闲置用地，通过督察等方式，清理处置批而未供的闲置用地，提高用地效率。第三，推行国民经济和社会发展五年规划、城市总体规划、土地利用规划、环境保护规划等"多规合一"的规划管理体制改革，实现"一张蓝图干到底"，通过规划引导节约用地。第四，实施土地二次开发战略，推进低效用地二次开发，编制专项规划，解决纳入二次开发范围的历史违规用地的合法化问题，建立二次开发专门的协调与监管机制等多项政策措施。①

第三节 城市化进程中的公共服务管理

随着城市的兴起和快速发展，城市居民对于公共服务的需求在数量上日益增长，在质量上不断提出新要求，这是各国政府面临的共同问题。在我国快速的城市化进程中，居民对教育、医疗卫生、社会保险、公共安全、基础设施、公共文化、住房保障等方面的需求呈现出快速增长的趋势，诸多城市公共产品供给数量不足，质量难以满足居民的需求。从需求层次上看，公共服务可以划分为基本公共服务和非基本公共服务。

一、政府在城市公共服务中的主导作用

在人类历史上，政府是公共服务的主要提供者，即使那些最残暴、最黑暗的奴隶主的政府，也兴修水利、道路等公共设施，也要兴办官学。那么，政府在城市公共服务中应该发挥哪些方面的作用呢？

在公共服务方面，政府起着主导作用。第一，政府是基本公共服务的主要供给者兼供应商，或者只做供给者而不做供应商。比如政府可以建设公立医院直接提供医疗服务，这时政府既是供给者也是供应商；也可以拨款公开购买医

---

① 刘世锦主编：《中国经济增长十年展望（2015—2024）》，中信出版社2015年版，第318页。

疗服务，这时政府只是供给者而不是供应商。第二，政府是公共服务市场制度的制定者、执行者、监督者，政府通过立法、政策等手段激励市场主体提供公共服务。近年来，随着社会结构深刻变动、利益格局深刻调整，人民群众的公平意识、民主意识、权利意识不断增强，实现基本公共服务均等化的呼声一浪高过一浪。

二、城市化进程要求政府扩大公共服务

19世纪的古典自由主义为国家指派的唯一任务是保护公民的人身和财产安全，对它来说，加强公共服务的手段是个次要问题。当时是城市还没有得到充分发展的时期；在城市发展后，政府的管理范围和深度都加大了。

从广泛的视野来看，工业化之前就有了一定水平的城市化，但现代意义上的城市化始终是同工业化相伴而行的，工业化越有进展，城市化也越有进展。但城市经济在全国经济中的重要性的增加还有另一个重大的意义，这就涉及政府职能的转换。按照经济学家厉以宁的解读，城市化的过程同时也是政府职能越来越倾向于公共服务的过程。城市化以后，不管政府愿意还是不愿意，它都需要转换职能，成为城市生活的服务者。城市化之后，政府必须重新配置资源，使新城市化的地区获得足够的资源来满足其公共服务需求，而且这种投入会随着工业化和城市化不断深化而增长。

三、城市公共服务需要不断升级

马克思主义认为，人是自然属性和社会属性的结合体。马克思说："人以其需要的无限性和广泛性区别于其他一切动物。"[①] 马克思曾指出，"由于人类自然发展的规律，一旦满足了某一范围的需要，又会游离出、创造出新的需要"[②]。人们对于公共服务的需求也在不断地提升和扩张。

根据美国社会心理学家马斯洛的需求层次理论，从个体角度看，人类需求可以分为生理需求、安全需求、社交的需求、尊重的需求、自我实现的需求五个层次。一般而言，在前一个层次的需求得到满足后，后一个层次的需求将上

[①] 《马克思恩格斯全集》第49卷，人民出版社1982年版，第130页。
[②] 《马克思恩格斯全集》第47卷，人民出版社1979年版，第260页。

升为主要需求，依次类推。从集体角度看，人类对公共服务的需求同样具有层次性。

有学者把公共服务需求的层次性分三个层次：第一层次包括基础教育、公共卫生和社会保险三类，主要确保人的基本的生存权和发展权得到满足；第二层次主要包括公共安全、基础设施和环境保护三类，主要为了改善人们生存的软硬环境，提高生存的安全性、舒适性和可持续性；第三层次主要包括一般公共服务和文化娱体两类，主要为了确保政府有效履行职能和更高层次的公共利益的实现。对各类公共服务的需求将随现实条件的改善而逐步提高，政府提供公共服务也应该首先满足居民的低层次需求。

公共服务短缺是大城市的一个问题，在我国不少城市化进程中的地区比较明显。调查显示：大型居住社区（以下简称"大居"）在公建配套方面最为欠缺的是医院、超市、银行等，社区医院无法解决大部分居民的就医需求，小商店也无法满足居民的消费需求。这些都需要政府进一步加强统筹规划。小区居民中，离退休人员、老年人等群体比例较高，而目前居民最不满意的公共服务项目就是养老服务，最为欠缺的服务机构就是养老机构。在社区服务方面，可以在政府的推动下，充分利用行政、市场、社会的多种力量发展各类服务机构，以满足居民的迫切需求。另外，小区物业管理、流动人口服务管理等问题也较为突出，而且在大居公共服务状况持续改善的情况下，大居治理方面的问题将会愈加凸显。①

四、加大公共服务供给的近期重点

近现代意义上的工业化、城市化首先是从西欧国家开始的，英国是工业化最早的国家。工业化不仅是产业结构发生变化，而且必然造成就业结构、服务需求的变动，因此提供城市化发展所需要的公共服务是必然的选择。

从我国城市发展来看，教育、医疗卫生、社会保险、公共安全、基础设施、公共文化、住房保障是重点内容。我国的城市化是大量农村人口转变为城市人口的过程，原有的城市教育、医疗卫生、文化、交通是按照户籍人口规划建设的，因此在城市化进程中，这些基本公共服务供给不足，质量更难以保

---

① 金桥：《上海五个大型居住社区调查报告》，《东方早报》2015年4月14日，第B04版。

障。这在城市郊区尤为严重。当前大城市公共服务的供给与需求不匹配在很大程度上是个"空间不匹配"问题，今后需要加强供求的"空间匹配"。公共服务总量持续扩大，内容在丰富和细化，要求政府统筹考虑人口变化、基础设施供给、城乡接合部规划等问题，改变公共服务集中在行政中心的格局。因此，近期的重点是从规划入手加快上述设施建设，满足新居民的基本需求。

（一）坚持规划先行

公共服务设施落地要有城市规划作为保障，据此提供建设用地，因此需要在城市尤其是新城区建设中重视规划的先行作用，特别是要优先保障交通、教育、医疗卫生、文化体育设施等，而且要留有一定的余地。我国城市蔓延和蛙跳式发展问题值得重视。分散式的发展使得迁往城镇办公、购物或进行娱乐活动所需的路程更远，在配置公共服务资源时需要注意与此相适应，幼儿园和小学宜就近入学，居民区距离综合性医院的路程也不宜超过 15 千米。

（二）充分考虑人口增长

随着城市户籍的松动，越来越多的人口将成为市民。随着城市劳动力供给不足，达不到入户条件的城市常住人口还将继续增长。当前不少城市规划公共服务设施是以户籍人口为服务人口的，少数地方是以常住人口为服务人口的，其实两者都存在不足。我国城市实际管理人口多于常住人口和户籍人口，要根据设施的服务口径有所区别。对于教育、医疗等主要服务常住人口的公共服务设施需要按照常住人口设置，对于交通运输等服务所有人口的公共服务设施需要按照实际管理人口来设置。同时，随着人口跨区域流动增加，公共服务设施的配置需要预留足够的弹性。

（三）激发社会资本活力

公共服务不完全是由政府提供的，政府只负责提供基本公共服务，非基本公共服务主要由市场提供，这就需要积极引导社会力量参与，推进政府购买服务，推广政府和社会资本合作（PPP）模式。

五、加强公共服务的长远任务

公共服务只有起点,没有终点,从长远来看,重点在于完善公共服务制度建设,不断提高公共服务质量和效益,满足人民对于美好生活的期待。

(一)实现供给主体多元化

伴随着计划经济和全能政府的观念,我国长期以来形成了公共服务由政府供给的制度模式,政府不仅负责投资建设,还要承担生产、收费、分配,政府集公共服务的决策者、提供者和监督者于一身。这种模式的优点是供给速度较快,但也存在缺点,比如整个城市的公共服务总体供给不足,城市中心区则出现一定程度的浪费,供给质量难以保障,缺乏有效竞争和监管。而且,随着公共服务需求的多样化、分层化,由政府集中供给的模式与现实需求越来越不适应。比如,在教育方面,一些富裕的家庭需要小班教学,需要外籍教师教授外语,从小学开始实行寄宿制,我国大多数公立学校没有这种服务,客观上需要由社会资本来兴办。为此,需要结合经济体制改革和对外开放,形成一套鼓励社会资本举办公共服务的制度体系,不断丰富公共服务供给,提高服务质量,满足个性化、多样化、高端化需求。能够通过政府购买提供的公共服务,不再由政府直接供给;能够由社会资本和政府合作提供的公共服务,吸引社会资本参与进来。同时,要深化现有医疗等公共服务领域的改革,符合条件的转为企业,实行企业化经营管理。

(二)推进公共服务法治化

我国公共服务领域内的法治建设滞后于发展需求。比如大多数公共服务领域的制度规范的呈现形式还不是法律,而是政府的红头文件、部门规章,层级低,约束力严重不足,而且不同地方的规定差别比较大。今后需要在立法方面进行深度建设,不仅要填补法治空白,更要实现与现行法律的衔接,便于形成合力。推行公服务的法治化,用法治来促使观念的转变,依法建立较为完善的公共服务体系,用法律来规范政府权力的运行。

(三) 稳步推进基本公共服务均等化

21世纪以来,社会各界关于基本公共服务均等化的呼声不断提高,政府给予了积极反应,政府文件已经明确:享有基本公共服务是公民的基本权利,保障人人享有基本公共服务是政府的重要职责。2005年《中共中央关于制定国民经济和社会发展第十一个五年规划的建议》首次提出了"公共服务均等化原则";2012年和2017年国务院先后印发了《国家基本公共服务体系"十二五"规划》和《"十三五"推进基本公共服务均等化规划》,力求在基本公共服务方面实现均等化。需要注意的是,基本公共服务均等化是指全体公民都能公平可及地获得大致均等的基本公共服务,其核心是促进机会均等,重点是保障人民群众得到基本公共服务的机会,而不是简单的平均化。这是一个相对的、动态的、渐进的过程,从最基本的服务开始逐步实现。

第二十一章 乡镇行政管理的主体和客体

乡镇行政管理是国家行政管理的基础,是行政管理纵向层次上的基层行政管理工作。搞好乡镇行政管理工作,对促进我国行政管理水平的提高,有着重要作用。认识乡镇行政管理的主体和客体的性质、特点,是搞好乡镇行政管理工作的必要条件。

第一节 乡镇行政管理的主体

乡镇行政管理的主体是乡镇行政功能的承担者和实施者,包括乡镇行政组织和乡镇行政领导人员。

一、乡镇行政组织

乡镇行政组织是国家行政组织的有机组成部分,它是指国家为推行政务,按照宪法和有关法律规定的程序组建的乡镇行政机关体系。乡镇行政组织作为国家最基层的行政组织,在设置原则、性质、功能上与其他国家行政组织具有许多相同之处,但也有自己十分突出的特点。

(一) 乡镇行政组织的设置原则

乡镇行政组织的设置必须遵循一定的原则,只有这样才能使乡镇行政组织具备必要的合理性、有效性与灵活性。我国乡镇行政组织的设置遵循以下几条原则：

(1) 法治原则。乡镇行政组织必须依法设置，这是乡镇行政组织设置的首要原则。我国宪法规定，地方各级人民政府的组织由法律规定。乡镇行政组织的设置只有严格依法进行，才能使它的行政行为产生效力，才能保持它的权威性。

(2) 精简原则。我国宪法规定，一切国家机关实行精简的原则。乡镇行政组织的设置自然应该贯彻这一原则。精简是指机构的组成和人员的配备都要少而精。少而精是数量和质量的统一，因而乡镇行政组织的精简与其效能并不矛盾，精简是效能的前提，效能是精简的结果。乡镇行政组织的设置，应力戒机构臃肿、部门重叠和人浮于事，相同和交叉的部门要予以合并，这样就可以避免扯皮现象，提高工作效率。

(3) 职能需要原则。乡镇行政组织的设置及其变更，必须适应乡镇政府职能的需要。乡镇行政组织是乡镇政府职能的载体，为了适应乡镇政府职能的发展变化，乡镇行政组织也必须进行相应的调整。新中国成立后，乡镇行政组织是按照直接管理经济的模式来设置的，随着我国经济体制改革和政治体制改革的深入进行，乡镇政府管理经济的职能逐步从直接管理变为间接管理为主，从微观管理变为宏观管理为主，从专业管理变为行业管理为主，这就需要对原有的行政组织进行调整，减少乡镇政府专业管理机构，适当增加宏观管理的机构。

（二）乡镇行政组织系统的构成

我国现阶段乡镇行政组织系统包括乡镇人民政府及其各职能机构。

乡镇人民政府是由乡镇人民代表大会选举产生的设在基层的行政组织，是乡镇的最高行政机关。乡镇人民政府实行乡（镇）长负责制。乡镇人民政府发布决议、命令及采取重大措施，必须经过乡镇人民政府办公室会议讨论通过。

乡镇人民政府的工作部门，是指以乡镇人民政府的管理职能为分工基础，通过一定的法律程序在乡镇政府内部设立的若干工作机构。它们承担着乡镇人民政府的各项管理任务，在乡（镇）长的领导下，独立担任部分乡镇行政工作。

（三）乡镇行政组织的特点

乡镇行政组织也属于国家行政组织，因此它具有行政组织的共性，即职能的广泛性和服务性、职权的权威性、手段的特殊性、结构的制约性、机构的动态性等；但作为设在农村的最基层行政组织，它又有着不同于其他国家行政组织的特性，这就是它的基层性。乡镇行政组织的基层性具体表现在以下三个方面：

（1）行政管理的直接性。行政管理是国家各级政权的任务。中央和县以上的地方各级行政组织机构对本行政区域内各项行政工作的管理，都不是直接面对群众，而是通过中间环节即它们的下一级行政机构和职能部门来进行的。乡镇行政组织是设在农村的最低一级行政区域的行政机关，它对本行政区域内各项行政工作的管理，不再有任何中间环节，而能够进行直接的管理，这是乡镇行政组织与县以上行政组织的重大区别之一。

（2）联系人民群众的直接性。首先，乡镇行政组织工作的直接对象是村民委员会和居民委员会。村（居）民委员会不是一级行政组织，也不是国家机关的职能部门，它们是由人民群众自己组织起来的自治组织。其次，它对本行政区域内的各项行政事务进行直接管理，直接贯彻执行国家的法律和政策，具体实施和负责完成国家的有关计划、工作和任务，因此它必须面对群众，直接联系人民群众。最后，它直接联系人民群众，易于了解人民群众，掌握第一手的信息和资料，可如实地反映人民群众的意见、要求和建议。

（3）接受人民群众监督的直接性。乡镇行政组织设在农村，朝夕与人民群众相处，因此，乡镇行政组织是我们党和政府形象的窗口。乡镇干部的一言一行、一举一动，都关系到党和政府在人民群众中的形象，对人民群众有直接的影响，同时也直接受到人民群众的监督。广大群众对乡镇干部的意见可直接向乡镇人民代表大会主席团和代表反映，对那些不称职、不能代表人民利益的乡镇领导，乡镇人民代表大会有权予以罢免。

（四）乡镇行政组织的职能

乡镇行政组织的职能是国家行政组织在乡镇进行行政管理活动的基本职责、任务和功能。乡镇行政组织的职能可以从两个方面来理解：乡镇行政组织作为一个整体所具有的职能和各个乡镇行政组织所具有的具体职能。

乡镇行政组织作为一个整体所具有的职能主要有如下四个方面：

（1）经济职能，即组织和领导农村社会主义经济建设的职能。这是乡镇行政管理最重要的一项职能。乡镇政府的行政管理工作必须以经济建设为中心，遵循社会主义经济发展规律，建设中国特色社会主义经济，壮大社会主义的物质基础。

乡镇政府管理经济的职能是通过乡镇政府管理经济的各个部门来实现的。它们不是像过去那样直接干预生产经营活动，而是通过以下多种途径来实现：通过制定和组织实施本行政区的经济、社会发展规划和计划来落实经济发展目标；通过协调本行政区内各个经济组织和各村之间的关系来促进经济协作与联合；运用法律、法规和政策来指导和监督本行政区内的经济活动；运用经济杠杆来调节生产和经营活动；利用信息、咨询、技术手段搞好经济服务；等等。

（2）政治职能，即维护安定团结、巩固人民民主专政的职能。这是乡镇行政管理的基本职能，它体现了国家的阶级本质和政府活动的基本方向。我国是人民民主专政的社会主义国家，乡镇政府作为国家设在农村的基层政权组织，其行政管理工作必然要具有巩固人民民主专政的政治职能，在人民内部充分地发扬社会主义民主，对少数敌对分子实行有效的专政，以保证社会主义现代化建设和改革开放的顺利进行。

乡镇政府为了行使人民民主专政的政治职能，首先，必须加强自身的民主建设，把自己的工作置于人民群众的监督之下，要按时向本级人民代表大会报告工作，虚心听取人民群众对政府工作的批评和建议。同时，要建立联系人民代表的制度，保障人民的各项民主权利，不断地改进乡镇政府工作。其次，要重视打击各种刑事犯罪活动。加强对乡镇公安、司法工作的领导，依法打击敌视和破坏社会主义制度的敌对分子，严惩经济犯罪分子和其他刑事犯罪分子，严厉打击赌博、吸毒等违法犯罪活动，以保障人民生命财产的安全，让人们安心搞建设，为社会生产和人民生活创造一个良好的社会环境。

（3）文化职能，即组织和领导社会主义精神文明建设的职能。社会主义精神文明是社会主义的一个重要特征，它包括思想建设和文化建设两个方面，既要保证社会主义建设和改革的正确方向，又要为社会主义现代化建设提供动力支持和智力支持。因此，乡镇政府必须重视文化职能的发挥，努力形成有利于社会主义建设和改革开放的理论指导、舆论力量、文化条件和社会环境,以适应时代的要求。

乡镇行政管理的文化职能是通过教育、科学、技术、文化、卫生等行政管理部门实现的。通过制定乡镇教育、科学、文化发展的总体规划,来指导、监督、协调乡镇教育、科研、文化、卫生等单位贯彻国家的发展规划,有领导、有步骤地开展乡镇教育、科技、文化、卫生体制改革,巩固和发展乡镇的知识分子队伍,考核、任命和监督这些部门的领导干部,并采取措施提高居民的思想文化素质,使社会主义精神文明建设同物质文明建设相适应。

(4) 服务职能,即为公众服务和组织管理社会服务事业的职能。在社会主义国家,人民是国家的主人,所以乡镇行政管理的一切活动都要体现为人民服务的根本原则。乡镇政府要认真地组织和管理好社会服务事业,致力于改善和保障人民物质文化生活的设施,为人民的福利和安全服务。

乡镇行政管理的服务职能一般是通过民政部门对社会福利、社会救济、社会保险等事业的管理来实现。具体包括:执行各种社会福利的法规和条例,建立合理的社会福利管理体制,筹集社会保险基金,创办各种社会服务事业,开展对环境污染的综合治理,保护和合理利用各种自然资源等。

二、乡镇行政领导

乡镇行政领导在乡镇行政活动中具有非常重要的地位,它既是乡镇政府职能的具体承担者,又是乡镇政府职能的具体推行者。乡镇行政领导作用发挥得好坏,直接关系到乡镇政府职能的实现。

(一) 乡镇行政领导的职位、职权和职责

任何行政领导干部都有一定的职位、职权和职责。职位是指领导干部在国家行政机关中应有的法律地位和工作职务。职权是指国家行政领导干部在一定职位上所具有的权力。职责是指国家行政领导干部对自己承担的国家任务应负的责任。三者相辅相成,紧密联系。其中,职位是职权和职责的前提和载体。

1. 乡镇行政领导的职位

乡镇行政领导是行使乡镇领导职能的人员,他们依照法律规定,通过选举

或任命的程序产生。乡镇行政领导主要包括乡长、副乡长、镇长、副镇长等行政工作人员。

2. 乡镇行政领导的职权

乡镇行政领导的职权依法来自其行政领导职位上的权力。有职必有权，有权才能做好工作、创造成绩。乡镇行政领导的职权具有如下特点：

(1) 履行职责必须同职位相联系。此外，乡镇行政领导没有任何特权，也不得为了其他目的而使用这种权力。

(2) 其职权大小及行使都有严格的限制。一是要受到职务范围、职责目标、行政区域的限制；二是要受到党组织、国家权力机关、上级行政领导机关和国家法律、行政法规的限制。

(3) 其职权代表国家利益而非个人利益，因此不允许利用职权谋取私利。

(4) 其所履行的职责对其管辖范围内的事和人是一种权利，但对国家又是一种义务。

一般来说，乡镇行政领导具有以下三种职权：决策权，即确定行动目标和选择行动方案的权力；指挥权，即指挥全体行政人员执行乡镇决策、本级人民代表大会的决议和上级政府决定的权力；用人权，即科学合理地选拔和使用人才的权力。

3. 乡镇行政领导的职责

乡镇行政领导的职责是乡镇行政领导在行使职权的过程中应尽的义务和应负的责任。它是随着乡镇行政领导职务的确定和职权的授予而产生的。职权是尽到职责的手段，职责才是职权的本质内容。乡镇行政领导的职责具有如下特点：

(1) 对党负责。乡镇行政领导的一切工作必须对党负责，自觉接受党的领导，正确执行党的方针政策。

(2) 对乡镇人大负责。乡镇人大是权力机关，乡镇政府是执行机关，因此乡镇行政领导必须执行乡镇人大的决议，向乡镇人大报告工作，并自觉接受其监督和领导。

(3) 对上一级人民政府负责。

(4) 对人民负责。

现代乡镇行政领导的职责主要表现在以下几个方面：设计目标和规划；制定措施和制度；搞好组织建设。

总之，乡镇行政领导必须在乡镇行政管理中行使自己的职权，履行自己的职责，组织和动员全体行政工作人员，相互协调，团结一致地搞好乡镇的行政管理工作。

（二）乡镇行政领导的素质

素质是指人们在思想、能力、道德、身体等方面所表现出来的本质特点。乡镇行政领导的素质是指乡镇行政领导所具备的智能、品德等条件的总和。良好的素质是乡镇领导开创新局面的基本保证。一般而言，乡镇领导应该具备以下素质：

（1）良好的政治素质。乡镇行政领导的政治素质直接决定其领导的方向，因此政治素质对于一个乡镇行政领导来说是首要的。一个乡镇行政领导如果没有一定的政治素质，无论其能力多强、学识多深，都是不合格的。乡镇行政领导政治素质的基本要求就是全心全意为人民服务，做人民的忠实公仆和勤务员。乡镇行政领导的政治素质包括如下几方面：坚持党在社会主义初级阶段的基本路线和四项基本原则；坚持中国特色社会主义理念，解放思想、实事求是，明确树立改革、开放的观念和发展社会生产力造福于人民的观念；高度的事业心和责任感；顽强的进取心和开拓精神；模范地遵守和执行党的政策和国家的法律，廉洁奉公，全心全意为人民服务，对人民负责，做人民公仆；敢于同一切违法行为、错误倾向和不正之风作坚决的斗争。

（2）良好的行政素质。行政素质又称专业素质或业务素质。乡镇行政领导要想把本职工作做好，除了具备良好的政治素质外，还必须具备良好的行政素质。乡镇行政领导应该具有广博的科学理论知识和精深的专业技术知识。在科学、技术、文化异常发达的现代社会，一个乡镇行政领导要想胜任自己的工作，必须具备实现领导活动所必需的各种能力，如决策指挥能力、知人善任能力和组织协调能力等。

（3）良好的身体素质。乡镇行政领导必须具有强健的体魄。身体素质是其他素质的物质基础。乡镇行政领导担负着繁重的工作，无论是深入实际、调查研究、联系各方、办理交涉，还是阅读文件、参加会议、运筹帷幄、遥控指挥，都是艰苦而又繁重的脑力劳动，都需要付出巨大的心力和体力，都需要强健的体魄来保证。因此，身体素质也是一个合格的乡镇行政领导不可忽视的基本素质。

第二节 乡镇行政管理的客体

乡镇行政管理的客体十分广泛，基本内容包括乡镇经济事务行政管理、乡镇政务管理、乡镇文化管理、乡镇科教文卫事务行政管理、乡镇建设行政管理、乡镇民俗行政管理及乡镇机关和组织人事行政管理等，本节仅对其中部分内容进行介绍。

一、乡镇经济事务行政管理

组织好乡镇的经济活动，是乡镇政府最主要的任务。乡镇经济事务管理就是在执行国家法令和政策的前提下，依法组织乡镇的经济活动。乡镇经济事务管理具体包括对第一产业的管理、对第二产业的管理和对第三产业的管理三部分。

（一）乡镇对第一产业的管理

第一产业包括农、林、牧、副、渔等五项产业，以农业为主。乡镇对第一产业的管理，重在做好产业结构调整工作。

产业结构是指农、林、牧、副、渔等产业部门在整个乡镇经济中的相互联系和数量比例。产业结构的调整是指乡镇政府通过经济手段、行政手段和法律手段，在保证完成国家粮食生产任务的前提下，使其他产业得到同步发展，逐步形成一个布局比较合理、充满活力、运行机制比较健全的乡镇产业结构。

调整乡镇产业结构具有重要的意义。它能使乡镇第一产业内部各项目、各产业部门之间的能量转化和物质循环的程度不断加快，使各种自然资源得到充分合理的利用，使活劳力和知识的物化量不断提高，实现农业生产的低投入、高产出，以满足社会对各种农副产品日益增长的需要。

调整乡镇产业结构，应遵循立足本地和面向市场相结合的原则以及经济效益和社会效益相统一的原则。一方面，乡镇要充分发挥当地的资源优势，使产业结构的调整与自己的乡情、镇情密切结合，突出地方特色，同时要认真研究经济规律，面向国内外市场需求，发展市场需要的农副产品；另一方面，乡镇要在确保良好经济效益的同时，兼顾社会效益，符合社会主义的生产目的，不能涸泽而渔、毁林而猎。

乡镇产业结构调整的主要内容是，在稳定粮食生产的基础上，积极促进其他产业的发展。在我国，农业是国民经济的基础，粮食是农业的基础，无粮不稳的道理尽人皆知，粮食的重要性显而易见。乡镇政府必须树立长期重视粮食生产的战略思想，在产业结构调整中要把粮食生产放在十分重要的位置上。确保粮食生产持续增长的势头，乡镇政府要着力做好以下几项工作：首先，调动和保护农民生产粮食的积极性。乡镇政府要采取多种优惠手段，给坚持粮食生产的农民以支持和鼓励，并注意解决农民在化肥、种子、柴油、粮食销售等方面的后顾之忧。其次，实行集约经营，提高粮食单产。要改善农业生产条件，扩大灌溉面积，改造低产田，增施有机肥料和化学肥料，推广优良品种，控制病虫害，改进栽培技术，提高科学种田水平和经营管理水平，使粮食单产不断提高。最后，产品要优质化。适当增加人民生活消费和工业加工需要的优良品种，淘汰不适应市场需求的低劣品种。

在抓好粮食生产的同时，要积极促进其他方面的发展。粮食生产是主体，但不能离开其他产业的发展。乡镇政府在乡镇产业结构调整的过程中，必须处理好各产业之间的关系，使其形成一条发展"链"，增强其"造血"机能，给农业生产带来生机和活力。在其他产业中，林业的发展能为农业建立良好的生态系统，并保证农业生产有一个较好的生态环境。同时，林业的经济价值和森林的生态循环功能与整个社会经济的发展和人类的生存环境密切相关，因此，乡镇政府应切实贯彻"营林为主，多种经营，综合利用，发展林业"的方针。乡镇政府在渔业发展的管理上，要在"以养殖业为主，养殖、捕捞、加工并举，因地制宜，各有侧重"的方针指导下，把海水、淡水养殖作为发展水产业的重点，并注意完善渔业生产责任制，以促进渔业发展。对畜牧业的管理，乡镇政府要大力推行科学养畜，提高畜牧业的科技水平，并适当调整牧区的产业结构，加速畜牧业的商品化。

(二) 乡镇对第二产业的管理

乡镇对第二产业的管理，重点在于办好乡镇企业。乡镇企业是农村经济发展的主要力量，办好乡镇企业是乡镇政府的主要任务之一。

办好乡镇企业对于乡镇经济的发展具有重要意义。首先，发展乡镇企业，有助于促进农村多种经营和商品生产的发展。乡镇企业的发展为农产品和农副产品的深度加工和再次繁殖提供了条件。其次，发展乡镇企业，有助于实现以工补农、以工养农，一定程度上可以弥补工农业产品价格的"剪刀差"。最后，发展乡镇企业，为农村剩余劳动力的转移开辟了理想的道路。农村劳动力的剩余是一个十分现实的问题。如果大量的劳动力涌入城市，则城市将不堪重负；如果剩余的劳动力闲置，则无疑是一种资源的浪费。乡镇企业为这批剩余的劳动力找到了合适的位置。

乡镇企业的行政管理是乡镇政府及其经济管理部门对乡镇企业的建设、发展和生产经营活动的计划、指挥、监督等活动。乡镇企业行政管理应遵循如下原则：第一，因地制宜原则。各乡镇应当根据本地的人才和资源状况发展相应的企业。立足本地优势，增强产品的市场竞争能力，是乡镇企业获取良好经济效益的前提；盲目上马、贪大求全是导致乡镇企业失败的重要原因。各乡镇在乡镇企业的建设和管理中应牢记这一原则。第二，利益保障原则。乡镇企业作为独立的经济实体，有经济利益，乡镇政府在对乡镇企业进行管理的过程中，必须采取切实措施，保障乡镇企业自身经济利益的实现。

(三) 乡镇对第三产业的管理

乡镇的第三产业主要包括商业和服务业。乡镇商业是负责乡镇商品流通的部门，它主要从事商品的收购、销售、储存和调运，以联结生产与消费、工业与农业。乡镇服务业是以乡镇为主要活动空间的，以提供服务和劳动为主的社会经济部门，它可以分为消费服务业、流通服务业和生产服务业三大类。

乡镇的第三产业在乡镇经济发展中具有十分重要的作用。乡镇的商业可以促进和引导农村商品生产的发展。农产品必须在市场上销售出去才能实现其价值，从而为再生产打下物质基础。乡镇商业可以满足农村社会的消费需求。只有商业得到充分的发展，农民群众才可以买到称心如意的商品，提高自己的生活质量。乡镇服务业可以吸纳大批的农村剩余劳动力，满足他们的就业需求。乡镇服务业也可以满足人民群众的生活需要。随着农村经济的发展，群众的富裕程度不断提高，他们在逐渐向"都市文明"靠拢，这就对乡镇服务业提出了更高的要求。乡镇服务业必须加快自身的发展步伐，才能满足群众的这种需求。

二、乡镇政务管理

乡镇政务管理是乡镇行政管理部门对乡镇政治事务的管理。它包括乡镇民政管理、乡镇公安司法行政管理和乡镇工商行政管理等。

乡镇民政管理是乡镇政府依照我国宪法、法律和各项行政法规的规定，对本乡镇区域内民政事务所进行的管理。乡镇民政管理是乡镇行政管理的重要组成部分。乡镇民政管理由乡镇民政部门完成。乡镇民政部门是在乡镇政府领导和上级民政部门业务指导下的职能部门，是乡镇政府组织机构的组成部分。乡镇民政工作主要包括以下内容：指导村民委员会的组织建设和制度建设；优抚安置和救灾扶贫工作；社会福利工作；婚姻登记等。

乡镇公安司法行政管理是在乡镇范围内对公安司法行政事务的管理。它是国家公安司法行政的基础，是乡镇行政工作必不可少的组成部分。乡镇公安行政管理工作主要由公安派出所或驻乡民警负责，公安派出所或驻乡民警受上级公安机关和乡镇政府的双重领导，以上级公安机关领导为主。乡镇公安行政管理的内容包括：执行国家有关保障公共安全和维护社会治安的法律，掌握社会治安的实际情况，预防、制止、打击各种刑事犯罪活动；开展对违法犯罪人员的教育改造工作；对群众进行遵纪守法教育；指导企业、事业单位和村治安保卫委员会的工作等。乡镇公安行政管理应该坚持打防结合的原则。一方面，要依法严厉打击犯罪活动，惩罚犯罪分子；另一方面，要注意对犯罪分子执行"改造第一"的方针，立足于教育，使之改造成为自食其力的新人。对有轻微违法行为的人，要耐心细致地教育他们，消除其犯罪动机，防止发生犯罪。打击是前提，是治"标"，预防是继续，是治"本"，二者结合，才能标本兼治，实现社会治安的根本好转。司法行政管理是指国家行政机关对于培训干部、法制宣传、公证、人民调解、劳教、劳改等司法行政事务实施的管理活动。

乡镇工商行政管理是运用国家行政权力，按照国家的法律、条例、规章和政策对乡镇经济活动进行保护、监督、调节和行政干预的综合管理。乡镇工商行政管理要搞好乡镇市场管理、乡镇企业登记管理、乡镇合同管理、乡镇个体工商业管理、商标管理、广告管理等。

三、乡镇文化管理

乡镇文化管理是指乡镇行政机构依据法律对电影、艺术、出版、文物和群众文化等方面实施的管理。乡镇文化事业是乡镇精神文明建设的重要组成部分，它在提高乡镇人民的精神境界、树立优良的道德风尚、培养社会主义新人方面起着很大作用。我国乡镇文化事业的发展有赖于乡镇文化管理的加强和改善。

乡镇文化管理主要包括两个方面的内容：一是对乡镇文化事业机构和设施的管理；二是对乡镇广大人民群众进行社会主义和共产主义的思想教育，宣传优良的道德风尚，为建设乡镇社会主义精神文明创造文化条件。

乡镇文化管理工作的主要任务是：贯彻执行党和国家关于文化工作的路线、方针、政策，贯彻执行同级政府及上级文化行政管理机关有关文化工作的命令、法令；拟定有关本地区文化工作的行政命令和规章制度；管理本地区的乡镇文化中心、文化院、广播电影电视和文物等工作；根据本地区实际情况，制定本地区文化事业发展规划；向同级政府和上级文化行政管理机关反映本地区文化事业发展情况及计划执行情况，检查督促计划的执行。

为了丰富乡镇群众文化生活、搞好农村文化建设，必须坚持实事求是、一切从实际出发的原则。要根据实际情况和群众要求，加强正确引导和具体指导，要根据当地政治、经济、文化、自然、风情、习俗、群众爱好、民族传统等条件去开展文化工作；要根据本地、本单位的经济力量，不依靠国家投资，不超越本地、本单位集体和群众的经济负担能力去搞文化建设；要量力而行，不搞一哄而起、贪大求全；要不断丰富和更新内容，把单一的文化娱乐场所建成文娱、政治、科普、卫生、体育等多功能综合活动中心。开展活动要力求避免形式化，努力做到讲实际、重实效、求收获。

主要参考文献

〔英〕保罗·格里斯利：《管理价值观——企业经营理念的变革》，徐海鸥译，经济管理出版社 2002 年版。

〔美〕F. W. 泰罗：《科学管理原理》，胡隆昶等译，中国社会科学出版社 1984 年版。

〔美〕赫伯特·西蒙：《管理行为》，詹正茂译，机械工业出版社 2004 年版。

〔美〕赫尔曼·西蒙：《隐形冠军——谁是全球最优秀的公司》，阿丁、温新年译，新华出版社 2001 年版。

〔德〕黑格尔：《哲学史讲演录》第 1 卷，贺麟、王太庆译，商务印书馆 1959 年版。

〔德〕黑格尔：《哲学史讲演录》第 4 卷，贺麟、王太庆译，商务印书馆 1978 年版。

〔德〕黑格尔：《宗教哲学》，魏庆征译，中国社会出版社 1999 年版。

〔丹〕杰斯帕·昆德：《公司精神》，王珏译，云南人民出版社 2002 年版。

〔加拿大〕克里斯托弗·霍金森：《领导哲学》，刘林平等译，云南人民出版社 1987 年版。

〔美〕肯尼思·普瑞斯等：《以合作求竞争》，武康平译，辽宁教育出版社 1998 年版。

〔法〕莱昂·罗斑：《希腊思想和科学精神的起源》，陈修斋译，广西师范大学出版社 2003 年版。

〔美〕里莎·埃迪里奇：《高盛文化——华尔街最有名的投资银行》，王智洁、肖云、胡波译，华夏出版社 2001 年版。

〔美〕迈克尔·茨威尔：《创造基于能力的企业文化》，王申英、唐伟、何卫译，华夏出版社 2002 年版。

〔美〕梅雷迪思·贝尔宾：《超越团队》，李丽林译，中信出版社 2002 年版。

〔美〕欧内斯特·戴尔：《伟大的组织者》，孙耀君等译，中国社会科学出版社 1991 年版。

〔瑞士〕皮亚杰：《结构主义》，倪连生、王琳译，商务印书馆 1984 年版。

〔美〕斯蒂芬·P. 罗宾斯：《管理学（第四版）》，黄卫伟等译，中国人民大学出版社 1997 年版。

〔美〕托马斯·J.彼得斯、小罗伯特·H.沃特曼等：《成功之路——美国最佳管理企业的经验》，余凯成等译，中国对外翻译出版公司1985年版。

〔美〕托马斯·彼得斯、罗伯特·沃特曼：《追求卓越：美国优秀企业的管理圣经》，戴春平等译，中央编译出版社2001年版。

〔美〕威廉·大内：《Z理论——美国企业界怎样迎接日本的挑战》，孙耀君、王祖融译校，中国社会科学出版社1984年版。

蔡元培研究会编：《蔡元培与现代中国》，北京大学出版社2010年版。

曹凤高、李景琰、王烈夫编著：《〈孙子兵法〉与企业经营战略》，武汉大学出版社1994年版。

陈筠泉、刘奔主编：《哲学与文化》，中国社会科学出版社1996年版。

陈荣耀：《追求和谐——东方管理探微》，上海社会科学院出版社1995年版。

陈先达主编：《马克思主义哲学原理》，中国人民大学出版社2003年版。

陈晏清、王南湜、李淑梅：《马克思主义哲学高级教程》，南开大学出版社2012年版。

陈映芳编：《城市中国的逻辑》，生活·读书·新知三联书店2012年版。

成一丰：《管理哲学概要》，陕西师范大学出版社1991年版。

程东峰：《责任伦理导论》，人民出版社2010年版。

窦炎国：《伦理学原理》，中国社会出版社2010年版。

冯友兰：《中国哲学史》，商务印书馆1976年版。

高静文、李钢主编：《经济哲学论纲》，中共中央党校出版社1999年版。

公兵：《决策与哲学》，江西人民出版社1997年版。

顾永芝：《美学原理》，东南大学出版社2008年版。

顾源达主编：《现代管理哲学》，辽宁人民出版社1989年版。

官鸣：《管理哲学》，知识出版社1993年版。

郭济兴：《中国传统文化的现代管理价值》，北京经济学院出版社1991年版。

郭湛：《主体性哲学：人的存在及其意义》，云南人民出版社2002年版。

国家发展和改革委员会编写：《〈中华人民共和国国民经济和社会发展第十三个五年规划纲要〉辅导读本》，人民出版社2016年版。

韩钟文：《美善境界的寻求——儒家教育哲学思想研究》，齐鲁书社2002年版。

何志毅主编：《战略管理案例》，北京大学出版社2001年版。

胡书东：《中国经济现代化透视：经验与未来》，格致出版社2010年版。

胡振平：《市场经济与价值观》，上海社会科学院出版社1998年版。

黄济：《教育哲学通论》，山西教育出版社 1998 年版。
黄见德等：《现代西方人本主义哲学研究》，华中理工大学出版社 1994 年版。
黄兆龙：《现代教育管理哲学》，广西教育出版社 1992 年版。
冀春贤等：《诚信论》，三秦出版社 2004 年版。
季水河：《美学理论纲要》，湖南人民出版社 2011 年版。
贾高建主编：《哲学与社会 1》，中国时代经济出版社 2009 年版。
姜圣阶、张顺江、毕全忠：《决策学引论》，中国科学技术大学出版社 1987 年版。
郎宝书等主编：《营销决策思考——市场营销案例新选》，北京师范大学出版社 1992 年版。
李长武：《近代西方管理思想史》，吉林大学出版社 1991 年版。
李皓：《市场经济与道德建设》，山东人民出版社 1997 年版。
李淮春等：《现代思维方式与领导活动》，求实出版社 1987 年版。
李江辉：《诚实守信》，学习出版社 2014 年版。
李瑞环：《学哲学 用哲学》，中国人民大学出版社 2005 年版。
李新庚：《社会信用体系运行机制研究》，中国社会出版社 2017 年版。
李永清等：《打造公共服务型政府》，海天出版社 2006 年版。
厉以宁：《工业化和制度调整——西欧经济史研究》，商务印书馆 2010 年版。
廉茵编著：《商业道德》，清华大学出版社 2011 年版。
梁柱：《蔡元培教育思想论析》，高等教育出版社 2006 年版。
刘爱基等编著：《公共服务组织的卓越管理之路："CAF" 的理解、实施与案例》，中国质检出版社、中国标准出版社 2011 年版。
刘放桐等编著：《现代西方哲学》，人民出版社 1981 年版。
刘光明：《经济运行与伦理——兼论中国企业形象》，人民出版社 1997 年版。
刘力编著：《财务管理学》，企业管理出版社 1996 年版。
刘圣恩：《领导与管理的艺术》，海洋出版社 1993 年版。
刘守英：《直面中国土地问题》，中国发展出版社 2014 年版。
刘修水主编：《经济哲学》，陕西师范大学出版社 1992 年版。
刘云柏：《中国社会主义管理哲学问题》，陕西人民出版社 1993 年版。
卢德之：《交易伦理论》，商务印书馆 2007 年版。
吕达、刘立德、邹海燕主编：《杜威教育文集》第 3 卷，人民教育出版社 2008 年版。
吕达、刘立德、邹海燕主编：《杜威教育文集》第 5 卷，人民教育出版社 2008 年版。
吕思勉：《先秦学术概论》，东方出版中心 1985 年版。
潘开灵、邓旭东主编：《企业管理学》，科学出版社 1999 年版。

彭虹斌：《教育管理学的文化路向》，教育科学出版社 2009 年版。

浦兴祖、竺乾威主编：《当代中国行政》，复旦大学出版社 1993 年版。

齐振海主编：《管理哲学》，中国社会科学出版社 1988 年版。

秋子编著：《诸子百家与经营谋略》，海风出版社 1996 年版。

全增嘏主编：《西方哲学史》，上海人民出版社 1985 年版。

上海蔡元培故居编：《人世楷模蔡元培——蔡元培先生诞辰 140 周年纪念文集》，上海辞书出版社 2007 年版。

石中英：《教育哲学》，北京师范大学出版社 2007 年版。

苏国勋：《理性化及其限制——韦伯思想引论》，上海人民出版社 1988 年版。

苏勇主编：《中国管理通鉴·人物卷》，浙江人民出版社 1996 年版。

孙美堂、黄凯锋：《善与恶》，河北人民出版社 1996 年版。

孙耀君：《西方管理思想史》，山西人民出版社 1987 年版。

谭力：《中国行政学》，中共中央党校出版社 1990 年版。

汪丁丁：《在经济学与哲学之间》，社会科学出版社 1996 年版。

王道俊、王汉澜主编：《教育学》，人民教育出版社 1989 年版。

王鼎元主编：《乡镇行政管理学概论》，中国劳动出版社 1993 年版。

王进：《现代经济哲学》，中国青年出版社 1993 年版。

王珂主编：《经济伦理学》，北京理工大学出版社 2013 年版。

王坤庆：《教育哲学——一种哲学价值论视角的研究》，华中师范大学出版社 2006 年版。

王垒编著：《组织管理心理学》，北京大学出版社 1993 年版。

王龙宝主编：《中国管理通鉴·要著卷》，浙江人民出版社 1996 年版。

王锐生等：《社会哲学导论》，人民出版社 1994 年版。

王玉生：《蔡元培大学教育思想论纲》，光明日报出版社 2007 年版。

魏杰：《企业文化塑造：企业生命常青藤》，中国发展出版社 2002 年版。

乌兰力沙克：《城市管理论》，人民出版社 1995 年版。

吴元樑：《社会系统论》，上海人民出版社 1993 年版。

肖明等：《管理哲学纲要》，红旗出版社 1987 年版。

徐国华、赵平编著：《管理学》，清华大学出版社 1989 年版。

徐理明主编：《市政管理学》，中共中央党校出版社 1995 年版。

徐文俊编著：《西方文化与管理》，中山大学出版社 1992 年版。

徐祖舜主编：《新编领导学》，北京出版社 1990 年版。

许学强等主编：《中国乡村—城市转型与协调发展》，科学出版社 1998 年版。

严缘华等主编：《管理伦理学》，上海交通大学出版社 1990 年版。
杨宏山编著：《市政管理学》，中国人民大学出版社 2009 年版。
杨玉辉主编：《宗教管理学》，人民出版社 2008 年版。
余长根：《管理的灵魂》，复旦大学出版社 1993 年版。
袁贵仁：《教育-哲学片论》，北京师范大学出版社 2002 年版。
曾杰、毛金先：《社会哲学》，人民出版社 1989 年版。
张凤坡、马占林主编：《乡镇行政管理》，辽宁人民出版社 1990 年版。
张全在、贺晨：《镇政府管理》，中国广播电视出版社 1998 年版。
张晓杰：《快速城市化过程中基本公共服务均等化研究》，上海三联书店 2013 年版。
张新平：《教育管理学导论》，上海教育出版社 2006 年版。
张应杭：《伦理学概论》，浙江大学出版社 2009 年版。
张永桃主编：《市政学》，高等教育出版社 2006 年版。
章海山、陈泽勤主编：《伦理学引论（第二版）》，高等教育出版社 2016 年版。
赵辰昕：《乡政府管理》，中国广播电视出版社 1998 年版。
赵同森编著：《解读人本主义教育思想》，广东教育出版社 2006 年版。
周荣华：《道德经济学引论》，江苏人民出版社 2011 年版。
周世逑、苏玉堂主编：《中国行政管理学》，中共中央党校出版社 1996 年版。
周中之主编：《伦理学》，人民出版社 2004 年版。
邹建平：《诚信论》，天津人民出版社 2005 年版。

段德智：《试论宗教与哲学关系的历史演绎及宗教的哲学功能》，《华中科技大学学报（社会科学版）》2014 年第 5 期。
李翠兰、章倩：《宗教与社会主义社会相适应的哲学基础》，《吉林省社会主义学院学报》2013 年第 1 期。
李志雄、阳国光：《马克思主义宗教伦理观：宗教中国化方向的一种指引》，《世界宗教研究》2018 年第 2 期。
杨德祥：《马克思的宗教思想及其当代价值研究》，电子科技大学博士学位论文，2015 年。
张志刚：《重温马克思的精神和思想：中国特色社会主义宗教理论的方法论源泉》，《中国宗教》2018 年第 5 期。

后 记

哲学有没有用？这个问题在一般情况下，人们都会做出肯定的回答。但如果要理论结合实际，论述得让人心服口服，却不是一件容易的事。目前，我国有些论者在谈到哲学的社会作用时，常常从理论对实践的指导作用上指出，正确的哲学能给人们提供科学的世界观和方法论，能增强人们的思维能力，能塑造和完善一个民族的品格等。但是，怎样才能实现这些作用，要通过哪些转化途径才能实现它的社会作用，有关论著却较少。这个问题是目前我国哲学研究的薄弱环节。因此，笔者尝试把哲学理论与管理活动这个和人类社会同时产生的社会现象结合起来，探讨哲学理论指导现实的发展途径，希望能为说明哲学的社会作用提供点滴例证。

本书的写作得到"北京大学创建世界一流大学计划"的经费资助；在出版过程中得到了北京大学出版社刘金海、杨书澜老师的热心帮助和支持，他们认真审阅了全书内容；还得到了李轶群、罗福迎、管伟、吴淑姣、杨百琴同学的帮助。在这次修订再版过程中，得到了北京大学出版社徐少燕老师和武岳老师的大力支持，在此表示诚挚的谢意！

杨伍栓
2020 年 8 月

教师反馈及教辅申请表

北京大学出版社本着"教材优先、学术为本"的出版宗旨,竭诚为广大高等院校师生服务。为更有针对性地提供服务,请您认真填写完整以下表格后,拍照发到 ss@pup.pku.edu.cn,我们将免费为您提供相应的课件,以及在本书内容更新后及时与您联系邮寄样书等事宜。

书名		书号	978-7-301-	作者	
您的姓名				职称、职务	
校/院/系					
您所讲授的课程名称					
每学期学生人数	_____ 人 _____ 年级			学时	
您准备何时用此书授课					
您的联系地址					
联系电话(必填)				邮编	
E-mail(必填)				QQ	
您对本书的建议:					

我们的联系方式:

北京大学出版社社会科学编辑室

北京市海淀区成府路 205 号,100871

联系人:武 岳

电话:010-62753121 / 62765016

微信公众号:ss_book

新浪微博:@未名社科-北大图书

网址:http://www.pup.cn

更多资源请关注"北大博雅教研"